# その証言、本当ですか？

刑事司法手続きの心理学

ダン・サイモン●著

福島由衣・荒川 歩●監訳

# IN DOUBT
The Psychology of the Criminal Justice Process

勁草書房

IN DOUBT: The Psychology of the Criminal Justice Process by Dan Simon
Copyright©2012 by the President and Fellows of Harvard College
Japanese translation published by arrangement with Harvard University Press
through The English Agency (Japan) Ltd.

# 監訳者はじめに

　本書はアメリカの法心理学者，ダン・サイモン著の *In Doubt: The Psychology of the Criminal Justice Process*（2012）の翻訳である。In Doubt という言葉は直訳すると「疑わしい，不確かな」という意味になる。では，何が本書では疑わしいとされているかというと，被疑者の特定から裁判に至る刑事司法手続きとその仕組みが保証する正確性である。そして，その論拠として膨大な心理学的知見を利用し，各章では刑事司法制度が抱える問題をつまびらかにしたうえで，改革に向けた提案を行っている。

　これまで，日本では目撃証言や虚偽自白など，個々の問題に関する書籍はすでにいくつか出版されているが，刑事司法手続きの始まりから終わりまでを俯瞰し，段階ごとに問題を検討した書は他にないように思う。本書には，目撃証言や虚偽自白はもちろん，虚偽検出，陪審員評議，事実認定にまつわる問題に対する検討も含まれている。したがって，これらの問題に関わるほぼすべての当事者（被疑者，被害者，目撃者，警察官，弁護人，検察官，裁判官，陪審員）に生じうる心理学的問題，すなわち認知的バイアスや問題検討能力の限界について述べている。

　本書の特徴の一つはその情報量の多さである。本文だけでなく，100 ページ以上にわたって詳細に記述された注には目を見張るものがあり，最新の心理学的知見だけでなく過去の判例，統計調査など，様々な疑問に答えてくれる辞書のようでもある。したがって，アカデミックに携わる心理学者や法学者だけでなく，これらの分野に関心がある初学者の見識を広める手助けにもなれば幸いである。

　一方で，本書はアメリカの刑事司法制度を前提としているため，日本の刑事司法制度に与える示唆は少ないのではないかという指摘をされるかもしれない。しかし，この制度を支えているのが人であり，人が同様の認知能力の限界を抱

えている限り，文化差や制度の違いは本書の指摘する問題や提案の重要性を矮小化するものではないと考える。

　ただし，制度の違いによる混乱を避けるため，日本の読者に配慮して翻訳した部分についてはここで明記しておく必要があるだろう。日本では，警察活動を行う法執行機関に勤める人々を指す言葉として，警察官（police officer）あるいは刑事（detective）といった言葉が一般的に使用されるが，アメリカの司法制度では連邦レベルや州レベルごとに管轄する法執行機関が異なれば，そこで働く人々の呼称も多様である。たとえば，law enforcement agent, law enforcement officer, responding patrol officer などが挙げられる。そこで，読者の混乱を防ぐために，日本でいう警察官に当たる人々の呼称については一律に「警察官」と訳した。アメリカ連邦捜査局（FBI）の捜査官（FBI agent）のように「捜査官」という訳が一般化しているものや，刑事（detective），文脈的に捜査官と訳すことが適切だと判断した場合はこれに当たらない。

　また，原著が最初に出版されてから時間が経っていることもあり，引用として注に記載されているホームページの URL には，いくつかリンクが切れているものが散見された。そこで，翻訳段階でリンク切れが確認され，代替ページが判明したものについてはできる限り新しい URL に置き換えたことも明記しておく。

　本書を刊行するにあたっては多くの方にご協力いただいた。訳者のみなさまにはご多忙の中，翻訳を分担してくださったことに深謝したい。また，出版スケジュールに合わせるために忙しない作業となったことをお詫びする。高野隆弁護士には第一線で活躍される実務家として，解説を書いていただいた。日本の刑事司法の問題点と本書の内容を照らし合わせた丁寧な解説で，本書を日本の読者にとってより有意義なものにしていただいた。甲南大学法学部の笹倉香奈教授には法律用語の翻訳について相談に乗っていただいた。重ねてお礼を申し上げたい。そして大変辛抱強く，丁寧に編集してくださった勁草書房，永田悠一氏にこの場を借りて厚く御礼申し上げる。

2019 年 9 月
訳者を代表して
福島由衣

# 目　次

監訳者はじめに

第1章　はじめに····················································································1
　実験心理学からの視点　2
　手続きの破綻　4
　事件の類型　8
　いくつかの注意点と限界　9
　方法論的問題　11
　改革に向けての提案：正確で透明性の高い証拠　13

第2章　「我々はヤツに迫っている」：捜査のダイナミズム································17
　捜査の課題　20
　認知的要因　22
　動機づけの要因　25
　一貫性効果　34
　バイアスのかかった推論の5つのメカニズム　37
　捜査の不透明性　40
　ブランドン・メイフィールドの捜査　41
　改革に向けての提案　45

第3章　「刑事さん，この人です！」：目撃者による犯人識別·························51
　識別の正確性の概要　54
　記憶プロセスの基礎　56
　被疑者の観察：偶発要因　59

iv　　　　　　　　　　　目　次

　　被疑者の識別：システム要因　　65
　　現実のラインナップ　　77
　　改革に向けての提案　　82
　　飛躍的進歩：コンピュータ化ラインナップ　　87


第4章　「刑事さん，これが事実です」：犯罪についての目撃記憶⋯⋯⋯⋯91
　　正確性と網羅性　　93
　　人間の記憶：その一般的な特徴　　96
　　非網羅的な記憶　　99
　　虚記憶　　101
　　本当の記憶と虚記憶を弁別する　　106
　　出来事の記憶と関連する要因　　108
　　検索：警察による聴取　　119
　　改革に向けての提案　　120


第5章　「いいから認めろ。お前が犯人だ」：被疑者取り調べ⋯⋯⋯⋯123
　　虚偽検出　　126
　　行動分析面接　　131
　　取り調べ　　136
　　改革に向けての提案　　147


第6章　「被告人は有罪」：公判における事実認定⋯⋯⋯⋯151
　　証拠の完全性に関する問題　　152
　　人々の証言評価能力　　156
　　事実認定を困難にするその他の要因　　176
　　改革に向けての提案　　185


第7章　裁判における事実認定の仕組み⋯⋯⋯⋯189
　　反対尋問　　189
　　陪審への説示　　193
　　陪審員の公平性の保証　　201
　　検察の重大な立証責任　　202

陪審の評議　206
控訴と有罪判決後の再審査　211
改革に向けての提案　212

## 第8章　正確性の向上を目指して…………215

正確性の不足　215
事実の正確性を犠牲にする　217
誤りを否定する　222
正確性の不足を改善する　224

注　231
謝　辞　371
解　説　373
索　引　379
訳者紹介　382

# 第1章 | はじめに

　刑罰は，国家が社会秩序を維持する手段としてもっともわかりやすく，世界中で用いられているものである。しかし，その刑罰を執行する前に，国家は人間のどの行動が犯罪事件に結びついており，だれがそれを実行したのかを確信をもって決定しなければならない。この行為は，刑事司法手続きを定める複雑な法制度に則っている必要がある。この手続きの機能とその結果生じる判断の正確性が，この本の主題である。

　以下の3つの事件から，刑事司法手続きの実務を垣間見ることができる。カリフォルニア州在住のピーター・ローズは，13歳の女の子をレイプした罪で起訴された。証言台で，被害者はローズが加害者で100%間違いないと証言し，目撃証人は，犯人はローズ以外にはありえないと証言した[1]。ペンシルベニア州のブルース・ゴドショックは，2度の侵入強盗と強姦の罪で訴えられた。ゴドショックの事件は，彼の有罪を示す証拠にあふれていた。被害者の1人は彼を犯人だと識別し，留置場の情報提供者は，彼が罪を認める発言をしていたと証言した。そして，法科学者は血液型が一致したと報告した。決定的だったのは，33分間にわたってゴドショックが自白し，一般の人は知りえない具体的な詳細情報について話している録音テープを検察官が提出したことである[2]。その自白の中で，ゴドショックは，犯行は自分の飲酒問題のせいだと主張し，「被害者である2人の善良な女性に私がしてしまったことを本当に申し訳なく思っている」とつけ加えた[3]。カーク・ブラッズワースは，メリーランドの9歳の少女に対する強姦と殺人の罪で死刑を求刑された。裁判でブラッズワースは，5人の目撃証人から犯人として識別された。また，検察は凶器として使われた石について彼が話していたという証言を提出した。さらに，法科学的捜査の担当者は，殺人犯の靴跡がブラッズワースの靴と一致したと証言した[4]。

　これら3つの事件の有罪証拠にはとても説得力があり，彼らは合理的な疑い

を超えて有罪であると認定された。ローズは27年，ゴドショックは10年から20年の服役，ブラッズワースには死刑の判決がそれぞれ下された。長い間，この判決はなんら特別なものではなかった。彼らは刑を科された犯罪の真犯人ではない，とDNA検査が示したそのときまでは。これらの事件で証言した証人たちは，特に，犯行を行った人物を識別するという決定的な点についてほとんど誤っていた。ローズは釈放されるまでの8年間を刑務所で過ごし，ゴドショックは14年半，ブラッズワースは8年間服役していた。後者の2人は，死刑囚用の監房に入れられていた。

　これらの事件は，刑事司法手続きにおける捜査段階と裁判段階両方の機能に関して多くの難題を提起している。証人に誤った証言をさせたものは何か？なぜ警察官や検察官，陪審員は証人を信じたのか？　誤りに気付くことは可能であったのか？　最も重要なことは，将来同じようなことが起こるのを防ぐために何ができるのか，ということである。

## 実験心理学からの視点

　刑事司法手続きのわかりやすい特徴の一つは，そのほとんどが証人，刑事，被疑者，弁護人，裁判官，陪審員といった人の手によって運営されていることである。この制度は，このような人たちの，道徳的判断や情動，動機づけに結びついた記憶，認知，評価，推論，社会的影響，意思決定といった心の働きによって運用されているのである。刑事判決は，その手続きに関わった人々の心の働きの組み合わせの結果に過ぎないともいえよう。そのため，心理学的観点から刑事司法手続きの機能を検討することが重要である。幸運なことに，われわれは膨大な実験心理学的研究の成果を利用することができる。ここしばらく，法心理学者は，刑事司法手続きの中で役割を担う人々がその役割をまっとうしやすい状況とまっとうしにくい状況についての研究に真剣に取り組んできた。同様に，認知心理学や社会心理学，意思決定科学といったさまざまな関連領域も，刑事司法手続きの機能に必然的に含まれる心的過程について大量の知識を蓄積してきた。

　この本の主たる目標は，実験心理学の膨大で多様な研究の一部を，刑事司法手続きの運用のより良い理解のために応用することである。これらの研究を通してわかったのは，この手続きの中で行われている作業は，極めて複雑で繊細なものであるということである。見知らぬ人物を識別することや，ある出来事

の特定の詳細を思い出すこと，そして，このような証言の正確性を見定めると
いった，日常当たり前のように行われている作業は，見た目ほど単純ではない。
これらの課題の正確性は，多くの要因に依存し，その要因の多くは不明で，と
らえどころがなく，犯罪捜査の厳しい現実と，その後の司法手続きの中に容易
に埋没してしまう。

　このような理解は，この本の中心にある 2 つの主張につながる。第 1 の主張
は，重大な刑事事件において，捜査段階で得られた証拠，特に人証は正確な証
言と誤った証言が合わさった弁別不能な混合物であるため，被告人の有罪を常
に示すものではないということである。以下の 4 章は，刑事捜査に誤りが混入
する可能性について知見を与えるものである。第 2 章は，警察捜査の機能，特
に捜査において誤った結論を促進しうる，あるいは誤った結論を導き出させる
条件に焦点を当てる。第 3 章では，目撃証人による犯人識別の問題を扱う。第
4 章は，事件についての証人の記憶を検証する。第 5 章では，被疑者の取り調
べについて扱う。

　第 2 の主張は，現在の裁判過程は証拠の正確性を検討するのに十分とはいえ
ず，罪を犯した被告人と無実の被告人とを高い信頼性をもって見分けることが
できないということである。裁判手続きが持つ診断能力の限界は，その後に続
く 2 章の主題である。第 6 章は，裁判で提示された証拠から真実を見つけ出そ
うとする中で事実認定者が直面する問題について検討している。第 7 章は，こ
の問題に立ち向かう事実認定者の手助けとなるよう作られた法的な仕組みの有
効性について検討する。

　ようするに，これまでの研究が示していることは，刑事捜査は誤りを多く含
んだ証拠を作り出す傾向があり，裁判手続きは，一般的にそれを修正できない
ということである。捜査段階で生じる正確性の問題と裁判段階が持つ診断能力
の限界という問題が合わさると，刑事司法手続きは，裁判がもたらす重大な結
果にふさわしい正確性に達していないという結論が導き出される[5]。この正確
性の欠落は，一般的にこの制度の設計と管理を委任された人々，特に警察関係
者，検察官，裁判官，立法者によって見過ごされるか否定されるかしており，
学問的議論や一般の人々の議論においても，適切に理解されていない。第 8 章
では，今日における正確性の問題が示唆するところを検証し，裁判過程の正確
性を高める制度的方法のいくつかを模索する。

## 手続きの破綻

　刑事事件には，2通りの失敗が考えられる。犯罪を行った人物が罪を免れる可能性と，無実の人間が，実際には行っていない罪で有罪とされ，罰を受ける可能性である[6]。罪を犯した人物を有罪にするのに失敗すること（ほとんどの場合は法廷での正式な無罪判決でなくても，大ざっぱに**誤った放免**と呼ばれる）は，社会秩序に深刻なダメージを与える。警察に報告されるのは重罪事件の半分に満たず[7]，逮捕に至っているのは，報告された5件の重罪事件のうちたった1件である[8]。たとえば，証人がいなかった場合，あるいは，その証人が警察への協力を拒んだ場合，そして，その証人がこの事件を解決するために必要な情報を提供できなかったとき，事件を解決するのは難しくなるであろう[9]。これらの例で，それぞれの刑事司法手続きは，有罪に必要な証拠を欠いているがために失敗する。心理学的研究は，証拠がある事件で，特に，証拠が正確な有罪判決を支持する，あるいは支持しないものとなる条件を特定することができるという点において，事件に知見を提供するには非常に適している。そのためこの本では，それだけに注目するわけではないが，大部分において誤った有罪判決に焦点をあてることとする。本書で推奨されている制度などは，証拠全体の正確性を高め，その結果として，誤って無罪にするという事故を減少させることを目指したものであることを記しておく必要があるだろう

　近年の雪冤の流れは，刑事司法の正確性についてスポットライトを当てることになった[10]。これらの雪冤の多くは，バリー・シェックとピーター・ニューフェルドによって設立されたイノセンス・プロジェクトの成果である。この組織の批評家のなかには，誤った有罪判決が近年次々に明らかになっていることを，記念碑的，そしてときには革命的な出来事と呼ぶ者さえいる[11]。対照的に，この組織の支持者は，この成果を「取るに足らないわずかなもの」として頑なに矮小化して相手にしない[12]。イノセンス・プロジェクトによって更新されているデータによると，2011年12月以降，281名の受刑囚が，DNA検査によって無実が明らかにされ[13]，それ以上がその他の種類の証拠によって雪冤された[14]。誤った有罪判決の実際の数は不明であり，悔しいことに知ることはできない。死刑相当になる2種類の殺人についての雪冤データに基づくと，誤った有罪率はおよそ3-4%であると推定され，上限は5%と推測されている[15]。誤った有罪率は，おそらくもっと高いと考えられる。気難しく，複雑でもある法

的なハードルが誤った有罪判決を白日の下にさらすことを妨げていると考えれば，誤って有罪判決を下された多くの人がまだ雪冤されていないことも，これからも雪冤されることがないこともももっともである。誤った有罪判決の発生率について詳細に論じることは，本書の目的ではないが，無実の被告人が殺人やレイプの罪で有罪とされても[16]，司法取引に応じず[17]，長期の刑期を与えられ[18]，有罪後によい法的代理人と捜査を確保できたならば雪冤の機会があるということは注目に値する。その事件で焦点とされたのが犯人識別であり[19]，物的，あるいはそれ以外に無罪を示す強力な証拠が存在していることや[20]，その無罪を示す証拠が収集され[21]，適正に保管されており[22]，被告人に利用可能であるということも重要である[23]。極めて多くの幸運が続くことが重要であり[24]，DNA証拠が欠けている状況では，これが欠かせない[25]。有罪の背後にある誤りが気付かれることはほとんどないため，このような条件を満たさない無実の人の罪を晴らすのは困難である。

　誤った有罪判決は，捜査過程と裁判過程両方の刑事手続きの破綻が合わさって生じるものである。これらの破綻については，それぞれの過程において刑事的責任の所在を追及する当該組織の手法を詳細に検討する必要がある。

　[捜査の破綻]　誤った有罪判決にむすびつく捜査過程には，複数の失敗が絡んでいる。第1に，真犯人が逃げおおせているという単純な事実から明らかなように，捜査は真実を見落としている。第2に，警察官が事件の調査を終え，起訴を進めていることから示されるように，捜査は，収集された不完全な証拠の評価を誤っている。ほとんど知られていないがきわめて悲惨な失敗は，多くの場合，捜査自体が誤った結論の一因となっている。

　どのように誤った証言が起こるのかを理解するには，2種の誤りを区別することが有用であろう。第1に，一部の誤りは，人間特有の認知に起因するランダムな認知的誤りによって生じる。この種の**自然発生的な誤り**は，人間のパフォーマンスが偶発的に失敗することと関係があり，この失敗は明確な外的原因に帰属できない。たとえば，正直な証人が無実の人物と犯人を混同したときや，犯罪現場について特定の詳細情報を誤って記憶していたときの誤りは，自然発生的なものと考えられる。自然に起こったと考えられる誤りは，特定の傾向を持たない。罪を犯した人を無罪にすることもあれば，無実の被告人に罪を負わせることもある。多くの無実の人が，道を歩いているときや，店で買い物をしているとき，エレベーターに乗っているときに，特に外因なく証人に誤識別

された[26]。どんなに深刻なケースであっても、これらのケースでは捜査手続きと誤りの発生の間に密接な関係をみることはできない。

また、誤りは状況要因によって生じたり、悪化したりする場合もある。刑事司法手続きの文脈において、状況要因は捜査手続き、あるいは、警察官や弁護人とのやり取りの中で生じる。証人が、歪みのあるラインナップから無実の人物を犯人として識別したり、刑事による誘導的な取り調べの結果として、誤った記憶を報告した場合も同じである。これらの事例は2種類目の誤り、すなわち**誘導的誤り**と呼ばれるものである[27]。誘導的誤りは、誘導されている方向に一貫して誤る傾向を持つ。以下の章で論じるように、これらの影響は、事件の結論をより有罪方向へと動かしやすい傾向にある。

誤った有罪判決は、自然発生的な誤りによって生じると警察官や検察官は考える傾向にあるが[28]、誘導的誤りは、これまで見てきたDNAによる雪冤事例においてより顕著である。たとえば、前述した3つの事件では、証人の供述は、被疑者に対する警察の意見に同調する方向に変化していくことが見て取れる。裁判所に提出された証拠は、警察に行った最初の供述とは大きく異なっており、被告人を有罪にする方向に歪んでいた。ある被害者の女性は、法廷でピーター・ローズをはっきりと識別したにも関わらず、裏通りに彼女を引きずり込んで後ろからレイプし、逃走した男の顔を見ていないと最初は言い張っていた。ローズの写真を含む写真ラインナップが提示されたとき、彼女は誰も選べなかった。ローズは犯人か犯人の双子の兄弟に間違いないと証言した目撃証人は、ラインナップで実際は無関係なフィラーの写真を選択していた[29]。最初、ブルース・ゴドショックは、犯罪への関与を否定しており、事件について詳しく話すことはできなかった。しかし取り調べが終わるころには、自分がやってもいない身の毛もよだつ行いについて自白し、彼には知りえないはずの、捜査を裏づける細かな情報を提供した[30]。カーク・ブラッズワースが犯人だと証言した5人中4人の証人が警察に対して行った供述は一貫しておらず、信用性がなかった。ある証人は、被疑者は彼女が知っている他の人物と一致すると以前警察に話しており、別の証人は、犯人の顔を見ていないと警察官に当初は話していた。2人の子供の証人のうちの1人は、ラインナップで無関係なフィラーを選び、もう1人は誰も選べなかった[31]。同じような証拠の変容が、ウォルター・スナイダー[32]、エドワード・ホネカー[33]、ダリル・ハント[34]、ウィリアム・オデール[35]、ロナルド・コットン（第2章・第3章で論じる）、そのほか多

くの事件においても認められた[36]。これらの事件は，刑事捜査が弱く曖昧な真実の断片を圧倒し，起訴を下支えするような証言に形成できることを示している。

　雪冤事件の研究によってもう１つ明らかになったのは，公判で提示される有罪証拠に含まれている誤った証拠はたった１つだけではないということである。ローズ，ゴドショック，ブラッズワースの事件に見られるように，起訴は一見独立し，そのすべてが被告人を犯行に結びつけているように見える一連の証拠に基づいて行われるのが通常である[37]。DNA によって雪冤された事件の分析によれば，これらの事件の71% に誤った犯人識別が含まれており，63% に法科学の誤り，27% に法科学者による誤った，あるいは誤導的な証言，19% に情報提供者の故意的な嘘，17% に一般の証人の誤った証言，17% に虚偽自白が含まれていた[38]。証拠に関するこれらの原因を合わせると 214% になり，つまり，平均するとそれぞれの事件は２種類以上の誤った証拠に脅かされていたことになる[39]。実際，誤った証拠の数はきわめて多い。たとえば，犯人識別を誤った多くの事件では，複数の証人から誤りを含んだ証言が得られており，それぞれの誤った識別には，多くの不正確な補助的供述を伴うことが多い。

　有罪判決を受けた人々が，結局犯行に関わっていなかったとしたら，彼らを有罪にするのに使われた証拠の大部分は，すべてでないにせよ，誤っていたことになる。これらの誤りが単に偶然起こったという可能性も論理的にはありうるが，捜査の過程で誘導されたと疑うに足る強い理由がある。第２章で論じられるように，警察の捜査は動的なものであるため，１つの誤りがさらなる誤りを呼び込むことがある。たとえば，１人の証人が示唆する誤った事実は，刑事を誤った結論に導く可能性があり，それは，科学捜査担当者の判断をその仮説を確証する方向に誘導することがある，といったように。この**誤りの悪循環**は，わずかな誤りを，実際には無実の人を有罪にするのに十分強力な，圧倒的な証拠に満ちた完璧な事件に変容させることもある。

　**[裁判の破綻]**　誤った判決には，裁判過程における破綻も含まれている。有罪の被告人と，無実の被告人を正しく見抜けないのは，多くの場合，正しい証言と誤った証言を区別できないからである。雪冤事例のほとんどは，誤った証拠を合理的な疑いを超えて真実だと信じた陪審，あるいは裁判官によって有罪にされたものである。無実の被告人の起訴のなかには，事実認定者がほんのわずかな疑いさえ抱かなかったものもある。たとえばある陪審は，ある無実の男

性を，終身刑を言い渡されたある犯罪の犯人として有罪にするのに7分も掛からなかった[40]。同様に，裁判手続きが持つ判断能力の限界は，誤った無罪判決をひきおこすこともある。実際に，陪審の中には，有罪を示す強い証拠がありながら，被告人を有罪にしなかったこともある[41]。このため，陪審の評決は公判を通して参加し，すべての証拠を見ている専門家から見ても，しばしば予測不能であると受け止められるのである[42]。

## 事件の類型

[**簡単な事件，難しい事件**]　すべての刑事事件が同じであることはないし，同じように捜査が行われるわけではない。警察が行った研究は，解決済みの重大な刑事事件の大部分は極めて容易に解明されたことを示している。実際，それらのほとんどは，事件に対応した警察官が現場に行った際に，すなわち刑事部が捜査をするまでもなく解決されている[43]。たとえば，犯罪は，目撃証人が犯人の名前や住所，車，あるいは職場を特定している場合には簡単に解決されるだろう。事件の解決は，犯人が犯行中に捕まったときや，違法な物品の所持で捕まったとき，法科学検査や監視カメラ，通信記録で特定された場合は比較的スムーズである。刑務所に収容されているほとんどが，この**簡単な事件**で捕まった人々であるが，これらの事件で使われた捜査や裁判の資源は，その全体のごく一部である。たいてい，これらの事件は司法取引で処理され，裁判に進んだとしても，勝つことはほとんどない。他方で，証拠が不足し，資源が不十分で，被害者や証人が非協力的であるがゆえに，解決が極めて困難な種類の事件もある。これらの事件の中には，極めて多くの捜査資源を消費しているものもあるが，ほとんどが容易に放棄されている。どちらにせよ，これらの事件は解決されない傾向にあるため，起訴されることはなく，当然ながら有罪が言い渡されることもない。

　刑事司法手続きは，多くの場合やや**困難な事件**を担っており，そのような事件を解決することは容易ではないが，不可能でもない。このような事件の場合，担当する警察官が最初に利用可能な情報は，その犯罪を解決したり犯人を特定したりするのには不十分である。この証拠不足を解決するために求められる捜査努力が，これらの事件を難しくしている。この相対的には狭い事件カテゴリーが，捜査や裁判の資源を膨大に消費し，刑事司法手続きの価値を試すものとなっている。この本で焦点となるのはこのカテゴリーの事件である。

**[犯人性が問題となる事件と責任が問題となる事件]**　基本的に，刑事事件には2種類の問題が中心にある。事件のなかには，誰がその犯罪に関わったのかをまず特定する必要があるものもある。つまり「誰がやったのか」問題である。このような事件は，**犯人の特定が問題となる事件**ということができる。この種の事件における正しい判決とは，真の犯罪者を有罪にすることであり，誤った判決とは，無実の人を有罪にすることである。**責任が問題になる事件**は，犯人性は問題になっていない被疑者の犯罪性について，判断が必要な事件である。この種の事件で正しい判決とは，犯人がその行為の違法性に基づいて適切に有罪とされるものである。誤った判決とは，被告人に有責性のない行動で誤って有罪とされたり，行った行為に見合わない重い罪で有罪とされたりする場合である。

　本書は，第1に，判決の事実としての正しさについて検討した上で，その結果，基本的に正しい，あるいは誤っていることが判明している事件に焦点を当てる。このように，本書で扱う事例のほとんどは犯人性が問題となる事件，すなわち，被告人が犯罪を行った人物であるか否かが問題となるものである。雪冤事例の大部分は，この犯人性が問題となる事件であり，受刑者が，有罪とされた犯罪を行っていないということが，その後の証拠によって実証された事件である。本書は，行動の道徳性や，行為の合理性，法の公正性といった価値判断に依存する責任の問題に直接立ち入ることはしない。しかし，被告人の行為とその精神状態といった事実に関する判断が中心となるような，責任が問題になる事例については言及することとする。ただ，責任が問題となる事件が雪冤されることはまれであると言っておくべきであろう。責任の問題は，犯罪行為の些細で，見逃されやすい部分に依存しやすく，そのため，客観的な検証や確認の対象になりにくい。したがって，被告人の責任に対する判断の誤りを事後的に検討することはほとんど不可能である。雪冤が認められた事件で被告人の責任が問題となった事件が少ないからといって，これらの誤りが起こらないというわけではないことには注意する必要がある。

## いくつかの注意点と限界

　本書の主張と目的を適宜確認しておく必要があるだろう。本書は，刑事司法手続きに法心理学を比較的広範囲に適用しようとするものであるが，必然的に対象に含まれないものもある。第1に，判決に影響を与えるパフォーマンスの

個人差を検討することはしない[44]。本書は，法的手続きと実務に伴う広範な現象を捉えることを目的としているため，法に関わる行為者に一般的に見られる行動に焦点を当てる。また，本書は子どもや高齢者，あるいは精神障害や知的障害，薬物依存といった障害をもった一部の人を扱うものでもない。健康な成人に焦点を当てることで，本書は，健康な行為者によって運営されるよう作られている刑事司法手続きの機能について検討する。

　本書は，実務に偏在する司法取引の運用について検討するものではない。重大な事件の有罪判決の約95％が，司法取引で処理されている[45]。司法取引は，刑事司法制度のもっとも曖昧でやっかいな側面の一つである[46]。しかし，それ自体が心理学的な実験の対象になることはほとんどない。それでも，以下の章で論じられる証拠の完全性という問題が，刑事裁判を行った場合には司法取引を行うときほど問題にならないというわけではない。おそらく実際には刑事裁判以上に問題があるだろう。実際には，司法取引を行い，有罪答弁を行おうとする被告人の判断は，数が少なく，不確実で，問題のある証拠に基づいているが，それらが十分に吟味されることはほとんどないだろう。

　既知の誤判の多くは，意図的かつ故意に基づいて真実をゆがめようとする行為のもとに，少なくとも部分的には引き起こされてきた。このような行為を行ってきたのは，共犯者のように裁判の結果に利害関係があるような人や，行き過ぎたり堕落した，刑事や検察官，そして法科学的検査官であった[47]。DNAによって雪冤された多くの有罪判決は，警察の不法行為[48]，検察の不法行為[49]，そして，誤導的，あるいは不正な法科学的証言[50]によって引き起こされてきた。意図的な歪曲は，特にそれが国家公務員によって行われた場合は，司法の誤りのなかでも最悪のものである。しかし，本書ではまずすべての関係者が，自らの役割を誠実に，そして真っ当に果たそうとしているという前提でこの手続きの機能を検討する。

　本書は，法制度が刑事判決を下すうえで心理学的な側面を完全に無視していると一方的に主張しているわけではない。実際，刑事司法制度は，多くの心理学的な問題を考慮している。たとえば，誘導尋問や取調室での強要，そして偏見を生み出す証拠などがもたらす影響を法は考慮している[51]。しかし，心理学的な問題に対する法の敏感さは，実験心理学以前，英米法の規則が作られたときでほとんど止まっている。法の直観は，人間の認知の強さを過大評価し，その限界を過小評価する傾向がある。信頼できる詳細な知識を用いた改善が，法

制度という複雑な問題に必要な理由はここにある。

　誤判の心理学的原因に焦点を当てる本書は，刑事司法手続きがここで詳しく論じることができないさまざまな要因に悩まされているという事実について，これまで心理学実験の対象にはされてこなかったからといって曖昧にするべきではないだろう。故ウィリアム・スタンツは，検察官に過度に与えられた裁量，一貫性のない警察活動，めったに起こらない陪審裁判，そして，司法取引への過度の依存があるために，この制度を突っぱねた[52]。他には，適正な法律家や捜査への不十分なアクセス[53]，警察官の訓練不足と規律の欠如，不適切な法科学的手続き，そして情報提供者のような信頼できない証拠へのたびたびの依存[54] も含まれるだろう。

## 方法論的問題

　本書がもとにしている研究が方法論に対して懸念を持たれやすいのは確かである。方法論的限界をもたない研究，調査，実験など存在しない。特に，心理学的調査法を司法の世界に持ち込む際には，**外的妥当性**，すなわちその知見は，実験室だけではなく自然場面にもどの程度一般化可能なのかという問題が持ち上がる[55]。状況が人に及ぼす影響を日常的に知っている心理学者[56] は，実験研究によって得られる知見が実験デザインの細かな点に大きく依存することをまっさきに認めている[57]。法心理学研究に対する批判者は，実験室での統制された状況は，現実世界とは決定的に異なっているということを指摘している。法心理学研究は，実験結果を誇張しすぎていると批判されつづけており，さらに，実験参加者の非代表性，実際の制度からのズレ，課題の非現実性も批判されている[58]。この批判は，研究者に大きな責任を負わせるものである。しかし，研究の全否定ではない[59]。

　多くの研究の外的妥当性の問題は，その**収束的妥当性**によってその大部分が解決される[60]。この収束的妥当性とは，オリジナルの研究とは異なった刺激，母集団，実験室，異なる着目点で検討した研究においても研究結果が再現されることによって，統合的に知見の実証的な支持を得るというものである。収束的妥当性は，基礎心理学実験，法心理学実験，調査，フィールド研究，アーカイブ調査といった複数の方法論を組み合わせることによっても高まる[61]。確かに，現在参照可能なデータが一貫して同じようにある方向を示しているとしても，本書で言及されているすべてが，外的妥当性が完全に確認されたものとい

う訳ではない。

　実験法についてのまっとうな批判の一つが，実験が，常に複数の判断が関わる人間の行為の多層性を完全には捉えきれていないというものである。実験デザインによって，心理学的実験は，課題の1つまたは2つの側面にのみ焦点を当て，他の側面は厳密に統制される。そのため，もしその研究で焦点を当てられた側面が，統制されている他の多くの側面と相互作用することがあった場合にも，そこで観察された事象が起こるのかをその研究では説明することができない。この限界は認めざるをえないが，そうはいっても，多くの実験が必ずしも刑事司法手続きに関する問題を誇張しているという結論にはならない。実際，多くの隠れた相互作用が，その手続きの正確性を実際に損ねているため，これらは実際よりも低く見積もられがちである[62]。実験という環境は，敵対的な社会的ダイナミズム，情動的覚醒，偏見などと同様に，行為者の動機，インセンティブ，所属する下位文化，パーソナリティのようなバイアス要因を遮断する傾向にある[63]。さらに，刑事司法手続きの運用に関わる人間の行為は，基礎心理学的現象である。これらの課題に対する人々の遂行は，ほとんど改善しない。しかし，ぞんざいな手続きによって極めて容易に汚染される。

　それでも，研究結果から導き出すことができる結論が誇張されないよう，警戒する必要はある。第1に，実験結果の妥当性を一般的に示す基準となっているのは，その結果が単なる偶然ではなく実験的操作によってそれが起こったことを示す統計的確率である。この基準は，その操作の強さや絶対的な価値について言及するものではない[64]。第2に，難しい事件には潜在的にこの手続きを歪める可能性があり，特定不可能な要因が複数含まれている。これらの要因の強さは様々であり，すべてが同じように手続きを歪めるとは限らない。極端な事例を除いて，このバイアス要因の全体としての効果は不明である。そのため，実験の知見というものはこの傾向を強めたもの，あるいは傾向として理解するのが最適である。すべての要因の正確な効果を明確に特定しようとしたり，特定の結果が正確であるか否かを判断したりすることは賢明でない。しかし研究は，誤りを引き起こしうるリスクとなるのはどの要因か，そして，それを回避するにはどのような方法が一番良いのかについて，我々の理解を深めることができるであろう。

## 改革に向けての提案：正確で透明性の高い証拠

　本書の第1の目的は，刑事手続きの正確性についての議論を活性化し，その厳格な目標により合致するような改善案を提案することにある。読者のなかには，これまでの批判の程度を踏まえ，刑事司法の徹底的な改革を主張しようとする人もいるかもしれない。しかし，根本的な制度の再設計は，本書の当面の目的ではない。根本からの組織改革は，心理学研究による改善の可能性の多くをふいにしてしまうだろう。法制度の分析のために用いられている他の研究領域の多くとは異なり，実験心理学は，個々の問題に対して直接的かつ即時の解決策を提供できる精緻なレベルで研究が行われている。これらの解決策から得られる利益を過小評価するのは間違いである。長年，多くの研究者が刑事司法手続きについて抜本的な改革を提案してきた。これらの提案の多くは，ヨーロッパ大陸諸国で行われている糾問主義制度の要素を取り入れたものである[65]。これらの提案は真剣に検討する価値があるが，現在の英米法文化の土壌にはなじまないものであり[66]，大きな法改正，そしておそらく憲法の改正も必要にあるであろう[67]。そのため，これらの提案が，近い将来すぐに実現可能とは思えない。実用性に則って，本書が提案するものは，実務的，現実的，そして短中期的にすぐに実現可能な改善策に限るつもりである。これらの改善の多くは，警察官，検察官，弁護士，裁判官を直接的に対象としており，これらの案はそれぞれの組織レベルで採用可能であり，なかには個人でも取り入れることができるものも含まれている[68]。

　誤った無罪判決を減らさなければならないことは言うまでもない。受けるべき罰を逃れるということは，刑事司法制度の目的そのものを否定することになり，これは社会秩序の基盤を揺るがす可能性もある。それと同時に，誤った有罪判決を可能な限り減らす十分な理由もある。最もはっきりしているのは，無罪の人に罰を与えることは，重大な道徳的過ちであるということであり，さらにはその人の家族や被扶養者に甚大な影響を与えるということである。誤った有罪判決を防止することは，公共の安全を保つことにも繋がる。1人の無実の人を有罪にするということは，事実上，真犯人を追跡し拘束することを妨げているからである。同様に，誤った有罪判決を明らかにすることは，真犯人の逮捕に繋がりうる。DNAによる雪冤事例の約半分では，無実の被疑者の疑いを晴らした証拠は，真犯人を告訴する証拠にもなった[69]。長い目で見れば，刑事

司法制度の正当性を高めるためには，誤判を最小限に抑える必要性が大いにあるだろう。

　刑事司法制度の改善というのは，特に刑事司法に関するすべての事柄に広く浸透している対審制を考えれば，繊細で複雑な試みである。改善策は，全体としての有罪率，無罪率を減らさないように設計されなければならないが，**誤った有罪率と誤った無罪率を可能な限り最小にすることを目指さなければならない**[70]。両当事者の利益よりも，正確な証拠と正しい判決が目的とされなければならない。本書全体を通して行われる２つの中心的な主張は，刑事判決の正確性に影響する最も重大な問題，すなわち，多くの刑事裁判で提示される証拠の質の問題に関するものである。

　第１に，刑事捜査は，最良の実施規則（ベスト・プラクティス）に則って，細心の注意を払って行われなければならない。ベスト・プラクティスに則れば，当該刑事事件における刑事判決や司法取引が最も正確な評価に基づいて行われるようになるだろう。ベスト・プラクティスの具体的な内容については，それぞれの章の最後で紹介する。

　どの手続きを「ベスト・プラクティス」と見なすべきかを決定する際に，誤った有罪判決と誤った無罪判決両方について提案された改善案が持つ意味を考えなければならない。一般に信じられていることとは反対に，刑事司法の改善は，一方の誤りを減らすことがもう一方の誤りを必然的に増やすゼロサムゲームとは限らない。本書における主要な提案のなかには，証拠の質を全体的に向上させ，その結果，両方の誤りを減らすように設計されているものもある。このようにいずれのエラーも減らすことが可能な改善例には，目撃者による犯人識別手続きの機械化，認知面接のような洗練されたインタビュー・プロトコルの利用，そして，以下に論じるように，捜査手続きの完全な記録の作成が含まれる。改善案は，その改善がいずれかの誤りを大幅に減少させる一方で，もう一方の誤りの増加はわずかであるときも，あるいは全く増加させないときにも，受け入れられるべきである。もう一方の誤りをわずかに増加させる場合や，形式上正しいけれども信頼できない証拠がそのごくわずかな誤りの元になっているときには，それらの改善は理にかなっているとみなされるべきである[71]。しかし，個々の証拠が同程度の信頼性である場合，２種の誤りの間にトレードオフが伴うことを避けられない政策決定もある。このようなトレードオフの計算は，事件の中で真に有罪の被告人と真に無実の被告人がそれぞれどの程度いる

かが不明であることや，それぞれの誤りの社会的コストを重みづけることが困難であるために難しい作業になる。それぞれの改善案に考えられるコストと利益について精緻に論じることは，本書の範囲を超える。ましてやこれらの案に対する議論がちょうど拮抗しているように見える限りは，さらなる分析や議論が必要であろう[72]。

　第2に，証人との関わりはすべて記録されるべきであり，その記録は，両当事者が利用できるようにすべきである。言い換えれば，この目的は，証拠を可能な限り透明性の高いものにするということである。法廷での証言までには，事件後通常数カ月，ときには数年かかるということを考慮に入れる必要がある[73]。法手続きが行われるこの間，証人は通常，多くの人物と関わる。証人は，警察官，自分と同じ立場の共同目撃証人，弁護人，そして，この事件の結果に利害が絡む人と関わり，誤りを引き起こす可能性がある手続きに晒されることになる。この手続きの自然な流れの中で，証言はたびたび変化する。そこでは以前言及されていなかったことが証人の供述のなかに含まれるようになり，語りはまとめられ，抜けていたところは埋められ，曖昧さが消え，躊躇が確信へと変わるようになる。つまり，法廷で語られる**まとまりの良い**証言は，たいていその証人が**最初**に警察に語ったものとは異なり，そしてより強い確信をもったものになることが常である。通常，最初の証言が真実に最も近いのだが，判決は常に劣化し，再構成されたものに基づいている[74]。

　証拠の透明性を高めることは，きっとこの過程に好ましい影響を及ぼすだろう。信頼できる刑事捜査記録の作成は，捜査それ自体を改善することになる。この記録は，警察機関に，訓練，監視，そして質を保証するためのツールを提供することになる。これによってベスト・プラクティスの遵守が促進され，不正行為が抑制されるであろう。この記録は，さもなければ見逃される可能性がある法科学上の詳細情報を捉えておく情報ツールとしても利用可能だろう。重要なのは，この記録が，以前証人が行った証言の照会を可能にし，それによって記憶の減衰や汚染，捜査や裁判前手続きによっておこるバイアスや記憶の歪みの影響を避ける方法を提供することである。記録が利用できるようになるということは，彼らの証言が警察に対して行った供述と一致するか確認されることになるため，証人自身にも直接的な効果を及ぼすだろう。実際に，法廷での証言は，証人自身の元の供述に近いものに限られることになるだろう。記録が利用できるようになることはまた，証人の供述を変えようとする圧力を軽減す

ることになり，必要があれば，記録を法廷での証言を補うものとして使ったり，証言の代わりとして利用したりすることも可能だろう。手続きの透明性は，事実認定者が証言の信頼性を推測するのではなく，これらの証拠から正確な推論を引き出すことに集中させられるだろう。透明性が高まれば，捜査によってその証言が誘導されたり，ゆがめられたりしたものかどうかを陪審員が判断する手がかりにもなる。

　正確性と透明性を向上させることによる相乗効果は，パフォーマンスを向上させ，手続きの完全性を高めるきわめて大きな可能性を持っている。より正確で透明性の高い証拠があれば，すべての意思決定者（警察官や検察官，弁護人，裁判官，被告人，陪審員）がより多くの情報に基づいた合理的な決定を行えるようになる。中でも注目すべきは，刑事判決がより正確になり，司法取引がより公正に，被告人の実際の罪により合致したものになるということである。正確性と透明性を高めることは，法に関わる人々の証拠に対する信頼を高め，その証拠を損なったり，隠したりすることを防ぐことになる。これは対立する当事者間での不信感の低減にもつながり，手続きのなかでの敵意を緩和することになるだろう。説得力のある主張の幅が限られるようになるので，不当な起訴やでまかせの弁護活動が行われる可能性が減ることになる。正確性と透明性を高めることは，コストや手間がかかる不正確な訴訟手続きを通して，曖昧な事実を整理する必要性を減らしてくれるはずだ。事実がより明瞭になれば，上訴，人身保護手続き，民事訴訟，損害賠償の支払いが減ることも期待できよう。

　しかしどんなに有望な提案であっても，改善案は常に再評価の対象とされるべきであろう。将来の研究は，少し違った知見をもたらすかも知れず，この政策論争へ新しい示唆を与えてくれるかもしれないからである。現在利用可能な心理学の文献は完全ではなく，頑健なものではないが，これらの文献は，刑事司法手続きの機能が必要とする示唆を豊富に提供し，重要な制度改善への道を示しうるものである。

# 第2章 「我々はヤツに迫っている」
## 捜査のダイナミズム

　どのような刑事手続きが行われるかが，それがどのような証拠をもたらすかをも決定する。単純な事件を除いて，事実認定者は裁判において，正確なものと不正確なものがどの割合で含まれているかがわからない，それらの入り混じった証言を提示される。以降，4つの章で行う中心的な主張は，証拠の正確性を決定する最も重要な要因は，警察の捜査であるということである。本章では，証拠を探し，評価するダイナミックな手続きについて検討する。ここでは悪意がなくとも，捜査が誤った結論に至るリスクについて注目する。この後の3つの章では，刑事訴追で一般的に使用されている証拠の正確性について検討する。そこでは証人がおかす自然発生的な誤りと，証人を誘導し，その証言を形成する捜査の特徴の両方について特に詳しく言及する。警察捜査がどのように行われるかを理解すれば，そこから派生する判決を理解する手がかりとなろう。

　ロナルド・コットンの事件は，捜査手続きの一端を垣間見る貴重な機会や，心理学的研究がどれほど現実の捜査と密接に関係しているかを理解する機会を与えてくれる。1984年7月29日の早朝，ノースカロライナ州バーリントンに住む22歳の白人学生，ジェニファー・トンプソンは目を覚まし，ベッド脇に見知らぬ人物が佇んでいるのに気付いた。その男は彼女の喉にナイフを突きつけ，性的行為を迫り，性的暴行を行った。そのような恐ろしい体験の最中，彼女はその加害者の男を後で特定できるよう，その男のどんな特徴をも記憶しようと努めた。タイミングをみて，トンプソンは飲み物を用意するために台所に行かせてくれるよう，その男をなんとか説得した。そして彼女は裏口から逃げ出すチャンスを掴み，近所の家に助けを求めて走った。

　警察に伝えられた情報はロナルド・コットンの関与を示唆していた。彼は住居侵入罪で有罪となり，仮釈放中であった。アフリカ系アメリカ人であったコットンは，14歳の白人少女を強姦しようとしたとして未成年の頃に有罪判決

を受けたことがあった。コットンは2度起訴され，有罪となっていたのである。第2審のとき，彼はトンプソンの近くのアパートに住んでいて，彼女が被害にあった同じ夜に同じく暴行を受けた2人目の女性被害者とトンプソンの両方に対する性犯罪で有罪となった。彼は終身刑と54年の懲役判決を受け，その有罪と量刑は最終的に上告審でも維持された[1]。

　第1審で示された証拠は，コットンの有罪を示すには十分な説得力があった。トンプソンは彼が加害者であるという強い確信を持って彼を識別し，力強く証言した。警察官と検察官は，彼女について，これまで証言台に立たせた中でも最高の証人であると述べた。第2審では，2人目の被害者もコットンを識別した。2人の被害者がその男について同様の説明をしており，どちらもその男は腕周りに白いストライプが入っている，独特の紺色をしたスポーツシャツを着ていたと述べていた。ある通行人は，犯行時間あたりに，コットンがトンプソンのアパートの近くで自転車を走らせており，被害者が説明したような青のシャツを着ていたと証言した。コットンが以前働いていたレストランのオーナーは，彼が同じような青いシャツを職場で着ていたと証言し，トンプソンが説明したような特徴のある白い手袋をしているのを見たとも証言した。オーナーはまた，コットンは白人の女性ウェイトレスにちょっかいを出し，彼女らとセックスについて話をしたがる悪い癖があるとも述べた。検察官の主張はコットンの自宅から押収された物的証拠（2人目の被害者のアパートから加害者に持ち去られたものに似ているとされた懐中電灯と，トンプソンのアパートで見つかったゴムの断片の出所と思われるスニーカー）に支えられていた。コットンの弁護は，事件当夜，彼は自宅でテレビを見て，リビングのカウチで眠っていたという家族の証言に基づくものであった。このアリバイは，コットンが以前警察に説明したアリバイを後で事実ではなかったと翻したという理由で信用されなかった。

　彼が逮捕されてから十数年後，ジェニファー・トンプソンを襲った男はコットンではなかったことがDNA鑑定によって証明された。彼は終身刑で10年以上を刑務所で過ごしたのちに雪冤され，釈放された。生物学的証拠は，すでに有罪となっていたボビー・プールを指し示していた。彼はコットンが拘留された後，被疑者として名前が挙がっていた。その後，コットンの有罪を示していた多くの証拠に（ひょっとしたらすべての証拠に少しずつ）欠陥があることが判明した。トンプソンによるコットンの識別は，2人目の被害者のものと同様に，誤りであったのだ。コットンを雇っていたレストランのオーナーが，特徴

のあるシャツや変わった手袋を身につけているコットンの姿を見たことはなかったようである。コットンの自宅で見つかった懐中電灯は，2人目の被害者の家から持ち出されたものではなかったし，トンプソンのアパートで見つかったゴムの断片は彼のスニーカーの一部ではなかったのである。

このように不正確な証拠はどのように作用したのだろうか？　普通，証拠はそれがどのように生成されたかを示すことはないので，検察の主張だけを眺めていてはこの問題に対して何も答えは得られない。必要なのは，警察への最初の通報から裁判手続きを通じて，事件がどのように展開していったのかというダイナミズムについての説明である。この事件は，トンプソンと刑事のマイク・ゴールディンによる率直かつ詳細に語られた稀有な報告があるおかげで，非常に参考となる。トンプソンの証言が誠実で，ゴールディンの捜査は良心的に行われたと十分に考えられるだけの理由がある[2]。

この起訴の鍵は，捜査の開始時にあった。トンプソンは加害者，ボビー・プールの顔についてわずかな記憶しかなかったのだ。第3章で議論するように，彼女の記憶の脆弱性は，薄暗い照明，ストレスフルな攻撃，そして加害者が彼女とは異なる人種であったことに起因すると考えられる。記憶はすぐに霧散し，加害者のモンタージュを作成するという難しい課題によって歪んだ可能性もある。コットンの写真が識別用写真の中に並ぶと捜査に弾みがつき，トンプソンがそれを犯人と識別したときにはそれが大きくエスカレートした。彼女の犯人識別はためらいがちかつ，疑念を呈しつつ，時間をかけて行われ，見たという認識は弱いものであった。彼女が抱いていた疑念は，彼女は警察が疑っている人物を選んだとゴールディンが請け合ったことで和らげられた。同様に，トンプソンの識別はゴールディンにコットンを捜査の標的に据えさせたのである。ゴールディンが行なったコットンの家宅捜査は，彼の犯行をより示す物的証拠を生み出すことになった。コットンを逮捕して尋問したあと，彼はコットンのアリバイが事実ではないことに気づいた。反対に，トンプソンはゴールディンの発見に勇気づけられた。

コットンが有罪であることは，ライブラインナップでトンプソンが彼を識別したことでさらに後押しされた（彼は2度の識別手続きの両方に含まれていた唯一の人物であった）。ここでも，トンプソンの識別はためらいがちで，遅く，不安定なものであった。再びゴールディンが彼女が同じ人物を選んだと言ったので，彼女は安心し，不安から解放された。捜査がコットンに絞り込まれていく

中で，すでに有罪となっていた強姦犯ボビー・プールの関与を指し示していた情報は無視された。検察の主張の根拠は，犯行現場の近くで，あの青いシャツを着ているコットンを見たという通行人の証言や，コットンを雇っていたレストランのオーナーが，トンプソンが説明したシャツや手袋と彼を結びつけたことによって補強された。そんな中，それまで異なる人物をラインナップから識別していた2人目の被害者も，コットンが加害者であると主張したのだ。

このようなダイナミズムについての説明は，コットンを有罪だとする証拠の多くが，コットンと顔のモンタージュを結びつける情報の断片に始まり，トンプソンが最初にコットンを写真帳から識別したことによって固着し，活性化したことを示している。あいまいかつ誤った最初の犯人識別は，最終的にはトンプソン自身に確信に満ちた識別させることになった手続きをひきおこし，重要証人のそれまでの供述を覆させたり（2人目の被害者），もう1つの誤識別を生み出したり（通行人の証人），コットンの衣服についておそらく事実に反する証言を生み出したり（コットンを雇っていたレストランのオーナー），誤解を招く2つの物的証拠を生み出すこととなった。重要なのは，捜査がトンプソン自身に対して並列的な効果を持っていたことである。彼女が最初にもっていたためらいは強い確信に変化し，説得力のある証言となった。手続きが終わるまでには，最初のエラーは2つの陪審を説得し，上告審のチェックを通過するほど強力な主張の根拠となっていた。

ロナルド・コットンの事件は**エラーのエスカレーション**を典型的に示すものである。根本的には，最も説得力のある訴追であっても，それが説得力のない，あるいは捜査に働くダイナミズムによって増幅され，強化された誤った情報の産物である可能性もある。同じようなエラーのエスカレーションは，DNA鑑定によって雪冤されることになった多くの事件の捜査に見て取れる[3]。捜査がどのように道を外れて誤るかをより理解するため，捜査手続きを説明する犯罪学的および心理学的研究に目を向けることとする。

## 捜査の課題

アメリカでは刑事捜査についてのいかなる議論も，その捜査方法は連邦レベル，州レベル，地方レベル合わせて約2万の警察機関の間で大きく異なっているという条件付きの議論となる。ほとんどの刑事捜査は13,500カ所ある地方警察署によって行われ，その多くが一握りの警察官しか有しておらず，捜査技

術を訓練されたり専門に扱っているという人はほとんどいない[4]。以下の議論では，主に警察官について言及することとする。このカテゴリーには警察の刑事だけでなく，証拠の収集に重要な役割を演じる法科学捜査官や巡査も含まれる。また，議論の多くは，検察官にも関係する。検察官は重要な捜査において色々と関係してくるものであるし，自らの役割を果たす際に警察官と同様のインセンティブとプレッシャーに晒される。多くの点で，捜査と訴追手続きは類似したダイナミズムを持っているのである。

犯罪捜査は純粋に難しい課題であるということを理解しなければならない。捜査対象となる犯罪は，たいてい簡単な事件か解決が難しい事件の間のグレーゾーンに位置している。多くの場合，警察官は手がかりとするにはほんのわずかな情報しか持たないか，一方で矛盾していたり疑わしかったりする情報にてんやわんやしている[5]。警察官には多くの裁量権が与えられており[6]，その多くはマニュアル化できるようなものではない[7]。たとえば，犯罪が発生したかどうかの判断，どの手がかりを追うか，どの物的証拠を集めるか，どの証人に質問するか，どの供述を信用するか，いつ逮捕するか，いつ事件解決を宣言するか，そしていつ事件解決を諦めるかなどが含まれている。警察官は公式，あるいは非公式の方針，業務，所属機関特有の習慣に従う[8]。警察官の仕事は，組織の指示[9]，世論の期待[10]，メディアの報道[11]，時間経過[12]，と同様に，資源の限界や組織の方針に妨げられる。一般的な法律は，裁判所に少なくとも何カ月，何年という時間をかけて解釈されるまでは，厄介で[13]，しばしば混乱をひきおこしがちである。非常に重要なのは，以下に述べる通り，警察官は彼らの役割を脅かす強い葛藤に苛まれているということである。全体的に，捜査というのは繊細で重い課題を行うにはほとんどふさわしくない環境で行われる。全米研究評議会（National Research Council）に召集されたブルーリボン委員会は，捜査環境の改革や警察の犯罪解決能力の向上についてかなり悲観的であった[14]。

刑事捜査の正確性は認知と動機づけという相互に関連した次元の課題によって決定されると考えられる。前者はあらゆる捜査努力に含まれる推測に基づく推論に関連しており，後者は警察の捜査活動が置かれたそれぞれの文脈に関連するものである。これらの側面は，捜査活動の破綻に結びつく可能性がある。

## 認知的要因

### 仮説推論

いかなる捜査課題においても，広大に広がる仮説から1つの重要な結論を選び出すという手続きには概念的な問題がある。ある仮説の妥当性を検証するために，人はそれを支持する，あるいは否定する証拠を手に入れなければならない。言い換えると，無限にある事件と関係があるかもしれない証拠を探し，検証するのは不可能であるから，人はどの証拠を検証するかを決めるために仮説を立てる必要があるのである。それゆえに，捜査で行う推論は循環論的な性質を持つ。証拠は仮説を検証するのに不可欠であるが，仮説はどの証拠を検討するべきかを決定するのに不可欠，ということになる。弁証法的には両立しがたいこの状態が，警察官の課題を非常に繊細な認知的努力を必要とするものにしている。

**仮説推論**として知られている，とりあえず手元のデータから仮説を生成する一種のブートストラップは，おそらく刑事捜査を行うのに適した，唯一実行可能な方法だろう[15]。仮説推論とは，仮説を生成し検証を行う再帰的プロセスのことである。そこでは根拠のない仮説を排除し，正確な仮説を実証しようと試みる。仮説検証には2つの要素がある。それらは情報の**検索**とそれに続く情報の**評価**である。つまり正確な推測を情報から引き出すことである。情報の評価は論理的推論を促す一方で，どの情報を検討するかについての仮説の生成と決定には直感的で推測的な思考を必要とする。そのため，警察の捜査活動は科学だと言えるだけでなく，職人技，あるいは芸術とさえ言える[16]。シャーロック・ホームズの姿を参考に，警察官は彼らの直感が成せる創造性を評価され，値踏みされたりする[17]。

このブートストラップを正しくこなすには，適切なバランスをとることが必要である。想像力が欠如していると，仮説が少なすぎて，有用な仮説を見逃すことになる。一方，想像力が行き過ぎて仮説を立て過ぎると，ありそうもない仮説に資源を浪費することになり，さらに重要なことに，捜査手続きが間違った方向に向かってしまうことにも繋がりかねない。ここでの主な懸念は，評価課題が人の認知的限界と捜査課題に対する動機づけの側面両方に影響を受ける可能性があるということだ。

## 確証バイアス

　捜査手続きの完全性に関する深刻な問題は，目の前の仮説からいつまでも離れがたいことに起因している。すべての推論はある程度，背景にある知識や信念に依存するが[18]，新しい情報を既存の信念を支持するものとして取り込むのは問題の原因となる。捜査における仮説は定義の上では，調査を行う対象を特定するために生成される，仮説的なシナリオに過ぎない。目の前の仮説は，証拠がそれを十分に支持しないのであればただちに棄却され，正確に構築されなければならない。捜査における推論に対して惰性がバイアスを生じさせることの危険性については，既存の信念と新しい証拠の評価との関係性を検討する実験的研究が明らかにしている。

　たとえ根拠のない考えであっても，人の思考を簡単に引きつけることができることをこれまでの研究は示唆している。架空のシナリオについて仮説的な説明，あるいは理由を与えるだけで，それが実際に起こる可能性を高く見積もるようになる。たとえば，あるスポーツチームが今度の試合に勝つと考えられる理由を人に求めた後では，そのチームが勝つ可能性は高く見積もられた[19]。同様に，政治選挙がある結果に終わることを想像するよう求めただけで，その通りの選挙結果になると考える傾向が強くなったり[20]，ある精神疾患の患者が平和部隊[21]に加入する理由について（あるいは反対に，なぜ自殺をはかるのか）説明を求めたところ，その説明と一致することが将来に起こると信じる傾向が強くなった[22]。また，ある値が提示されると，それが明らかにでたらめなものであっても，人はその値に自分の判断を引っ張られる傾向があることが研究によって示されている[23]。そして，根拠とされる証拠が排除された後でさえ，新たに形成された信念に固執するのである[24]。

　**確証バイアス**についての研究は，フランシス・ベーコンの「以前の結論がいまだに有効だと」保証する「危険な決めつけ」[25]という言葉や，アーサー・コナン・ドイルが架空の登場人物に言わせた「理論に合致する歪んだ事実」[26]という言葉が正しいことを証明している。一連の研究から得られる重要な知見は，新たな証拠は，その人の既存の信念を確証する形で評価されるということである[27]。確証バイアスは「現在支持されている仮説を維持する傾向，あるいは放棄することに対する抵抗のこと」と定義され[28]，**信念バイアス**[29]，または**事前信念効果**とも呼ばれている[30]。また，研究者は反対の**拒絶バイアス**の存在も特定している。これによって，以前の信念と相容れない証拠は弱いと判断される

ため，元の信念が揺らぐことはないのである[31]。

確証的な推論は多くの古典研究でも行われてきた。科学者が論文執筆のために他の論文を引用する際，引用先の研究結果が自分の信念と一致しないときに比べて，一致する結果のときの方が受け入れられやすい[32]。子供の学業成績の評価をする際にも，当該の生徒が優秀だと信じるよう誘導されたときの方が，優秀ではないと期待されたときよりも好意的に判断されやすい[33]。確証バイアスは，もっともらしい代替理論がないときに非常に強力になり[34]，ある格言が認めている通り「そのアイデアが自分の持つ唯一のものであることほど恐ろしいものはない」のである[35]。確証バイアスについての研究は幅広い分野に及んでいる。これには，対人判断[36]，公共政策[37]，科学研究[38]，商品[39]，不動産取引[40]，などが含まれている。このバイアスは一般人にも専門家にも同様に生じる。医師や医学生は検査の初期段階で仮説を生成し，その仮説を支持しない証拠を目の前にしても，最初の仮説に固執する傾向が観察された[41]。実際に，早まった診断が誤った医療判断を引き起こしている[42]。心理臨床家が正常な人々を精神病患者と誤って思い込んだ状態で診察した際は，彼らに精神病理的な症状を見出し[43]，曖昧な心理検査の結果を最初に提案された疾患と合致するように解釈した[44]。

確証バイアスは，警察関係者，熟練の警察官が参加した研究でも観察されている。スウェーデンの警察官が参加した一連の研究では，新証拠は，それが警察官があらかじめ持っている仮説を裏づける証拠であるときの方が，仮説に相反するものであるときよりも強力な証拠と判断された。たとえば，目撃証言が警察官の考えを支持するものであったときには，それに反するものであったときより正確だと考えられ，写真の証拠もより信頼できるものだと考えられた[45]。オランダ警察の犯罪分析官を対象に行なった研究では，たとえ特別分析官が捜査チームの中で優勢な見解に異を唱える役を担ったとしても，彼らはよりもっともらしい特別分析官の見解を無視して，捜査チームの中で優勢な見解を支持し続ける傾向にあった[46]。ある小規模の研究によれば，国際的な指紋分析の専門家の大多数が，事件の（偽の）情報に合致する形で指紋の一致度を判断した。その際，多くの専門家は同じ指紋についての情報を知る前の自らの判断を取り消した[47]。

犯罪捜査の文脈では，確証バイアスは**トンネル・ビジョン**であると言われてきた[48]。犯罪捜査で生じたトンネル・ビジョンは，被疑者逮捕の大部分が捜査

の初期段階に通報を受けて駆けつけた警察官によって行われることで悪化する[49]。つまり，捜査活動の大部分は，被疑者の素性がわかり，逮捕された後で行われるということになる。言い換えれば，捜査は犯人が誰であるかについて強力な事前仮説がすでにある状態でしばしば行われていることになる。有罪傾向に考えやすいバイアスは，法と秩序の問題に対する警察官の間で優勢な態度によっておそらく強化されている。このバイアスは，事前の信念が，個人が今直面している話題に対する安定した態度とよく合致したとき，非常に強くなると研究は示唆している[50]。警察官は，犯罪に対して厳しい世界観を持つ傾向にあり，それゆえに，犯罪を管理するという価値観を，それと相反する無実者の保護に付随する価値観よりも，優先させる傾向がある[51]。その結果，彼らはより有罪に傾いた推測もしやすい。

　まとめると，確証バイアスは仮説推論において，慎重さが求められる弁証法的課題に大きな打撃を与える可能性がある。証拠が仮説を検証するのではなく，仮説を証拠に一致させる場合，推論過程はその屋台骨を失い，他のバイアスの影響を受けやすくなることさえある。特に動機づけの力に影響されやすくなるが，これについてはあとで議論する。本書で議論している多くの心理学的現象と同様に，確証バイアスは意識的，あるいは明白なエラーによって引き起こされるわけではない。むしろ，これは無意識のレベルで，ほぼ自動的に生じ[52]，そのバイアスにかかっていることは本人に本気で否定される可能性がある[53]。他のバイアスと同様に，確証バイアスは，証拠自身が曖昧であるときに大変生じやすい[54]。証拠が明確であれば，人はバイアスの影響を受けにくくなる。

## 動機づけの要因

### 衝突する役割

　捜査の完全性に対するさらに大きな脅威は，警察の捜査活動に関連する動機づけの要因から生じている。警察官は2つの異なる課題を担っているという点においても，刑事捜査は慎重さが求められる取り組みである。1つは，警察官は犯罪を解決しなければならないということ。犯人探しが必要な事件では，一般的には犯人を特定し，探し出すことになる。そのようにして，警察官はその事件について最良の説明を行なうことが期待される。これに加えて，警察官はその州での起訴に備えて被疑者が有罪だという主張の根拠を構築する必要がある。主張の根拠の構築は，一般的に被疑者が判明し，拘留された時点で始まる。

そして捜査はその結論に向かって進展するにつれて激化する。そのため，捜査課題には，客観的な調査と，被疑者を有罪にするために主張の根拠を組み立てるという敵対的な作業の，両立しがたい課題が含まれている[55]。このような二重課題状態は，やはり役割の衝突を引き起こしかねない。科学的手法を用いて真実を発見することが第1の課題であるが，それをもっぱら所属する警察のために行う法科学捜査官にも，同様の役割の衝突が見られる[56]。検察官もまた，二重の役割を担っており，対審制における代理人としての役割と「正義の代表者」という両方の責任を負っている[57]。これらの一致しない目的のもとで仕事をすることは，難しい注文であるということがはっきりしただろうか。懸念されるのは，ある状況下では，この真実を求めるという目標が敵対的な目標に浸食されるということである。

**動機づけられた推論**の研究によれば，正確性以外の目的によって動機づけられている場合，人の推論過程は容易にバイアスの影響を受ける。そのような方向性の目標は「与えられた推論課題の結果に対する願い，欲求，または好み」に歪められる[58]。動機づけられた推論によって生じる歪みは，人がどのように情報を解釈するかに見て取れる。たとえば，自分の健康に対する脅威を示唆する情報の解釈[59]，自分の有能性に対する攻撃への対処[60]，支持する政治家候補の活動に対する理解[61]，贔屓にしているスポーツチームのスポーツマンシップについての判断[62]，自分たちの将来の成績に対する予測[63]，競馬での賭けに勝つ可能性の評価などである[64]。動機づけられた推論は，実社会でも観察されている[65]。

推論過程を歪めるのに，それほど大きな動機は必要ない。模擬捜査課題を用いた最近の研究によれば，敵対的な役割を与えるだけで，人は手続きに対する客観性を失う。この研究では，参加者は検察官か弁護人のどちらかの立場で事件の捜査を行うよう割り当てられ，それぞれの所属する当事者側が事件に勝利できるよう動機づけられた。そして証拠の見方に対して彼らの役割と一致するバイアスが生じるようにした。検察官側の条件に割り当てられた参加者たちは，被疑者についてより有罪に，反対に弁護側に割り当てられた参加者たちはより無罪方向の判断を行った。3つめの参加者グループは，両当事者の参加者が合同で捜査をするように割り当てられた。このグループは事件について他の2つのグループが行った極端な判断の間を取った判断を行ったことから，彼らが事実と被疑者の有罪性についてより中立的な判断を行ったと推測できる[66]。この

ような敵対的な思考には，反対の立場で作業をするよう割り当てられた（架空の）警察官に対する不信感が伴っていた[67]。このような敵対的な傾向は，リラックスした実験環境で，インセンティブも具体的な目標もなく，さらには公正で客観的であれという教示を与えたのにも関わらず，観察されたのである。

　実社会における動機はより強いものである。他のどんな専門家集団とも異なり，刑事事件の警察官は自らの職業を誇りにし，職業上の業務，すなわち犯罪を解決することによって満足感を得ている。たとえば，イギリスの指紋分析官は指紋の一致が見られたときの満足感や，誇り，そして「高揚感」を報告している[68]。それでもやはり，事件解決に対する動機はさらに深いものである。多くの警察官は自身のことを犯罪と戦う戦士だと考えている[69]。犯罪者を裁判にかけることは，彼らがキャリアを捧げ，命を懸ける大義なのである[70]。

　おそらく，警察官を動機づける最も強力な目的は，事件を解決しなければならないという圧力から生じている。つまり，被疑者を逮捕し，起訴することである[71]。ダリル・ハントの事件で行われた逮捕の発表において，ノースカロライナ州ウィンストン・セーラムの警察署長は，「我々は多くの人や時間を本件にかけたが，もちろん，我々の目的は犯人を裁判にかけることにあった。そして我々はそれをやり遂げたのだ」と述べた[72]。事件解決は，警察署の有効性を測る一般的な尺度だ[73]。警察官個人レベルでは，事件の解決は個人的な成功の尺度となる。それは本人の職業的評価，同僚の間での地位，そして昇進に対する見通しを示すものである[74]。同様に，事件解決の失敗は，警察署レベルにおいても，個人レベルにおいても多くのものを失わせる。事件解決率の低さは，それぞれの警察署の規律を徹底するために重要なツールとして利用される[75]。解決率が低いと，警察官は低い地位に降格されることもある[76]。実際，事件解決への圧力は，アメリカとイギリスで警察による犯罪データの改ざんや偽装を時々引き起こしてきた[77]。大きな注目を浴びると目される事件の解決に失敗すると，その損害は特別に大きくなる。そのような事件はセンセーショナルな事件，あるいは凶悪犯罪とは限らない。ほとんどの暴力犯罪，特に強姦殺人，子供に対する性犯罪，そして小さな町や近隣で起こる重大犯罪は，コミュニティを不安定にし，事件解決に対する圧力を高める可能性がある。

　事件解決を求める圧力は，刑事活動による事件解決率が一般的に低いために激化する。第1章で述べたように，警察に報告されるのは発生した重大犯罪のうちの半数だけであり，そのうち5件に1件だけが逮捕によって解決している。

ランド研究所による画期的な調査によれば，重大犯罪の多くは通報で駆けつけた警察官による最初の対応中に明らかになり，解決されている。重大犯罪であっても，被害者または証人が被疑者の氏名を提供して解決されることが多く，これによって，刑事活動の必要性がなくなるのである[78]。ただちに解決されないような犯罪の多くは，決して解決されることがないだろう[79]。したがって，それらを解決するためにできることはないとわかった刑事たちは，非常に多くの犯罪現場から立ち去っていく[80]。このような現実が，現実的で行動指向性が高く，職務を完了することを尊ぶ文化が浸透している取調部門の眼前に突きつけられているのである[81]。警察官に期待されている目的に対する警察官の焦りが，実際に捜査している比較的少数の犯罪を解決しようという動機を高めている可能性が高いといえよう。

## 感情の効果

　警察官が感情的に事件に巻き込まれるのは想像に難くない。たとえば，警察官が被害者やその家族と個人的な関係を築くこともあるため，これによって，犯人を捕まえようという意思はより強固なものになる[82]。警察官はよく犯罪によって引き起こされた人々の悲劇に触れたり，悲惨な犯行現場に直面する。このような経験は，特に怒りや嫌悪感といった，強烈な負の感情を喚起する可能性がある[83]。

　研究によれば，強い怒りの喚起は，証拠に対する念入りな精査を妨げたり，他者に対して敵対的な判断をもたらす傾向がある。特に怒りが喚起されると，ネガティブな結果を個人の責任として強く帰属しやすくなったり，他者の行いをより意図的なものと知覚しやすくなったり，証拠に対する評価が甘くなったり，そして他に可能性のある説明や酌量すべき状況を軽視したりすることがわかっている[84]。また，怒りはステレオタイプや[85]，報復欲求[86]，犯罪防止対策に対する動機づけを増加させることもわかっている[87]。指紋分析を模した研究で，殺人事件の被害者とされる人物の凄惨な写真を提示された参加者は，指紋の比較においてより多くの一致を認める傾向にあった[88]。スウェーデンの熟練の警察官を対象とした研究では，怒りが喚起されると情報の表層しか確認せず，無罪を示唆する証拠に対する感度が失われることが示された[89]。これらの研究全てにおいて，判断の対象となった人物は怒りの発生源とはなんら関係がなかった。言い換えると，怒りに駆られた状態にあると，人は**いかなる**人物に対し

てもより厳しい判断を下しやすくなるということである。凶悪犯罪を犯したと信じる人物に対して人々が怒りを持って反応するのは想像に難くない。

## 集団成員性

　刑事捜査についてもう１つ特筆すべき側面は，それが集団成員性の生じる社会的環境で行われているということである。警察官は大抵自分自身を警察で働く集団の一員とみなしており，犯罪と戦うという共通の目標を彼らと共有していると考えている。彼らの内集団には刑事，巡査，法科学捜査官，検察官，そして被害者や検察側の証人も時々含まれる。重要なのは，この内集団が，ときには弁護人も含め，主に刑事犯罪者（一般的に悪人とされ，「ゲス野郎」と呼ばれる人々）からなる外集団とはひどく対照的に認知されるということである。被疑者は，彼らの状態が推定加害者であるかや，前科があるかどうかに関わらず，こちらの外集団にまとめられる。

　これまでの研究は，集団成員性は人のアイデンティティの重要な要素を構成し，これが自己概念に不可欠なものであることを示唆している[90]。人は自分の所属する集団を信頼でき，有能で分別があり，平和的であると考える一方で，外集団については一般的に信用できず，対抗的で攻撃的だとみなしている。この**内集団びいき**と**外集団蔑視**という現象は膨大な実験室研究と同様に，人類学の研究においても観察されてきた[91]。法的手続きが持つ敵対的な構造はこのような極性化の火に油をそそぐことになる。

　集団環境が潜在的に刑事捜査の結論を有罪方向に揺り動かしている可能性がある。集団に属する成員は，似たような世界観，信念，外集団の成員に対するステレオタイプを共有する傾向にある[92]。共通の目標に向かって行動するとき，集団は成員それぞれに対して凝集性を発揮し[93]，刑事捜査の場合は犯罪と戦うことになる。結託して努力することによって，成員同士の間である共通理解が生まれ，集団規範に従うようになる[94]。ある検察官は，後に DNA 証拠によって雪冤された男性の起訴に成功したときのことを振り返って，こう述べている。「おそらく私は警察官が言ったことを信じたいと望み過ぎていたのだろう。検察官と警察官は同じチームであるということに囚われ過ぎたのかもしれない」[95]。

　特に均質な集団は，選択的に情報を検索し[96]，確証バイアスの兆候を示し[97]，脅威に対して怒りを喚起して情報を表面的にしか扱わないことが示されてい

る[98]。過度の凝集性が異常な集団思考に陥らせることもある[99]。重要なのは，集団環境が集団を構成するメンバーに対して脱抑制効果を与えることである。これによって，普段であれば個人の能力で行うことが忌避されるような行動に対する抑制が外れてしまう[100]。たとえば，人が酒の席で羽目を外しやすいのは，そのような行いが自らの所属する集団の中で規範として受け入れられているときである[101]。他者に電気ショックを与えたり[102]，競争相手に辛いソースを食べるよう強制させたりする場合[103]，集団は個人よりも攻撃的であることが示されている。このような攻撃の高まりには，道徳的責任感の低下が伴う[104]。攻撃的な行動に対する主な責任を，集団の他のメンバーに押しつけやすい場合は特に道徳的責任感が低下しやすい[105]。また，集団成員性は同じ集団のメンバーの不正行為を軽視したり，見落としたり，あるいは見なかったことにするといったこともしやすくさせる[106]。

## コミットメント

　警察捜査のダイナミズムから生じているもう1つの潜在的な問題は，捜査手続きが進むにつれ目の前の仮説に対する投資が増加していくことである。犯罪に対する自分たちの見解を追求するために，彼らは多くの時間と資源を費やし，それが正しいことを証明するために，ときには個人的にも投資を行う。この個人的な投資意識は，被疑者が逮捕されたり，素性が明らかになったときなどに常に高まるようである。

　誤りを認めることは，肯定的な自己概念を維持したいという普遍的な欲求を脅かすものである[107]。特に人は，自分の能力[108]，道徳観[109]，そして一貫性に対して肯定的な自己概念を求める[110]。このような動機は，個人的欲求と社会的欲求の両方を叶えるものであると理解されている。つまり，肯定的な自己概念を維持するためには，自分にとってだけではなく，他者からも自分が肯定的にみられていなければならない[111]。

　多くの実験的研究によれば，人はそもそも間違っていたという指摘をされたとしても，以前の行動方針に固執する傾向がある[112]。このような**コミットメントのエスカレーション**は，自らの元々の行動方針を好ましい方向に捻じ曲げることで生じる。これが以前の過ちを否定するのに役立ってくれるのである[113]。コミットメントのエスカレーションが起きている人は将来の判断に備えるよりも，自分の以前の判断を正当化するための情報を選択的に探す傾向が

ある[114]。また，そのような人は，新しい情報を自分の判断を正当化させる方向に歪めて解釈する傾向がある[115]。コミットメントのエスカレーションは日常の中にも見られる。NBA のチームを対象に行われた研究では，高給取りの選手はコートでのパフォーマンス結果とは無関係に優遇されているし[116]，銀行の支店長は個人的に承認した不良債権に固執する傾向がある[117]。また，劇場のシーズン券を持っている人は，自分で全額を出してそれを買っていた場合，公演を観にいく割合が増えるし[118]，管理職は自分が雇った従業員の評価を割増する[119]。コミットメント効果は，模擬刑事捜査を用いた研究でも観察されている。実験の初期の段階で被疑者を特定した場合，その被疑者の有罪性をより強く信じようになった。その結果，他の仮説について適切に検討することができなかったのである。これらの参加者は，自らが最初に立てた仮説を確証するために追加情報を求め，その信念に合致する形で証拠を評価したのである[120]。

　これまでの研究は，コミットメントのエスカレーションを悪化させる課題の特徴を多く特定してきた。これらの特徴の多くは，道を踏み外した刑事捜査に見られる可能性がある。コミットメントのエスカレーションは，元々の誤りに対する当事者としての責任[121]，誤りを隠すだけの余地[122]，最初の判断が引き起こした問題の程度[123]，誤りが露見した際に見込まれる脅威の程度[124]，そして，最初の誤りに対する注目の度合い[125]など，これらが増加するに伴って強化される。逆説的なことに，誤りが深刻で，それが長引くほど，それが正される可能性は低くなる[126]。

　誤った一連の行動へのコミットメントは，集団の状況によっても強化される。集団はときに，個人でいるときよりも[127]，誤った方向へのコミットメントを強化する傾向がある[128]。さらに重要なのは，集団はそれを構成する個々のメンバーに対して強い統制力を持っているということである。一般的に，内部告発者に厳しい対応が行われるのに見られるように，集団から逸脱すると批判や反発を生むだけでなく，集団から排斥されることもある[129]。また，集団は個人よりも強烈な報復を行う[130]。集団の凝集性が高ければ高いほど，そこから逸脱した者に対する非難は強くなる[131]。したがって，警察官が組織の方針に対して疑義を呈した場合，それは集団の共通理解に対する挑戦とみなされ，ひいては警察文化の中で良しとされている価値観である，忠誠心の欠如とみなされるかもしれない[132]。

誤りを認めることは，捜査方法の正当性に対して警察官が持つコミットメントの感覚によってさらに複雑になる。捜査の失敗は，目撃者は必ずしも信用できないということや，記憶が誤っていることもある，無実者から自白を引き出してしまうこともある，法科学検査が不正確かもしれないということを突きつける。このような推測は，これらの方法を日常的に使い，法廷で擁護し，今後の捜査でもこれらを使うことになっている警察官を特に狼狽させるかもしれない。

まとめると，コミットメント効果は目の前の仮説と矛盾する新しい情報，つまり，被疑者の無実を示す，あるいは異なる人物の犯行を示唆する証拠から目をそらさせるものである。したがって，コミットメントは，有罪判決はもちろん，進行した捜査や起訴をひっくり返すことを難しくしている[133]。刑事手続きの対象となることにはそれほど時間はかからないが，その状況を逆転させることは非常に困難なのである[134]。強力なコミットメントの影響は，検察官の行動にも見られる。特にDNA検査のように説得力のある証拠で被告人が無実を証明しても，彼らは起訴を続ける[135]。たとえば，カリフォルニア州オレンジ郡の検察官は，DNAと指紋鑑定の両方で被疑者の無実が示されていたにもかかわらず，カージャックと武装強盗の被疑事実で無実の男性の起訴を進めた。訴追の決定を擁護するなかで，地方検事補のマーク・ローゼンバーグは，「誰も彼を犯人と識別したりしなければ，この事件を起訴しなかっただろう」と説明した[136]。検察官はDNA鑑定で無実が証明されていることを知りながら，約15名の被告人の訴追を主張したこともある。これらの被告人は全員のちに雪冤された[137]。

## 組み合わさった動機：対立する誘因

これまでの議論では，争いのある事件で警察官は，被疑者を有罪という結論に導こうとする一連の動機を経験するということを示してきた。だが実際，現実はもっと複雑だ。言うまでもなく，警察官は真犯人を見つけ，無実者が有罪となるのを回避するという目的によっても動機づけられている。これらの対立する誘因のバランスをとろうとすると，警察官は難しくストレス[138]の多い役割の葛藤に悩まされる[139]。警察官がどのようにこの葛藤を解決するかは，多くの状況要因と性格要因にかかってくる。

問題なのは，争いのある捜査状況では，真実を突き止めるという目標はそれ

ほど支配的ではないということである。第1に，警察官の視点で見れば，誤った起訴を回避しなければならないというのは抽象的な方針であり，具体的なインセンティブにはならない。むしろそれは犯罪を解決するという目標への妨げとしてしばしば経験される制約であり，それ自体は事件解決に必要な条件ではない。警察官は無実者を起訴しないよう気をつけるのではなく，たいていは犯人を逮捕することで報酬を得ており，そのように認知されている（危険な犯人は野放しのままだが，無実者は1人も逮捕せずにすんでいると発表するために記者会見を招集する警察署長を想像してほしい）。第2に，犯人を逮捕するという目標と，無実者を逮捕しないという相反する目標は，非常に異なるフィードバックの仕組みを有している。先述したように，事件解決に失敗した場合は，とりわけメディアの注目を浴びながら，その警察官と警察署の両方が即座に深刻な損害を被ることになる。それとは対照的に，無実者に対して誤った嫌疑をかけても，それは注目を集めない可能性がある。皮肉なことに，誤った嫌疑は，嫌疑にもとづいて導き出された説得力のある（だが誤った）証拠の下に覆い隠されてしまうことがある。誤りが何カ月，数年，または何十年後に表沙汰になるかもしれないという見通しは，現在のこの大変な緊急事態においては，十分に検討されない傾向にある[140]。第3に，他の大部分の人々と同じで，警察官は自らのパフォーマンスについて非現実的なまでに肯定的な見方をする傾向があるので[141]，彼らは自分が間違っていないと信じる傾向にある。実際，警察官や裁判官は，少なくとも自分の管轄区域内で無実者が有罪判決を受けることはないと信じる傾向にある[142]。最後に，警察官は常連の被疑者，すなわち犯罪歴のある人々に引き寄せられることが多い。これらの被疑者は何らかの形で別の犯罪行為を行っていることが多く，過去に罪を免れたことがあると見なされる可能性がある。警察官は，そのような被疑者に対しては誤った嫌疑をかけることにさほど抵抗がないかもしれず，過去に逃れた悪行を正す良い機会だと歓迎さえしているかもしれない。

　まとめると，状況によっては，真実を求めるという目的が，より敵対的で，有罪判断志向に警察官を導く目標や動機によって上書きされてしまうことは想像に難くない[143]。この対立する誘因については，最高裁判所長官ロバート・ジャクソンの「犯罪捜査についてよく対立する競合企業」という表現に言い表されている[144]。確かに，管轄区域や警察署ごとの手続き，そして地域の職業文化ごとに，敵対的圧力の程度には違いがある。捜査を行う人々の間にも違い

がある。警察官は彼らの職業気質ごとに異なり，この気質はおそらく本人の内省能力，誠実性，迎合性，そしてインセンティブへの感受性によって影響を受ける。ほとんどの警察官は，敵対的な圧力に耐え，綿密で公正な捜査を行っていると考えられる。しかし，対立する誘因は，激しい圧力下で行われた捜査や，プロ意識に欠けた一部の警察官による捜査に大打撃を与える可能性がある。敵対的な誘因は，法科学者によって開発された，有罪方向に歪んだ科学的方法の中にも明らかに見て取れる。これらの方法の多くは十分な科学的根拠に欠けており，明らかにジャンク・サイエンスである[145]。真実を求めるという目的は，犯罪を解決するという圧力が最も強くなる注目を集める事件では非常に無視されやすい[146]。いくつかの事例では，敵対的な誘因によって警察は意図的な不正行為を引き起こし[147]，さらには法廷で公然と嘘をついた。これは警察の**偽証**（testilying）と実務ではいわれる[148]。だが，我々の関心は，不誠実に行われた行動以外にあることを思い出してほしい。

　刑事捜査や起訴手続きの過程で生じる敵対的な圧力は，警察内部で文化や慣習において時間をかけて内在化して行くはずだ[149]。この内在化は，警察官の間にある犯罪に対する厳しい態度が徐々に強化されて行く様を説明するのに役立つ[150]。このような態度が今度は有罪に対する偏向の一因となっているのである。

## 一貫性効果

　難しい事件に特有な特徴の一つは，複数の証拠からの推測が伴うことであり，これらすべての証拠は1つの事実評価に統合され，有罪・無罪の二者択一の結論にたどり着く必要がある。捜査過程でよく遭遇する，情報の不確実性，整合性の欠如，そして矛盾を考えれば，これは難しい課題である。たとえば，サッコとバンゼッティの裁判で提示された証拠の分析からは，300以上の事実と主張が導き出された[151]。利用可能な情報を，その情報に対する人の動機づけおよび感情的反応を含めて課題の他の側面と統合するためには，ある認知的な処理が必要である。情報の統合を行う課題を実行するこの認知的処理は，捜査課題の正確さにまた別の脅威をもたらすものである。

　複雑な意思決定課題における証拠の統合は，**一貫性効果**に関する一連の研究の中核をなすものである。この心理学的現象は，**同じ動きをするものは同じカテゴリーにあるはずだ**，というゲシュタルトの概念に要約できる。複雑な課題

が，目の前の事件の結論の一貫性のあるメンタル・モデルから導き出されたものである場合[152]，つまり，結論が証拠の多くによって強く支持されるのであれば，複雑な課題であっても効果的かつ苦労せずに解決されることもある。この一貫性効果は推論のプロセスで双方向的に生じる。つまり，事実がそれにふさわしい結論を導くのと同じように，結論が出現したときには逆に結論が事実に影響を与え，事実が結論により一致するよう再構成されるのである[153]。このプロセスはほぼ無意識に行われる[154]。一貫性効果は，意思決定課題と同様に，情報を記憶し，他者にそれを説明するときのような一般的な認知過程を含む課題でも見られる現象である[155]。一貫性効果自体は，おそらく適応的な現象であり，課題が非常に複雑で難しいときにでも人が結論に辿り着き，判断を行えるようにしてくれるものである。ただ，この現象は捜査手続きと裁判手続きの両方に深刻な影響を及ぼすのである。

　第1に，証拠はそれぞれ2つ（あるいはそれ以上）の塊にばらばらに分類すると一貫性が保たれる傾向にある。この塊はそれぞれが異なる結論に対応している。そのなかで出された結論を支持する証拠はより強力なものになるが，棄却された結論を支持する証拠は弱体化する。したがって，認知過程は，初期状態では対立し合う証拠を，ある判断を明確に支持する偏った証拠の塊に変換してしまう。言い換えれば，証拠がそのなかで起こってきた判断と一致するように変化するのである。このように証拠を**ばらばらに分類していく**と，ある結論が他の可能性に対して支配的になり，自信を持って行動することが可能になる。たとえば，ある研究では，参加者に無関係な一連の証拠を含む窃盗事件を提示した。証拠には目撃者の識別，考えられる動機，出所不明の金銭の保有，そしてアリバイ主張が含まれていた。この研究において，人は証拠を一貫性のある1つの塊として評価する強い傾向を示し，証拠はすべて，有罪あるいは無罪方向のどちらかに向いていると評価された[156]。たとえ，最初は証拠が曖昧で矛盾していると認識されたとしても，証拠をわけると人は具体的な結論にたどり着くことができる。確信のある行動の根拠となる証拠の外見上の強さは，目の前の事件に対して客観的な評価ができているからそう見えるのではなく，ある程度は認知過程のアーティファクトであることを認識しなければならない。したがって，警察官には，結論を支持する当該証拠は実際よりもずっと強力で，より強い裏づけになるものだと考える傾向がある。

　一貫性効果それ自体に指向性はなく，それゆえに有罪の判断も無罪の判断も

同じように増加させる。しかし，他のバイアス要因と組み合わさると（特に動
機づけと確証バイアス），それらの要因が影響する方向に，事件全体に関わる判
断が影響を受ける可能性がある[157]。先述したスウェーデンの警察官を対象に
行われた，判断に影響を及ぼす確証バイアスの研究の中にも，一貫性効果を見
ることができる。証人の証言が警察官の見解と一致していた場合，警察官はそ
の証人をより信頼できると判断し，その目撃条件はより好ましく，目撃から証
言まで7日間空いたことによる記憶の消失の影響はそれほどないと判断した[158]。
同様に，模擬捜査を扱った上述の研究では，曖昧な事実は参加者が割り当てら
れた立場と一貫するように評価されることがわかった[159]。

　一貫性効果の第2の特徴は，この効果が生じるのは，各情報が独立に評価さ
れないというわけではなく，情報が課題に対するメンタル・モデルにどのよう
に適合するかによって評価されるということである。相互に関係し合う性質を
持つゲシュタルト的プロセスの結果として，いかなる証拠も他のすべての証拠
に影響を与え，最終的には事件全体に影響を与える可能性がある。この**非独立
性**という特徴の重要な側面の1つは，強力に有罪を示唆する証拠を1つ含んで
いると，証拠全体が有罪を示唆するものに変わってしまうのと同じように，無
実を示唆する証拠1つでも，無実という結論がもたらされる可能性もあるとい
うことである。この非独立性が，一貫性の変化に方向性という次元を勝手に追
加し，証拠全体をそれと対応する結論と同じ方向に向かせる。この**間接的な影
響**が引き起こす現象は，たとえば，先述した窃盗事件の研究においても見られ
る。被疑者が犯罪現場の近くにいたという情報を追加すると，予想した通り，
有罪判断率が高くなった。興味深いことに，このことが，他のすべての証拠も
有罪を示唆しているという評価に変えてしまった。たとえば，目撃者の犯人識
別はより信用されたが，犯行後の金銭の所持についての被告人の説明はあまり
信用されなかった[160]。同様に，名誉毀損で訴えられている被告人について，
彼の行いは善意に基づいて行われたことだと説明すると，被告人の弁護を支持
する様々な法的そして事実の根拠に対する評価を強化させたが，被告人の行い
は欲に駆られたものであったと説明した場合には，反対の推測がなされた[161]。
このように事件の本質とは無関係な操作や事件の要素との間に直接的な関わり
がない場合，上述したような評価に対する影響は，認知機能が間接的に情報同
士に繋がりを持たせるために生じたのだと考えねばならない。

　無関係な証拠がどれほど証人の証言を汚染するかを示す多くの研究において，

間接的な影響は偶然観察されている。目撃者が犯人と識別した人物は犯行を自供していると教えられた場合，目撃者がその被疑者をラインナップから選ぶ割合は高くなり，他の被疑者が自白したと言われたときには，その人物を選ぶ割合が低下した[162]。第3章で議論する一連の研究では，誤った人物をラインナップで識別した目撃者の判断について，（嘘の）肯定を行なった（「いいでしょう，被疑者を言い当てましたね」）。その結果，識別に対する確信度を上昇させたことに加えて，このフィードバックは，事件の目撃環境に対する様々な判断を歪めた。たとえば，銃撃者の顔はどれだけ見えたのか，どれくらいその人物の顔の特徴を掴めたのか，どれくらい顔に注意を向けたか，その人物を識別するのはどれくらい簡単だったか，どれくらい素早くラインナップからその人物を選び出したのかという判断に対する確信度が変化したのである[163]。これらの判断は一般的に，第三者（警察官，検察官，陪審員）に証言の信用性の指標として見られているという点で，事案の結果に重大な影響を与えうる。仮にこれらの識別がすべて間違っていた場合（この研究では実際のターゲットはラインナップに含まれていなかった），上辺だけの裏づけは誤った判断を引き起こす[164]。

　間接的な影響は，熟練の警察官に対して行われた研究でも偶然観察されている。ポリグラフ検査官は，被疑者が犯行を自白したと（嘘を）伝えられた場合，曖昧な生理学的データをより虚偽を示すものと解釈する可能性が高かった[165]。多くの国の指紋検査官を対象とした研究では，被疑者は犯行を自供した，あるいは，現在被疑者は自白している，あるいは逮捕されているという（嘘の）情報を彼らが知っていた場合，やはり同様にこれらの知識の影響を受けた[166]。間接的な影響による汚染の可能性は，警察の捜査に深刻な問題をもたらす。これは第6章で議論する陪審の意思決定についても同様である。警察官は，情報提供者，仲間の刑事，証人，報道，そして物的証拠など，様々な信用性を持つ多様な情報によく晒されるものである。そのような誤った情報に晒されると，新たな証拠の評価が影響を受けたり，それによって捜査の方向性が左右されることもあるのだ。

## バイアスのかかった推論の5つのメカニズム

　ここでバイアスがどのように働くかを説明する，5つの一般的なメカニズムについて簡単に述べておくのが良いだろう。これらのメカニズムを理解しておくと，バイアスのかかった推論のプロセスを特定するのに役立つかもしれない。

これらのメカニズムは独立でも機能するし，共同でも機能する。

[選択的フレーミング方略] ふさわしい結論と証拠の適合性を高める一つの方法は，目立つ仮説を肯定するような方法で捜査を組み立てることである。ジェローム・ブルーナーらによって早くから観察されたこのメカニズムは[167]，多くの研究で再現されており，正事例試行方略[168]と検証バイアス[169]と呼ばれている。これらの方略は「仮説が真であれば存在すると期待される特徴」を探すことと説明されてきた[170]。たとえば，会話の相手が内向的な人かどうかを判断するよう指示された場合，人は相手が内向的であるかどうかを確認する質問をし（たとえば，「どのようなときに自分がもっと社交的だったらいいのにと思いますか？」），そして相手が外向的であるかどうかを判断するよう指示されたときの質問（たとえば，「パーティーを盛り上げたいときはどうしますか？」）とは反対の質問をする傾向がある[171]。捜査課題の枠組みを決定する異なる方法が，異なる行動をもたらすことは明らかである。第4章で議論するように，質問の言い回しの微妙な違いは，証人の反応に容易に影響を与えうる。正事例試行方略は，面接者が暗に示した仮定を肯定する方向に証人を向かわせる誘導質問を自然と生じさせる。第5章で論じるように，模擬の取り調べを用いた研究では，有罪をより強く信じるよう誘導された取調官は，より有罪を前提とした質問を行った。その結果，より被疑者が有罪と思わせるような反応を被面接者から引き出した[172]。

[選択的接触] 特定の結論に達するためのもう1つの方法は，選択された仮説を検証する目的で，どの証拠を検討するかを選択することだ。これまでの研究によれば，人は，目の前の仮説と一致する情報に自ら選択的に接する傾向にあり，一致しない情報には接しない傾向がある[173]。これと同じパターンは，人のニュースメディアの選択からも明らかである（Fox News と MSNBC それぞれの視聴者が持つ政治的態度を比較してみてほしい）[174]。同様に，最近自動車を購入した人は，検討したが結局買わなかった自動車の広告より，実際に買った自動車の広告の方をよく読む傾向がある[175]。人は自分について好ましくない情報よりも，好ましい情報を探す傾向にあることは実験でも示されている[176]。情報が不足している場合，選択的接触はより顕著になる[177]。これは犯罪捜査によくあることである。このような選択性には，対立する仮説を毀損すると期待される証拠もまた，積極的に検索するという側面もある[178]。

[選択的精査] 新しい情報を検証する基準を変更することでも，期待する結

論を導き出すことができる。これまでの研究によれば，人は自分の結論と一致しない情報はきちんと調べる傾向があるが，一致する情報の妥当性を評価する場合には甘い基準を適応する[179]。対立する意見に異議を唱えるとき，人はより多くの努力を費やし，より徹底的な反論を考え出したり，冗長な反論をまとめたりするものだ[180]。期待はずれの知能検査結果を受け取った人々は，その妥当性に異議を唱える傾向があるが，好ましい結果を受け取った際にはそれを素直に受け入れたりする[181]。同様に，人は自分がある病気に罹りやすいという医学的診断に対しては懐疑的な反応を示すが，そのような兆候は見当たらないというような診断は素直に受け入れる傾向がある[182]。科学論文の査読者を対象とした研究では，査読対象の研究結果が査読者の考えと矛盾する場合，査読者は論文の誤字に気付く可能性が高いことが示されている[183]。

[バイアスのある評価]　評価の客観性は，あらゆる捜査の完全性に重要な要素である。さらに，バイアスのある推論の最もありふれた形式のものは歪んだ証拠評価によって生じる。バイアスのある評価[184]は上記した研究においても多くに見られたものだ。たとえば，人を小突く行為についての評価は，行為者の人種によって，ふざけているのか攻撃しているのかの評価が異なり[185]，自分の支持する政治家候補が他の候補者よりもディベートで健闘したと主張したりする[186]。また，フットボールの試合で起きた身体的接触は，相手チームのプレイヤーによって行われた場合はファウルと見なされ，自分のお気に入りのチームの場合は正当な接触だったと見なされるし[187]，自分の選んだ馬がレースで勝つ確率を高く見積もったりする[188]。法科学的検査における歪んだ判断を見出した研究においてもバイアスのある評価が見られた[189]。

[選択的中止]　最後に，限られた数の研究による報告だが，人は自分にとって重要な仮説を支持する十分な証拠を見つけた後は，捜査を中止する傾向があることが示唆されている[190]。これは，警察の捜査が早過ぎる段階で中止されてしまう可能性を意味している。特に，警察の仮説に反する情報が十分に検討されるより前に捜査は中止されてしまうかもしれない[191]。ダラスのベテラン刑事は，自分の担当した捜査が無実の人を有罪にしたことを知った後，このような説明をした。「簡単な事件だと思うと，あまり深入りせず，細部にまで気を使わなくなる」。そして，有罪判決が誤りだったと証明されてはじめて「しっぺ返しを食らった」とその刑事はつけ加えた[192]。

## 捜査の不透明性

　刑事司法手続きに組み込まれている監視機能で捜査の誤りを是正することも期待できる。結局のところ，警察官の業務上の成果物は，上司や検察官，裁判官，弁護人，そして陪審員など，その全員が証拠に対して批判的に精査を行うべき人々によって評価される。この制度上の監視機能は，他者に対して自分の行いを正当化する必要性が予想されているという点において，**説明責任**が生じたときの心理的構造とよく似ている。そのような場合，人は特定の他者の目に自分がどのように映るかに応じて，賞賛を得るのか否定的な結果になるのかを予想する。フィリップ・テットロックらによる研究では，自己批判のプロセスを通じて評価者の反対意見を予想し，先手を打つという手続きを踏むと，説明責任は低いパフォーマンスを向上させることを示した。説明責任は証拠に対する注意の向上，確信度と正確性の関係性の調整，思考過程の洗練度の向上，そして感情の原因とは無関係な判断に対して感情が及ぼす影響の抑制に繋がることが分かっている[193]。

　しかし，刑事司法手続きには幾重にも重なる監視機能が組み込まれているにも関わらず，説明責任はそれが期待される効果を発揮していないかもしれない。当然のことながら，説明責任がもたらす改善効果は，関係者が目の前の問題に対して十分な情報を得ている場合にのみ限定される[194]。したがって，どのようなことが行われているか，人の行動が見えないままでは説明責任の効果はうまく機能しない。言い換えれば，説明責任が効果を発揮するかどうかは捜査の透明性に依存するが，刑事捜査は相変わらず不透明である。業務の記録は捜査機関によって異なるが，全て揃っていて，かつ客観的であることは滅多にない。当事者達も認めている通り，33%のラインナップ実施者はその実施に関する報告書を何も保存していないし，27%は手続きに使った写真記録も残していない[195]。多くの管轄区域では，ラインナップ実施者のたった7%しか，その手続きをビデオ録画していない[196]。このような捜査の不透明性は，目撃証人の選択や自信の程度，被疑者に関する供述，選択の速さ，ラインナップ実施者の発言といった情報を外部の評価者から遠ざけることになる。第6章で説明するように，この情報は識別の信用性評価に不可欠である。アメリカの最高裁判所が判決を出した目撃者識別事件の約半数において，裁判所は手続き記録の非網羅性を指摘している（それでも識別の信用性に対する議論は維持され，大抵は好意

的に，情報不足に関しては何ら問題提起されることはない）[197]。

　協力してくれる証人との面接記録の多くは，警察官が面接を振り返って書き留めた証人の言葉の意訳である。このような方法では，質問に対して証人が提供した情報のうち，かなりの量が失われてしまう。たとえば，司法関係の児童福祉に携わる面接官を対象とした実験では，子供から提供された情報の詳細については 20% から 40%，面接官からの質問については 80% 以上が報告書から除外されていた[198]。同様に，児童虐待事件の実際の面接を検証したフィールド研究では，面接中に逐語的なメモを取ったとしても，面接者は証人から報告される内容のうち約 4 分の 1 を書き漏らし，自分が尋ねた質問の半数以上を省略した[199]。フロリダで熟練の警察官を対象とした研究では，証人が語った情報の約 3 分の 2 が警察官の報告書から漏れており，彼らが尋ねた質問は 1 つも報告に含まれていなかったことが分かった[200]。証人が語った以上のことを思い出すとは期待できない。誤りは質問の微妙な言い回しや，情報のちょっとしたほのめかしのような，ほとんど目立たないような方法で引き出される可能性があるため，このような捜査の不透明性は問題である。信用できる記録がないということは，被疑者の取り調べという文脈では特に深刻な問題である。被疑者の取り調べ場面については，被疑者が出所となる供述の内容と，それらを引き出そうとするために捜査側が用いた手法に関する論争が頻繁に発生する。警察官は気づいているように，このような**水掛け論**の多くから透けて見えるのは，彼らは被疑者の言葉よりも自分たちの言葉の方が信用されることに気づいているということだ。要するに，捜査の不透明性が法的行為者から得られる多くの証拠を覆い隠してしまうため，警察官は自分の説明責任について心配する必要がないのだ[201]。

## ブランドン・メイフィールドの捜査

　アルカイダのテロ攻撃に関与した嫌疑を掛けられたオレゴン州の弁護士，ブランドン・メイフィールド氏に対する捜査は，警察の捜査が誤った方向に踏み外しうることをよく示している。この事件は FBI と司法省監察総監室それぞれにおいて特別な審議対象となったという点で有益である。メイフィールド事件は，指紋鑑定に携わるコミュニティに衝撃を与えた[202]。そこでは長い間，誤りを犯す可能性はゼロという主張がなされ，この主張は裁判所によっても繰り返し支持されてきた[203]。また，この事件は，最高峰の科学警察研究所で高

く評価されている専門家でさえ，捜査のダイナミズムを捻じ曲げ，最終的にはありえないような結論に至ることも示している。

2004年3月，FBIはマドリードの通勤電車に対するアルカイダによる大規模なテロ攻撃の捜査について，スペイン国家警察を支援するよう求められた。コンピュータ化された指紋識別は，この攻撃に関与した人物と一致する可能性のある指紋の持ち主としてメイフィールドを導き出した。メイフィールドが被疑者としてもっともらしく見えたのは理解に難くない。メイフィールドは退役陸軍軍人で，イスラム教に改宗し，エジプト人の女性と結婚していた。彼は以前，子供の親権争いで，テロ共謀罪で有罪判決を受けたイスラム教徒の男性の弁護を担当していた[204]。

FBIの一流の指紋の専門家が指紋を鑑定し，メイフィールドの指紋と一致したと結論を出した。その鑑定結果は後で30年以上の経験を持つFBIの元分析官による確認も行われた。この一連の手続きはFBIの潜在指紋課を率いる専門家に監督されていた。2週間後，連邦検察官は，メイフィールドを「重要証人」として捜索し，拘束する令状を連邦裁判所に申請した。この申請は，指紋は「メイフィールドのものと100%」一致したというFBIの宣誓供述書に主に基づくものであった[205]。メイフィールドは逮捕され，伝えられるところによれば，彼は死刑相当の重大な犯罪に関連したとして捜査されていたという[206]。FBIの結論は，その後裁判所によって任命された別の指紋分析官によって確認が取られた。しかし，その後まもなくして，スペインの警察はその潜在指紋が実際はアルジェリア国籍のダオウド・オーニーという男と一致することに気づいた。オーニーの指紋と見つかった指紋が紛れもなく一致することを確認した後，FBIはメイフィールドの指紋に対する鑑定結果を撤回し，彼を釈放した。

メイフィールドの指紋がマドリードの列車を爆破させた実行犯の指紋と一致したと宣言されたその瞬間から，捜査は暴走する貨物列車のように進んでいった。FBIの報告書が述べているように，「最初の分析官が一度ある考えを持ってしまったがために，そのあとの分析も汚染された」のである[207]。メイフィールドを被疑者として目を付けたFBIの動機もまた明らかである。FBIがマドリード列車爆破事件の犯人を特定することに強い関心を抱いていたと考えるのは別に的外れではない。テロリストの特定は，当時アメリカのイラク戦争に対しては消極的な同盟国であったスペイン政府の協力を確保するうえで有益であった。友好的なヨーロッパの地で行われたアルカイダの攻撃を解決するこ

とに対する期待もまた，アメリカが世界規模のテロ戦争を行ううえで利益となった。最終的に，アメリカのイスラム教徒をアルカイダと結びつけたことは，国内で政府が行うテロ対策を正当化し，物議をもたらした法案，特に愛国法への支持を獲得する結果にも繋がっただろう。実際，メイフィールド事件が強い注目を集めたことが，指紋鑑定の誤りを引き起こした中心的な原因として FBI の報告書の中で言及されていた[208]。

メイフィールドの捜査には，FBI の分析官の利用可能な証拠に対する選択的接触があったことを明らかに示している。司法省の報告書が指摘しているように，FBI によって重要と考えられた指紋の類似点はメイフィールドのいくつかの指紋のうち，たった１つのみに見られたものであった[209]。言い換えれば，分析官は仮説を裏づける証拠を与えてくれる情報源に注目する一方で，同程度に信用できる情報でも仮説に反する証拠を無視していたのである。分析官はまた，選択的精査で証拠を処理した。指紋の比較は多くの非常に小さな細部の類似点（第三次特徴）を探すことによって行われているが，その妥当性は論争の的になっている[210]。このような論争が問題とされることもなく，メイフィールド事件の分析官は，自分たちの鑑定結果を正当化するために，詳細な類似点を多数列挙した[211]。それと同時に，彼らは潜在指紋の左上部分全体がメイフィールドの指紋と一致しなかったという事実を完全に見過ごした[212]。

バイアスある評価の影響は，この事件の捜査に広まった。FBI は一連の指紋との間に 15 カ所の類似点を発見したと主張した。司法省の報告によると，分析官は潜在指紋の不明瞭で曖昧な細部については，メイフィールドの指紋と類似していると解釈した[213]。また，後にダオウドの右中指の潜在指紋であったことが判明した指紋を，FBI はメイフィールドの左人差し指と一致すると判定していたことも明らかとなった[214]。分析官は，「後づけの」推論も行なっており，このことが実際には存在しなかった追加の類似点を「見つける」ことに繋がった[215]。また，この事件には集団成員性が影響していたことも明らかだ。FBI の報告書に記されているように，２番目と３番目の FBI の分析官によって行われた鑑定は，一致に対する圧力に束縛されていた可能性がある。「意見の不一致は期待されていた反応ではなかった」[216]。集団成員性の効果は，FBI の分析官の明らかな過信と，スペインの同業者に対して彼らが抱いていた優越感からも明白であった[217]。

おそらく，この事件で最も注目に値するのは，メイフィールドの最初の指紋

一致に対する FBI チームのコミットメントの強さであった。FBI の結論を知ってから数日後，スペインの警察は指紋が「不一致」であったと FBI に通知した。この赤信号が FBI に調査結果の再検討を促すことはなかった。むしろ，FBI はスペインのチームとマドリードでの会議を設定し，指紋が一致したという鑑定の妥当性について説得することを選択した。その 8 日後に行われた会議は芳しくなかった。スペイン当局の報告によると，FBI は指紋には 15 カ所の似たような「端点」があると主張したが，スペインでは 7 カ所の類似点しか見つけていなかった[218]。スペイン側の代表は FBI の分析との矛盾を指摘し続けたが，「アメリカ側に理解してもらえるとは到底思えなかった」。「彼らはすべてについて正当化した」とスペインの指紋分析部門の責任者は説明し，「でも私にはまったく理解できなかった」と述べた[219]。その会議が終わる頃には，FBI はスペイン側から指紋を再検討するという約束を取りつけていた。FBI からの圧力は続いたのだ。スペインの当局者が説明していたように，会議の後の 3 週間は「FBI は定期的に電話をかけてきて」，「我々に圧力をかけ続けた」[220]。メイフィールド事件はまた，捜査の不透明性から生じる問題も浮き彫りにする。この捜査は FBI の施設で快適に行われていたが，分析官はこの結論に至った理由を記録していなかった[221]。この捜査の大失敗の正確な理由はこのように不明のままである。

　この事件はまた，誤った捜査に対するコミットメントが，裁判手続きに対して二次汚染を引き起こす可能性も示している。瑕疵ある捜査を裁判所に正当化しようとする際，FBI の関係者とその法律家は，メイフィールドの逮捕状請求を支持する根拠のない歪曲した申し立てを行った。スペイン政府は FBI の結論に「満足した」ので調査結果の再検討を約束したとアメリカ政府は述べており，スペイン警察との分析の気まずい矛盾について誤解をしていた[222]。FBI はまた，メイフィールドが実際にスペインに旅行したことを示すよう，強い圧力を受けた。実際のところ，彼がスペインに旅行したという記録はなく，彼はパスポートも所有していなかった。主張を裏づける証拠がないため，FBI の宣誓供述書は，「メイフィールドは虚偽または架空の名前で旅行した可能性が考えられる」と述べていた[223]。メイフィールドとマドリードの爆破を結びつける明白な試みとして，FBI はメイフィールドの事務所と自宅とから「多岐にわたるスペイン語の文書」を押収したと主張した。メイフィールドに近い情報筋によると，これらの文書は彼の幼い子供のスペイン語の宿題だった[224]。

FBIによって生み出された証拠が，メイフィールドを有罪にして死刑判決を下すのには十分なものであったことは注目すべきことである。彼の有罪は科学的な証言と裁判所が任命した専門家にも援護された，この国で最も権威ある犯罪研究所から揺るぎない有罪の証拠を突きつけられたのだ。通常の状況ではFBIの誤りを発見することはほぼ不可能であっただろう。検証可能で明確な一致が真犯人の指紋との間に見いだされなければ，メイフィールドの運命はまったく違っていたかもしれない。

## 改革に向けての提案

本章では，警察が行う捜査の実施方法を検討し，そのダイナミックな特性について注目した。ここでの議論は，適切な捜査の実施には，争いのある刑事捜査という厳しい現実においては実現しきれない程に繊細な認知処理の必要性を示すものである。その中でも，認知バイアスは，それ自体はほとんど無指向性だが，どの結論を警察官が支持しているかに関わらず捜査の結論をただ強化する。しかしながら，このプロセスは，警察官に敵対的な誘因を与え，有罪を確証する結論に向かわせる傾向にある多様な動機づけによって大きく影響される。現実には，認知と動機づけが引き起こす現象は同時に作動し，偏った処理を引き起こす強力な源となる。

ここまでの分析では，警察官自身が，特にどのように情報を探し，検証し，評価するのかに焦点を当ててきた。だが，ここでの議論はダイナミックなプロセスのほんの一側面について言及したに過ぎない。証言を生み出す人に対して取り調べが及ぼす影響という重大な側面については省略している。次の３つの章では，捜査側が持つ信念が証人の証言をどのように浸食し，同調するよう促していくのかを検討する。エスカレートしていくという性質を捜査ダイナミズムが持つゆえに，警察官の仮説は，それらを強化する確証的な証言を生み出し，確固たる結論に変えてしまうという傾向がある。第６章で議論するように，この**擬似的な裏づけ**は，刑事事件の結末に大きな影響を与える可能性がある。最初に誤った理解を持って始まった事件の捜査は，その誤りをずっと引きずる傾向にある。これは敵対的な誘因が特に強い捜査で発生しやすい。

対審制はイギリスとアメリカの裁判手続きの顕著な特徴の一つではあるが，この手続きのうち，捜査段階においては対審制が根本的に不適切であるということに議論の余地はないだろう。事実を見つける機能としての役割を果たす機

会を得るには，対審制は双方の立場からの事実についての説明を戦わせなければならない。実際には，捜査は警察とその他の州の捜査機関によって事実上独占されている。犯行現場，物的証拠，データベース，被害者，そして証人へのアクセスは州が実質的に独占していることがほとんどである。州はまた，捜索を行なって証拠を掴んで人を逮捕し，そして検察権を脅迫の道具として行使することに関しても独占的な権利を有している。対照的に，被告人，特に収監されている被告人が捜査を行える範囲は非常に限られている。たとえ被疑者が平等な捜査権限を享受できたとしても，非ホワイトカラーである被疑者の大多数にそれらを有効に利用することはできないであろう。実質的に，捜査は完全な対審制ともいえない手続きによって実施されており，その手続きで州側の説明はほとんど精査されず，却下されることはない。片手で拍手をしようとしているのと同じことで，この一方的な態度は，対審的な手続きに潜在していたであろうあらゆる長所を骨抜きにし，真実の発見に対して不適切な手段を生み出している。以下の議論では，警察による捜査の正確性を向上するために考えられる手段を検討する。

## バイアスを除去する：代替案を検討する

確証バイアスを克服するのに自然なアプローチは，そのバイアスを除去することだ。それを可能にする1つの方法は，健全な懐疑論と水平思考を促進することである。つまり対立仮説を生成する機能の導入である[225]。この方針に則った提案は，イギリスの警察の訓練で紹介されており[226]，カナダの裁判所では義務づけられている[227]。具体的に実験的な介入を行い，バイアスの除去に成功した事例では，「反対の仮説を考える」よう人々に教え込んだ[228]。刑事捜査でこの習慣を取り入れるには，警察官に対立仮説を検討させ，それらを棄却する理由を詳しく説明させることで実施が可能である。

確かに，このような介入は歓迎されるべきだが，その有効性がおそらく限られていることは認識しなければならない。バイアスを除去する教示は，注意欠陥による見落としなど，比較的軽い認知的失敗は正してくれるようだ[229]。ただ，動機づけ要因と認知バイアスが入り混じった推論過程までは，あまり修正してくれないことがわかっている[230]。争いのある刑事捜査によく見られる強力な動機づけバイアスを克服するには，バイアスを除去する教示だけでは十分ではないと考えられる。さらに，この介入方法では，目の前の仮説がより強化

される可能性もあるので，逆効果となることもある[231]。

## 役割を分割する

捜査の完全性を促進するために考えられるもう1つの方法は，目の前の仮説に対して批判的評価を行うよう設計された手続きを捜査に導入することである。その目的は，捜査を精査し，それらが道を外れそうになったときに修正することだ。弁証法的推論とは，対立仮説の長所と短所について構造化された議論を起こすために，目の前の仮説に反論を提供するようチームメンバーの数名を指名する介入である[232]。この手法はそれまでチームが行なった選択に対するコミットメントを軽減することがわかっている[233]。

役割の分割は洗練された解決策だが，実際にはこれは複雑な問題であり，意図した利益を得られるかどうか疑わしい。この介入は，対立仮説を主張する役割の者が新たな仮説を心から信じるよう動機づけられている場合には効果的であるが，ただのロールプレイングとして反対意見が出されてしまうと効果がない[234]。特に，反対意見を出すよう割り当てられた人物が，実際には肯定側と同じ見解を共有しているような場合，真の意味での役割の分割は難しい。刑事捜査の文脈では，反対意見を出すよう割り当てられた人物は，通常，同じ機関の一員から選ばれることになるだろうから，彼らは肯定側の同僚と同じような訓練を受け，法と秩序の問題に対しては同じような態度をとる可能性が高い。役割の分割における失敗は，オランダ警察の犯罪分析官を検討した研究に見られる。分析官の役割は悪魔の代理人に徹することである。もっともらしい対立仮説を無視する一方で，捜査チームにおいて優勢な仮説を確証することによって，分析官の重要な役割が損なわれたことを思い出してほしい[235]。同じような問題が，フランスの司法制度における治安判事の有効性を制限しているようである[236]。

たとえ役割の分割がうまくいったとしても，持続させることは難しいかもしれない。反対派は一般的に嫌われる傾向にあり[237]，長期的に見れば彼らが及ぼす影響は小さくなる可能性がある。さらに，心理的に分離され過ぎてしまうと，集団間の紛争に異常な側面ももたらすことがあるため，捜査手続きや有益な捜査の妨げとなる可能性がある。さらに，介入の失敗が裏目にでることもある。対立仮説を見つけ次第論駁するということは，すべての異議に対処したという上辺だけの感覚を意思決定者に与える可能性があり，その結果として，結

論の正確性に対して高い確信を与えることになる[238]。これはブランドン・メイフィールドの捜査でまさしく起きたことである。裁判所によって任命された専門家がFBIの同僚と同じ誤った結論に至り，その結果，FBIの失敗が大きくなったことを思い出してほしい。

それでも，慎重に設計され，適切な文化的環境で運用すれば，役割の分割がうまく機能することもある。クレイグ・ワトキンスが率いるダラス郡地方検事局はそのよい例である。ワトキンスは正確性の問題を前面に押し出し，2007年に有罪見直し部門（Conviction Integrity Unit）を内部に設立した。この部門では，有罪判決を受けた受刑者による無罪の主張の正当性を見直し，再捜査することになっている[239]。この活動が始められてから4年の内に，有罪判決を受けた受刑者14名が雪冤された[240]。他の管轄地域では，誤判審査委員会（innocence commission）が設立されている。これは説得力ある無実主張を行う受刑者の有罪判決を再検討する準司法組織である[241]。無実者が起訴され，有罪となることを防ぐ事ができるのであれば，役割の分割は非常に効果的かつ有益であろう。

## 捜査当局の再編成

対審制というには不十分な捜査の性質を改善する最も野心的な方法は，捜査官が活動するうえで得られる制度上のインセンティブや動機づけを刷新する事である。犯罪を解決するという目的を排除することは，なんとしてでも有罪に辿り着かねばならないという組織的な圧力を軽減するのに大いに役立つ。この改革は，現在のインセンティブ構造を，真実を追求するという目的によって動機づけられるものに置き換えることである。これを達成するためには，捜査に対する責任を，警察から犯罪との戦いに直接的な責任を負わない機関に移すことが考えられる。この目的のために設立された司法機関がその候補に挙げられる[242]。捜査は，特別に訓練された裁判官によって監督され，専門の捜査官によって行われる。こうすると，刑事捜査は連邦航空局（Federal Aviation Authority）の権限のもとで行われる航空機事故調査の捜査と非常によく似た方法で行われることになる。捜査報告書には，有罪性を示唆する証拠と無罪性を示唆する証拠についての説明が含まれ，検察側と弁護側に共有される。

この改革案は大規模な官僚組織に対して抜本的な見直しを求めることになるだろう。第1章で議論したように，このように大きな改革は真剣に検討される

べきである。ただし，本書で提案する事項は，短期および中期的に実現可能であり，警察署ごと，または個人レベルでも採用できる改革に焦点を当てることとする。

## 透明性：捜査の電子記録

　刑事捜査の客観性を高めるために最も有望で，実行可能な方法は，捜査の透明性を高めることである。これは本書が提案する最も重要な2つの推奨事項の1つである。証人となる可能性のある人々全員とのやりとり，ラインナップ，聴取，そして取り調べを含めて，これらは記録され，そのすべてが保存されるべきである。他の捜査手続き，特に法科学鑑定についても詳細な記録が作成される必要がある。これらの記録は，最も利用しやすい媒体で行われるべきであり，これには視聴覚機器を通常用いることになるだろう。たとえ法廷で使用される可能性がなくとも，被疑事実を支持しない証人の聴取のような，些細な捜査活動も記録に含まれるべきである。重要なのは，当該事件に関与するすべての当事者に，この記録の利用が可能にならなければならないという事である。

　以下の章で議論されるように，完全で信用できる捜査記録の作成は，警察官の対審制と呼ぶには不十分な態度を和らげ，正確性と透明性の2つを向上させることに繋がるはずだ。刑事司法手続き全体で使用される証拠の質を高めることに加えて，透明性の高い捜査には捜査手続き自体の改善も期待される。記録が利用可能になれば，警察官の仕事に対する説明責任の意識が高まるだろう。自らのパフォーマンスが第三者の批判的な目に晒されるという意識は，警察官たちに，いつどの仮説を生成すべきか，どの情報を検証するべきか，どのように情報を集め，評価するべきかについてより深く考えさせるようになるだろう。透明性は，法執行機関に訓練，監視，そして捜査の品質を保証するためのツールを提供し，警察官によるベスト・プラクティスの遵守を後押しする。透明性は，警察の不正行為を阻止する役にも立つだろう[243]。さらに，捜査の記録は情報収集ツールとしても役立つはずだ。完全で正確な記録は，さもなければ気づかれずに忘れ去られてしまうであろう法科学的な詳細情報に対する理解も助けてくれるだろう[244]。

　以下の提案は，より正確で透明性の高い証拠の確保を推進し，敵対的な誘因を減らすことを目的としている。

1. 捜査機関は捜査手続きを専門化し，体系化するべきである。この手続き
   はベスト・プラクティス・プロトコルに基づく必要がある。
2. 捜査機関は，捜査手続きの完全な記録を作成するべきである。
3. 捜査機関は，水平思考を推奨し，これをした人に報いるべきである。そ
   して課題の複雑性に適した素質を持つ人員を割り当てるべきである。
4. 捜査機関は，誤りを犯す可能性に対して，より神経を使わねばならない。
5. 捜査ミスは率直に報告されるべきである。

　第3章から第5章では，刑事裁判で使用される最も一般的な種類の証拠にベ
スト・プラクティスを実施するために必要な，具体的な提案事項を示すことと
する。

# 第3章 「刑事さん，この人です！」
## 目撃者による犯人識別

　ある朝，フロリダ州タラハシーにある銀行に1人の若い男が入ってきた。伝票に記入した後，アメリカ郵便局が発行した小切手を現金化してくれるよう，銀行職員に申し出た。その女性職員は，小切手に書かれた合計金額が10ドルから110ドルと青色インクで雑に書き換えられていることに瞬時に気づいた。彼女が小切手の現金化を断ったとき，その男は，それは郵便局が書き間違えたもので修正は元からのものだと主張した。彼女が男の要求を鼻であしらい続けると，男は怒り，急いで銀行を後にした。そのやり取り全体は，1分半程度であった。4，5時間後，1人の女性が銀行にやってきた。その女性は自分が警察官であることを伝え，先ほどの出来事を担当した女性職員と面接を行った。出来事について詳しい事情聴取を行った後，職員は6枚の写真の中から被疑者を識別するよう求められた。

　その職員は，自分がフロリダ州立大学で目撃者の研究を行っている研究者によるフィールド実験の参加者47人の中の1人になっていることを知らなかった。分析の結果，参加した銀行職員全体の55％が正しい識別を行ったことが示された。言い換えると，彼らの半分近くが間違った人物を識別した，または，被疑者を選べなかったことになる。特に重要なのは，6枚の中に被疑者の写真が含まれていなかった場合であっても，職員の37％が誰かを選択したことである。もちろんそれらの識別はすべて誤りであった[1]。

　本章では，目撃者による犯人識別について取り扱う。犯人性が問題となる事件（「誰がやったのか」の特定が必要な事件）では，当然ながら被疑者を特定することが鍵となる。被疑者の識別は，たとえば，DNAやその他の生物学的合致，監視カメラや電子記録など，目撃者による識別以外の方法による識別が可能である。それにも関わらず，目撃者による識別がもっとも一般的な識別方法になっており，したがって，目撃者による識別は捜査や起訴には欠かすことのでき

ない手段である。ある推定では，アメリカでは毎年約 77,000 人の被疑者が目撃者によって識別されているという[2]。被疑者の識別は，一般的に捜査をその被疑者に集中させる傾向があり，しばしば事件の結果を決めるという点で，捜査の軸となる。

ラインナップでの犯人の選択は，概して目撃者によって提供される情報の一部でしかない。たとえば，明るさの状態，犯人との距離，目撃の長さ，ラインナップでの選択についての確信など，目撃者は自分の識別を下支えする情報もたくさん提供する。また目撃者は，事件に関する幅広い情報，たとえば，犯人の行為に関する説明や，被疑者の特定に結び付く重要なさまざまな具体的詳細情報をも提供する。事件の記憶については第 4 章で取り扱う。本章では犯人の識別，特に，我々がもっとも一般的な手がかりとして使う顔の特徴に基づいた識別のみを取り扱う[3]。

目撃者識別に関するやっかいな問題をより理解するために，膨大な実験的研究が行われている。我々は見ず知らずの人をどれくらい上手く識別できるのか？　我々は何が原因で識別を誤るのか？　識別は捜査手続きの影響をどの程度受けるのか？　そして究極的には，警察は識別の信用性を拡大するために何ができるのか？　結局，この一見単純そうな問題は非常に複雑なのである。目撃者識別の研究分野で注がれた多大な努力，すなわち科学雑誌に掲載された 450 以上のラインナップ研究と 2,000 を超える顔認識の研究[4]に関わらず，研究者はいまだに関連する問題のすべてを把握できずにいる。識別に関わる要因は膨大にあるため，関連するすべての要因，そして言うまでもなく，それらの要因の相互作用を研究者が完全に探究することはできそうにない。

識別の手続きには，マグショット帳，単独面通し，写真帳，ラインナップが含まれる。マグショットによる捜査は，主に警察内で被疑者が思い当たらない場合に，被疑者を浮かび上がらせるための方法として使用される。目撃者は，当該事件と関連があるかは不明だが，被疑者となりうると考えられる数多くの人物写真から被疑者を識別することが求められる。単独面通しでは，フォイル[5]は設けず，被疑者のみを使って行われる。目撃者は，その人物を犯人として認識するか否かの回答が求められる。一般的に単独面通しの手続きは体系化されておらず，屋外やパトカーの中，事件現場，病院などで実施される。写真帳（写真ラインナップやフォトスプレッドとも呼ばれる）とラインナップはもっとも体系化されており，識別の手続きとしてもっとも信頼されている。ライン

ナップは写真でも実物でも，警察に思い当たる被疑者が存在し，その人物が犯人かを確認する場合に実施される。これらの手続きでは，5人以上のフォイルまたはフィラーと呼ばれる，事件と関係がないことが明らかな人たちの中に被疑者が並べられる。目撃者は，提示された対象者たちの中から犯人を識別することが求められる。実験的研究は，本章での主題と同様，主に写真帳と人物ラインナップに注目している。特に明記しないかぎり，本章で使用する**ラインナップ**という言葉は，両方の手続きに対して使うこととする。

　識別研究の基本的な手続きは，まずはじめに実験参加者がターゲットとなる人物を目撃するところから始まる。実験内の目撃者は，ターゲットが犯罪を行っている場面のビデオを視聴したり，または，現実場面での模擬犯罪（たとえば，教室に乱入して教授のかばんを盗む）を目撃したりする。次に，目撃者はラインナップからターゲットを選択するよう求められる。ある実験手続きでは，ターゲットをラインナップに含める（ターゲット存在ラインナップ）。これは，警察が真犯人を割り出し，その人物をラインナップに並べる状況を想定している。別の実験手続きでは，ターゲットとなる人物を意図的にラインナップに含めない（ターゲット不在ラインナップ）。この後者の手続きは，警察が誤って無実の人を被疑者とし，その人物を真犯人の代わりにラインナップに並べてしまうケースを想定している。捜査の結末は，犯人はこの中にいないと目撃者が宣言できるかどうかにかかっている。

　目撃者の回答は次の5つのいずれかになる。目撃者が正しくターゲットを選ぶ場合，識別は真陽性，またはヒットとみなされ，望ましい結果となる。現実場面では，真陽性は正しい有罪判決に貢献することになる。目撃者がターゲットではなく無実のフォイルを選んだ場合，識別は偽陽性，または誤警報（false alarm）とみなされる。現実場面では，それは誤った有罪判決へと導く可能性がある。ターゲットのいないラインナップで誰かを選ぶことは定義上，誤警報となる。なぜなら，ターゲットはラインナップにいなかったからである。目撃者は，誰も選ばないという選択もできる。無選択の一つには，ターゲットがいないと明言する方法があり，それはラインナップを棄却することである。犯人が本当にラインナップにいない場合，棄却は真陰性とみなされ，警察を初期捜査段階に正しく戻すことになる。犯人がラインナップにいる場合に目撃者がそれを棄却した場合，それは偽陰性とみなされ，有罪の人物を自由の身としてしまう可能性がある。最後のタイプは，目撃者がラインナップで誰も犯人として

識別することができないが，犯人がいる可能性を否定できない場合である。

## 識別の正確性の概要

　目撃者識別の研究で明らかにされているもっとも重要なことは，識別は一般的に信じられているほど正確ではないということである。何千もの実際の事件での目撃者の観察および実験的研究は，識別成績が比較的安定したパターンをもつことを示している。概して，実際の事件のデータでは，目撃者の45%以下が被疑者を選択し，約35%が誰も選択しない。そして約20%が無実のフィラーを選択している[6]。これらのデータのほとんどは，一般的に識別手続きがアメリカより優れていて，研究者が警察の記録をより入手しやすいイギリス警察の記録である。入手に制限があるアメリカのデータも同様のパターンを示している。サクラメント郡で20年以上実施された識別手続きでは，目撃者の50%が被疑者を選択し，26%が誰も選択せず，24%が無実のフィラーを選択した[7]。これら実際の事件から得られたデータは，実験室で得られた結果と非常によく似ている。94件の実験結果をメタ分析したところ，目撃者の46%が犯人を正しく選択し，33%が誰も選択せず，21%が無実のフィラーを選択していた[8]。

　上記の実験データは，被疑者が含まれているラインナップを使用したものである。これらのラインナップは，警察が犯人を見つけ出し，その人物をラインナップに含めた場合に相当する。しかし実際には，警察が疑いをかけた人物が必ずしも真犯人であるとは限らない。したがって，目撃者証言をより信頼できる方法で査定するには，ラインナップにターゲットが含まれていない場合の識別の精度も調べる必要がある。ターゲットのいないラインナップでの唯一の正しい答えは，ここにターゲットはいない，というものである。しかし数多くの研究が，約半数（48%）の目撃者が定義上無実であるフィラーを選ぶことを一貫して示している[9]。見ず知らずの人の識別が困難であることが，真犯人を有罪にするのを難しくしていると理解するのは容易である。ターゲットがラインナップにいる場合であっても，目撃者の3分の1は誰も選択しない（35%が誰も選ばなかったという結果を思い出してほしい）。そして，誰かを選択した目撃者のうち約3分の1が，ターゲットの代わりに無実のフィラーを選ぶ（誰かを選択した65%のうち20%が誤った選択をしている）。したがって，全体で，ラインナップに並べられた真犯人の約半分は識別されず，おそらく処罰を受けないこ

とになるだろう（誰も選択しない 35% と誤った選択をする 20% の合計）。研究は，無実の被疑者がターゲットとして誤って識別され，誤判決の可能性の扉を開くリスクをもたらすことも示唆する。第1に，識別は常に正確というわけではない。ターゲット存在ラインナップのデータは，誰かを選んだ目撃者の3分の2しか正しいターゲットを識別していないことを示している（誰かを選択した65% の中で，正しい識別をしたのは 45%）。したがって，真のターゲットが完全に見えている状態であったとしても，3人中1人が選ぶのは，実際には無実のフィラーということになる[10]。無実のフィラーの選択率は，ターゲットのいないラインナップにおいてとりわけ高く，目撃者の 50% が誰かを選択し，それは必然的に間違った人物を選択していることになる。後に取り上げるが，目撃者が一度も見たことのない人を高い割合で選択するということは，**無理に誰かを選ぼうとする傾向**が，見知らぬ人物の識別を難しくしていることを示している。無実者が誤って有罪とされるリスクは，よく使われている単独面通し手続きでもっとも高く，その間違いは被疑者を有罪とする方向に傾く。

　犯人識別の信用性に関しては他の問題もある。識別の信用性を測定する2つめの方法は，ラインナップに被疑者がいない場合に目撃者がどのように答えたかを測定することである。この評価は，ターゲット存在ラインナップから選択した目撃者の成績とターゲットがいないという点以外は同一手続きで行われる犯人不在ラインナップから選択した目撃者の成績とを比べることによって測定される。信用できるとみなされるには，ターゲットがいるラインナップで正しくターゲットを選んだ目撃者は，ターゲットがいない場合は誰も選択してはならない。結局のところ，正しい識別のうちかろうじて半分しかこの信用性の二重基準を満たしていない。残りの半分は，ターゲットがいる場合は正しい選択をするが，いない場合には無実のフィラーを選択する[11]。信用性の二重基準を満たさない正しい識別は不安定であり，それらは知識に基づく推測に過ぎないとスティーブン・ペンロッドは示唆する[12]。そのような識別の基準で被告人たちを有罪にすることは，深刻な政策的問題点を提起する。なぜなら，このように不安定であるにもかかわらず，これらの識別は習慣的に高い確信をもって裁判で提示されるからである。

　まとめると，実験室とフィールドの両方のデータは識別の正確性が低いことを示している。選択の3分の1が明らかに間違っており，正確な選択の半分は不安定なものである。したがって，選択のちょうど3分の1が信用できる正し

さということになる。そのような識別を基準にして被告人を有罪とする際に，我々はこれらの証言を慎重に取り扱う必要がある。後に取り上げるが，識別の信用性に関する疑いは，この制度の改正によって正確な識別が多少減ったとしても，ラインナップ手続き改正の主張を強化することになる。

信用性に問題があるにも関わらず，目撃者による識別の証言は一般的に事件の結末に大きな影響を及ぼす。被疑者の識別は，その人物の有罪を証明するための捜査努力を一層促進させることに結びつく。そしてそれは，第2章で論じたように，その結末を裏づけるためのさらなる証拠の収集に潜在的につながることになる。識別は，検察官の起訴と弁護側に対する厳しい司法取引を引き起こし，弁護人の意欲を弱め，裁判官の判断を固めることにも結びつく。第6章で論じるように，第三者である事実認定者は，識別の正確性を強く信用する傾向にある。事実認定者は，一般的に，識別の信用性を損なうさまざまな要因について注意を向けておらず，正確な目撃者と不正確な目撃者を区別するのが困難である。目撃者による誤識別が，誤った有罪判決のもっとも大きな原因であると長く認識されていることは驚くことではない[13]。この傾向はすでに知られている冤罪事件でも認められており，その約4分の3が誤識別に起因したものである[14]。これらの事件の多くで，被告人を有罪にする唯一の証拠が誤った識別であった[15]。

## 記憶プロセスの基礎

ここからは，目撃者による識別の正確性に関わるプロセスとそれに影響を及ぼす要因を取り扱う。基本的に，見ず知らずの人物を識別する際には記憶が用いられる。目撃者は，ラインナップで見る被疑者が，犯行現場で見た人物の記憶と合致するかどうかについて判断することが求められる。一般的に記憶のプロセスは，符号化，保持，想起の3つのサブシステムで構成されている[16]。識別の正確性は，これら3つの各段階での処理を混乱させる要因によって低下すると言われている。

[符号化] 記憶は符号化から始まる。符号化とは，物や人，出来事に関する情報の取得を意味する。ある人物像の記憶は，その外見の符号化にもっとも左右される。純然たる真実として，我々は見ず知らずの人の顔を符号化することが通常得意ではない。記憶システムは進化の過程において，日々出会う何十，何百，何千という知らない人物像を覚えるために資源を費やさなくなったと考

えられる[17]。符号化は，犯行現場での目撃条件の悪化によって妨害される。

　　[保　持]　符号化の後，記憶は検索待ちの状態で保存される。この保持の期間中，記憶は一般的に衰退して弱まっていく。また，保持された記憶はさまざまな情報，たとえば報道や指名手配ポスター，裁判などで被疑者像に触れることによって汚染されやすい。記憶の汚染は，他の目撃者や取り調べでのやり取りを通して得られた犯人に関する情報にさらされることによっても起こりうる。

　　[想　起]　記憶プロセスの成否は，その想起，すなわち記憶したイメージを意識に呼び起こすことによって明らかになる。事件が自然に思い出される場合，事件について友人や警察に説明する場合など，想起はさまざまな場面で起こる。識別場面での想起は，識別手続き，つまり目撃者がラインナップにいる誰かを犯人として選べるかどうかを尋ねられることによって行われる。理想的な識別手続きは，目撃者の記憶を単に引き出し，ターゲットと直接比較するよう促すことであるが，実際の手続きは，多くの困難と潜在的な偏りを含む，非常に複雑で多面的な作業であり，識別の正確性に脅威をもたらす。なぜなら，我々には人物に関する信用できる記憶がなくても，自然に誰かを選択する傾向があるからである。無理に誰かを選ぼうとする傾向は，ラインナップに犯人がいると目撃者が想定している場合，そして，被疑者にとってラインナップにいる特定のフィラーがどういうわけか目立つ場合に特に強い。したがって，この傾向はたやすく悪化するし，また識別手続きに影響されることがある。

　　無理に誰かを選ぼうとする傾向は，目撃者が最初の選択で間違った人を選んだことを知らされて，再度識別のチャンスが与えられるという方法を使った研究で明らかにされている。60% の人たちが，自分たちの記憶が間違っていることを受け入れて選択をあきらめるのではなく，継続して他の誰かを選ぼうとする[18]。**無理に誰かを選ぼうとする傾向**は，日常的な状況であってもたやすく証明される頑健な現象である[19]。この現象は，影響力のあるドキュメントテレビ番組『フロントライン』（Frontline）で放映されたロナルド・コットン事件の映像を視聴した数分後に，犯人不在ラインナップが提示され，識別を求められた研究参加者によっても示されている。参加者の 71% が誰かを選択した。それは当然全員が無実のフォイルであった。この割合は映像を見なかった参加者と違いがなかった（74%）。実際，ジェニファー・トンプソン自身が，彼女を襲った犯人の識別に対して明らかに無理に誰かを選ぼうとする傾向を示した（第2章を参照）。トンプソンの識別はどちらも弱い（そして誤った）認識の基で

行われた。写真帳で，彼女は6枚中4枚を消した後じっくりと考えた。「この人たちだったと思う。——その人だったはず。でもそっちの人も。」そして彼女は「この2人の人たちだと思う。」とゴールディン刑事に伝えた[20]。8日後，トンプソンはラインナップでコットンを選択することを再度ためらった。4番に立っていた無実の大学生をしばらく観察した後，彼女はゴールディンの方を向き，「4番と5番のどちらか」だと言った。その後，再度観察を行い，5番に立っていたロナルド・コットンを選んだ[21]。

多くの研究が誤識別の原因を明らかにしようとしている。一般に信じられていることとは違い，人間の記憶はビデオレコーダーとは大きく異なっている。人間の認知の大部分の側面と同様，目撃者識別はさまざまな要因の特定できない組み合わせによって影響される。それらの要因は記憶の正確性に大きな影響を及ぼす。具体例として，ある研究は，同じ出来事で同じターゲットについて目撃する場合でも，目撃する状況を変えると正確性が14%から86%まで揺れることを示している[22]。そのプロセスに影響を及ぼす要因は（その要因が存在すれば一般的に正確性が低下するにも関わらず）**正確性要因**（accuracy factors）と名づけられている。

正確性要因は，**偶発要因**（incident factors）とラベルづけされている，記憶の符号化ともっとも関係している。偶発要因は，たとえば犯罪現場の明るさ，目撃者と犯人の距離，目撃時間の長さなど，目撃者が事件を見る条件に関係している。偶発要因が引き起こす誤認識の大部分が自然発生的な誤りである。また，記憶の保持と想起段階に関連する**システム要因**（system factors）も関係している。この要因は，公的に犯人の識別を得るために警察が実施する手続きを含んでいる。後述の研究が示すように，システム要因は，誰も選択されなかったかもしれないラインナップで目撃者に誰かを選択するよう促したり，警察が疑いをかけている特定の人物の識別を促す可能性をもっている。その性質により，システム要因は刑事司法制度のコントロール下にあり，したがって改革の余地がある。1978年にゲイリー・ウェルズが影響力のある論文を発表して以来，システム要因は研究者の多くの注目を集めている。したがって，この研究分野は，事件を事後的に判断するというより，将来を見据えた体系的な改革を重視している[23]。

偶発要因とシステム要因が相互に影響し合う場合もある。記憶痕跡が弱ければ弱いほど，記憶の保持および想起の段階において，バイアスとなる要因の影

響をより強く受ける。犯人について確固たる記憶を持つ目撃者は劣悪なライン
ナップに影響されることは少ないが，かろうじて犯人を覚えているような目撃
者であれば，簡単に揺らいでしまうだろう。実際，記憶の汚染は，ターゲット
についての記憶が弱い場合にもっとも強くみられる[24]。当然，時間の経過は記
憶を弱め，ますます汚染に影響されやすくなり，二重の損害を与えるというこ
とになる。

　その他多くのヒューマンエラーと同様に，誤った識別は**認知**と**メタ認知**が同
時に失敗することから成る。一般的に，メタ認知は信念や判断，記憶など，自
分の知識の状態について知っていることに関係する。刑事司法プロセスの運営
を妨げる可能性があるエラーには，メタ認知のエラーが伴う傾向にあることを
多くの研究は示している。たとえば，我々は一般的に記憶の間違いを認識する
ことができず，不正確な記憶を真実と見分けることができない傾向にある[25]。
したがって，確信をもって無実の人に対して致命的な誤識別をする場合であっ
ても，それは悪意のない思い違いから生じている場合がある。

## 被疑者の観察：偶発要因

　記憶は，最初に符号化された情報以上に良くなることはない。符号化を妨げ
る要因を考察する前に注目しておくべきことは，見ず知らずの人の顔の符号化
は最適な条件下でさえも強固とはいえないということである。一連の研究によ
ると，人はたった5秒前に見た顔の認識，そして同時に見られる顔の照合でさ
えも困難である[26]。

　符号化が不十分であることは，ある人物が会話の最中に全くの別人と入れ替
わるという一連の研究でも見られている。大学のキャンパスで行われたある研
究では，研究協力者の1人が道を尋ねるために歩行者を呼び止めた。会話の途
中で，別の2人の研究協力者がドアを運び，会話している2人の間を不意に通
った。会話がドアで遮られている間に，ドアを運んでいたうちの1人が，最初
に話しかけた人と入れ替わり，歩行者と会話を続けた。研究の結果，研究参加
者の約半分は，会話の相手が数秒前に話していた人物と同一ではないことに気
付かなかったことを示した[27]。同様の結果は，カウンター越しで接客していた
人物がしゃがんだ瞬間に別人に入れ替わる状況など，さまざまな環境の元で再
現された[28]。別の研究は，スーパーマーケットでの窃盗を描いたビデオの中の
犯人が途中で変わったことに，参加者の60%が気づかなかったことを報告し

ている[29]。

顔の符号化が不十分であることはスウェーデンの研究でも示されている。参加者は2人の人物の顔写真を見せられ、どちらがより魅力的かを選ぶように求められた。参加者が選択した直後、実験者はこっそりと写真を入れ替え、参加者に対して、選ばれなかったほうの写真を見せながら、なぜその人物のほうがより魅力的なのかを説明するように求めた。ここでも、写真の入れ替えに気付いたのはほんの少数であり、少し前に見た写真に関する参加者の記憶が弱かったことが示された。さらに、参加者は自分たちの当初の選択と矛盾した理由を無意識的に述べたにも関わらず、その説明は合理的で納得できるものであった[30]。この後者の結果には注意が必要である。なぜなら、より広い現象を明らかにするものであるからだ。すなわち、たとえ間違っていたり想像上のものであったとしても、我々は自分たちの想定する信念、判断、行動について一見すると正当な理由を述べる傾向にある、ということである。言い換えると、説明が必要だが得られない場合、我々は巧みにそれらを作り上げる。それは、**知っている以上のことを語る**（telling more than we can know）と呼ばれている現象である[31]。

これらの研究では、目撃条件は良好であった。すなわち、目撃者は近距離から、明るい照明の下で、かなりの時間、妨げられることなくターゲットを見ていた。実際のほとんどの事件では、目撃条件はこのような理想的な状況ではない。以下に挙げる偶発要因は、識別の信用性を低下させる一因となる。ここで挙げる要因は多くの事件で顕著な役割を担うが、すべてのありうる要因を網羅しているわけではない。

[距離と照明] イメージの符号化は、当然ながら、まず視覚システムがそれを知覚することを必要とする。あらゆる物体の知覚に影響を及ぼす決定的な2つの要因は、目撃者とターゲットの距離と事件現場の照明量である。これらの要因の効果はよく知られている。すなわち、物体がより小さく、照明がより暗ければ、知覚されるイメージは弱い。ウィレム・ワーヘナール率いるオランダの研究者グループは、その2つの要因の度合いに関する目安を作成しようとした。全般的な知見は、信頼できる診断、すなわち正しい識別と誤った識別の比率はおおよそ「15の法則」に従っており、15ルクス（明るい街灯に照らされる市街地の照明レベルをわずかに上回る）を超える照明レベル、そして15メートル以下の距離で許容レベルに達する、ということであった。特に、20メート

ルの距離を超えると正確性は低下し，40メートルになると一層悪くなる[32]。距離の増加に伴う識別の正確性の低下は，カナダで実施されたフィールド研究でも示されている[33]。

　さらにオランダの研究は，照明が3ルクス（市街地の暗い街頭と同等）まで落ちると正確性は急激に下がり，満月の下ではでたらめな回答と変わらないほどになることを明らかにした。たとえ2つの特徴のうちの1つが良好であったとしても，すなわち距離が短く照明が暗いとき，またはその逆の場合であっても，誤警報率は高かった。これは，ジェニファー・トンプソンが近距離だが暗い照明の下で犯人を見て，ロナルド・コットンを識別した事件にも当てはまる[34]。この現象に関する説明として，なんらかの強い要因（たとえば近距離）がある場合に，参加者は識別を実際よりも良くできたと感じると考えられる。この説明は，誰かを選択する決断は，記憶の客観的強さではなく，自分自身の記憶についての信念（すなわち，その人のメタ記憶）の影響を受け，同時にこれ自体が誤りやすいものであるという知見と一貫している。

　特定の事件を評価するにあたり，これらのデータをあまりにも文字通りに適用することには注意が必要である。一つには，それらのデータは正確な基準というより，大まかな分類を提供するものだからである。それらはまた，目撃条件の上限を捉えるものであり，他の要因が最適とは言えない場合にはたびたび低減する。さらに重要なことに，事件当時の距離と照明を測定する客観的な測定方法がほとんどの場合存在しないがために，この研究を実際の事件に適用することが困難になる。さらに，他に適切な選択肢がない場合には，警察官や事実認定者たちは，目撃者自身の自己報告に依存せざるをえない。このような依存状態から，情報源に問題があることが指摘できる。研究は，人が距離を推定することに長けているとは言えず，記憶をもとに推定が行われる場合には特に成績が悪くなることを示している。人は距離を過少評価する傾向にあり，この過小評価は，距離が延びるほど大きくなるという一貫した結果が示されている[35]。カナダのフィールド研究の参加者たちは距離を約3分の1短く見積もり，幅を持って推定させた場合は半数以上のケースで，実際の距離が推定範囲外になった[36]。対象までの距離を過小評価すると，目撃条件が実際以上に良い状態と捉えられ，目撃の正確性が過大評価されることにつながる。

　目撃者による照明度に関する自己報告を信用することにも同様のリスクがある。人間の目は周囲の明るさに対して自動的に調整を行う。一般的に人は通常

の明るさの範囲内であるときには環境の照明度に気付かない。居心地の良い喫茶店の照明が暗いということは，一般的には店を出て日の光の下に行くまでわからない。目撃者による識別の問題において最高裁判所の判断の弱点の一つとなっているのは，裁判所が目撃条件に関する目撃者自身の報告を非常に信用しやすいことにある[37]。

[目撃時間の長さ]　類似の研究は，対象を目撃した時間の長さの効果についての検討も行っている。予測通り，目撃時間がより短いと識別の正確性がより低くなるという結果が示されている。ある研究は，目撃時間が45秒から12秒に短くなると，正確性が3分の1に下がることを示している[38]。先ほどと同様，目撃者は対象を目撃した時間の長さを過大評価する傾向にあるため，実際の事件で目撃の長さについて信頼できる測定方法を見つけるのは困難である。結果的に，識別は実際よりも高く評価されることになる。最初に紹介した銀行員の実験では，平均するとたった90秒の出来事だったにも関わらず，銀行員が報告した推定時間の平均は4.2分であった。別の研究でも，強盗犯を実際に目撃したのは30秒であったにも関わらず，目撃者は平均82秒と推定したと報告している[39]。時間の長さの過大評価は，ストレスのかかる出来事において特に顕著になる傾向がある[40]。また，銀行員の研究は根本的なこととして，時間の推定がどのような方法でなされるかによって大きく左右されるということを示している。出来事の長さを頭の中の想像上のストップウォッチで計測した場合，銀行員たちは何も言わずに推定した場合よりも平均してほぼ4分の1の長さを報告したとしている[41]。

[目撃者のストレス]　識別の正確性に影響を及ぼす別の要因として，出来事の目撃時における目撃者のストレスの程度が挙げられる。実験室研究のメタ分析によると，ある程度までの不安の増加は識別の正確性を向上させるが，不安の程度が強くなると識別の正確性は損なわれることが示されている。高レベルのストレスは，識別の正確性と事件の記憶の両方にマイナスの影響を及ぼす[42]。実際に犯罪事件を経験するストレスは実験室で作り出されたストレスよりはるかに大きいため，現実の事件での識別の正確性は実験で示されるものより低くなるであろう。ストレスによるマイナスの影響は，2種類の尋問を含むアメリカ陸軍の訓練プログラムにおける実際の状況で再現された。2種類の尋問のうちの一方は，他方よりストレスが多く暴力的であった。ストレスの低い尋問を受けた訓練者の方が，尋問者の識別について2倍以上正確であり，無実のフィ

ラーの選択はかなり少ないという結果であった[43]。類似の結果は，ロンドン・ダンジョン・ツアーで恐怖体験ができる展覧会で実施されたフィールド研究でも見られた[44]。先の実験と同様に，予防注射を受けた人たちは，注射を担当した看護師を識別する際，後にストレスのない状況でやり取りした看護師を識別する場合よりも，誤識別しやすい傾向があった。識別の正確性は，脈拍数がもっとも高くなった人たちで最も低い結果となった[45]。ジェニファー・トンプソンは暴行を受けたとき，決して落ち着きを失うことはなかったようだが，かなりのストレスを経験したと報告している。彼女の言葉によると，「私は生きるのか死ぬのか」に必死であった[46]。

[武器の存在]　特にストレスとなる原因の一つに武器の存在がある。研究では，ターゲットが武器を振り回している場合，特にそれが目撃者に向けられている場合に，識別の正確性がいくぶん低下することが明らかになっている[47]。この現象についての説明としては，武器が目撃者の注意を引き，犯人の顔の特徴から注意をそらしてしまうことが考えられる[48]。目撃者の眼球運動を追跡した研究では，武器への注視が識別の正確性の低下に直接的に関係していることを示している[49]。実際の場面で本物の武器が目撃者に向けられると，目撃者のストレスレベルがより高くなると考えられる。

[情報源の混乱（転移のエラー）]　誤識別は，見たことのある無実の人物と犯人を目撃者が混同する場合に起こりうる。言い換えると，目撃者は対象を正しく識別しているが，その人物を見た正しい状況，時間，場所の記憶との関連づけを誤るということである。出会ったことのある無実の人と犯行現場とを混同することは，罪のない親近感を有罪を示す証言に変化させてしまうことにつながる。この種の間違いは記憶の情報源のモニタリングの失敗として説明される（詳細は第4章）。

時折，目撃者は，犯人と別の文脈で見た無実の人物とを混同する。それは，その目撃者の近くで働いていたり，住んでいる人かもしれないし，事件現場の近くで見かけた通りすがりの人かもしれない。転移のエラー（transference errors）または無意識的転移（unconscious transference）として知られるこの現象は，1995年オクラホマシティのアルフレッド・P・マラー連邦政府ビル（the Alfred P. Murrah Federal Building）爆破事件に加担したと考えられたジョン・ドー2（John Doe 2［名無しの権兵衛の意］）に対して無駄な捜査を行った原因と考えられた[50]。転移の効果は実験室でも示されている。ある研究では，参加者

はマッサージ師からマッサージをうけ，その部屋にいた研究者と話をした。4週間後，参加者のほぼ半数が，2人のうちどちらがマッサージ師で，どちらが研究者だったか，混乱した[51]。別の研究によると，目撃者は，スーパーマーケットにいる3人の女性のうちの1人がワインを万引きしているように見えるビデオを視聴した。その犯人が含まれていないラインナップから，万引き犯を識別するように求めると，参加者の半数以上が残りの2人のどちらかを選び，5人に1人が，その2人を混同した[52]。

[同人種効果] 非常に多くの研究が，**同人種効果**または**人種間バイアス**(cross-race bias) の現象について検討を重ねている。我々は，自分たちと人種や民族が同じ場合に比べて，異なる人種に対する識別の正確性が低い[53]。5,000人に近い参加者のデータを含む91の研究を扱ったメタ分析は，人種間バイアスは比較的強く頑健であることを明らかにしている。これらの研究を総合すると，我々は自分たちと異なる人種内で顔を識別するより，同じ人種内で顔を識別する正確性の方が1.4倍高い。同様に，異なる人種から見知らぬ顔を識別する場合，間違って選ぶ確率が同人種から選ぶより1.5倍高い。人種間バイアスは対称的に機能する。すなわち，このバイアスは異人種に対しても同様に適用される[54]。この現象の理由はまだ完全に明らかにされていないが，おそらく認知的要因と社会的要因の組み合わせが関わっていると考えられる[55]。この効果は人種間の接触の程度によって抑制されることが示されている。すなわち，異人種の人たちとの接触が多ければ多いほど，バイアスが弱まる[56]。同様に，目撃者が自分と異なる年齢層のターゲットを識別する際には，正確性が低くなる[57]。現実場面に多い年齢層を超えた識別は，類似の年齢層の人たちで実施されることが多い実験室研究の平均結果よりも正確性が低いことを，この**年齢バイアス**は示唆している。

[目立つ特徴] 識別の結果は，被疑者の目立った特徴にも依存する。研究によると，我々は顔や声について，あるステレオタイプを共有しており，それらは一般的に，我々にとってポジティブな人たち，または犯罪者のようなネガティブな人たちのイメージに収束する[58]。ある状況下では，身体的特徴が犯罪者のステレオタイプに偶然合致する人がラインナップの中で選ばれやすい[59]。犯罪者のステレオタイプ以外で目立つ特徴としては，著しい鉤鼻や非常に大きな耳，または"見た目が良い"と思われるような特徴的な身体的属性が挙げられる。一般的に，目撃者により良く覚えられると言う理由だけで，非常に特徴的

な犯人は正確に識別される可能性が高い。同時に，見た目が特徴的な被疑者は，公平さに欠けるラインナップを作成される可能性がある。なぜなら，見た目の似ているフィラーを十分な数だけ見つけることが難しいからである[60]。さらに，非常に目立った特徴をもった人が犯人の場合，同じ特徴を持つ無実の人が犯人と混乱されやすい可能性も考えられる。

## 被疑者の識別：システム要因

　警察捜査や裁判前の手続きにも関わる要因について検討を行っている研究も存在する。これらの要因は警察によって直接コントロールされるシステム要因として定義される。以下では，実施される手続きによって識別の鋭敏さがどう異なるかを明らかにしていく。まずはじめに，正式な識別手続き以前の，記憶の保持期間中に起こる要因に注目する。その後，記憶の想起に識別手続き自体が与える複雑で多様な要因を検討する。

### ラインナップ前の要因：保持段階

　[モンタージュの作成]　捜査において警察が取るべき方向性を持っていない場合，目撃者は犯人の合成イメージを作成するよう求められることがある。モンタージュは，犯人を識別できるかもしれない他の人たちに，再認の手がかりを提供することを主な目的とする。モンタージュは描画器具やコンピュータプログラムを使って作成されたり，スケッチ画家によって描かれる。この一見賢明そうな方法には，考慮すべき2つの問題が存在する。1つめの問題は，モンタージュが想起された顔に似ている程度には限界があることである。ある研究によると，対象のモンタージュを見せられた人のうち，ラインナップから対象を正しく識別できた人は，わずか4人に1人であり，それは偶然のレベル（6分の1）よりわずかに高いほどであった[61]。モンタージュと実際の顔の類似性の低さは，モンタージュを作成する方法と顔の記憶が保存される認知メカニズムの不一致に関係していると考えられている。モンタージュは個々の特徴を基にした処理によって作成されており，描かれているイメージに個々の特徴を付加的につけ加えることによって作成されるのに対し，顔の記憶は全体的，ゲシュタルト的な処理になる傾向がある[62]。

　2つめの問題は，モンタージュの作成が目撃者の持つ犯人についての元の記憶を弱め，汚染することもあるという点である。この問題は，モンタージュの

作成がターゲットの識別の正確性を低くし，フィラーを識別する割合および誰も識別しない割合を高くするという結果を示した実験によって明らかにされた[63]。ジェニファー・トンプソンの誤識別がモンタージュ作成の後に起こったことを思い出してほしい。作成には約1時間半を要した。そして彼女はそれを「わかりにくい」と報告した[64]。トンプソンのモンタージュは，ロナルド・コットンと真犯人であるボビー・プールの両方に似ているように見えた[65]。

[被疑者の描写]　捜査の過程は，目撃者から得た犯人の描写によって左右されることも多いだろう。しかし，目撃者による描写に頼ることが必ずしも役に立つとは限らず，誤りの原因となる可能性がある。一般的なこととして，見知らぬ人物についての我々の言語描写は診断力が低い傾向にある[66]。顔の全体的な印象の記憶は言語描写で簡単に捉えることはできない。オランダで行われた大規模なアーカイブ分析によると，被疑者の描写は漠然としている傾向にあり，性別，人種，身長，年齢，そして服やアクセサリーといった一時的な特徴など，一般的で非個人的な特徴に関する情報の提供がほとんどであった。描写のわずか5％が顔の具体的特徴に言及しているが，その3分の1以上は間違っていたことが示された。顔の毛（あごひげや口ひげ）の描写のほとんど全てが，警察のデータベース上の写真と合致しなかった。この研究は，正確な描写と不正確な描写を区別する手がかりはないと結論づけた。特に，その描写が完成されたものか，洗練されたものかといった指標は，正確性とは無関係であることが明らかになった。つまり，詳細な描写は詳細でない描写より正確であるとはいえなかったということである[67]。同様に，先述した銀行員のフィールド研究では，目撃者による被疑者の描写と，正確に犯人を識別する能力の間に，何の関係性も見られなかった[68]。他の多くの研究でも，描写の正確性と後の識別の正確性の関係性は一般的に弱く，一貫した結果がみられないことを示している[69]。

[記憶の衰退]　識別手続きの結果に悪影響を及ぼすことが明らかな要因の一つは，犯人を目撃してからの経過時間である。人の記憶に起きるもっとも基本的な現象は，記憶は時間とともに衰退することである。それは，保持時間が短ければ，より正確な識別に繋がることを意味する[70]。最近のメタ分析は，記憶は符号化の後すぐは比較的急激に衰退するが，忘却率は平らになるまで緩やかに低下することを示している。ある研究は，符号化時から約1週間の間に強い低下が起こることを明らかにしている[71]。目撃後1週間あたりに起こる忘却の切れ目は，ロンドン警視庁が実施した640件の識別の自然的データと一致して

おり，事件目撃から1週間後と1カ月後での被疑者の識別の正確性は，およそ半分の低下であった[72]。より緩やかな忘却効果は，カリフォルニア州サクラメント郡のアーカイブデータで観察されており，被疑者の識別率は1週目の55%からその後45%に落ちただけであった[73]。時間の経過は人の見た目の変化とも関係がある。予想される通り，対象者の外見が変化するほど，識別の可能性は低くなる[74]。

[繰り返し視聴] 犯罪捜査過程では，マグショット，単独面通し，写真帳，ラインナップ，法廷での識別といった複数の識別手続きがさまざまに組み合わさることがしばしばおこる。識別を繰り返すだけで，目撃者の記憶を変容させ，見ず知らずの人を見慣れさせてしまう問題を引き起こす可能性がある。事実上，記憶を確実にテストすることができるのはたった一度だけである。実験的研究によると，無実のフィラーを含んだマグショット帳を見た参加者は，後のラインナップでそのフィラーを選ぶ傾向がより強く，真犯人を選ぶ傾向がより弱くなる[75]。これらの知見は，1,600人以上の参加者を対象に実施した32の研究を集めたメタ分析によって裏づけられている[76]。この現象は**マグショット効果**として言及されているが，写真ラインナップ[77]と単独面通し[78]の後についても同様の影響が見られることから，**繰り返し視聴効果**として考えられている。記憶研究によるエビデンスは，繰り返し視聴効果による誤りは一般的に意識的ではないこと，すなわち，目撃者はその人物を馴染みのある人だと感じようとして，その人を意識して思い出しているわけではないことを示唆している。

繰り返し視聴効果の弊害はアーカイブデータによって支持されている。サクラメント郡で実施された警察が行う手続きについての研究では，2回目の手続きでの被疑者の識別率は，1回目の識別率より有意に高くなることが示された。最初に被疑者の識別に失敗した目撃者のおよそ半分が，後の手続きで識別を行った[79]。時間の経過は，ほとんどの場合，記憶を強めるのではなく弱めるものであるため，これは憂慮すべき現象である[80]。時間経過によって識別が向上したのは，目撃者の記憶が繰り返し視聴によって汚染されたためだと考えられる[81]。

繰り返し視聴効果の根本的な原因の一つは，記憶の認知的側面にある。対象を見るだけで，記憶は変わってしまう可能性がある。したがって，警察で被疑者の写真を見ることが，事件現場での犯人に関する記憶を阻害し，目撃者は前に見せられた写真を見慣れてしまう。この**親近性効果**によって，目撃者は，対

象を事件現場で見た姿の再認か，警察の手続きで見た姿の再認なのかを思い出すことが困難になる[82]。繰り返し視聴効果の別の原因は，最初の手続きの際にある人を選んだという社会的側面から生じる。この**コミットメント効果**は，一貫性があり，信用でき，有能である人物として見られたいという大きな動機づけによって生じると理解される。公的なコミットメントは，私的なコミットメントより大きな効果を発揮することが明らかになっている[83]。さらに，繰り返し視聴でたった1人の対象を反復提示することは，この人物が被疑者であるという警察からの手がかりだと目撃者が解釈する可能性を孕んでいる。また，目撃者はラインナップ手続きの反復を，捜査を解決に導くためにもっと協力し，役に立たないといけない，という圧力として感じるかもしれない。

　繰り返し視聴による記憶の歪みの影響は深刻な問題である。もし繰り返し視聴のそれぞれが目撃者の記憶のテストとして独立しているのであれば，同じ被疑者に対して一貫した識別がされることは，目撃者が正確であるという証明だと解釈できる。しかし，それぞれのテストが後に実施されるすべてのテストにバイアスを与えると考えると，テストの反復は目撃者の記憶を診断するものとはならない。単に同じエラーの繰り返しを意味している可能性があるだけである。DNAにより無罪が証明された数々の事件において被疑者は，繰り返される手続きの後に誤識別された。これらの被疑者は，すべての識別手続きに毎回含まれていた唯一の人物であった。繰り返し視聴の実施は，それを「写真バイアスラインナップ（photobiased lineups）」と名づける弁護人たちの間で，長い間悩みの種となっている[84]。繰り返し視聴は，目撃者が最初の識別で犯人に関する記憶の乏しさを示した場合に特に危険である。躊躇し，ためらい，時間がかかる識別は，一般的に再認の弱さを示している。ジェニファー・トンプソンによるロナルド・コットンの識別は，弱い再認の後に続いた繰り返し視聴の産物であったことを思い出してほしい。彼女の識別はコミットメント効果によって強化されたと考えられる。彼女の2回目の識別について，トンプソンは以下のように説明した。「それは私にとって大きな安心につながりました。それはあの写真を選んだからではありません。それは，写真を見たとき，彼だと確信し，人物ラインナップを見たとき，彼だと確信したからです。また信頼できる目撃者として，その2人は同一人物にしなければなりませんでした」[85]。前の識別によってラインナップ識別が歪められた可能性について，明らかにトンプソンは気づいていなかった。彼女は法廷で証言している。「私は写真ラインナ

ップ故に彼を選んだのではありません。また人物ラインナップ故に彼を選んだのでもありません。私が彼を選んだのは，彼が私のアパートにいた人だったからです」[86]。捜査手続きの過程全体で，トンプソンの犯人に関する弱い記憶痕跡は変容し，そして強大な確信と説得力のある証言として強化された。彼女のボビー・プールに関する真実の記憶は，完全にコットンのイメージに置き換えられた。自分の間違えを受け入れた後でさえも，彼女はこのように語った。「私はまだロナルド・コットンを見ている……私は自分の頭にある顔を消すためだったらどんなことでもします。でもできないのです。ずっと私の頭の中にいるんです」[87]。

　もっとも信用できない目撃者は，最初に無実のフィラーを選び，その後，警察が考える被疑者を選ぶために識別を変える者である。このような目撃者は犯人の記憶に乏しく，無理に誰かを選択する傾向があり，警察の影響を受けやすいと言える。つまり，これらの目撃者はまったく信用できず，被疑者の識別に関与すべきではない。

　**[外部からの情報]**　犯人に関する目撃者の視覚的記憶は，繰り返し視聴以外の原因によっても汚染される可能性がある。ある研究は，犯人を表す視覚イメージにさらされた場合，目撃者の元の記憶が妨害されてしまうことを示している。たとえば，犯人に似ているが間違った特徴を含んでいるモンタージュを目撃者に提示すると，それらの特徴を持つ無実のフィラーを選ぶ確率が上がる[88]。サバイバル訓練を履修した軍関係者を対象にした最近の研究では，尋問者と結びつけて（実際には関係しない）写真を見た訓練者は，自分たちを尋問した人物を識別する能力が大きく低下するという結果が示された[89]。識別の正確性は，言語情報によっても汚染される可能性がある。言語によって汚染がおこるということは，ターゲットには口ひげがある（実際にはない場合に）という単なる言及が，口ひげのある無実のフォイルの選択を増加させるという研究で示されている[90]。この汚染は，真犯人を含んだ後のラインナップでの選択にも悪影響を及ぼした[91]。さらに言語による汚染は，目撃者による言語描写，および彼らが描いたモンタージュにも影響を及ぼした[92]。汚染は，誤情報が含まれる誘導的な質問によっても引き起こされる[93]。現実場面では，他の目撃者や警察による捜査，公開された合成写真や報道された被疑者の姿など，さまざまな情報源からの情報にさらされることが頻繁にあるため，汚染の危険性は真剣に受け止めねばならない。

[ラインナップ実施前の確信] 識別手続きを実施するか否かの判断は，目撃者から提供された手がかり，特に犯人を識別する能力についての目撃者の確信によって影響されることがしばしばある。確信度が低ければラインナップを実施しなかったかもしれないような場合においても，ラインナップを行う前の目撃者の確信度が高いがために，担当刑事がラインナップを実施することがある。ラインナップ前の確信は，被疑者の有罪に対する刑事の確信，識別手続きを実施することによる望みと期待を高めることにも影響を及ぼす場合がある。しかしある研究は，ラインナップ前の確信は，目撃者が正しく識別する能力の判断材料にならないことを示している。言い換えれば，自分は犯人を正しく識別できると高く予測している目撃者は，低く予測している目撃者よりも有意に正確性が高いということはない，ということである。ロナルド・コットンの事件において，ゴールディン刑事は，自分は犯人を識別できるというジェニファー・トンプソンの確信に強い感銘を受けた。

## 識別手続き：検索段階

どの識別手続きをどのように行うかについては，おおよそ 20,000 以上存在するアメリカ全土の警察機関の間だけでなく，各機関の中でも幅広い違いが存在する[94]。利用可能なデータによると，単独面通しは刑事訴追の際に使われる識別手続きの約半分を占めており[95]，残りを占めるラインナップのうちの約 4 分の 3 が写真を使用している[96]。したがって，ほかの手続きより正確とみなされている人物ラインナップが識別手続きに占める割合は非常に小さい[97]。さらに重要なことは，単独面通しが識別手続きの中で万能札としての扱いを受けているということである。つまり，単独面通しはもっとも広く使われており，研究がもっとも少なく，おそらくもっとも誤りを起こしやすい手続きということである。

主な問題は，目撃者の反応が，それを引き出すために用いられる手続きの違いによって，どの程度影響されるかである。警察は無実のフィラーを知っているため，ほとんどの誤識別は誤った有罪判決を引き起こさないということは重要なことである。問題となるのは，犯行現場では認識していなかったにも関わらず，警察が疑っている人物を目撃者が選ぶことである。このようなことは，ランダムに 5 分の 1（またはそれ以上，詳細は以下で論じる）の確率で無実のフィラーに対しても起こり，また，警察の被疑者がいくつか目立つ特徴を持って

いる場合や，目撃者がその人物に方向づけされた場合にも起こるであろう。こ
れらの誤りは誤った有罪判決を引き起こすのに十分な根拠を提供することにな
る。

## （1）ラインナップのデザイン

　**［単独面通し］**　もっとも便利に使われている識別手続きは**単独面通し**である。
単独面通しは目撃者に被疑者を1人だけ提示し，単純にイエスかノーかで再認
してもらう。単独面通しは目撃者の記憶が衰退したり，犯人の外見が変わった
りする前に素早く実施することができるという利点がある手続きである。また
単独面通しは，この人は被疑者かどうか，といった**絶対判断**として知られてい
る再認のカテゴリカルな判断を必要とするという点でも有益である。以下で論
じるが，絶対判断は一般的に**比較判断**よりも優れているとみなされる。しかし，
この手続きには深刻な欠点がある。無実のフィラーが存在していないと，対象
が複数あることで誤りが分散される可能性が損なわれ，識別の信用性を評価す
る手段が実施者から奪われる。もっとも重要なことは，無実のフィラーが存在
しないことは，対象となっている人が被疑者であることを警察が目撃者に実質
的に伝えることになり，強い暗示効果を生じさせうる。

　実験室実験の知見によると，単独面通しとラインナップの正識別率は同程度
だが，前者はより多くの誤識別をもたらす傾向にあり[98]，特に無実の被疑者が
真犯人に似ている場合[99]にその傾向がみられる。そして，現実場面での単独面
通しの正確性は，実験室データよりも低いと考えられる。単独面通しは，緊急
性が高い激しい追跡場面で，被疑者を即座に捕まえることを主な目的としてお
り，目撃者の感情が高ぶっているときに，大急ぎで実施されることが度々ある。
一般的にこの手続きは，識別手続きのプロトコルをほとんど訓練していない巡
査によって実施される。さらに，単独面通しは手錠をかけられた被疑者がパト
カーの後部座席に座っている場合や，警察の捜索のサーチライト光線の中に立
っているときなど，暗示性が高まっている中で実施されることが多い。バイア
スが生じる可能性はサクラメント郡のアーカイブデータセットによっても裏づ
けられていると思われる。それによると，単独面通しによる被疑者の識別率は
その他のラインナップより非常に高く（それぞれ，76％と48％），写真による単
独面通しがもっとも高い（83％）[100]。現実場面において単独面通しが広範囲に
使用されていることを考えると，単独面通しが誤識別の主要な原因であると考

えられる。

[同時提示デザインと継時提示デザイン]　警察官がラインナップの実施を決めると，対象者の提示を同時にするか継時にするかを決めなければならない。一般的に**同時提示ラインナップ**では，すべての対象者が同時に並んで提示される。目撃者はそれを自分の好きな順番，自分自身のペースで，選ぶ準備ができるまで見る。これは標準的なラインナップ形式であり，テレビドラマなどでもよく描かれている。**継時提示ラインナップ**は，連続の単独面通しに似ている。この手続きでは，目撃者に対象者が1人ずつ提示され，次の対象者を提示される前に，毎回独立して犯人と考えられるか否かの識別が求められる。同時提示ラインナップでの選択は**比較判断**が基になっていると考えられており，犯人にどれくらい類似しているかにはほとんど関係なく，目撃者はラインナップにいる他の人たちと比べて犯人により似ている人物を選択すると想定される。問題は，犯人が同時提示ラインナップの中にいない場合，目撃者は犯人にもっとも似ている無実のフィラーを無理に選ぶ傾向があるということである[101]。対照的に，継時提示ラインナップは**絶対判断**がもとになっており，それは，他の対象者とは無関係に，犯人についての記憶とそれぞれの対象者との類似性をもとに目撃者が判断するという点で優れていると考えられている。

　これら2つのラインナップの正確な影響は完全には明らかにされてはいないものの，研究の結果は，継時提示ラインナップは同時提示ラインナップより全体的に正確性が高いことを示している。実験室での研究データは，継時手続きについて一貫しない結果を示している。なぜなら，継時手続きは目撃者が誰かを選択する傾向を全体的に減少させるからである。犯人不在ラインナップにおいて無実のフィラーの選択率が低下し（32%と54%），犯人存在ラインナップでの正確な識別率もさらに低下する（44%と52%）[102]。最近実施されたフィールド研究の速報によると，継時手続きは同時手続きに比べてさらに大きな利益があることを示しており，被疑者の識別率を下げることなく，誤識別を減少させる[103]。

[ラインナップの構成]　識別の信用性はラインナップの構成，特に被疑者と被疑者以外のフォイルの類似性に大きな影響を受ける。目撃者に選択される可能性が対象者全員にほぼ均等に分散されている場合，ラインナップの診断力は最大になる。うまく構成されたラインナップから被疑者を選ぶことは，有益な捜査情報を提供する。被疑者だけが目立つラインナップは目撃者の記憶につい

て意味のあるテストを提供することができず，証明力に制限を生じさせる。さらに重要なことは，そのようなラインナップは捜査の注目を無実の人に向けるリスクを冒す[104]。誰かを目立たせるのに手間はかからない。たとえば，ターゲットのいないラインナップの研究でターゲットに似ている人物を1人だけ含めた場合，目撃者の79%が，その無実の人物を選んだ[105]。同時に，被疑者と過度に雰囲気が似ている無実のフィラーを含めたラインナップは，識別が難しすぎるため証拠とはならない。現実場面では，そのようなラインナップはまれである。

アメリカで実施されているほとんどのラインナップには5人のフィラーが含まれている[106]。フィラーには，犯人に関する言語描写に合致し，他のフィラーの外見と著しく異ならない人物を選択する必要がある[107]。一部のフィラーだけが犯人についての言語描写と一致する場合，誤りの危険性はその一部のフィラーに集まるため，彼らの中の1人が選ばれる可能性が高くなる。被疑者と明らかに似ていないフィラーでラインナップを構成すると，被疑者が選ばれる確率を上げることになる[108]。したがって，ラインナップの診断力は名義上の人数ではなく，被疑者の描写に合致し，実際に選ばれうるフィラーの数によって測定されるべきである[109]。一般的に，フィラーの数を制限することは，被疑者に対して不利な状況になる。

診断力が低く設計が悪いラインナップに注目した研究で利用される実験方法は，**模擬目撃者**パラダイムである。これらの研究では，被疑者を一度も見たことのない参加者が，目撃者に提供された言語描写だけを基にして，ラインナップから犯人を識別するよう求められる。これらの参加者は被疑者に関する視覚的記憶痕跡を持たないため，ターゲットの逆数，すなわち通常は6分の1回より高い確率で被疑者を選ばないはずである。特定のターゲットがより頻繁に選ばれるということは，それが犯人に対してバイアスがかかっているラインナップであることを示唆する。実際の10のラインナップを使って実験室で検討した結果，模擬目撃者は40%の確率で被疑者を選んだ。それは2.5人の候補者からなるラインナップで，ランダムに誤った比率に相当する。そのため，このラインナップの診断的価値は，平均してたった1.5人のフィラーを含んだラインナップに被疑者が入れられているのと同じことだと言える[110]。ラインナップバイアスは，犯人を見ておらず，犯人に関するどんな説明も与えられていない参加者によって，犯人が高い確率で選ばれる場合にさらに顕著になる。被疑

者についてなんの記憶も知識もない場合，識別の基になるものは，その人本来の特徴または写真の特徴（たとえば，写真の示唆的なマークや奇妙なポーズ）から得られる示唆的な手がかりである[111]。このような手続きは診断的価値を一切持っておらず[112]，非常に厄介である。被疑者が犯人の服と似ている服を着ているときにも選ばれる可能性がある[113]。この効果は，被疑者の服が特徴的である場合の単独面通し手続きで特に強く見られる[114]。

　ラインナップにはたった1人の被疑者が含まれていることと，すべてのフィラーに疑う余地がないことが重要である。ラインナップに1人以上の被疑者を配置してしまうと，それは識別の信用性を真に検証するものとして機能せず，選ばれたどの被疑者も犯人と推定される可能性を高める。

## (2) ラインナップの実施

　識別手続き自体は無害でわかりやすい課題のようにみえるかもしれない。実際には，識別手続きは目撃者の記憶やその欠如に関係なく，目撃者に誰かを選ばせ，加えてその選択への確信を高めることを促すような機会に溢れている。

　[教示内の言葉]　識別の危険性が顕在化する理由の一つは，目撃者がラインナップ実施者から与えられる教示に含まれる微妙な意味合いに影響を受けやすいことにある。犯人はラインナップに「いるかもしれないし，いないかもしれない」とただ単に言うことで，目撃者の選択を変え，正確性が全体的に向上することを研究は示している。データに多少のばらつきが見られるが，この注意を含めることで誤識別が減少する一方，正識別についてはわずかにしか減少しないことが示されている[115]。この効果の理由として，目撃者は基本的に犯人がいることを前提とする傾向にあり，このような前提が誰かを選択する閾値を下げる傾向にあるからだと考えられる。またこの前提は比較判断を促す可能性があり，誰かを選択する傾向をさらに高める。この教示を含めることは，目撃証言研究では基本的な想定になっており，これが含まれていない教示は「バイアスがある」とレッテルが貼られる。

　[暗示的なコミュニケーション]　警察は時折，ある人物が犯人であるという強い疑いを持つが，それについて法廷で使用できる正式な証拠は持っていない場合がある。このような状況でのラインナップ実施は，目撃者が被疑者を選ばない可能性や，さらに悪いこととして，無実のフィラーを選ぶ可能性があることから，捜査にとって危険である。現実場面では，目撃者の3分の1が誰も選ば

ず，3人に1人が間違った人物を選ぶことを思い出してほしい。捜査を危うくする危険性から，警察官は目撃者が被疑者を選択することを促す誘惑にかられるかもしれない。

誰が被疑者かを目撃者に明確に伝えることは，目撃者が被疑者を選ぶように操る最も効果的な方法ではあるが，それも明らかに不適切である。しかし，誰が被疑者であるかは，言語的な方法でも非言語的な方法でもそれとなく伝えることもできる。ラインナップ実施者が被疑者が誰かを知っている場合，ターゲットがラインナップにいるかどうかに関わらず，目撃者はその人物を選ぶ可能性が高いことを，いくつかの研究結果は示している[116]。これらの結果は，無理に選択する傾向がもっとも強い場合，すなわちバイアスのある教示を使って同時提示ラインナップを使用した場合にもっとも顕著である[117]。誰が被疑者かを知らなかった実施者と比較すると，誰が被疑者かを知っていた実施者は，より多くのそぶりを使って伝えようとしていた。たとえば，目撃者が誰も選ばなかった場合にはラインナップを見直すよう促したり，目撃者が被疑者を選ばなかった場合に，被疑者の写真だけゆっくり取り換えたり，また，目撃者により圧力をかけるような行為がみられた[118]。実施者がラインナップ実施に関与する程度や，目撃者との身体的な近さが，暗示性の強さに影響することが明らかにされた[119]。別の実験では，同じラインナップ実施者によって別々に実施された手続きにおいて，ある目撃者による識別がその次の目撃者による識別に影響を及ぼしたことを示している[120]。悪意はもちろん，本人は意識すらすることなくこれらの効果すべてが生じたようである。実施者と目撃者の両方が，何も暗示的情報を与えたり，受けたりしなかったと報告した。

ラインナップ手続き以外でも，識別に影響する可能性がある無関係な情報を提示することで目撃者に暗示を与えることができる。これは，単独面通しの場面で，たとえば被疑者は犯行現場で逮捕された，盗まれた財布を持っているために捕まった，といった有罪性を示す証拠を警察が目撃者に伝えることで起こる可能性が非常に高い。そのような暗示はラインナップにおいて目撃者が選択する際にも影響を及ぼす可能性がある。たとえば，最初に識別した人物には強固なアリバイがあったこと[121]や，他の誰かが犯行を自白したこと[122]を知ることによって，ラインナップにおける目撃者の選択は影響を受けた。

**[確信度の上昇]**　第6章で述べるように，目撃者の確信度は，第三者（もっとも重要なのは陪審員）による識別の信用性の評価に強く影響を及ぼすという

点で，裁判過程で大きな役割を果たす。確信度は，警察官や検察官がその証拠の強さや利用可能性を確かめるためにも使われる。目撃者の確信度からは，実際ある程度までは識別の正確性の診断が可能である。しかし，この診断力は確信が真実でバイアスがないことに基づいており，いつでも利用できるとは限らない。確信度は変わりやすい構成概念であり，捜査手続きによって簡単に歪められる可能性がある。たとえば，一緒に事件を目撃した他の目撃者が同じ人物を識別したかどうかによって，確信度は上がりも下がりもする[123]。目撃者の確信度はラインナップ実施者からのフィードバックで簡単に操作されることを，非常に多くの研究が示している。この研究は，誰が被疑者であるかを目撃者に示唆することによる影響ではなく，ラインナップの選択に対する応答として，実施者が目撃者に提示する一見無害のフィードバックの影響に注目している。目撃者に対して，識別が警察の疑いを確証するものである（「いいでしょう。被疑者を言い当てましたね」）と（偽って）伝えることは，確信度を大きく上げる原因となる[124]。このフィードバック効果の頑健性は，2,400人以上の参加者が対象になった20の研究のメタ分析で確認されている[125]。確信度の人為的な上昇は，犯人を見た状況に関する目撃者の説明，目撃者が犯人に向けた注意，目撃者の記憶の明白さなど，記憶の他の側面についても同じように付随して上昇する[126]。これらの報告を行なうことによって，目撃者の証言が一層もっともらしいように引き上げる効果を持つ。さらに裁判所の判例によると，高い確信度の報告は目撃者の正確性について信頼できる指標であり，不備のある暗示的な手続きによって得られた識別であっても，その証拠採用を下支えする要因として取り扱われる[127]。フィードバックによる歪みの効果は意識レベル下で起こり，その効果は，フィードバックに影響されたことを否定する参加者に対しても，その影響に気付いている参加者に対しても同等に強く働く[128]。これらに付属して起こる変化は，第2章と第6章で述べられる，一貫性効果の一種である。

　フィードバックが確信度に与える影響は，イギリスの警察が行った実際の識別手続きにおいても検討された。目撃者は，ラインナップから選択し，確信度を報告した後，被疑者を選んだか，または無実のフィラーを選んだかの真実のフィードバックを警察官から与えられた。その結果，明確なフィードバック効果が示され，無実のフィラーを選んだ目撃者の確信度は下がった一方で，被疑者を選択した目撃者の確信度は上昇した[129]。ジェニファー・トンプソンの識

別は，フィードバック効果のわかりやすい例を示している。彼女はコットンの写真を選んだ直後について「彼らは私を見て『私達もこの写真が犯人ではないかと思っていました』と言いました」と思い出している。同様に，人物ラインナップの後，「私が部屋を出ると，彼が私を見て『あれは同じ男です。つまり，あれはあなたが写真で選んだ男です』と言いました」と話している[130]。おそらくこのフィードバックは手続き全体を通してトンプソンの確信度を上げたのであろう。

## 現実のラインナップ

　ベスト・プラクティスについての統一基準が存在しない中，およそ 20,000 の警察機関は，自分たちが最適だと思うように，ほとんど自由なやり方でラインナップを実施している。多くの部署が固定した方針や手続きを定めていないようであり[131]，手続きを実施する警察官の訓練は，せいぜい無計画で統一に欠けたものである[132]。500 人以上の警察官を対象にした最近の調査では，識別の正確性に影響を及ぼす要因に関する警察官の知識は不十分で一貫性がないことが示されており，正答率は 12-91% とばらつきが見られた。特に，時間の経過とともに記憶が急激に衰退することを知っている警察官はわずか 30% しかおらず，半数の警察官は，単独面通しが後の手続きにおける識別に影響を及ぼすことを知らなかった。また，ほぼ半数が，最初の暗示的またはバイアスのあるラインナップの後でも公正なラインナップが実施できると信じていた。同時に，80% 以上が凶器注目効果になじみがあり，4 分の 3 はストレスが高まると識別の正確性が低下することを知っていた。自分たちが実施してきた識別手続きの方法に関する知識レベルについても同じ傾向が見られた。たとえば，彼らの 30% は被疑者が犯人であるという直感だけでラインナップを提示し，4 分の 1 以下しか手続きの様子を録画しておらず，95% が目撃者に対して識別後のフィードバックを提示していた。ポジティブな側面として挙げられるのは，80% 以上の警察官が目撃者に対して，被疑者はラインナップの中にいるかもしれないし，いないかもしれないと教示していたということである[133]。

　すでに知られている誤った有罪判決のいくつかをざっと見ると，現実場面の中には，識別が誤った方向に進むことがよくあることがわかる。以下のすべての事件において，被疑者は，それだけではないにせよ，主に目撃者の誤った識別に基づいて有罪とされた。その後，全員が DNA 証拠に基づいて無罪とされ

た。

　場合によっては，誤識別は偶発要因によって，すなわち，一般的には情報源の混乱（転移のエラー）という自然発生的な誤りによって生じた。これらの事件において，捜査手続きが誤りとして寄与したのは，目撃者の間違いの見落としにほぼ限定されていた。たとえば，多くの人々が，店内で買い物中に[134]，道を歩いているときに[135]，またはエレベーターの中で[136]，目撃者によってたまたま再認された。あるイリノイ州の男性は，被害者の息子が売りに出していたバイクを見に被害者の家に行った3日後に起きた事件の犯罪者として誤識別された[137]。病院で働くバージニア州の男性は，その病院の看護学生だった被害者に誤識別された[138]。目撃者は，近所に住む人たち[139]，同じ会社で働く人たち[140]，同じアパートの住人[141]，または被害者のアパートや建物を以前訪れた人たち[142]を誤識別する。場合によっては，目撃者の誤りは報道を見聞きすることによって引き起こされた。カーク・ブラッズワースやダリル・ハントの事件では，主要な目撃者たちは，これらの被疑者をテレビで見た後に識別しており，報道が原因である可能性が高いと考えられた[143]。

　しかし，既知の誤識別のほとんどにおいて，目撃者の誤りは捜査手続きとより密接に関係していた。以下に述べるのは，誤識別の誘導，悪化，強化について警察の実務が与えた影響の幅広さと深さを示す例である。捜査手続きについての記録が全体的に乏しいため，実際の舞台裏では何が起きたかについて著者が知っていることは部分的でしかない。しかし，利用可能な限られた証拠だけでも，有罪判決に導いたこれらの手続きに対して深刻な疑いを投じるには十分である。

　誤識別された人たちの多くはラインナップで選ばれた。ラインナップの中で彼らは目撃者の描写に合致した唯一の対象者，たとえば唯一のヒスパニック[144]，唯一の青い目をした白人[145]，または唯一の金髪の男性[146]であった。他の被疑者は，フィラーと比べて彼らが突出して目立っている手続きで識別された。ミズーリ州の男性は，彼1人がオレンジ色の刑務所用のつなぎ服を着用しているラインナップで識別された[147]。ウィスコンシン州の事件では，被疑者がもっとも背が低く，もっとも若く，男前な人物になるラインナップに並べられた。フィラーの多くは専門職に見える服装でネクタイを締めメガネをかけていたが，彼は労働者階級の服装でメガネをかけていなかった[148]。テキサス州の男性は，目撃者の言葉を借りると，被害者を攻撃した人物に「どこか似てい

る」唯一の人物となるラインナップから選択された[149]。他の被疑者は暗示的な単独面通しから選ばれた。たとえば，カリフォルニア州の男性は，自宅玄関前の芝生に立ち，上半身裸で手錠をかけられ，特殊部隊に囲まれた状態の単独面通しで識別された[150]。別の手続きは，ラインナップ実施者が，被疑者が誰かがわかるようにあからさまに暗示的に示して実施された。ペンシルベニア州の男性は，彼の写真にアルファベットの「R」（強姦の逮捕歴を示すために警察が使用している）と記された写真帳から選ばれた後，強姦の罪で有罪とされた[151]。オハイオ州の男性は，被害者による描写通りに身長，体重，年齢が記入された写真によって，写真帳から識別された[152]。あるメキシコ国籍の男性は，刑事が目撃者に対してラインナップから1人の男性を指し示し，その男が「その人物」かどうかを尋ねた識別を基に，イリノイ州の法廷で有罪判決を受けた[153]。カリフォルニア州の男性は，彼の写真が載っている指名手配ポスターを目撃者が見た後に，その目撃者によって選ばれた[154]。上半身裸の男性に強姦されたテキサス州の女性は，事件の1年後に郵送されてきた写真ラインナップから犯人を識別したが，そのラインナップ中，上半身裸だったのは被疑者を含めてたった2人であった[155]。ニューヨーク州の強姦被害者は，はじめ単独面通しで犯人かどうかわからないとしたが，警察に促され，男が4歳の頃の写真を見せられた後，被害者は再び単独面通しに戻ったところで，彼を犯人だと識別した[156]。

　ラインナップの記録は常習的に欠如しているが，多くの事件でバイアスのある教示が用いられていることが明らかである。カリフォルニア州のケースでは，目撃者が選べないでいるのに，刑事がラインナップに犯人がいることを保証し，選択を促して選ばせた[157]。テキサス州の裁判で目撃者は，ラインナップ実施者が目撃者に対して「それが彼だとは思えない。あなたは正しい識別をしなくてはいけない。あなたはイエスかノーで言わなければならない」と言ったと報告した。その会話の後，躊躇していた目撃者は被疑者の識別に進んだ[158]。ラインナップの教示は目撃者が持つ自身の記憶に対する疑念を和らげるためにも使われる。ピーター・ローズの雪冤後の報道会見（第1章を参照）で被害者は，警察が「ローズが犯人だという他の証拠を持っている」と思ったので警察に従ったと説明した[159]。同様に，ジェニファー・トンプソンは，コットンを犯罪と結びつけた物的証拠の存在によって自信を持った。

　目撃者の提供する情報が時間とともに変化した多くの事件で，警察捜査の誘

導による誤識別があることは明らかである。たとえば，目撃者が警察に最初に説明した人物と明らかに異なる被疑者を選択した事件がある。ミズーリ州の事件で目撃者は当初，犯人の特徴を，ひげがなく，身長188センチくらいで，前歯に「デイヴィッド・レターマン[160]のような」隙間があると説明した。7日後，被害者は4人の人物が並ぶラインナップから，口ひげがある，身長178センチの歯の欠けた無実の被疑者を犯人と識別した[161]。あるアフリカ系アメリカ人の男性がテキサス州の法廷で，強姦被害者による識別を基に有罪とされ，終身刑を宣告された。しかし彼女は最初，犯人は白人だったと警察に話していた[162]。犯人はダイアモンドのピアスをして，刺青があり，英語話者だったと最初に警察に説明した目撃者は後に，耳にピアスの穴はなく，刺青もなく，スペイン語話者であるイリノイ州の男性を犯人と識別した[163]。犯人はひげがなく，斜視だったと説明した目撃者は後に，口ひげとあごひげがあり，斜視ではないマサチューセッツ州の男性を犯人と識別した[164]。フロリダ州で犯行を重ねた悪名高き「バードロード強姦犯」(Bird Road Rapist[165]) について，複数の被害者がラテン系の英語話者，体重約90キロ，身長は最低でも182センチと説明していたが，有罪になったルイス・ディアスは，体重60キロ，身長160センチであった。彼は当時英語が話せなかった[166]。ある事件では，襲われたときは犯人が良く見えなかったと警察に話していたのに，目撃者は後に被疑者を犯人と識別した。第1章で挙げたピーター・ローズとウォルター・スナイダーの事件もこの例にあてはまる[167]。多くの事件で，法廷での目撃者の証言は，ラインナップで識別したときよりも確信の強いものになっていた[168]。

　多くの事件で目撃者は，前の手続きでは識別できなかったにもかかわらず，繰り返し見せられた後に無実の被疑者を選択した。この無実の被疑者は，すべての手続きに含まれていた唯一の対象者だった。あるテキサス州の目撃者は複数の写真帳を見せられたが被疑者を識別できなかった。そして彼女は被疑者を似顔絵で犯人と識別し，後に人物ラインナップで犯人と識別した[169]。ニューヨーク州の目撃者は，事件の翌日には被告人を犯人と識別できなかったが，45日後に彼を選んだ[170]。インディアナ州の事件の目撃者は2つの人物ラインナップで被疑者を識別できなかったが，最終的に写真帳で被疑者を識別した[171]。ジョージア州の男性は目撃者の証言を基に有罪となったが，その目撃者の1人は写真帳で被疑者を識別したものの，後のラインナップでは識別できず，別の目撃者はラインナップで彼を識別したが，写真帳では識別できなかった[172]。

ウェストバージニア州の事件の強姦被害者は，8カ月に渡って繰り返し警察の事情聴取を受けた。3回目の事情聴取で，目撃者は写真帳から被疑者を除外した。その目撃者は彼を知っていて「彼ではなかった」と述べた。4カ月後，複数回の事情聴取の後，彼女は人物ラインナップでその男性を犯人と識別した。さらに彼女は法廷で，彼が犯人であることについて疑念の余地はないと証言した[173]。バージニア州の男性は，強盗と35歳の女性の強姦の罪で有罪とされた。被害者は最初，部屋が暗すぎて犯人の顔は見えなかったと警察に話した。事件の翌日に見せられた写真帳の中から，彼女は被疑者を選ばなかった。刑事と事件について話し合い，被疑者に関する情報を得た後，被害者は彼の写真を再検討し，彼の眉毛に見覚えがあると述べた。彼女は法廷で完全な自信を持って彼を犯人と識別した[174]。

　より厄介なのは，前の手続きで別の人を選んだ目撃者が，今度は被疑者を選ぶような場合である。ジョージア州[175]とオクラホマ州[176]の男性は，そのような識別を基に刑務所に行くことになった。テネシー州の事件では，被害者は写真帳で被疑者を選ばず，被害者の恋人もフィラーを選んだ。人物ラインナップで彼女は被疑者を識別したが，恋人は再度フィラーを選んだ。しかし法廷では，被害者と恋人の両方が被告人を犯人と識別した[177]。

　不適切な手続きによる識別の汚染は，無実の被告人が複数の目撃者によって識別される事件で明確になる。バードロード強姦犯として複数の強姦罪で有罪とされたフロリダ州の男性は，少なくとも8人の被害者によって犯人と識別された[178]。カーク・ブラッズワースは5人に犯人と識別された[179]。ロナルド・コットンはジェニファー・トンプソンだけでなく，2番目の被害者とその場に居合わせた別人によっても識別された。複数の誤識別は他の多くの事件でも起こっている[180]。

　誤識別の危険性は，警察がいい加減にラインナップを構成し，そこに無実者たちを含めることによって高まる。ラインナップに含められるには，着用している服にシミがついていること[181]，些細な交通違反で写真が撮られること[182]，モンタージュのスケッチに似ていること[183]，犯罪現場から1.6キロのコーヒー店で奇妙にふるまうこと[184]，犯人がいると信じられるスケートリンクでスケートをすること[185]，被害者の近くで暮らしていること[186]，指名手配犯と同じ名前であること[187]，または刑務所の情報提供者に名前を挙げられること[188]だけで十分なのである。

## 改革に向けての提案

　本章で扱われた研究は，見ず知らずの人の顔に関する人間の記憶がもろいにも関わらず，目撃者が犯人を識別するという社会的必要性，特に，深刻な犯罪の捜査において犯人を識別することが起訴の鍵となるといったミスマッチを指摘している。研究が示すように，見ず知らずの人を識別する際には，そのプロセスに関わる多くの複雑で，ときには非意識的な認知的および社会的要因に苦しめられる。実際に，顔の記憶はぼんやりしたものから，はっきりしたものまで幅広く，目撃者の識別は，明らかなでまかせから非常に正確なものにまで及ぶ。弱い符号化をもとに，しばしば識別が行われるため，誰も犯人と識別しなかったり，誤識別が生じる結果となる可能性がある。また，記憶は変わりやすく一時的な心理状態である。それは意識下に存在し，人間のコントロールを超えたメカニズムによって構築，保持，検索される。ゲイリー・ウェルズらは，記憶は保存されているはずであり，取り扱い方次第で傷ついたり破壊されたりする，血液サンプルや繊維くずなどの痕跡証拠とは異なると主張する[189]。事実，この議論はさらに一段階進むべきである。密封されたガラス瓶の血液サンプルや鍵のかかったプラスチック容器に入っている繊維とは異なり，記憶はもろくて多くの穴があり，衰退や汚染の影響を受けやすい。したがって，記憶には物証以上に注意を払う必要がある。より正確に喩えれば，徐々にイメージを薄れさせ，ぼやかし，別の場面のイメージと混乱させ，異なる情報源のイメージと混合し，プレッシャーによってイメージを変えてしまう，いたずら好きな記録装置といえる。この装置を通して生産された記憶は信用できないものであるが，人は主観的にそれらを正確で純粋なものとして経験する。目撃者の肩にのしかかる有罪判決の重みを感じながら，信頼できる記憶痕跡がなくても被疑者のように見える人物を選んでしまう目撃者を理解することは容易であろう。

　目撃証人研究の研究者たちが直面する主要な問題は，研究を刑事司法制度にどのように用いるかである。考えられる用途の一つは，犯人識別証言の信用性の事後評価を支援することである[190]。これらの評価は，警察官がその事件の有罪性を判断し，将来的な捜査方針を検討するのに役立つ。同様に，起訴，示談，法廷戦略に関する決定を支援するために検察にとっても有用であるとも考えられる。識別の正確性の評価は，被告人の有罪判断を補助するために事実認定者が使う可能性がある。偶発要因とシステム要因の両方から，個々の識別を

事後評価するための情報が得られる可能性がある。識別の正確性に関する明確な判断を行うために，これらすべての要因を含めることが，非常に困難であることは明らかである。いかなる目撃研究の研究者も，極端な場合を除いて，特定の識別の正確性について明確な判断を下すようなことはしないだろう。それでも，これらの要因の影響を認識することは，犯人識別に疑いのない信頼を置くよりも，より繊細で現実的な評価に到達するのに役立つはずである。

　これらの研究が警察機関を支援する別の方法は，正確性に関する有効な指標を示唆することである。数多くの研究が，目撃者の反応時間と最初の確信度が識別の正確性の有望な指標であることを示している。一般的に，素早く選択する目撃者は選択に時間がかかる目撃者よりも正確である。正確な識別は 30 秒以下でされる傾向が強いことを，研究は示している[191]。最近の研究は，正確性の評価は，目撃者の反応時間と選択の確信度の組み合わせでさらに向上しうることを示している。ある研究では，高い確信度を伴う 10 秒以内の選択は，低い確信度を伴うゆっくりの選択と比較して，非常に正確性が高いことが示された[192]。ドイツで実施された大規模なフィールド研究では，6 秒以内で選択し，確信度が 90% 以上の目撃者と，選択が遅く確信度が低い目撃者の正確性の間には大きな差があることが示された[193]。さらなる追試が行われれば，警察官や検察官は，素早くて確信度の高い判断に非常に大きな信頼を置く立場を取るかもしれない（もちろん，適切な手続きが行われ，目撃者の記憶がいっさい汚染されていないことを想定している）。同様に，1 分以上かかり高い確信度が伴わない判断は慎重に扱われるべきである[194]。

　この研究で最も重要なのは政策に提言をもたらすことである。具体的な第 1 の提言は，警察が誤識別へ誘導することを防ぐための予防的なシステム要因の使用に関するものである。ある目撃証言研究の研究者たちは，政策改革を求めて警察と協働している。この方向性での最初の大きなステップは，白書としても知られている，アメリカ心理－法学会の科学的レビュー誌（Scientific Review Paper of the American Psychology-Law Association）の 1998 年の出版であった[195]。これは，アメリカ国立司法省研究所が発行した『実践のためのガイドライン』（Guide for Law Enforcement）の開発につながった[196]。この種の改革は警察の実務に徐々に浸透し，ますます多くの州や郡で何らかの改正が行われた手続きが実施されている[197]。これらの改正は徐々に広まると考えられる。

　以下は，ベスト・プラクティスのプロトコルを提供しようと努めたものであ

る。この提案は，識別の正確性とそれらを引き出すために使用される手続きの透明性の最大化という2つの目標に向けられている。

1. モンタージュの作成は可能な限り避けるべきである。
2. 単独面通しよりラインナップを優先するべきである。写真帳より人物ラインナップとビデオラインナップを優先するべきである。
3. どの程度であれば有罪と認められるかといった明らかな基準がない識別手続きに被疑者を並べるべきではない[198]。
4. 目撃者はラインナップの前に，誰が被疑者であるかに関する情報を，いかなる情報源からも一切与えられるべきではない。
5. ラインナップは現場の目撃後，可能な限り早く実施されるべきである。
6. ラインナップには1人の被疑者と，無実であることに疑いの余地がない5人以上のフィラーを含めるべきである。
7. フィラーは，目撃者が描写した犯人像に合致しているべきであり，明らかに被疑者と似ていない人物を使用すべきではない。
8. 被疑者は自分で自分が立つ位置を決定でき，ラインナップ間の場所を変更することを許可されるべきである。
9. ラインナップに犯人が「いるかもしれないし，いないかもしれない」こと，そして「犯人はいない」および「わからない」という返答は適切であることを，目撃者に教示するべきである。
10. ターゲットは（同時ではなく）継時に提示されるべきである。
11. すべての識別手続きを「二重盲検法」とするべきである。実施者は誰が被疑者かを知っていてはいけない。実施者は誰が被疑者かを知らない事を目撃者に知らせるべきである。
12. 実施者は，誰が被疑者かについて示唆または露呈と解釈されるような，いかなるコミュニケーションや行動を慎むべきである。
13. 目撃者は，誰かを犯人と識別した，または誰も識別できなかったと伝えた後，すぐに確信度を知らせるべきである。目撃者は，これらを伝える前にいかなるフィードバックも受けるべきではない。
14. 目撃者が識別にかかった時間を測定し，記録するべきである。
15. 可能な限り，目撃者による識別手続きは1回限りとするべきである。繰り返し視聴が必要な場合は，すべての手続きにおいて同じフォイルを含

める努力をするべきである。

16. どの時点でも被疑者以外の人物を選んだ目撃者に対しては，被疑者に関する識別の証言を許可するべきではない。

17. 被疑者を識別しなかった，判断を躊躇した，または最初の識別で低い確信度を示した目撃者は，被疑者に関する記憶が弱いとみなすべきである。

18. 手続き全体を完全にビデオに記録するべきである。記録には，使用された画像と提示された教示を含めるべきである。目撃者は手続きの間中，ビデオ録画されるべきである[199]。

　これらの提案事項の多くが，全体的に正確性を高めるという点において，比較的穏当なものである。ラインナップに並べる被疑者は1人だけにすること，ラインナップで立つ位置は被疑者に決めさせること，目撃者が識別の確信度を伝える前のフィードバックは慎むこと，選択までにかかった時間を測定することなどが実施されれば正確性は担保されるはずである。

　他の提案事項は，誤識別を減らすという意図された目標と，正しい識別を失うという意図されていない影響のトレードオフが伴う可能性がある。これらのトレードオフの一部も議論を引き起こすものではない。たとえば，フォイルを被疑者の描写に合わせること，実施者は誰が被疑者かを知らないこと，といった事項である[200]。これらの提案事項も深刻なジレンマを引き起こさない。なぜなら，識別手続きの目的は警察の勘を確かめることではなく，目撃者の記憶をテストすることだからである。ラインナップで被疑者を目立たせて，誰が被疑者かという情報を実施者が目撃者に漏洩してしまうと，このプロセスの診断的価値は骨抜きにされ，手続きは悲劇へと変えられてしまう。そのような実践がもたらす大きな影響にも用心深くあるべきである。目撃者が被疑者を選ぶように誘導できるという信念は，いつどのようにラインナップを実施するかの基準を緩め，また，被疑者が犯人であるとする証拠が弱い場合であっても，誰が被疑者かを漏らすように警察官を導く可能性がある。長い目で見ると，そのような実践は識別の正確性をさらに損なうことにつながる。

　誤識別を減らすことと正識別を減らすことのトレードオフは，ときには，さらなる問題となる。たとえば，同時提示ラインナップを継時提示ラインナップに置き換えるという提案事項は，誤識別と正識別の両方を下げることにつながる[201]。一般的に，そのような相反する結果を招く可能性がある改革に対して

人は，たとえ望ましい影響の大きさが意図しない影響の大きさより大きかったとしても，消極的であることが多い。これらの提案事項を支持する議論として，一般的に，正識別を減らすことの損害より誤識別を減らすことの利益の方が大きいことが挙げられる。刑事司法政策でよく知られている原則は，我々は有罪の人を自由にさせるよりも，無実の人を有罪とすることについて，より配慮するべきということである。しかし，これらの提案事項を支持する，より強い議論がある。識別が信用性の二重基準を満たす場合，すなわち，目撃者はラインナップに対象者がいる場合には選択をし，**そして**，いない場合はラインナップを棄却することができた場合に，もっとも信頼できるということを思い出してほしい。また，正しい識別をする目撃者の約半分しかこの信用性の基準を満たしていないことも思い出してほしい。残りの半分は不安定な識別であり，したがって，不安定な基準に基づいて人々を刑務所送りにすることになる[202]。つまり，わずかな（そしておそらくもっとも不安定な）正しい識別がある程度下がるからといって，望ましい改革を断念するべきではない。

ラインナップ手続きの記録を完全に残すという提案事項はもっとも重要である。これには，使用された写真，教示，目撃者の選択とその他の発言，反応時間，ラインナップ実施中の目撃者を囲む環境を含めるべきである。適切に実施された識別手続きの信頼できる完全な記録の利用可能性は，記憶の衰退，汚染，捜査や裁判前手続きによるあらゆるバイアスの影響を最小限にするだろう。ラインナップを記録することで，警察官や実施者による暗示が完全にはなくならないにせよ，少なくともラインナップを実施している間は最小限になるはずである。記録が利用可能であるということは，目撃者を最初の回答に縛ったり，証言を変えようとする圧力から目撃者を守ることになろう。言い換えれば，記録は証言を**最初**の状態に留めておくための助けになるだろう。これらの記録は，事実認定者やその他の決定者が犯人識別の信用性を評価する際に可能な限り最善の情報を提供するはずである。

提案されたすべての事項を司法省が発行した『ガイド』（*Guide*）のような，正式で拘束力のあるプロトコルに含めることが，もっとも有益だろう。定められたプロトコルは警察官に適切な捜査方法の規準を提供するだろう。プロトコルは，事件で使用された手続きを事実認定者が評価する上でも，役に立つかもしれない。ある研究は，ラインナップ手順が基準を満たしていないということに注意を示さなかった陪審員が，そのラインナップ手続きが司法省の公式ガイ

ドラインから逸脱していることを知らされると，識別が信用性の低いものだと判断したことを明らかにしている[203]。

## 飛躍的進歩：コンピュータ化ラインナップ

現在さまざまな裁判管轄で行われている識別手続きの改革の前進は，大いに歓迎されるものであり非常に重要である。しかし，この断片的なアプローチには限界がある。これまでに実施された改革は，研究者と警察との間の妥協の産物であった。結果として，限られた範囲の改善だけが，非常に少数の裁判管轄の警察署で前進した。特に，司法省の『ガイド』は，二重盲検法による実施と手続きの録画という重要な方針の勧告に応じていない。現在とは別のアプローチが，この研究の可能性をより良く実現することが可能かについて検討することが，我々の課題である。

制度が持つ問題の根本的な原因，すなわちラインナップの構築と実施に人間が関与することから，枠組みをシフトさせる時期が来ている。ラインナップは人間ではなく，コンピュータによって実施されるべきである。識別手続きをコンピュータで実施する可能性は複数の研究者たちがこれまでも言及しており[204]，その目的のために数多くのコンピュータプログラムが開発されている[205]。コンピュータ化されたラインナップは，4つの警察部門との協働による一連のフィールド研究で現在検証が行われている[206]。

以下は，優れた正確性と識別の透明性を得るために設計されたコンピュータシステムの青写真である。このシステムは上記のいくつかの標準的提案事項を取り入れたり，改善したり，取り除いたりしている。提案されたシステムは，自動的に機能し，自分で操作でき，簡単に構成可能なコンピュータシステムを使うことで，事実上すべてのシステム要因に配慮するようになっている。当然，システムは偶発要因から発生する誤りを修正することはできないだろうが，記憶の衰退や外部情報による汚染などの悪影響を部分的に減少させることはできる。目撃者は専用のデスクトップやノートパソコンを使ってひとりで手続きを行う。対象の写真，理想的にはビデオ映像がスクリーンに映し出される。イギリスでの現在の実務では，ラインナップは被疑者の描写に基づき，検索可能な非常に大きな（州全体，おそらく全国規模）データベースから作成されたビデオで構成され，視覚的類似性について分析されている。ラインナップの構成は，捜査に関係のない犯人識別の専門家の監査の下，コンピュータプログラムによ

って実行することが可能である[207]。

　この手続きは警察の直接的な関与なしに行われることになる。すべての教示は文字と音声でコンピュータから提示され，複数の言語で提供されるだろう。フィラーに関する大きなデータベースがあることで，ラインナップには十分な人数（8人以上）が含まれる。関連がある場合には，声のサンプルを含めることも可能である。目撃者は自分の選択をコンピュータに入力し，判断にかかった時間が記録されるだろう。

　解決していない細かな点や避けられない障害が多くある一方で，この提案されたシステムは，現在の手続きに潜むたくさんの欠点を修正する非常に大きな可能性を持っている。第1に，もっとも重要なこととして，システムは識別の正確性の向上という中核的な目的を果たす。ラインナップは，先述でリストアップされた提案事項を含め，ベスト・プラクティスに対応する標準化されたプロトコル，および，将来的な研究の基盤となる事項にしたがって実施されるだろう。ラインナップを素早く準備し実施することが可能になるため，記憶の衰退を最小限にし，問題が指摘されている単独面通し手続きを行う必要性を減少させる。現在頻繁に使用されている写真帳と比べ，より多くの優れた視覚情報を提供するビデオ映像を使用することで，正確性も向上するだろう[208]。音声情報を含めることは，声の再認や流暢性，イントネーション，方言，言語障害が識別の手助けになる場合に特に有用となる。重要なのは，すばやく信用性のあるテストを実施することにより，手続きを繰り返す必要性がほとんどなくなることである。手続きから警察官を排除することで，効果的に完全な盲検手続きが提供できるため，暗示的な手がかりやラインナップ実施者とのコミュニケーションから目撃者を守ることになるのである。

　このようなシステムは透明性を高めるという利点も提供する。手続きを通して，スクリーンに取りつけられたビデオカメラとマイクが目撃者と環境を記録する。コンピュータと目撃者のビデオ録画は，使用された写真を含め，教示，目撃者に提示した情報，目撃者の選択についての正確な理由（選択，確信度，反応潜時，選択の方法や躊躇，条件，心変わりを示す発言など）を含む手続き全体を完全に記録する。

　ここで提案したシステムは，識別手続きの実施をより便利に，簡単に，現在より安価にする。豊富なフィラーの供給は，ラインナップの診断力を向上させるために必要な，適切なフィラー探しを不要にする。必要な場合は，ラインナ

ップは適切な監査の下で，病院や目撃者の自宅といった離れた場所でインターネットを通じて実施することも可能だろう。この点については，この手続きが一部の専門的な機関でしか行われていないイギリスのシステムよりも便利で効果的である[209]。目撃者，被疑者，警察官，弁護人を同時に召集することなしに，ラインナップを素早く準備して柔軟に実施することができる。被疑者の映像化は2-3分以内に収め[210]，コンピュータ化の準備と実施は素早く行うべきである。実物の被疑者がいないので，目撃者，特に強姦や幼児虐待の被害者によって時折報告される恐怖や不安の感情を和らげることができる。このシステムは，他の裁判管轄が自分たちの好む手続きに合うようにシステムをプログラムしたり，さらに特別な状況に合わせて調整するのに十分に柔軟であるだろう。この手続きの変更は，ソフトウェアの更新以上の作業を要求しないため，費用のかかる面倒な人員の再訓練や手順書の改訂が不要であり，捜査の失敗による好ましくない結果を最小限に抑えるだろう。

　このシステムが実現可能かどうかは，警察の需要に合うかどうかである。コンピュータ化されたシステムへの転換は，望ましくそして避けることのできないテクノロジーの発展として純粋に表現されるだろう。この表現であれば，警察官のいかなる拒否も不承認をも招かないだろう。

　識別手続きの正確性と透明性を高めることで，関与するすべての当事者が多くの利益を受け，損失はほとんどないことに留意しなければならない。警察は真犯人を識別し，無実の人を被疑者から除外することができるだろう。検察官は，識別が正確であり，手続きが公正であることを陪審員に説得する上でよりよい立場に立てる。検察官はまた，このシステムによって捜査官とラインナップ実施者による過失が事実上排除されることを理解するべきである。同様に，弁護人は，無実の被告人に罪がないことを証明するより強い根拠を手に入れ，ラインナップの不正確さに関するつまらない主張を追及する必要が少なくなるだろう。

# 第4章 「刑事さん，これが事実です」

## 犯罪についての目撃記憶

　第3章では，犯罪場面でみた人物を認識，そして，識別する目撃者の能力について扱った。本章では，犯人識別に限らず，事件についての目撃者の証言を広く扱う。一般的に事件についての証言とは，**何が行われ**，誰によって行われたのかを特定するために役立つ要因，すなわち，いつ，どこで，どんな言葉がとびかい，どんなことが次々起こり，どんなモノが使われたかなどについて記述することである[1]。

　事件についての記憶は，責任の程度が問題になる事件と，犯人性が問題となる事件の両方に関わる。出来事に関する目撃者の報告は，すでに犯人であると知られている被告人の有責性を判断することに役立つ。たとえば，犯人の発話についての正確な証言は，犯人の意図を立証することに役立ち，死亡者が出た飲み屋での喧嘩についての正確な報告は，乱闘中に何が起こったのかを突き止めるために役立つ。同様の理由で，犯人の発話を間違って覚えていた場合には，単なる事故を加重暴行のようにみせてしまうし，飲み屋での喧嘩についての順序関係が混乱すると，正当防衛を一級殺人へと変えてしまう可能性があり，逆もまた然りである。したがって，出来事の誤った記憶は，誤った無罪判決，または，非犯罪行為に対する有罪判決，そして，被告人の行為に見合わない厳しい量刑をもたらす可能性がある。

　事件についての記憶は，犯人性が問題になる事件においてもきわめて重要である。ときには，事件についての記憶が最も重要な，もしくは，唯一の人物識別の手段となる可能性もある。たとえば，ルイジアナ州の男性（その後，DNA検査により無罪となった）は，2人の目撃者が彼の車を事件に関係するものと識別したことにより死刑相当の殺人犯とされた[2]。多くの場合，出来事の記憶は被疑者が犯人であることを示す他の証拠を裏づけることによって，被疑者を犯罪に結びつける役割を担う。その方法には，たいていの場合，ラインナップが

用いられる。第2章でも議論したとおり，誤った記憶は，ロナルド・コットンのケースでも彼が犯人であると裏づける役割を担っていた。この事件の2人目の被害者は，コットンのアパートから見つかった赤い懐中電灯について，以前に犯人によって盗まれたものと似ていて見覚えがあると判断したことを思い出してほしい[3]。オハイオ州の男性は，義理の母親に対する強姦と殺害の罪で有罪判決を受けた。検察側の主要な証人である彼の姪は，その殺人事件が家族問題についての言い争いの後に起こったと証言した[4]。その他の有罪判決も，目撃者による被疑者の服装[5]，ブーツ[6]，タトゥー[7]，手袋[8]，車[9]，そして，ナイフ[10]やおもちゃの銃[11]など，様々な物に対する再認にもとづくものであった。これらすべての事件で，被告人は裁判で有罪判決を受け，数年後にDNA検査によって雪冤された。

　理論的には，これらすべての証言が正確な記憶にもとづいたものであり，これらの無実者が真犯人と同じ特徴を有していたことは，単なる偶然の一致であったと考えることも可能である。無実の被疑者が，犯人と同じ車を所有し，同じ衣服を着用し，犯人と同じタトゥーをしていた可能性も充分にありうる。さらに，これらの誤った記憶のすべてが自然発生的な誤りによるものであると考えることも理論的には可能である。しかしおそらく，これらの証言は，刑事司法制度との相互作用の中で誘発された証人の虚記憶である可能性が高い。これらの誘発されたエラーは，警察による何らかの関与なしに，証人が自然発生的に誤った記憶を生成するとは考えにくいような事件において，最も目立って生じている。たとえば，6歳の強姦被害者は，強姦が行われたとされる被告人の祖父母の家を特定し，その室内の様子について正確かつ詳細な報告を行った。DNA検査によって，別の人物がこの犯罪を行ったことが分かったため，この被害者は，彼女自身が報告した家を見たことも，訪問したこともないということが明らかとなった[12]。

　誘発されたエラーの影響は，警察の想定している被疑者と一致するように，証人が時間とともにその供述を変える場合に明らかである。たとえば，ウォルター・スナイダーは，侵入強盗と35歳の女性への強姦の罪により，バージニア州の裁判所で有罪判決を受けた。裁判では，被害者によるスナイダーに対する犯人識別は，犯人の独特な臭いについての供述によって裏づけられた。「オイルと地下室の臭いが混ざり合ったような，じゃこうのような香り（a musky smell）」。この証言は，スナイダーにぴったり当てはまった。彼は両親の家の

地下室に住んでおり，ボイラー技術者として石油を触る仕事をしていたことが捜査の過程で明らかになった。目撃者の記憶がスナイダーに関して知られている事実に合致するように変化したことは明らかである。警察に対する彼女の初期の供述では，加害者について，汗，アルコール，そして，タバコの臭いがしたと述べていた[13]。テネシー州の事件の2人の目撃者は，被疑者に歩行障害があり，脚にギブスを着用していたことを知った後にはじめて，犯人は足を引きずっていたと警察に証言した[14]。バージニア州のエドワード・ホネカーは，若い女性を誘拐し，性的暴行を加えた罪で有罪判決を受け，3つの終身刑に加えて34年間の懲役を宣告された。初期の警察の報告書の中で，被害者は「被害を受けている間ずっと，加害者をよく見ることができなかった」と述べていた。また，彼女は警察に，犯人は大きな十字架をつけていて，助手席のドアがさびついた明るい色の車を運転したと伝えた。これらの事実はどれも，ホネカー自身や彼の車とは一致しなかった。それでも，裁判で被害者はホネカーが犯人であると主張した。実際には小さかった彼の十字架に見覚えがあると証言し，青くてさびついていない彼の車を犯行に使われた車だと証言した[15]。繰り返しになるが，これらすべての事件において被疑者は裁判で有罪判決を受けたが，その後DNA検査によって無罪となった。

　事件についての具体的な詳細情報に関する記憶は，事が起こってしまった後には，検証することが難しい。犯行に関する電子的な記録や，明らかな物的痕跡がない限り，飲み屋での喧嘩の際に，被害者を殴打する前に被告人が発した正確な言葉，殴打の正確な順序，そして，被害者の方が銃をもっていたかどうかといったような，重要な事実を検証することはほぼ不可能である。信頼性の高い外的な証明がなければ，事件についての記憶の誤りの多くは，反論することが難しい。

　本章では，被害者や，嫌疑のかかっていない協力的な目撃者からの記憶にもとづく供述を扱っている。この種の対象者への質問は，**聴取**と呼ばれるカテゴリーの中に分類することができるだろう。第5章では，犯罪を犯した疑いのある人々への質問，一般的には**取り調べ**と呼ばれるものについて取り上げる。

## 正確性と網羅性

　最も一般的なレベルで，事件の記憶には2つの重要な特徴がある。**網羅性**と**正確性**である。記憶は，事件を包括的に説明するのに必要な詳細情報がすべて

含まれている場合，かつ，それらの詳細情報が正しい場合に信頼できるとみなされる。たしかに，証人の記憶の正確さは，それらに頼る評決の完全性という点においても極めて重要である。正確性の問題は，記憶研究者と法心理学者の両方によって実施される研究の中心的主題である。研究によれば，事件についての記憶というものは，目撃者による犯人識別と同様に，完全に不正確なものから非常に正確なものまで広範囲に及ぶことが示されている。そしてその違いは以下に説明するような数々の偶発要因とシステム要因によって生じると考えられる。それでも，大規模な実験室研究，およびフィールド研究から一般的な法則を理解することができる。法に関わる課題についての記憶の正確性の割合の推定値は，ごく大雑把に見て，65% から 95% の範囲にわたると考えられ，多くの研究で 80% のレベルに収束している。この確率は，様々な面接プロトコルを使用した，2,400 人を超える参加者を含む，55 件の研究のメタ分析で確認されている[16]。イギリスの警察訓練生やスコットランドの警察官[17]，そして，実際に犯罪を目撃した人々を対象とした研究においても，同様の正確性の精度が確認されている[18]。

　この正確性の割合は心強いものではあるが，これについては，2 つの点に注意しなければならない。第 1 に，これらの研究結果は，証人によって報告される詳細情報のおよそ 5 分の 1 が誤りであることを意味している。特定の重要な詳細情報に左右されるような事例では，このエラー率は問題になる。さらに重要なことに，これらの研究で得られた正確性の割合は，比較的好ましい条件下で得られたものを反映している。以下に示すように，誘導による記憶のエラーは，証人が事件を解決するための重要な詳細情報を覚えていない場合に，警察が激しい聴取技法を用いて失われた事実の断片を得ようとする際に起こる。

　記憶の正確性に広く焦点が当てられるということは，事件についての記憶を法に用いる際の重要な側面である証人の記憶の網羅性を見逃すことになる[19]。司法捜査は，特定の単語，ナンバープレートの番号の下 2 桁，1 つのロゴや，アクセサリーなど，日常生活の中で我々が気にも留めないような，具体的で，そしてときに微細な詳細情報に左右されることがある。当然のことながら，不完全な記憶のせいで，犯罪を解決するために必要な情報を警察官に充分に提供できない場合もあるだろう。その結果，その犯罪は解決されず，犯人が野放しになる可能性がある。重要なことに，証拠不足がしばしば行きすぎた捜査を招き，それが虚記憶を誘発する可能性を高めるという意味では，記憶の不完全さ

は間接的ではあるが記憶の正確性に影響を与える。

　研究者らは，記憶の網羅性それ自体をあまり研究することはないが，多くの研究では結果的に研究目的に付帯して網羅性の測定も含めて実施している。全体的に見て，これらの研究によると，人は犯罪捜査に実質的な影響を及ぼす可能性がある具体的な詳細情報の約4分の1を記憶していることが明らかとなった[20]。言い換えれば，証人の記憶は，刑事事件の解決に極めて重要で具体的な詳細情報の大部分を失っている傾向があるといえる[21]。

　法に関わる出来事の記憶が網羅的であることはほぼないということは，驚くに値しない。人間の注意力は限られており，おかれた状況のありとあらゆる細部に注意を向けることはできない。飲み屋で喧嘩を目撃した際には，目撃者は喧嘩をしている人物のうちの1人を見ていて，別の人物がナイフを取り出したことに気づかないかもしれない。そして，喧嘩をしている人物のアクセサリーに注意を集中させている目撃者は，この人物のタトゥーに気づかない可能性がある。研究によれば，複雑な出来事を観察する際には，ある種のトレードオフが生じるといわれている。ある側面に注意を払うと，出来事の他の側面に対する注意が減少する。特に，犯人についての記憶と事件全体の記憶の間にはトレードオフの関係が存在するといわれている[22]。

　当然，事件解決にはどの詳細情報が必要になるのかを事件当時に目撃者が知ることは不可能である。正当防衛を主張するような場合には，誰が喧嘩を始めたのかを覚えておくことが重要になり，被告人がアリバイを主張している場合には，事件が起こった正確な時刻を覚えておくことが重要かもしれない。もし，被害者が刺されたような場合には，喧嘩をしていた人物のうちのどの人物がナイフを取り出したのかを覚えておくことが重要になる。そして，捜査の結末は，事件の解決において最終的に重要となると思われる具体的な事実を，目撃者が正確に認識し，記憶しているかどうかという，ある意味ランダムな確率に依存する。

　記憶が不完全な場合には，犯罪の迅速な解決の見込みがないことによる苛立ちから，事件を解決するうえで欠けていると刑事らが考える詳細情報についての記憶を引き出すことを目的とした手続きに刑事らを集中させる傾向がある。刑事は，質問を繰り返したり，緊急性を訴えたり，証人に対してもっとたくさん情報を提供するように圧力をかけたりして聴取を複数回実施するようになる。この強化面接の主な特徴は，失われた情報を引き出すことができると警察官ら

が思い込んでいるような，「記憶の作業」に証人を従事させるように追い込むといったものである。強化面接は，ごく限られた状況下においては，欠落した詳細情報についての正確な記憶を実際に引き出すことができる。以下に示すように，ときに人は，以前は思い出すことができないだろうと考えられていた事実を実際に思い出すこともある[23]。しかしながら，多くの場合，刑事によって求められた特定の詳細情報を目撃者が思い出せないのは，そもそもその詳細情報に関する記憶が欠落しているからである。このような状況では，強化面接は以下の3つの結末のうちのどれか1つにつながる可能性がある。1つめは，聴取で結果が得られなければ，事件は未解決となる。2つめに，「記憶の作業」は，作話，つまり，目撃者から欠落した部分を埋めるための虚記憶を引き出すことにつながる。これらの虚記憶は，捜査での圧力によって生成されるため，事件に対する刑事の仮説と合致するような内容が思い出される傾向がある。3つめに，「記憶の作業」は刑事らによって提供された情報で目撃者の記憶を汚染するような肥沃な状況を作り出し，虚記憶を誘発することがある。そのため，結果として得られた供述は，警察の勘に忠実な目撃供述となる。

　人間の記憶の一般的な特徴について説明した後，本章では，記憶にもとづく報告を強めたり，弱めたりすることで知られている，偶発要因やシステム要因について検討する。目撃者による犯人識別の分野と同様，研究は，記憶の網羅性と正確性を最大にし，誤った記憶を引き出すことを防ぐための助言を警察に行う際の予防薬として役立つ。第2に，ある特定の記憶の真実性を推定するためにこれらの変数を利用したいと考える人がいるかもしれないが，極端な場合を除いては，これらの変数によって記憶の真実性を強く結論づけることは推奨できない。

## 人間の記憶：その一般的な特徴

　人間の記憶力は興味深いものである。記憶システムは，人間の認知活動において重要な役割を果たす。人生で経験する数え切れないほどの出来事を思い出すことや，大量の一般的知識を保持すること，言語を操ることや何千もの単語を書きつづることなど，その能力には驚嘆するばかりである。同時に，私たちは，自分の記憶にことあるごとに失望させられることもある。ディナーパーティーで会話をしている相手の名前を，紹介された数分後に忘れてしまったようなときや，車の鍵を置いた場所を思い出せないときを考えてみてほしい。多く

の人は，自分の時計の文字盤や自分の車のダッシュボードがどのようなものだったかを説明することができない。記憶の失敗は，私たちの生活の重要な側面においても生じる。ある研究によると，患者は診療室を訪れた直後に，その際に医師によって説明された医療的なアドバイスの約半分を忘れるといわれている[24]。これは慢性疾患のある患者にも当てはまる話である[25]。また，人々は自分の病歴についての記憶が乏しい傾向がある[26]。

　研究が示すように，出来事の記憶は，符号化し，保持し，そして，検索する際の状況のさまざまな特徴に大きく左右されるため，概してよい，または悪いというように特徴づけることはできない。ダニエル・シャクターが述べているように，人間の記憶は強力であり，脆くもある[27]。刑事司法制度が直面する課題は，神秘的で，しばしば不安定なこの人間の能力によって生み出される証言に，多くの評決が頼らざるをえないということである。

　人間の記憶に関する一般の人の理解はかなり素朴である。ワシントンD.C. で陪審資格のある 1,000 人以上の市民を対象に実施された調査では，回答者の約 4 分の 3 が自分は優れた記憶力を持っていると主張した。ほぼ半数の人々が，トラウマティックな事件に関する記憶は，まるでそれが「自分の脳に刻印づけられる，もしくは，焼きつけられている」かのように思い出すことができる，ビデオ録画のようなものであるという考えに賛同した[28]。この楽観的な見解は，一般の人々に限られたものではない。同様の回答が，調査に参加した警察官の 3 分の 1 にも見られた[29]。カメラの比喩のような考え方は，経験豊富なカナダの警察官を対象とした調査でも見られた[30]。イギリスの警察官に対する調査においても，その約 4 分の 3 が，証人が間違えることはほとんどないと考えていることが明らかとなった[31]。

　記憶に関するこの楽観的な見解は，脳が記憶された出来事を単にコピーし，複製するわけではないことを示す研究によって長い間否定されてきた。何十年にも及ぶ研究により，記憶システムは，観察された事件の記憶の断片から，記憶にもとづく報告を**構成する**ことが示されている。記憶システムは複数の情報源からの情報を統合し，わかりやすく使いやすい記憶を構築するために，記憶システムそれ自体が情報を作り出すこともある[32]。注意すべきは，これらの過程が正確な記憶と誤った記憶の両方を生み出すという点である。

　構成されるという記憶の特徴はケンブリッジ大学の心理学者であるフレドリック・バートレットの独創性に富んだ研究により実証された。バートレットは

学生に「幽霊たちの戦争」と呼ばれるアメリカ先住民の民話を読むように伝え，その内容に関する記憶をテストした。報告された記憶には，元のストーリーにはなかった詳細情報が多く含まれ，元のストーリーに含まれていたその他の情報が欠落していた。オリジナルの物語から最も典型的に違った点は，このイギリス人学生らに馴染みのある物語の要素が追加され，そして，馴染みのないものが削除されたことである。「カヌー」が「ボート」に，そして「アザラシの狩猟」が「釣り」にといったように，特定の言葉が変えられていた。言い換えれば，物語の記憶は，学生自身のスキーマ，すなわち世界についての彼らの知識のパターンや，その種の物語から期待される内容によりよく適合するものに変えられていた[33]。物語の再構成によって，参加者による物語についての報告はより理解しやすく，そして，記憶しやすい形になったかのように見えたが，それには原文の内容の歪曲が伴った[34]。

　記憶システムの中心的な特徴は，記憶が一枚岩のようなものではないということである。むしろ，記憶された出来事は，記憶痕跡の事後的なグループ分けに基づくものである。**ファジートレース理論**によれば，出来事の記憶は**要約**（gist），つまり，その出来事に犯罪的な意味を与える中心的な事柄によって構成されている。飲み屋での喧嘩の例では，要約は人々が喧嘩し，誰かがナイフを取り出し，そして人が刺されたという事実に言及する内容となるだろう。記憶はまた，**逐語的な痕跡**によっても成り立っている。これは，実際に使われた正確な単語，ナンバープレートの番号，ロゴなど，出来事の具体的な詳細情報に対応する，経験の表層レベルの知覚的な側面を捉えた情報のことである。ファジートレース理論の中心的な見解の1つは，要約的痕跡と逐語的痕跡は，同じ方法で符号化，保持されておらず，同じ記憶手がかりによって検索されるわけではないということである。要約的痕跡と逐語的痕跡は，異なる割合で忘却され，後者は前者よりもはるかに速い速度で減衰する[35]。目撃者は目にした犯罪の一般的な輪郭の記憶を保持していたとしても，彼らは事件を解決するために必要とされる多くの具体的な詳細情報を忘れている場合がある。

　記憶を理解するために重要なもう1つの理論的貢献は，マルシア・ジョンソンらによって開発された**ソース・モニタリング・フレームワーク**である。このアプローチでは，記憶が実質的な意味を持つには，記憶がその情報源（ソース）に帰属されていることが前提となる。たとえば，ナイフが取り出されたという記憶は，それが目撃された時間，場所，および文脈と関連づけられていな

い限り，ほとんど意味をなさない。有効な記憶として役立つには，そのナイフを，捜査対象となっている飲み屋での喧嘩の際に目撃したのか，他の飲み屋での喧嘩のときに目撃したのか，映画の中，夢の中，もしくは，自分の想像の中で見たものだったのかどうかを思い出す必要がある。このように，事件を記憶する能力は，目撃体験の物理的な状況や，それに付随する思考，イメージ，そして，感情とその記憶とを関連づける能力に依存する。言い換えれば，何かを正しく記憶するためには，記憶の情報源を監視し，検証できる必要があるといえる[36]。虚記憶の一般的な原因は，記憶がその情報源から切り離され，他の情報源からの侵入や干渉を受け入れてしまうことである。記憶の情報源の監視に失敗することは，ある事件の要素を別の事件に属するものとして誤って思い出すといった，**情報源の混乱**につながる[37]。したがって，飲み屋での喧嘩の目撃者は，犯人が着用していたジャケットを前の晩に他の誰かが着用していたジャケットと混同したり，犯人の発話を喧嘩をしていた別の人物の発話と混同してしまうことがある。

　断片化された記憶の性質を考えれば，その正確性と耐久性の鍵となる特徴は，すべての断片（要約，周辺の詳細情報，および記憶の情報源）を包括的な記憶としてどの程度結合できるかということである[38]。結合の失敗や，時間の経過による記憶の解体は，記憶の欠落とエラーの両方の主な原因となる。研究は，記憶の非網羅性と不正確さの両方の原因となる要因を特定する手助けをしてくれる。

## 非網羅的な記憶

　記憶の問題であると疑う余地のないものの一つに，記憶の欠如が挙げられる。すでに述べたとおり，通常，事件の記憶には法に関わる可能性のある詳細情報のほんの一部しか含まれていない。つまり，証人は，最終的に事件を解決するために不可欠となるすべての詳細情報に関する真の記憶を常に持っているわけではないということである。記憶の非網羅性の原因は数多くある。第1に，先に示したように，事件の知覚は人間の注意力が限られていることによって制限される。注意が向けられていない詳細情報は，知覚システムに入力されず，そのため記憶されない。視覚的注意のこの選択性は，ある説得力ある研究によって実証されている。この実験では，参加者がビデオ映像を見ている際に，その注意を妨害する認知課題を与えられると，多くの人が，ゴリラのスーツに身を

包み，画面の真ん中で胸を叩いている人物などの重要な事実に気付くことができないことが示されている。この現象は**不注意による盲目**（inattentional blindness）と呼ばれている[39]。

　事実に注意を払い，それを符号化したとしてもなお，未来のある時点でその記憶を思い出すことができる保証はない。主として，記憶は時間の経過とともに減衰し，人は自分が知覚した事件や詳細情報のごく一部にしかアクセスできなくなる[40]。1世紀以上に渡って行われた研究を網羅する大規模なメタ分析により，時間経過に伴う記憶保持は一般に対数関数に従い，事件の直後に比較的急激に低下し，その後徐々に低い割合で減少していくことが示された[41]。記憶の減衰は，符号化が弱く，あまり固定されていない記憶において最も速い。前述のように，証人は事件の要約を覚えていたとしても，重要な逐語的詳細情報を忘れている可能性がある。

　一部の記憶がその後のテストでよく思い出されるという，一般的な忘却曲線からすると例外として知られる現象がある。**レミニセンス**として知られている現象である[42]。後の記憶テストにおいて異なる記憶手がかりを使用するような場合に，記憶の向上がみられることがある[43]。レミニセンスは，確かに重要な欠落情報を引き出し，犯罪捜査を前進させる可能性があるが，このような恩恵を受けることはまれであり，限られている[44]。レミニセンスの効果は，聴取の間に起こる記憶減衰の影響によって弱まる可能性がある[45]。レミニセンスの副作用は，証人への圧力を強める理由を警察官に与えるという点にあり，それはしばしば虚記憶を生成する引き金となる。

　自伝的記憶は，一般的な忘却曲線に対するもう1つの例外的な現象である[46]。実験室研究で頻繁に使用される一般的な情報よりも，人々は重要で個人と関連のある出来事をより記憶しやすい傾向がある。犯罪は，その事件がその個人にとっても大きな意味を持つことが多いため，目撃者や被害者の自伝的記憶となる可能性がある。犯罪についての記憶は，記憶痕跡を強めたり，再結合したりする効果を伴って，心的に何度も繰り返し想起される可能性がある。ある一連の研究では，人々が特異な自伝的出来事，特に予想外で，感情的に負荷の高い重大な事件に関して，非常に正確で耐久性のある記憶を持っていることを示した。チャレンジャー号の悲劇や9月11日のテロ攻撃のような事件について検討した一連の研究は，フラッシュライトを使って撮影された写真のように，記憶システムが周辺的な細部の情報と共にその特異な事件をほぼ永久的に刻印づ

けることができると主張した[47]。法的な文脈では，目撃者が刑事事件に関する周辺的な詳細情報についても非常に強い記憶を持っていることを示すためにこの**フラッシュバルブ・メモリー**の考え方が取り入れられるようになった。この主張は，誇張されているように思える。第1に，研究結果は一貫してない[48]。第2に，これらの研究で検討された詳細情報の種類は，その多くが，事実を争う難しい事件などを解決するうえで法的意味をほとんど持たないような，自伝的な詳細情報に関するものであった[49]。最後に，フラッシュバルブ・メモリーは，事実と異なる詳細情報について高いレベルでの確信度や鮮明さを伴うエラーを引き起こす可能性があることが明らかにされている[50]。

## 虚記憶

　出来事の記憶に関する主な問題は，ある条件の下では，実際には目撃していない，または，実際には起こらなかった事柄についての記憶を人は思い出してしまうということである。虚記憶は自然発生的に生じることもあれば，他者との相互作用や，記憶を汚染する情報に晒されるなど外的な要因によって誘発されることもある。虚記憶の報告されやすさは，「わからない」または「覚えていない」と言う選択肢が与えられている場合であっても，人は，自分が覚えていない，もしくは，思い出せない事件について見たというポジティブな反応を示す傾向があるという事実からも明らかである[51]。この現象は，目撃者による犯人識別の文脈で，人がいずれかの人物を選んでしまうという傾向に酷似している。正確であれ，虚偽であれ，もしくは，イメージされた内容であれ，人はとにかく何も情報を提供しないよりは，情報を提供する方向に動機づけられているようである。

　[自然発生的に生成される虚記憶]　当然のことながら，記憶は，その根底にある知覚に依存する。一般的に人は，身体的な特徴の推定が不正確であったり，距離を一貫して少なく見積もったり[52]，経過時間を過大に見積もったり[53]，速度を誤って見積もったりすると言われている[54]。人はまた，身長，体重，年齢など，他者の特徴を推定することにおいては，あまり正確ではない傾向がある[55]。さらに，人間の知覚はその人のスキーマやステレオタイプだけではなく[56]，動機づけや目的によっても左右されることがわかっている[57]。

　自然発生的に起こる記憶の誤りは，人がその出来事を理解しやすく，記憶しやすく，そして，現実世界と辻褄を合わせるために，自分の記憶を歪めること

で起こることが研究によって明らかにされている。バートレットの研究で，イギリス人大学生の記憶が，なじみのないネイティブアメリカンの民話をより身近な物語へと変容させたことを思い出してほしい。類似した現象が，出来事に対する実際の解釈が，記憶を侵食することを示す研究においても明らかとなった。このように，観察された出来事の記憶を自分自身が構成したものに置き換えることはおこりうる。たとえば，「秘密の文書を暖炉に投げ入れた」スパイについての文を暗記するように求められた参加者は，スパイが実際にその文書を焼き払ったことを覚えていると報告する傾向があり[58]，「本の重さで薄い棚が劣化した」という文章を読んだ参加者は，棚が崩れ落ちたことを思い出して報告する傾向がある[59]。これらは非現実的な推論ではないが，観察された出来事を正確に説明するものではないため，虚記憶であるといえる。さらに言えば，スパイが単に文書を火のついていない暖炉に隠した場合や，薄っぺらな棚が元の状態のままだった場合などには，間違いとなる可能性がある。別の一連の実験では，物語の主題が同一の，複数の個別の文を思い出すように求められると，人はそれらを1つの記憶として混ぜ合わせる傾向があることが示された[60]。物語の記憶は，その物語の結末によってゆがめられることも明らかとなった。カップルがデートをする物語について，男性が女性を強姦する結末を提示された参加者は，男性が女性にプロポーズする結末を提示された参加者に比べ，そのデートを危険でふしだらな内容として思い出した[61]。刑事事件の結末は常に悪いものである点を考えれば，目撃者はその結末に一致するように被疑者の行為を思い出す可能性があるだろう。

　人の記憶は，ステレオタイプ化した信念の影響も受ける。これは，その人物の持つステレオタイプが物語の語り直しにどのように侵入してくるのかを示した，ゴードン・オルポートによる初期の研究によって実証された[62]。別の研究では，主人公の女性がウェイトレスであると説明するか，図書館司書であると説明するかによって，その女性のライフスタイル，音楽の好み，家の装飾などのさまざまな詳細情報に関する人々の記憶が変容することが示された[63]。東京で行われたフィールド調査では，ある客のブリーフケースが黒（最も典型的な色）であったことを記憶していると店員が報告したが，実際にはそれは緑色であった[64]。人はまた，自分自身の仮説[65]や，意思決定[66]と一致するような事実について，より良く記憶している傾向がある。

　自然発生的に虚記憶が生じるという強力な証拠は，**衝突に関する記憶**と呼ば

れる一連の研究によって示されている。1993年10月4日，貨物飛行機がアムステルダムの11階建てのマンションに衝突した。テレビ記者らは，1時間以内に現場に到着し，事故現場とその後の火災について広範囲に渡り放送を行った。飛行機の衝突は予想外の事件であったため，その飛行中，および建物に衝突した瞬間を映したテレビ映像は存在しなかった。10カ月後，オランダの研究者たちはこの事件についての人々の記憶を調査し，「飛行機がマンションにぶつかった瞬間」のテレビ映像を見たかどうかを回答者に尋ねた。参加者の55%が，実際には存在しない映像を見たことを覚えていると報告し[67]，記憶することがそもそも不可能な事実についての報告を行った。さらに，この実際には目撃しなかった記憶について見たと答えたグループの回答者に，火災が発生したときの様子など，衝突に関する具体的な詳細情報について尋ねた。その結果，回答者の約3分の2は，火災が発生したときの様子について説明する（想像上の）回答を行った。実験2では，回答者の約4分の3が，衝突前の飛行機の飛行角度を覚えていると報告している。繰り返すが，墜落前の飛行機のビデオ映像は存在しないため，参加者らが，火災の発生，もしくは，飛行機の飛行角度についての真の記憶を持つことは不可能である[68]。オランダの別のグループの研究者らは，2002年の国政選挙の前に政治家が暗殺された際の（存在しない）テレビ映像についてのありえない記憶について明らかにした[69]。同様に，イギリスの参加者のほぼ半数は，ダイアナ妃の命を奪った自動車事故をとらえた（存在しない）映像を見たと主張した[70]。

　自然発生的に起こる記憶の誤りは，人が異なる記憶の特徴を混ぜ合わせることでも起こりうる。これは，**記憶結合エラー**として知られる現象である。記憶結合エラーは，たとえば，*blackmail* と *jailbird* という単語が提示されると，その後の記憶テストにおいて *blackbird* という単語を覚えていると報告してしまう現象である[71]。記憶結合エラーでは，類似した場所，時間，そして，出来事を混同することもある[72]。自分の日記に記録された出来事についてテストされた場合に，人はある出来事と別の出来事の事実を混同したり，出来事に居合わせた人物を混同することが示されている[73]。人はまた，単に想像（イメージ）しただけの行動と，実際に行った行動についての記憶を混同することも示されている[74]。

　**[誘発された虚記憶]**　外部からの情報により，記憶が誘発されることがある。たとえば，他の目撃者から犯罪に関する説明を聞いた場合，証人がメディアか

らその事件に関する情報を知った場合，または，警察官から情報を得た場合などである。このような場合，目撃者は，自分では実際には記憶していない，もしくは，見たことすらもない事実について証言してしまう可能性がある。もしも，これらの情報源が運良く正確であったならば，これらの外部情報が誘発する記憶は，証言の正確性を高めることができるだろう。そうであるにしても，これは，悪意のない目撃者がその証言を偽りの信頼性で包み，単に警察官の仮説の代弁者としての役割を果たしているに過ぎないことを理解しておかなければならない。間違った方向に目撃者を誘導し，誤った証言に導いてしまった場合には，状況はさらに厄介になる。それは誘発された虚記憶の生起につながる。この種の虚記憶は，誤った評決につながる危険性をはらんでいるだけでなく，捜査を容易に破壊し，誤りを広める導線となる可能性がある。

　目撃者が他の目撃者から情報を得たり，テレビで犯罪に関する番組を見たりすることによって，誘発された記憶は，悪意なく起こる可能性がある。誘発された記憶はまた，不適切な捜査技法の結果として，意図せず警察からの情報に晒されることによっても生じる可能性がある。さらに不吉なことに，熱心な警察官が，事件を補強し，捏造するために，極めて重大な情報を目撃者に植えつけ，故意に虚記憶が引き出される可能性もある。

　誘発された虚記憶に関する中心的な研究では，目撃した事件に関する虚偽の情報を目撃者に提示することは，その事件の元々の記憶を妨害する可能性があることを示している。目撃者が特定の事実について全く記憶していないような場合，その人物を虚偽の情報に晒すことで，その記憶を思い出したと誤って信じこませることができる。また，目撃者を誤情報に晒すことは，実際に目撃した事実についての記憶を変容させ，それによって，かなりの割合の参加者がその誤情報を含んだ記憶を報告するようになる。この**事後誤情報効果**（postevent misinformation）として知られている現象に関する研究は，通常３つのフェーズで構成されている。参加者はまず事件（通常はビデオ映像，模擬的な事件場面を参加者の前で演じる（staged event），またはスライドショー）を目撃し，次に目撃した内容とは一致しない情報に晒され，その後事件についての記憶テストを受ける。

　この一連の研究の代表的なものは，エリザベス・ロフタスらによって行われた。参加者は，自動車事故を描いたスライドを見た後に，事故についての質問に答えるよう求められた。一部の参加者には，事実と異なる視覚的情報を前提

とした質問が含まれた（たとえば，実際にはスライドの中の交差点では徐行の標識が映し出されていたのに，交差点には止まれの標識があったことを示唆するような情報）。その後の記憶テストでは，多くの参加者が止まれの標識を見たと報告した[75]。別の研究では，参加者は田舎道を走っている車のビデオ映像を見せられ，「車が納屋を通過したとき」の速度を答えるように求められた。実際の映像には納屋は存在しなかったにもかかわらず，1週間後，参加者の6人に1人が納屋を見たと報告した[76]。事件後に行われる聴取での意味内容のほんのわずかな違いにより記憶を変容させることもできる。自動車事故を描いたビデオを見た後，「車が互いに激突した（smashed）」ときの車の速度を答えるよう求められた参加者は，「車が互いにあたった（hit）」ときの速度を回答するように求められた参加者にくらべ，より速く速度を見つもって報告した[77]。同じように，強盗が着用していた手袋の種類を目撃者に尋ねると，（存在しない）手袋を見たという報告が増え，4人目の強盗の風貌について尋ねると，（実際には，強盗は3人だったのにも関わらず）4人目の強盗を見たという報告が増加した[78]。これらの結果は，メディアによる報道，他の目撃者との話し合い，そして，警察官より提供された情報など，さまざまな情報の提示方法を用いた多くの研究によってその結果が再現されている[79]。

　事後誤情報効果は，周辺的な詳細情報についての人々の記憶を変容させるのに特に効果的であることがわかっている。ある研究では，万引き場面の実験刺激映像を見せた後で，そこで万引きされた物について参加者に誤情報を与えても，その記憶にほとんど影響を及ぼさないことが示された。参加者の93%が，万引きされたのはワイン1本であり，事後情報として提示されたたばこの箱ではないと正しく述べた。しかし，映像の背景にあった詳細情報についての誤情報を提示すると，参加者の約4分の3が虚記憶を報告した[80]。他の研究では，周辺的な詳細情報について誤情報を与える場合と，中心的な情報について誤情報を提示する場合では，周辺的な詳細情報の正答率は，中心的な情報の正答率の約半分ほどであることが示された[81]。

　また別の一連の研究では，誤情報は記憶の要約すらも歪め，さらには出来事の全体を記憶に虚偽に植えつけることが可能であることを示した。ロフタスとピッケルによる**植えつけられた記憶**と呼ばれる一連の研究では，体験したことのない子ども時代の特異な出来事を誘導によって報告させることが可能であることが示された。これらの研究では，参加者は，ショッピングモールで迷子に

なるといったような出来事（ただし，実際には体験していないことをそれぞれの両親に事前に確認済み）について報告するように求められた。参加者らは，第1回目の聴取ではこれらの出来事についての記憶がないと否定する。しかし，2回目，そして，3回目の聴取では，参加者の約4分の1から2分の1がこれらの出来事を思い出したと報告した[82]。熱気球に乗った[83]，溺れたときにライフガードに救助された[84]，看護師に小指から皮膚のサンプルを採取された[85]，ある動物に襲われた[86]，結婚式で走り回っていて花嫁の両親にパンチボウルをぶっかけてしまった[87]など，多くの研究を通して，虚記憶を報告するように参加者を誘導することが可能であることが示された。ある研究では，約3分の1の参加者がディズニーランドを訪れたときにバッグス・バニーをみたことを思い出した。もちろん，バッグス・バニーは，ワーナー・ブラザーズのキャラクターであるため，これは非常に信じがたい出来事である[88]。

　これらの研究は，回復された記憶，すなわち長年にわたって抑圧されてきたとされる主に子どもの頃の記憶にもとづいた刑事訴訟をめぐる論争に，直接的に関係するものである。完全に架空の出来事に関する記憶が，従来の刑事事件で重視されることはないため，ただ単に頭の中で想像された出来事に対する罪で起訴されるというのは非常に稀なケースである。それでも，これらの研究は，記憶システムが暗示にかかりやすいことを証明し，虚記憶の生成を促進させやすい条件に光をあてたという点で重要である。

## 本当の記憶と虚記憶を弁別する

　虚記憶の法的な影響は，証人自身が誤りを認識しているかどうかに大きく依存している。目撃者が記憶にもとづく報告の，弱さ，または，誤りやすい性質を意識しているならば，虚記憶に関してそれほど心配することはないだろう。その意識によって，目撃者らは証言を差し控える，もしくは，適切に修正することがおそらく可能だろう。他のすべての認知的側面と同様に，記憶システムは，**メタ記憶**としても知られる，人間のメタ認知システムと密接に関連している。メタ記憶的判断は，人の記憶の情報源を監視する能力と関連している。これは，記憶された事実が，出来事を真に知覚したものであるのか，事後情報によって誘導されたものであるのか，あるいは内的に生成されたものであるのかを判断する場合に有用である。研究によれば，メタ記憶的な判断の失敗は珍しいことではない[89]。

実際に体験した本当の記憶と，虚偽の記憶とを区別することができるという信念を支持するいくつかの証拠がある。一部の研究によれば，本当の記憶は，虚偽記憶と比べ，鮮明で，一貫性があり，詳細情報に富み，そして高い確信度を伴うことが明らかにされている[90]。植えつけられた記憶のパラダイムによって生成された虚記憶の一部も，同じような特徴を持っていた[91]。これら2種類の記憶の違いは決して頑健なものではなく，全面的に強く支持されたものではない[92]。おそらく2種類の記憶を区別するのが困難なのは，これらの2つの記憶が同じメカニズムによって作り出されているという事実と関係している[93]。虚記憶と本当の記憶とを区別することは，記憶とその情報源との結合が弱い場合，または，減衰してしまっている場合に特に困難である。メタ記憶的判断の違いもまた，繰り返し検索することによって曖昧になる傾向がある。それは，繰り返し検索することにより独特で個人的に関連ある経験がありふれた出来事になるというような理由で起こる[94]。

虚記憶と非網羅的な記憶の両方に関わる不可解な点の一つは，それらが具体的な詳細情報で満たされている傾向にあるということである。前の週に行った日常生活での活動を思い出すことができなかった人々が，その活動についての（誤った）記憶を報告することがある[95]。車同士が激突する自動車事故について尋ねられた参加者もまた（車同士があたったという表現を用いた参加者とは対照的に），事故現場で（実際には存在しない）割れたガラスを見たと報告する傾向がある[96]。前述したように，アムステルダムの飛行機事故の（存在しない）ビデオ映像を見たと報告したオランダの参加者の大多数もまた，衝突後すぐに火災が起こったこと，そして飛行機が建物に衝突する直前，水平に飛んでいたことを思い出した[97]。熱気球に乗ったという虚記憶を思い出すように誘導された参加者も，そのときの恐怖心や顔に風が吹きつける感覚など，様々な詳細を報告する傾向があった[98]。同様に，小指から皮膚のサンプルを採取したという，実際の事実とは異なることを思い出した参加者は，その診療所がひどい臭いがしたことを[99]，結婚式でパンチボウルをひっくり返してしまったことを思い出した参加者は，大きな混乱を引き起こしてしまったことや，そのいたずらで大事になってしまったことなどを報告した[100]。ディズニーランドでバッグス・バニーと会ったことを誤って報告した参加者の約3分の2は，バッグス・バニーと握手をしたと述べ，ほぼ半数がハグをしたと報告している。他の人たちは，彼の耳やしっぽを触った，「どったの先生（What's up, Doc?）[101]」と彼がいつも

の決まり文句をいうのを聞いたことなどを覚えていた。ある参加者は，彼にニンジンを与えたことを覚えているとさえ報告した[102]。虚偽の，非網羅的な記憶を埋めるための詳細情報の捏造は，我々が**実際に知っている以上のことを語る**（telling more than we can know）という現象のまた別の例でもある。

　虚偽の，不完全な記憶に付随する詳細情報は，でたらめに生成されるものではなく，むしろもっともらしく，その状況下では典型的な情報にもとづいて作り上げられる。言い換えれば，人々は，自分のスキーマにもとづいて，その状況下で通常期待されるような詳細情報を使って，欠落した部分を埋める傾向がある[103]。たとえば，参加者らは，前の週に行った活動について話す場合，日常生活の中でいつも行うような行動を報告し，自動車事故の場面について話すときには割れたガラスを見たなどと報告する傾向がある[104]。

　虚記憶や非網羅的な記憶を，詳細情報や馴染みのある説明で埋めることは，刑事事件の結末に影響を与える可能性がある。第6章でも議論するように，詳細情報を豊富に含んだ記憶は第三者からも信用されやすいからである。豊かで詳細な記憶は，証人自身の記憶に対するメタ記憶的な確信度を高めることにもつながることが多い[105]。虚記憶や非網羅的な記憶を埋めるために使用されるスキーマ的な知識は誤りであることが多い。たとえば，衝突についての記憶の研究で，建物に衝突する直前，飛行機が水平に飛んでいるのを見たと参加者の大半が回答したが，おそらくそれは都市部の空港を離発着する飛行機が水平に飛んでいる光景にもっとも馴染みがあるからであろう。しかし，この事故では，これらの虚記憶は正確ではなかった。飛行機が建物に激突したとき，飛行機はほぼ垂直に急降下していた。熱気球に乗っているとき（実際には体験していない），顔に風が吹きつけていたという参加者の記憶も同様に間違いであった。現実には，熱気球に乗っているときには，周囲の空気は止まっている[106]。そうなれば，その証人の証言のどの部分が実際の事実を反映しているのかを見分けることが課題となってくる。

## 出来事の記憶と関連する要因

　これまでの話で，どのような記憶であってもその信頼性について一般的に判断するには，人間の記憶の働きはあまりにも複雑であり，変わりやすいことがよくわかるであろう。膨大な数の記憶研究により，難しい捜査において，記憶にもとづく報告の正確さに影響を与えやすい数多くの要因が明らかになってき

た。繰り返しになるが，**偶発要因**と**システム要因**の違いを明確にすることは有益である。また，いくつかの要因は，両方のカテゴリーに属する可能性があることを念頭においておかなければならない。どちらの変数も，ある事件での記憶の信頼性を評価するうえで役立つが，システム要因は第1に，虚記憶の生成を防ぐ方向に警察官らを手助けできるという点で特に注目に値する。極端な場合を除き，単一の要因が特定の記憶の真実性に決定的な影響を及ぼすことはほとんどない。むしろ，記憶の頑健さ，もしくは，脆弱さは，通常，偶発要因とシステム要因の両方の要因の組み合わせによって決まる。

　一般的な問題として，ある記憶に対して記憶変数が与える影響の大きさは，その記憶痕跡の強さに大きく左右される。痕跡の強い記憶はより安定的で，より長く保持される傾向がある。それらはまた，変容，干渉，混乱に抵抗力があり，虚記憶によって汚染されたり，取ってかわられたりすることはほとんどない。同様の理由により，弱くて減衰した記憶は記憶変数の影響を最も受けやすい。第6章でも議論するように，記憶の強度は一枚岩というわけではない。証人は出来事のいくつかの側面について強く，正確な記憶を持っている可能性はあるが，同じ出来事の別の側面については，乏しい記憶しか持ち合わせていない，もしくは，全く記憶がない可能性もある。

## 偶発要因

　目撃者の犯人識別の文脈でも議論されたように，偶発要因の影響を受けたエラーは，典型的な自然発生的な誤りであるといえる。自然発生的な誤りは，たとえば，目撃者が捜査に不可欠な特定の詳細情報に注意を払っていなかった場合や詳細情報を忘れてしまった場合，もしくは，何らかの外的な関与もなく別の事件の詳細を記憶に侵入させてしまった場合に起こる。偶発要因のうち，最も重要なものは符号化時の視覚条件である。第3章でも議論したように，視覚条件と関連するものには，照明，事件を目撃した距離，見た時間，気象条件などが含まれる[107]。以下の議論では，そのほかの偶発要因について概観する。

　[情動的覚醒]　符号化の強さは，事件そのものの情動価の強さと，目撃者個人にとってのその出来事の重大性によって強化される。多くの犯罪，特に暴力犯罪は，人々の生活の中では，極端で特異的な出来事であり，高いレベルの情動を喚起する。機能的磁気共鳴画像法（fMRI）とホルモン検査を用いた脳研究では，強い否定的な感情は，その事件に対するより強固な記憶をもたらすこと

が示されている[108]。しかしながら，高い覚醒水準は注意の焦点を狭め，特に，周辺的な詳細情報をその代償にする可能性があると考えられる。イギリスの警察訓練学校で行われたフィールド研究では，情動を喚起する出来事の記憶は，より正確ではあるが，より詳細情報が少なくなることが明らかになった[109]。スコットランドの警察官を対象とした研究でも同様の結果が得られた[110]。別の研究では，情動喚起は，出来事の暴力的な部分の記憶を増大させるが，その前後の記憶を弱めることが見出された[111]。言い換えれば，覚醒は，事件の要約に関連する記憶を増大させ，周辺的な詳細情報に関連する記憶を減少させるようである。これは**トンネル記憶**（tunnel memory）として知られる現象である[112]。情動を喚起する事件は「注意を惹きつける」という風に表現されてきた[113]。ジョン・ウィルクス・ブースによるエイブラハム・リンカーン暗殺事件はその一例である。この殺人事件は，非常に多くの群衆によって目撃されていたにもかかわらず，このストレスフルな事件の最中に，実際に何が起こったのかについては，目撃者間でほとんど合意が得られなかった[114]。

[記憶の統合]　いったん符号化された記憶のその後の抵抗力（resilience）は，その断片が上手く結合されるかどうか，すなわち，要約，周辺的な詳細情報，そして記憶の情報源を一緒に接着することができるかどうかに大きく依存する。記憶の結合は，知覚の後に続くその統合の過程で行われる。

　記憶の統合は，記憶が想起された回数に大きく左右される。実験室研究は，記憶を繰り返し想起することが記憶の喪失を遅らせ[115]，その記憶に対する親近性，もしくは，**流暢性**を強め，それによってまた，その記憶の思い出しやすさが高まることを示している[116]。記憶の統合は，自己の記憶を他者に語ることでも高めることができ，それは自分自身で記憶を繰り返し想起することと同様の効果を有する。犯罪が持つ衝撃的な，そしてときにトラウマティックな性質を考えれば，一般的に，目撃者や被害者は，他の目撃者，家族，友人，セラピスト，報道関係者，さらには見知らぬ人などを含む様々な他者にその経験を話すだろう[117]。多くの場合，この語られた内容は，後に警察官や検察官とも共有されることになる。

　記憶を語ることは，証人の記憶の内容に影響を与える可能性がある。人は様々な理由で自分の物語を他者と共有し，同時にさまざまな目標を達成する。調査データによれば，語りは，ただ単に情報を伝えることを目的としているだけではなく，人を楽しませ，共感を引き出し，注意を引くなどの目的で行われ

る。特に，物語全体のほぼ半分は，聴衆が変わることで異なる機会に異なる方法で語り直される。ある調査の参加者は，語りには，情報の誇張，矮小化，抽出，また，追加などといった，何らかの事実の歪曲が含まれていることが多いと報告した。これらの変容は，語りの目的によっても引き起こされた[118]。この調査データの結果は，実験データの結果と一致していた。異なる方法で物語を語らせることには，その語り方に合致するように，その物語についての記憶後に変化させる効果がある[119]。この現象を**「口に出すと信じるようになる」**（saying-is-believing）と呼ぶ[120]。この現象が起こる理由の一つは，語ることによって，その目的に合った出来事の中の特徴が選択的にリハーサルされるためである[121]。目撃者によって繰り返し語られた内容は，刑事捜査や，その後の法廷での証言に影響を与えると予想される。

**［記憶の内容］**　人の記憶の質は，記憶された事件の種類に依存する。会話の内容に関する記憶は，裁判の多くが言語的コミュニケーションに関する証拠を含むという点を考えても，法的に重要である[122]。たとえば発話は，被告人の心理状態を判断する手段として，被告人の有責性を判断する事件では中心的な情報となりうる。被告人が「お前を殺してやる，ジャック（I'm going to kill you, Jack）」といったと証言するか，「お前を密告してやる，ジャック（I'm going to tell on you, Jack）」といったと証言するかは，特にジャックが最終的に亡くなっているような事件では，話者の意図を決定するうえで重要な意味を持つ可能性がある。会話についての記憶は，当然，聞き手の理解に依存しており，それは使用される単語の意味の曖昧さによって減退することがある。「ほかにもあるんだろう」という文は，それが麻薬取引の文脈の中で使われるのと，洗濯の文脈で使われるのでは，異なる意味合いを持つ[123]。会話の理解は，聞き手と話者が同じ視点，方言，または談話実践を共有していない場合にも，制約を受ける可能性がある[124]。

　言語的コミュニケーションの法的価値は，通常，逐語的発話に埋め込まれている。ファジートレース理論と同様，会話の記憶の正確さは，その発話の要約と話者が実際に発した言葉との間で大きく異なることが研究により示されている。対人コミュニケーションは意味の探求によって動機づけられるが，それは，使用された正確な単語の痕跡を容易に捨て去り，要点の痕跡だけを残す。そのため，会話に関する人間の記憶は乏しい傾向にある。犯行計画についての会話の記憶を検証した研究では，参加者は，要約情報について平均15項目を再生

することができたのに対して，逐語情報については0.5項目にとどまった[125]。研究によれば，読者は文章の中で使用されている正確な表現を短時間しか覚えておくことができない。具体的には，書かれた文章の逐語的な記憶は，80音節以下しか記憶することができないが，だからといって文章の意味，または，その内容に関する記憶が必ずしも損なわれるわけではない[126]。会話に関する記憶は，話者自身でさえ，あまり記憶していないことがわかった。女性参加者を対象とした研究では，4日前に4歳の子どもと会話した内容を思い出すのが困難であることがわかった。母親は，自分の子どもが言ったこと，自分自身が言ったことのその両方を忘れている傾向があり，誰がその発話を発したのかについて混乱する傾向がみられた[127]。別の研究では，人は言おうと意図していたが，実際には言わなかった発話の内容について，その内容を言ったと報告することが示された[128]。繰り返しになるが，リンカーン大統領の暗殺をめぐる出来事は教訓的である。暗殺されたその夜，リンカーンは瀕死の状態で生き延び，数多くの付き人や医師に囲まれ，宿屋の近くの小さな部屋に横たわっていた。翌朝，彼が息を引き取った後に，リンカーンの陸軍長官であったエドウィン・スタントンは，墓碑に刻まれることとなった有名な言葉を発した。奇妙なことに，小さな部屋に詰め込まれた人々は誰も，スタントンが「今や彼は歴史上の人物となった（Now he belongs to the ages）」と言ったのか「今や彼は天使となった（Now he belongs to the angels）」と言ったのか明らかにすることができなかった[129]。

　事件の起こった時期と順序は，法的に重要となる情報の種類の一つである。その事件がいつ起こったのかを知ることで，犯罪現場にいた人物を特定することができ，他の場所にいた事が分かっている人物は事件から除外することができる。研究によれば，人は正確な日付や時刻を思い出すことが難しく，そのため**タイム・スライス・エラー**[130]を犯す傾向があるといわれている。数週間前のある特定の日に，何をしていたのか思い出すよう求められた場合に，ほとんどの人はカレンダーを見返す，家族に聞くなど，外的な記憶資源（extramemorial aid）に頼る必要がある[131]。この問題は，記憶された事件をタイムスタンプでタグづけするようなメカニズムを記憶システムが有していないことから生じる。それは，我々が，人生の瞬間を順序づけることができるような信頼できる方法を持ち合わせていないことを意味する。この時間についての記録の欠如は，記憶の情報源を想起することを弱め，ある出来事とその次の出来事との間の混

同エラーを引き起こす[132]。目撃者がある出来事について強固な記憶を持っているときでさえ，その出来事が起こった時期についての記憶が乏しい場合がしばしばある[133]。タイム・スライス・エラーによって，人は出来事の順序づけを容易に誤ることがある。たとえば，9月11日の出来事に対する人々の記憶には，順序判断のエラー（sequencing errors）が含まれていることが明らかとなった[134]。法的な文脈では，タイム・スライス・エラーは出来事の不正確な説明を容易に引き起こす可能性があり，第6章でも議論するように，無実の被疑者が自分自身の行動を再構成し，正確なアリバイの想起を難しくさせることもある[135]。

[目撃者の動機] 目撃者の動機は，第1に情報を提供したいという彼らの意欲に影響を及ぼす。より深いレベルでは，人の記憶は，個人的な目標，たとえば常に名声と自尊心を高めたいという欲求によって色づけされることが示されている。例をあげると，高校時代の成績に関する大学生の記憶と公式の成績証明書の比較を行った場合に，参加者の80%が実際の成績よりも高い成績を報告していたのに対し，実際の成績よりも低い成績を報告したのは参加者のわずか6%であった[136]。同様に，大学入試の標準試験の点数に関する記憶は，特に，成績の悪かった学生においては，控えめにではなくむしろ，誇張されて報告された[137]。記憶は，自分が行う意思決定に合わせて歪められることを思い出してほしい[138]。知覚そのものが動機づけによって形成されることがあるため，記憶もまた動機づけの影響を受けやすいといえる[139]。法的な文脈では，捜査を手助けしたい，被告人を罰したい，もしくは，スポットライトを浴びたいといった動機により，記憶が乏しい，もしくは，記憶が存在しないような場合であっても，目撃者は情報を提供する傾向があるという別の問題も考えられる。この傾向は，自然発生的な虚記憶の生成を招く可能性があると同時に，虚記憶を誘発しやすくする可能性もある。

[他の目撃者] 目撃者の記憶は，その事件を目撃した他者との間で交換された情報の影響を受けることもある[140]。オーストラリアの調査データによれば，衝撃的な事件を目撃した人々の大多数は，警察による聴取を受ける前に，他の目撃者と自然に情報交換をすることが示された[141]。記憶を共有することは，自分のもつ記憶に対する確信度を人為的に増大させる，もしくは，減少させる可能性がある[142]。さらに重要なことに，他の目撃者との会話は，記憶の内容の混合を引き起こす可能性があり，これは**記憶の同調**として知られている現象

である。研究によると，記憶テストの前に証拠について他の目撃者と議論すると，実際に目撃しなかった犯罪[143]，存在しなかった共犯者[144]，持ち出されなかった銃について[145]，参加者が目撃したと報告するようになることが示されている。記憶にもとづく証言は，他の目撃者が一緒に聴取される際にも，歪められることがわかっている[146]。これらの影響は，事件について乏しい記憶しかない目撃者において特に強く生じる[147]。オクラホマ連邦ビル爆破事件の際にも，記憶の同調が起こった[148]。明らかに，他の目撃者は，本当の記憶と，虚記憶の両方に影響すると考えられる。

## システム要因

　前述のように，出来事の記憶の正確性は，偶発要因，システム要因，または，その両方の組み合わせの影響を受ける。システム要因には，目撃者の記憶を引き出すための捜査手続きや行動が含まれることを思い出してほしい。正しく機能すれば，システム要因が警察官らに重要な情報を提供してくれる一方で，不適切な聴取は記憶の欠損や虚記憶が生じる危険性を増幅させる。加害者の身元を特定するために必要な証拠が不足して行き詰っている重大犯罪の捜査を思い浮かべてみてほしい。警察官らは仮説を組み立て，頭に思い描いている犯人がいる。しかし，目撃者はその人物を逮捕し，起訴するために必要な証拠を提供できない。そのような事件では，目撃者の記憶の不完全さが，事件の解決を妨げる唯一のものとなる。訓練と適切な手続きが不十分な場合，アメリカをはじめとする国々の多くの警察官らは，目撃者の記憶を揺さぶり，目撃者が思い出すことができなかった事実を引き出すことができると各自が信じる技法に頼ろうとする。このような状況は決まって，捜査を激化させ，目撃者に**記憶の作業**に従事するよう促すことにつながる。このやり方は問題である。なぜなら，たいてい，そこで切望される詳細情報にアクセスができるような真の記憶がそもそも目撃者にはないからである。決まって，記憶の作業によってもたらされる詳細情報は，誘発された記憶の産物であり，それらは目撃者の作話や憶測，あるいは，警察官らによって示唆された情報を反映している可能性がある。このような虚記憶の生成は，警察官らの故意によるものではなく，一般的に使用されている聴取技法によって容易に引き起こされうる。いずれにせよ，そのような記憶は捜査手続きを蝕み，信頼できる証人の真の記憶として警察官らによる（誘導の）疑念を覆い隠すことになる。

[聴取技法]　多くの研究が，記憶の検索能力は，試される検索方略に依存していることを示している。当然のことながら，優れた聴取技法では，証人が覚えていない事実を作り出すことはない。一方，不適切な聴取プロトコルは，報告された記憶の網羅性および正確性を容易に低下させうる。注目すべきことに，研究によると，クローズド質問，複数の質問が1つの質問の中に組み込まれた質問，1・2語で答えさせるような質問，急かすような，もしくは，話の途中で割り込むような質問によって，記憶に基づく説明が害されることが示されている[149]。結論からいえば，警察官は習慣的にそのような不適切な聴取技法に頼っている。これらの質問パターンは，アメリカ[150]，イギリス[151]，カナダ[152]，ドイツ[153]，および，ノルウェー[154]の刑事や警察官らの仕事の中で観察されてきた。

　もう1つの問題点は，実際は面接者側から提示した事実を目撃者に報告させるように誘導することによって，警察による聴取それ自体が目撃者の記憶を汚染するという点である。前述の事後誤情報効果に関する多くの研究により，人々の記憶にもとづく報告は，暗示的な情報によって簡単に汚染されることが示された。たとえば，納屋の側を車が通過したとき，その車がどのくらいの速さで走っていたかを目撃者に尋ねると，参加者は，実際の映像には存在しない納屋を見たと報告するようになったことや，実際には強盗は手袋をはめていなかったにもかかわらず，その手袋の色について尋ねると，手袋を見たことを覚えていると答えるようになったことを思い出してほしい[155]。また**事後誤情報効果**は，メディアの報道に晒された場合や，他の目撃者との議論，そして，事件に関するその他の情報源によっても引き起こされる可能性もある。目撃者は，以前の聴取で報告した記憶にも誘導される可能性がある。目撃者の過去の記憶の報告を誤って提示することは，その内容に一致する方向にその目撃者のその後の報告を歪めることがわかっている[156]。

　実社会の聴取実務に関する入手可能なデータは，暗示に影響された記憶が生じる可能性について懸念すべきその理由の多くを与えてくれる。イギリスの警察官によって行われた実際の聴取では，質問の約15％が誘導的であることが示された[157]。カナダの経験豊富な警察官を対象に行われた調査では，誘導質問が一般的に受け入れられていることが明らかになり，その理由として関連する事実を目撃者に思い出させるために必要であることなどが挙げられた[158]。ワシントン州で実際に行われた児童虐待事件での聴取では，聴取で使用された

質問のうちの 20% が虐待を暗示するような内容であったことが示された[159]。経験豊富な司法および児童保護に関わる聴取官が実施した模擬面接に関する研究では，質問の 6 分 1 が誘導的であり，そのうちの半分は誤りであったため，誤誘導的な質問であったことがわかった[160]。

　捜査の過程を通して，目撃者を事後誤情報に晒す機会は広く存在する。事後誤情報は，物理的な事物，視覚的イメージ，または，語りによる説明などのような形で伝達されうる[161]。目撃者と警察官はコミュニケーションをとる機会が充分にあり，そしてこれらの会話は記録されず，被告人と共有されることは一般的にはない。時には，検察側の証人，特に被害者は，絶えず警察当局の担当者と密接に連絡を取り合っている場合がある。たとえば，ジェニファー・トンプソンは，裁判の前に約 20 回，ゴールディン刑事とやり取りをしたと証言した[162]。暗示的な影響は無意識に伝達される可能性があることを思い出してほしい。ちょっとした発言やある写真を偶然目にするだけでも，証人の記憶は変容する可能性があり，エラーを引き起こす可能性がある。

　[繰り返しと努力]　記憶の作業に関する 1 つの重要な要素は，証人に質問を繰り返すことである。質問を繰り返すことは，その質問によって誘導的な，もしくは，暗示的な誤情報が伝達される場合には特に危険である。暗示的な詳細情報を繰り返し頭に思い浮かべることは，その情報に対する既知感を高め，本当の記憶と混同しやすくなることが示されている[163]。繰り返し検索を試みることは，植えつけられた記憶の研究における大きな特徴であった。たとえば，熱気球の研究では，参加者の誰 1 人として，気球に乗った記憶を最初に報告した人はいなかった。1 週間後に行われた 3 回目の面接において，参加者の半数が気球に乗ったという事実と異なる情報を報告した[164]。パンチボウル実験でも同様に，その出来事について最初に尋ねられたとき，誰もボウルをひっくり返したことを思い出した人はいなかった。最初の聴取の終わりには，6 人に 1 人の割合で記憶が報告され，3 回目の聴取の終わりまでには，その数は全体の 3 分の 1 以上に増加した[165]。質問の繰り返しは，その正確さにかかわらず，証人の記憶に対する確信度を強める[166]。質問の繰り返しが複数の面接セッションに渡り行われる場合に，その有害な影響は強まる。聴取と聴取の間の時間の経過は，記憶の情報源を監視する能力をさらに弱め，それにより，虚偽の情報を取り込む可能を高める[167]。さらに，質問を繰り返すことは，異なる回答が求められているという合図として目撃者に解釈され，求められている回答を迎

合的に提供するように誘導する可能性がある。そのような場合，質問を繰り返すことは，実際に証人の記憶を変容させることなく，その証言を変化させることになる[168]。

　記憶を揺さぶるために使用されるもう1つの一般的な技法は，目撃者に思い出すためにもっと努力をするよう促す方法である。常に，過剰な努力は逆効果である。研究によれば，もっと努力して思い出すように励ますことが，虚記憶の生成に寄与することが示されている[169]。この研究はまた，検索の結果は動機づけによっては改善されないことを示している。たとえば，目撃者に金銭的な報酬を与えてより詳細な情報を報告するように求めても，それは検索結果の向上には繋がらないが，正確性に対する自己評価と確信度を高めるといわれている[170]。

[想像と作話]　記憶の検索を支えるために使用されるもう1つの戦略は，目撃者に想像を使って事件を再構成するよう促すことである。しかしながら，この方略は，多くの場合，虚記憶の生成をもたらす。たとえば，見ていないものの物理的な外観について詳しく説明するよう求められたとき[171]，そして，出来事を想像させた上で，それに対して自分はどのような感情反応を示すと思うか詳しく述べるよう求められたとき[172]に虚記憶は作られる。思い出すことができない場合に，事実を人々に推測させたり，事実を作話させたりすることは，その後の記憶テストで虚記憶を生じさせることにつながる。この結果は，目撃したが覚えていなかった事柄について質問される場合や，思い出すことが不可能な内容，すなわち，見たことがないような事柄について質問されるような場合の両方に当てはまる[173]。実際とは異なる出来事を想像させる方法は，植えつけられた記憶の研究の中心的な技法であった。パンチボウルの研究では，事実と異なる出来事を想像させる教示は，単にそれについて考えるだけの教示を行う場合に比べて，かなり高い率で虚記憶をもたらした[174]。

　概して，虚記憶の生じやすさは，複数の偶発要因とシステム要因の複合効果によって高まる。たとえば，想像の影響は（人を誤導する）ポジティブなフィードバックによって増幅し[175]，作話の効果は繰り返しによって促進される[176]。繰り返しは，想像はしたが実際には行っていない行動を，実際に行ったこととして思い出したという報告を増やすこともわかっている[177]。

　虚記憶の起こりやすさは，証人の記憶検索時の状態とも関連している。睡眠不足の参加者は暗示の影響を受けやすいが，よく睡眠をとった参加者と同じく

らいの確信度を持つことがわかった[178]。人は，酔っていると自分で思い込んでいるときにも，被暗示性が高くなることも示されている[179]。虚記憶の生じやすさは，証人の性格特性とも関連している。一連の実験では，服従傾向[180]やファンタジー傾向[181]の尺度において得点の高い証人は，暗示に対して非常に脆弱であることが示されている。

### 確信度と確信度の膨張

　記憶に関して一般的にみられる現象の１つは，人は自分の記憶について過剰な自信を持ちがちだということである。たとえば，ある研究では，60％の正答率の記憶が，90％の確信度で報告されたことが示された[182]。別の研究では，不正確な記憶の25％が最大の確信度を持って報告されたことが明らかになった[183]。人はまた，自らの記憶の網羅性に関して過大な確信度を持っている。ある研究によると，目撃者は犯罪現場の詳細情報について15％しか思い出せなかったのに対して，自分自身では71％思い出せたと思い込んでいた[184]。

　警察による聴取に含まれる重要な法的示唆は，その正確さにかかわらず，聴取が証人の記憶に対する確信度を膨張させる可能性があるという点である。多くの研究が，質問の繰り返しは正確性ではなく，確信度を押し上げることを明らかにした。この効果は，不正確な回答や[185]，不可能な記憶，つまり，実際には見ていないことについて推測に基づいた想起をする場面で非常に強く生じることが明らかとなった[186]。事件について想像するように参加者を励ますような教示は，虚記憶に対する高い確信度をもたらすことが示されている[187]。このような現象を**想像の膨張**（imagination inflation）と呼ぶ[188]。誤った推測に対してそれを認める肯定的な反応を行うことは，証人の確信度を増加させる[189]。すでに述べたように，虚記憶に対する確信度は，他の目撃者とのコミュニケーションや[190]，頑張って思い出すように促すことによっても増大することがわかっている[191]。

　第6章でも論じるように，虚記憶が高い確信度が伴うことは，検察官が自信のある証人に基づいて事件を起訴することが多いことや，事実認定者がそれを信じてしまう可能性が高いという点で，特に有害である。さらに，膨張した確信度は，別のエラーを引き起こす可能性がある。たとえば，証人の記憶を称賛することは，その後の犯人識別のラインナップでの目撃者の選択に対する確信度を増加させる[192]。

## 検索：警察による聴取

　記憶の検索は，その人物が事実を思い出すだけの十分な記憶を持っている場合には，比較的簡単な認知的作業である。記憶自体が存在しない場合はいうまでもなく，根底にある記憶が弱い場合には，記憶の検索は非常に複雑で，エラーと汚染の影響を受けやすいプロセスとなる。人が事実を思い出せるかどうかは，その記憶内容のもっともらしさや，その人個人が持っている知識のスキーマとの合致に依存することが多い。たとえば，医学に関する発話は，弁護士ではなく医者によって発せられたと誤って思い出しやすく[193]，保守的な政治的発言は，民主党員ではなく共和党員によって発せられたと誤って報告されやすい[194]。「その場にいた人の中でそのようなことをいうのはサムぐらいだろうから，きっと彼がそれを言ったに違いない」と言ったような，論理的な推論やヒューリスティックに人は頼るものである[195]。記憶の検索は，その他の入手可能な情報とその記憶が合致するかどうかにも依存しうる。そして，これらの情報は聴取者によって操作可能でもある。たとえば，参加者に天安門広場での抗議行動に関する加工を施した写真を見せると，その事件に関する参加者の記憶を変容させ[196]，台風で壊滅的な被害を受けた村の写真を提示すると，参加者が死傷者について読んだことを思い出す傾向を高めることが知られている[197]。記憶の検索はまた，正しい記憶と誤った記憶とを区別するために人が使用する閾値基準，すなわち過大に報告することと過少に報告することのどちらが相対的に望ましいかについての証人の感受性の影響も受ける[198]。

　記憶の検索は，検索を取り巻く社会的な相互作用にも敏感である。研究によれば，人は，自分の記憶に基づいた報告を，その報告を受け取る人の期待に合わせて調整する傾向があるといわれている。これを**受け手へのチューニング**（audience tuning）と呼ぶ[199]。記憶の検索は，聴取者からの反応にも敏感である。証人を誤って，記憶力が乏しいとラベルづけしてしまうと，誤情報に対する彼らの被暗示性を高め[200]，報告する虚記憶の割合を増やし[201]，その後の別の面接においてさえも虚記憶を増加させる[202]。このほかに，（実際には思い出すことが不可能である）事件を思い出すことができるはずであると証人を信じ込ませることによっても，虚記憶は増幅する[203]。暗示は，その事件について詳しいと思われている人物から提示されるときに最もその効果を発揮する[204]。ここで述べた要因は，未解決の深刻な犯罪に関する集中的な警察の捜査といった，

ストレスの多い社会的相互作用のもとでは，より頻繁に生じると考えられる。聴取は通常，その州の権威を代表する事件に精通している刑事によって支配されている。善かれと思って協力する，協力的な，しかし，すべてを知っている訳ではない目撃者は，捜査に協力するために最善を尽くさなければと感じているるかもしれない。

## 改革に向けての提案

　目撃者から提供される事件についての記憶は，被疑者の責任の大きさを争う事件，そして，犯人性を争う事件の両方で存在する。特定の詳細情報についての証人の記憶は，事件の結末の鍵を握っていることが多い。事件について証言することを可能にする記憶システムは，人間の認知能力に備わる強力な機能の一つである。同時に，有罪・無罪両方の誤判を招く可能性がある，簡単にゆがみやすい繊細なシステムであるともいえる。有罪性を示す上で重要な証拠を証人が記憶していなければ，通常それは有罪判決にはつながらず，陪審の目に触れるところまで達することすらなく，起訴の取り下げ，あるいは真犯人を逃す結果となる可能性が高まる。一方，虚記憶を含んだ証人の証言は，容易に無実者を有罪へと導く可能性がある。刑事司法制度を運用する人々を含めた多くの人々が，人間の記憶の脆弱性，および，それが想起手法による影響を受けやすいことを充分に理解していなければ，虚記憶の有害な効果を引き起こしてしまう可能性がある。重要な詳細情報を探求する際に，警察の捜査で慣習的に採用されている問題ある聴取手続きがあまりにも信頼され過ぎているといえよう。

　根本的に，記憶の失敗から発生するエラーは，知覚されていない，符号化されていない，忘れられている，または汚染されているなどの理由によって目撃者が思い出せない情報が犯罪解決のためにしばしば必要とされることから起こる。難しい捜査は，人が気付かない，すぐに忘れる，簡単に混同してしまうような微細な詳細情報に依存することが多い。記憶が欠落している場合，必要とする情報を絞り出せることを期待して，目撃者を記憶の作業に向かわせるよう圧力をかけることに刑事たちを駆り立てる。このような影響をうけた聴取は，記憶された事実を思い出す割合はほんのわずかに増加するだけで，むしろ，容易に虚記憶を大幅に増加させることにつながる可能性があることが研究で示されている。

　これまでの研究は，これら両方の種類のエラーを減らすための手引きを提供

してくれる。警察の聴取者は，人間の記憶の脆弱な性質を知り，それを誤って扱い，壊してしまうことによって生じる被害に敏感になる必要がある。第3章でも示したように，記憶は，自然に減衰し，絶えず汚染の危険にさらされているような，格別に，繊細な種類の痕跡証拠として扱われるべきである。聴取者は一部の記憶，特に，周辺的な詳細情報，会話の逐語的な情報，時間，そして，日付などに関する証人の記憶は捜査上のニーズに達しないことを理解しておくべきである。不適切な聴取技法の活用は，証人の記憶を汚染する可能性があるということに，特に注意を払うべきである。

　最も重要な提案は，警察の面接官がロン・フィッシャーとエドワード・ガイゼルマンによって開発された**認知面接**プロトコルを遵守することである[205]。この特別に作られた，そして，研究に基づいた技法により，正確さを損なうことなく，より多くの詳細な記憶に基づく報告を引き出すことができることが示されている[206]。認知面接は，警察による聴取の専門性を高め，警察官による不適切な聴取技法の使用を抑制することにも役立つ。認知面接は，協力的な証人の聴取のために推奨するプロトコルとしてイギリスの警察で採用されてきた[207]。その他ベスト・プラクティスとして推奨するのは次のような事柄である。

1. 聴取は，事件のすぐ後に，なるべく早く行われるべきである。
2. 目撃者には，個別に聴取を実施し，お互いに話をしないように注意すること。そして可能であれば，聴取までの間，目撃者は個別に隔離されるべきである。
3. 目撃者には，自分自身が知覚したことと，他の情報源から聞いたこととをできるだけ区別する努力をするよう伝えるべきである。
4. 聴取者は，目撃者の状態（例，疲労，アルコール依存など）やパーソナリティ特性（例，服従傾向の高さ，ファンタジー傾向など）に応じて質問を調整する必要がある。
5. 聴取者は，捜査に関する情報を目撃者に伝えることを控えるべきである。
6. 聴取者が，誘導的な質問をしたり，求めている回答を暗示したりするようなことはどのような形であっても行なってはならない。
7. 聴取者は，想像，推測，当て推量などの記憶の作業を行わせたり，頑張って思い出すよう目撃者に対して，促したり勧めたりしてはならない。

8. 聴取者は，目撃者の供述に対して反応を示したり励ましを行なってはならない。また，記憶の欠落に対して失望を表してはならない。

9. 2回目以降の聴取は必要なときにだけ行われるべきである。聴取者は，以前の聴取では使われなかった適切な記憶手がかりを使用するような場合でない限り，複数の聴取において同じ内容について尋ねるべきではない。

10. すべての聴取は，その全体が電子的に記録されるべきである。


聴取全体をすべて記録するという提案の重要性は，どれだけ誇張してもしすぎることはない。一つには，証人の記憶についてより完全な報告を提供するためである。証人の回答の要約や実際の逐語的な詳細情報の大部分は，その聴取を終了する前にすでに聴取者の記憶から失われている。第2章でも示したように，プロの聴取者を対象とした研究によれば，会話に関する事後の要約では，目撃者によって提供された関連する事実の半分以上が省略されていた。電子的な録音・録画は，これらの詳細情報を保存するためにある。電子的な録音・録画は，聴取の質も向上させる。メモをとることや証人の発言を記憶することに集中するのではなく，警察官は情報を得ることや，次に何を質問するかを考えることにより集中することができる。記録が得られれば，警察官の実践をモニターしたり，訓練したりするための有用なツールとして使用できる。アメリカ内外で警察官による質の低い聴取方法が蔓延していることを鑑みれば，この様な管理を行う理由は十分にある。

聴取の記録は，証人の記憶にもとづく報告の正確性を評価する場合においても，非常に事実認定者の役に立つ。聴取の記録は，目撃者の語りの流れ，確信度，流暢性，そして報告の一貫性と矛盾のなさを伝えることを目的として，聴取を生の形で直接表現することができる。また，記録から，警察官からの圧力，質問の繰り返し，忠告，そして想像や作話の要求などを含む，目撃者の発話を引き出すために使用された捜査手法について知ることができる。重要なことは，記録が，話された記憶が目撃者によって真に想起されたものなのか，あるいは警察官によって暗示されたものであるのかを判断する助けとなるということである。

## 第5章 「いいから認めろ。お前が犯人だ」
### 被疑者取り調べ

　刑事訴追の際によく用いられる供述の一種に，被告人による自分に不利な供述がある。一般的に，こうした供述は，勾留中の取り調べで得られている。自白は，たいていの場合証拠としては最終手段であるが，有力な証拠がない場合に事件を起訴する唯一の手段を与えるものである。そのため，これまでの歴史のなかで，自白を得るためにしばしば被疑者の権利や身の安全に対して重大な侵害を伴ってきたことは驚くに値しない。アメリカの最高裁判事ヒューゴ・ブラックは，「拷問台，蝶ねじ，車輪，独居房への監禁，長時間におよぶ尋問，反対尋問……は，磔台，断頭台，火刑の磔柱，絞首刑の縄につながる，身体を傷つけ，心を壊すものである」と嘆いた[1]。

　その性質上，犯行の自白は，必然的に，自分自身に対する重大な刑罰につながることになる。その人が実際に罪を犯しているかどうかに関わらず，自白は，極めて自滅的なものである。罪の告白は任意に行われるべきだと現行法にあること[2]や，取調官に話すことを拒否し，いつでも取り調べを中止する権利を被疑者が持っていること[3]を考えれば，そうした行為は，ことのほか理解しにくい。それにも関わらず，被疑者の自白は繰り返されてきている。もっとも信頼性の高い推定によれば，取り調べ全体のおよそ50％で自分に不利な供述や自白が得られているという[4]。こうしたことから，取り調べは，魅力的な捜査の手段になっている。一方で，取り調べによってしばしば無実者から自白が引き出されていることから，取り調べは，疑惑のある捜査手段でもある。そこで本章では，取り調べ過程の正確さに焦点を当てる。

　自分に不利な供述には，自分に不利な具体的な事実を認めるものから，その事件に関与したことを完全に自白するものまである。以下の議論では自白につながる取り調べに焦点を当てるが，その内容は，自分にとって少し不利な供述を引き出す取り調べや，ある被疑者への非難をその仲間の被疑者にそらす取り

調べにも同様に当てはまる。**取り調べ**という言葉は，犯行を疑われている概して非協力的な者たちに対して警察が行う尋問のことを指し，概して被疑者ではない協力的な証人への面接を分析した第4章のテーマとは対照的である。また，取り調べは，被疑者に他の人物を告発させるために設計されているものでもある。

　取り調べで自白が得られない場合，被疑者を訴える根拠を弱めることになり，起訴をあきらめるという結果にさえなるかもしれない。被疑者が罪を犯していない場合，それは正しい結果ということになるだろうが，被疑者が実際に罪を犯している場合，それは誤った無罪放免の一因になるだろう。他のあらゆる供述と同様，自白は，正しい場合もあれば誤りの場合もある。真の自白は，実際に罪を犯した被疑者を有罪判決に至らしめるという利点を持つが，一方で，罪を犯していない被疑者から得られた自白は，容易に誤った有罪判決に至らしめる危険性を持つ。

　取り調べが虚偽自白を生み出す場合があるということに，もはや議論の余地はない。たとえば，セントラル・パークでジョギング中に発生した重大な事件では，10代の若者5人が強姦と傷害を自白した[5]。ニューヨーク出身のジェフリー・デスコビックが，高校の同級生に対する強姦殺人を自白した例もある[6]。また，ブルース・ゴドショック（第1章で触れた）は不法侵入と強姦に関する2つの事件を自白したし，ネブラスカ州ビアトリスでは，複数の自白に基づき，6人が強姦殺人の有罪判決を受けた[7]。しかし，彼らは有罪判決を受けた後のDNA鑑定で潔白が証明されており，彼らの自白が誤りであったことは明らかである。虚偽自白は，既知の冤罪事件の15-25%で観察されている[8]。2004年に発表されたあるアーカイブ研究は，虚偽自白であったとされる125の事件について調査を行っているが[9]，その後こうした事件の数は大幅に増加してきている。一部には虚偽自白が任意になされている事例もあるが，被疑者が精神障害を患っているか，他にいる犯人をかばおうとしている場合が多い。この他に，捜査の過程で，無実の被疑者が，どういうわけか自分を有罪だと信じるようになる場合もある。しかしながら，最も多いのは，無実の被疑者が，自分が無実だとよく分かっているにも関わらず，自白するというものである[10]。こうした自白は，取り調べ過程で誘導を受けているとみて間違いない。

　アメリカの警察でもっともよく用いられている被疑者への尋問方法は，シカゴを拠点とした営利団体であるジョン・E・リード＆アソシエイツによって広

められたものである。何年にもわたり，ゆうに 100,000 人を超える警察官が，聴取や取り調べのためのリード・テクニックを学んできた。警察組織についての，とある大規模な調査によれば，回答のあった警察官の半数以上がリード・テクニックによるトレーニングを受けていたという[11]。リード・テクニックは，同社が発行するテキストブックであり，今や第 4 版[12] を迎える『自白――真実への尋問テクニック[13]』の中で紹介されている。同社のウェブサイトによれば，この本は，「裁判所や実務家によって，聴取や取り調べに関する技術の『バイブル』であると見なされて」おり，中国語，日本語，トルコ語に翻訳されているという[14]。同社のウェブサイトは，その訓練を受けた者によって得られた，自白の証拠採用に関する裁判所の決定についてのほぼ完全な記録を，誇らしげに載せている[15]。また，同社は，このプロトコルの診断性について強く主張している。リード＆アソシエイツ代表のジョセフ・バックリーは，公開討論会で「我々は，無実者に対して取り調べを行わない」[16] と述べている。とりわけ，同社は，この方法で訓練された取調官は，嘘をつく人の 85% を正確に同定することができると主張している[17]。この方法が普及していることから，以下の議論では，この方法に焦点を当てることにする。

　他の取り調べの技法と同様に，リード・テクニックは，無実の被疑者と罪を犯した被疑者を見分けること，そして後者から自白を得ることという，二重の目的を成し遂げようとしている。この方法のテキストでは，2 段階からなるアプローチを指示している。すなわち，主に診断するために行われる，取り調べ前の非対立的な聴取と，その後に行われる，犯行の自白を得ることを主として設計された対立的な取り調べである。

　リード・テクニックによれば，聴取は，被疑者から情報を集め，その人物とラポールを形成し，そしてこれが肝心なのだが，取り調べを開始するかどうかを決定することを目的としている。取り調べを行うというこの決定は，起訴に向けた取り調べを展開する際のトリガーであるため，重要な節目であり，自白を得ることで被告人の運命をほぼ決定づける可能性を秘めている。取調官は，被疑者が嘘をついていると確信しているならば，嘘をついているという客観的証拠がない場合でさえ，取り調べを開始するよう推奨される。そのため，手続きの段階を上げようとするこの決定は，しばしば，被疑者が嘘をついていることを正しく判断する取調官の能力にかかっている。被疑者の説明と矛盾する客観的証拠がない場合，虚偽か否かは，被疑者の行動に基づいて検出しなくては

ならない。

## 虚偽検出

　人は虚偽を見つけられるのかという問題について，非常に多くの研究が行われてきた。当然のことながら，行動から虚偽を検出するには，そもそも嘘をつく人が真実を話す人とは異なる行動をとっていることが必要である。実際，嘘をつくことが真実を話すこととは異なった現象学的経験であるという理論的な根拠は数多くある。嘘をつくことは，人を日常とは違う，不安を感じるような状況にたいてい追いやり，逮捕への恐れや不正直であることへの良心の呵責を引き起こすことがある。こうした感情の喚起は一般的には生理学的な状態の変化を伴っており，それは他者によって観察可能な場合がある。真実を話す人とは異なり，嘘をつく人は，いつも通りを装うために自分の行動をコントロールする必要がある。また，嘘をつく人は，彼らの説明をもっともらしく，一貫性のあるものにし，それらの見かけの信憑性を自分でモニターするために，余分に認知的な労力を費やすことになる[18]。

　[虚偽の手がかり]　問題は，これらの現象学的な経験が，独特かつ判別可能な行動パターンを表出させるかどうかである。『ピノキオの冒険』に登場する有名な主人公になぞらえることは，この課題が抱える困難さを理解する上で役に立つ。ピノキオの嘘は，理想的な手がかりによって一目瞭然なので，検出することが容易である。観察者は，前もってこの手がかりを知っているので，手がかりを詳しく調べたり，その人が嘘をつくときに現れる特有の兆候を特定するために時間を費やしたりする必要がない。ピノキオの手がかりは，嘘以外では変化せず，嘘をつくことに伴う唯一の行動の変化である。挿絵のおかげで，この手がかりもまた非常に明快であるため，彼が真実を話しているときに鼻がどれほど小さく，嘘をついているときにどれほど大きくなるのか，我々は知っている。この手がかりは，ピノキオが話す内容の信憑性とも完全に対応しており，彼が嘘をついているときに鼻が伸び，真実を話しているときにはそうならない。実際には，これらの特徴が現実の世界に当てはまることはないが。

　現実場面で虚偽を検出するためには，まずはどんな手がかりが実際に虚偽と結びついているのかを知らなくてはならない。人が虚偽を検出するために用いる手がかり候補のリストは，想像しうる行動のほとんどすべてを網羅しており，合計で158にのぼっている[19]。一般的には，人は，顔の表情，姿勢，頭の動き，

さまざまな身体の動きといったような，一見して明らかな身体的な手がかりを用いる。とりわけ一部の手がかり——視線回避や，視線を合わせ続けること——は，非常によく知られている。視線回避がもつ診断性に対する信頼感は，文化によらず高いように思われる。58カ国の11,000人以上を対象とした調査は，虚偽と関連していると信じられている103の無意識的に出される手がかりを見出したが，これらのうち視線回避について言及した回答者の数は，2/3にのぼり，他の手がかりの2倍以上であった[20]。視線回避は，6歳くらいの子どもでも用いる[21]。以下で議論するように，視線回避は，警察の訓練で用いられる教材の中でよく言及される。他には，供述に含まれる詳細情報の豊富さ，供述の一貫性，反応の長さといった，対象となる人物の言語表現に関連するものや，別タイプの手がかりとして，発話に伴う属性からなるものもある。後者のパラ言語的な手がかりには，声の高さ，反応潜時，沈黙，そして「あの……」や「ええと……」といった発声が含まれる。

　重要なのは，人が用いているそうした手がかりで，実際に虚偽の診断ができるのかという点である。この問題は，120件の研究から得られた合計およそ6,000人の参加者のデータを扱った大規模なメタ分析の主題であった。このデータは，嘘をつく人が真実を話す人とはある程度異なった振る舞いをするかという点については，さまざまな知覚できない形で違いがあることを示した。しかし，分析された158の手がかりのほとんどでは，嘘をついているか否かの診断ができないことが見出された。つまり，嘘をついている人は真実を話す人よりもそれらを多くあるいは少なく示す，ということはなかったのである。物理的な手がかり——視線回避を含む——は，例外なく，虚偽と関連していないことが見出された[22]。また，この研究は，身体や行動によるさまざまな手がかりが虚偽によって通常活発化すると信じられる傾向にある一方で，現実にはそれらが虚偽によってしばしば抑制されることも明らかにした[23]。妥当であることが見出されたわずかな手がかりは，ほとんどが言語（とりわけ，詳細情報の少なさ，矛盾，ためらい，非協力的な態度）やパラ言語（声の高さや張り）に関するものであった。

　しかし，仮に信頼性が高く誰にでも当てはまるような診断手がかりのセットが存在し，観察者がそれらについて知っていたとしても，個々の供述が正直なものであるか騙そうとしているのかを見極めることは，結局のところ難しいだろう。取調官は，まず，豊富にある手がかりのうち，その被疑者が嘘をついて

いることを示す指標となるのはどれなのかを知る必要があるだろう。次に，彼らは，たとえば体勢や手の動きといったその特定の手がかりが，その人が真実を話すときと嘘をつくときとでどのように現れるかを知る必要があるだろう[24]。観察者は，すべての手がかりの候補を同時に観察し（私は，指の動きだけを見ていたか？　彼女は，首を縦に振った？），それらを正確に解釈し（指の動きが示すのは真実，虚偽，あるいはどちらでもない？），そして，観察された手がかりと観察されなかった手がかりを考慮しながら，すべての情報を個別の判断に結びつける必要があるだろう（私は，指の動き2つと怪しい頭の動き1つに気づいたが，被疑者は，ほぼずっと目を合わせ続けており，前かがみにはならず，一度だけ腕組みをした）。取調官は，質問し，被疑者から得られた情報を処理し，他の証拠に対する反応を確認し，今後の質問の方針を計画するのにも忙しいが，これらはすべて，そのさなかに行われなくてはならない。人が，これらの大変な一連の手順を解決するために必要とされる，明示的な知識を備えていないということは，明らかであるように思われる。それにも関わらず，この課題は，暗黙のうちに行われている可能性がある。

[真実を話す人と嘘をつく人を区別する]　多くの研究が，真実と嘘の区別に関する人の能力を検証してきた。206の実験から得られたデータを調べた大規模なメタ分析は，虚偽に関する24,000件以上の判断から得られた結果を報告している。端的に言って，この分析は，いくぶんシンプルな結論に至っている。すなわち，人は，真実と虚偽の供述を十分に区別することができないというものである。全体として，正確に分類できた割合は平均54%であった。全対象研究で報告されたなかでもっとも高い割合は73%であり，もっとも低かったのは31%であった[25]。これらの結果は，統計的にはコインを投げて裏が出るか表が出るかを当てる確率よりもかろうじてましな程度である。こうした精度の低さは，普遍的でどこでやっても同じであるように思われ，検出の正確さの個人差は些細なものである[26]。たとえば，ある1人の証人が本当のことを話しているかについて判断するよう求められた125人の参加者のうち，半数余り（54%）がその人が真実を話していると判断し，残り（46%）が反対の結論に至った[27]。アルダート・ヴレイが指摘したように，人は，嘘を検出するよりも，嘘をつく方がかなり得意である[28]。虚偽検出の能力が限定的であるという点は，虚偽検出の正確さに対する過剰な自信と相まって，さらに問題をこじらせている。18件の研究を用いたメタ分析によれば，人は，73%の割合で自分たちは

正確に判断できると信じているが，実際の正確さは 57% であった。全体として，正確さとそれに対する確信にはほとんど関係がなかったということである[29]。第 7 章で述べるように，虚偽判断に対する確信は，評議によってさらに高まるが，それによって正確性が大きく改善されることはない。

　上述の知見を実際の犯罪捜査に適用することに反論のある人もいるだろう。その人自身の自由を守るために（あるいは，他の人を捕まえるために）つかれた嘘が，実験室でつかれた嘘に比べ，より際だった行動の特徴をもち，観察者により判読しやすいということは十分にありうる。たとえば，この研究の外的妥当性を高める 1 つめの方法は，対象者が嘘をつけば罰を逃れることができるというインセンティブを提示された一部の研究だけに注目することである[30]。概して，これらの研究は，嘘をつくことにインセンティブを与えることがほんの少しの違いしか生じさせないことを示している。インセンティブは，診断力が有意であった 4 つの手がかりのうち，唯一，声の高さだけに，わずかな効果を持った[31]。視線回避は，関係性は不安定で弱いけれども，有意に虚偽と関連しているということが見出された[32]。実際には，その研究は，証人が本当のことを言っているか否かに関わらず，信じてほしいという動機づけが強いほど疑わしい行動が増え，ひいてはその人の信用性を低下させる傾向にあることを示唆している[33]。外的妥当性を高める 2 つめの方法は，参加者が道徳上の罪を隠そうとした一部の研究だけに注目することである。これらの研究は虚偽の指標となる 4 つの手がかりを見出したが，そのうちの 1 つ，すなわち緊張感にだけ，わずかな効果が見られた[34]。これらの研究においては，視線回避は，虚偽と関連しないことが見出された[35]。

　重要なのは，警察の取調官ならどの程度できるかという問題である。彼らが一般の人がするのと同じ虚偽の手がかりを頼りにしていることを報告する傾向にあることを考えれば，警察の取調官から優れたパフォーマンスが得られるとは期待できない[36]。視線回避は，警察の巡査，刑事，税関職員，刑務官を含む，嘘を見抜く専門家によって言及されることがもっとも多い手がかりであるが[37]，他方，囚人は，視線回避を用いることに慎重である[38]。警察官や他の嘘を見抜く専門家らの能力を検証した諸研究によれば，結果の方向性は一貫しておらず[39]，一部の研究は，およそ 65% という多少高い正確性を見出している。この研究は，嘘をついている者を捕まえようとするより強い動機づけが検出の正確性を向上させるという説明に対して疑問を呈する理由を与えており[40]，その出

来事を取り囲む文脈についての知識を有しているために，実験室で行うよりも高いパフォーマンスにつながる可能性を示唆している[41]。

[取調官のバイアス]　現実の事件での虚偽の検出は，捜査におけるダイナミズムによって左右されうるものであり，被疑者から聴取するという決定は，一般的に，その前からある被疑者に対する疑念に基づいている[42]。その初期の疑念は，**取調官のバイアス**，つまり，被疑者がその被疑事実について有罪であるかのような目で見てしまう傾向を生じさせる可能性がある[43]。第2章で議論したように，そういった先入観は，もともともっていた疑念を補強する傾向がある確証バイアスを引き起こすことがある。取調官が持つバイアスの捉えにくさは，被疑者は嘘をついていると（わざと）思い込まされた人は，対象者が実際に行った視線回避量よりも視線回避の総量を過大評価したという点を見出した研究において明らかである[44]。これらの先入観は，リード・テクニックによって強化されているように思われる。リチャード・レオが登壇するトレーニングのセッションにおいて，参加者は，リード・テクニックのインストラクターによって，「だいたいの場合」被疑者は不正直だという情報を与えられる[45]。テキストブックでは，取調官が抱く疑念を実際の真実だとみなしてさえいる。たとえば，否認している被疑者は，「真実を話すまいと抵抗することの無益さ」について警告される[46]。取調官が持つバイアスの特徴は，自分たちが行う虚偽の検出に対して過剰に自信を持つ傾向にあるというものであり[47]，このため，被疑者が有罪であるという彼らの信念に従っていっそう行動するのである。

[新しい方向性]　近年，研究者たちは，これまでと少し違った虚偽検出の方法を開発し始めた。そうした方向性の1つは，より多くの情報を被疑者から集め，それらの供述を被疑者を有罪にするために用いようとするものである[48]。たとえば，証拠の戦略的使用（Strategic Use of Evidence: SUE）テクニックは，最初からすべての証拠を被疑者に突きつけるのではなく，むしろ取調官は，嘘をついている被疑者が証拠によって反論可能な供述を行うまでは，それらの証拠の提示を差し控えるべきだということを示唆している。この方法は，一般人[49]と，警察官の研修生の両者において判断の正確さを高めることが明らかになっている[50]。実験研究から得られるもう1つの方向性は，被疑者の認知的負荷を高めることによって虚偽検出の精度が改善されるということを示唆している[51]。

## 行動分析面接

　警察のプロトコルは，取調官の虚偽検出能力に大きく依存している。リード・テクニックは，**行動分析面接**（Behavioral Analysis Interview: BAI）とよばれるプロトコルを定めている。そのほとんどの部分において，この面接は被疑者が嘘をついているかどうかを決定することに注力しており，それはたいていの場合に有罪であることを示す[52]。このプロトコルは，虚偽の手がかりの一覧，すなわち，嘘をつく人と真実を話す人を区別すると言われている行動の一覧から始まる。この一覧は，態度，言語反応，パラ言語行動を含む16の手がかりと，多数の具体的な非言語的な手がかりからなる。そして，このプロトコルは，事件についての15の質問からなる構造面接を提供する。これらの質問は，有罪と無罪の被疑者から異なる反応を引き起こすと言われている。これらの手がかりと反応は，その後の取り調べ手続きを通して用いられることになる。

　行動分析法の根底にある構造は，嘘をつくこと，あるいは，真実を隠すことが，不安を生み，それを減らそうとする取り組みのパターンを引き起こすというものである。このテキストでは以下のように述べている。

　　面接の間，嘘は不安をもたらし，嘘をついている被疑者がその兆候として示す行動の多くは，この内的な不安を低減するための意識的または無意識的な労力を表している。この基本的なコンセプトが，被疑者の言語的，パラ言語的，そして非言語的な行動を評価する上での基盤を形成する。要するに，心，そしてその影響を受けた身体が，嘘と関連した不安を取り除くために協働するのである[53]。

　前出の手がかりと，質問に対する予想された反応は，すべてこの不安基盤仮説から導かれるものである。とりわけ，このプロトコルは，視線回避の手がかりをとくに重視しながら，非言語的な手がかりに強く依存する。すなわち，嘘をついている被疑者は，「質問に答えるときに，何か神の導きを熱望するかのように床，横，あるいは天井を見る」[54]。また，罪を犯している被疑者は，「姿勢を変えたり，足を組んだり，埃を落とすかのように衣服を払ったり，前屈みに椅子に座ったり，取調官からできるだけ遠くに離れるために椅子を後方へ移動したりするといった，罪を犯していることの物理的なサインを表す」ことが

予想される[55]。一方で，本当のことを話している被疑者は，取調官をまっすぐに見詰めるだろう。その人は，「背筋を伸ばして椅子に座り，直接的にコミュニケーションができるよう自分の体を面接者と向かい合うようにするだろう。重要な供述をしている間，本当のことを話す被疑者は，供述を強調するために面接者の方に体を傾けるかも知れない[56]」。

　このプロトコルが抱える明らかな問題の1つは，虚偽についての非言語的な手がかりに頼りすぎている点である。すでに述べたように，そうしたやり方は，嘘をつく人と真実を話す人を区別するときに取調官の役には立ちそうにない。このプロトコルの診断性に否定的な理由は他にもある。テキストブックは，虚偽と正直さを区別するとされる幅広い被疑者の供述——実際，あまりに多すぎて覚えきれないが——を取調官に提供する。これらの供述の多くは，曖昧で憶測のかかった仮説に依存しているのである。たとえば，「誓います」，「本当に」，「覚えている限りでは」といったフレーズは，虚偽の指標であると言われている[57]。他方，「私は，その事件とは何も関係ない」や「まさか。私は，絶対に［その事件］とは無関係だ」は，正直さの指標であると言われている[58]。事件に関与した可能性があるのは誰なのかについて，知っているかどうかを被疑者に尋ねた後，「それができたらいいのですが，私は何も知りません」といった反応から虚偽を推察したり，「いいえ，私はやっていません」といった反応から真実を推察するよう，取調官は助言を受ける[59]。取調官は，次の供述のペアから信憑性についての判断ができると言われている。すなわち，「全然気にしていません」か「緊張していて恐いです」（面接をされていることについてどう感じているかという質問への反応），「もし私がそのようなことをしたのであれば，良心に恥じないように生きることは決してできません！」か「それは間違いです」（その事件に関与していないという理由について尋ねたとき），「きっとあなたは，倉庫の放火について私が知っているということを確かめたいのでしょう」や「あなたは，倉庫で何が起こったのかについて私と話がしたいのでしょう」（被疑者が面接の目的を知っているかどうかについて）。このプロトコルによれば，こうした3組の供述のペアのうち，1番目の反応は正直さの指標であり，2番目の反応は虚偽を表している[60]。

　提示される広範な指標とそれらの信憑性との不明瞭な関係性を考慮すれば，両者の間に矛盾を見つけても驚くべきことではない。たとえば，無実の被疑者は，事情聴取を自身の関与の疑いを晴らす機会であると受け止めるため，取調

官に対してより協力的であり，聴取に対してより肯定的な態度をとると言われている[61]。しかし，無実の被疑者は，取調官の尋問に対して腹立たしさを示し[62]，取調官の非難に怒りを覚えて無遠慮な反応を示し[63]，自分の主張を熱心に述べる[64]とも言われている。本当のことを話している被疑者は，自信があり，明確で，断固とした反応を示すが[65]，強固で覇気のある否定は，虚偽の指標であると繰り返し言われている[66]。無実の被疑者は，事情聴取以前にその事件の解決についてかなり考えてきていると予想されるが（「シャーロック・ホームズ効果」）[67]，習熟した反応は，虚偽の指標であると言われている[68]。同様に，反応の遅延は，虚偽の指標であると考えられているが[69]，リード・テクニックの関係者は，「矢継ぎ早に尋ねられる質問に対して嘘をつくことは，非常に容易である」と主張している[70]。

　リード・テクニックのいくつかの教えは，非常に不明瞭で使い物にならない。たとえば，テキストによれば，真実を話す被疑者も「それなりの不安をいだいているであろうが，自分が答える内容について信用してもらえないという不安をもつことはない。注意ぶかい態度をとるが，全体として無理のない平静な態度をしている」[71]。嘘をついている被疑者は，取調官の話をよく遮ろうとし，それに先行して「意見の不一致がある特定のポイントを表現しようとして，一方の手の人差し指を他方の手の人差し指の上に置く」というジェスチャーをする傾向にもあると言われている[72]。テキストは，被疑者が本当のことを話しているかどうかについての最終的な結論にどうやって到達するか，ということへの助言を避けている。「被疑者の行動についての全体的評価」だけを指示しており[73]，各反応をどのように得点化し，それらをどう重みづけし，曖昧で矛盾する反応をどうやって処理し，そして虚偽であると決定する際の基準をどうすべきかについて，ガイドラインは示していない[74]。

　このプロトコルのもう１つの重大な欠点は，嘘をつこうとしている被疑者を漫画的に単純化して提示している点である。全体として，罪を犯した被疑者は，罪悪感が肌からにじみ出ているように描かれている。たとえば，罪を犯した人は，取調官からの非難に「弁解を言おうとしたり，否認する場合にも断固としたところがなく」応答するだろうとしている[75]。また，罪を犯した被疑者は，軽い罰になると請け合われ，もう一度やりなおすことを勧められるといった，分かりやすい作戦に引っかかりやすいとしている[76]。このように，このテキストは，嘘をつく人はいつも決まって嘘を隠そうとするという当たり前の現実を

無視している。嘘をつく人は，実際に上手くいくかどうかに関わらず，正直に話しているように見せるために，たびたび行動を調整してくる[77]。発達心理学者によれば，虚偽を隠すことは，早ければ3歳から始まり，子どもの発達に伴いどんどん上手くなっていく[78]。ポリグラフ検査の領域には，嘘をつく人が自分たちの嘘をどう隠そうとするか（**対策**）や[79]，そうした隠蔽の読み取り方（**対策への対抗**）[80] を扱った実証的な文献がある。ポリグラフ検査を販売する企業と同様に，リード・テクニックの関係者も，行動を覆い隠すことの問題について十分承知しているに違いない[81]。しかし，このプロトコルは，この問題を取調官と共有しておらず，真実を話しているから取調官をまっすぐに見詰めている被疑者と，真実を話す人の振りをしているという理由で取調官をまっすぐに見詰めている被疑者を区別する方法を示していない。

　BAIプロトコルは，不安の検出に依存するところが大きいという点でも不完全である。このプロトコルが，罪を犯した被疑者は不安を感じていて，無実者はそうではないという前提に基づいていることを思い出してほしい。しかし，この前提は，身に覚えのない事件について捜査をされている場合には無実者も同様に不安を感じる傾向にあるという明白な事実を無視している。注目すべきは，このプロトコルの作者らは，この可能性について率直に認めているということである。彼らは，無実者が，濡れ衣に直面する可能性，彼らが受けるかも知れない扱いへの懸念，あるいは，捜査が他の軽率な行為や知られたくない行為を掘り起こすかも知れないという恐怖心から，ナーバスになるかも知れないと述べている[82]。このテキストの著者らは，無実の被疑者が抱えている不安と，罪を犯している被疑者のナーバスさは，ナーバスの兆候の持続時間によって容易に区別できると主張し，この関心事について手短に処理している。この重要な主張は，たった2つの文で書かれている。すなわち，「聴取が進むにつれて，無実の被疑者は，尋問は非難ではないと理解するようになり，よりリラックスして落ち着いてくる。反対に，嘘をつこうとする被疑者のナーバスさは，そのまま維持されるか，聴取が進むにつれて，むしろ高まっていくこともある」[83]。リード・テクニックを下支えする主張の多くと同様に，著者らは，この主張を裏づける証拠を何も提示していない。この憶測による主張が誤りだとすれば，不安を感じ続けている無実の被疑者は罪を犯していると見なされるであろうから，本当のことを話している被疑者の不安がこのプロトコルにおけるあらゆる診断的な価値を意味のないものにすることは明らかである。しかし，この主張

が正しいものであったとしても，聴取からどのような結論が引き出されうるかについては疑問が残る。テキストは，いつの時点で被疑者のナーバスさが診断的な価値を持つものになり始めるのか，そして，どのようにして取調官はその奇跡の一瞬を認識できるのかについて，何も示していないのである。したがって，その特定不能な時点までになされたすべての推測は，診断性がなく無意味なものだということにもなるだろう。

リード・テクニックが提示する手がかりや想定される行動は，実験を経て導き出されたものではなく，その組織の職員によるインフォーマルな所見を通して得られたものであり，それは1940年代にシカゴ警察のポリグラフ検査員であったジョン・E・リードの仕事にまで遡るということを心に留めておく必要がある[84]。実際，調査データを見ると，そのプロトコルで手がかりとされているものや想定される行動は，一般人が素朴に思っていることと非常に類似していることが分かる[85]。しかし，リード・テクニックの組織は，その方法は科学研究にも基づいていると主張している。とりわけ，その方法は，85％の確率で嘘をついている人を正確に同定することができると主張している。その主張は，主に，1994年に発表されたひどく欠点のある一件のフィールド研究に基づいている[86]。この研究は，第1に，統制群を設けておらず，この方法の有効性について多くを述べることができない。第2に，被疑者が本当のことを話したかどうかという**基礎真実**について，信頼性の高い測定ができていない。著者らは，基礎真実が「異論を差し挟まない証拠」によって決定されうるのは60件ある事件のうちたった2件であったこと，そして，その2件の両方で被疑者は無実であると判明したことを認めている[87]。つまり，研究者らはどの被疑者が嘘をついていてどの被疑者が真実を話しているのかを確実に分類することができず，この研究の内的妥当性には重大な疑問が残るという限界がある。第3に，データは，ほんの一握りの実験参加者から得られており，その参加者はその組織の従業員かそうでなければその系列の者達であったことから，この知見は容易には一般化できない。最後に，この研究の結果は追試で十分に再現されていない。2件の追試が知られているが，1件が発表されたのは科学雑誌ではなく，もう1件はまったく公刊されていない[88]。

BAIプロトコルは，より厳格な実験室実験に従っており，被疑者が犯人かどうかという基礎真実を研究者が十分踏まえた上で，中立の参加者プールから集められた参加者を介入群と統制群に無作為に割り当ててテストすることを可

能にしている。この研究によれば，BAIでは真実を話す人と嘘をつく人を区別することができず，いくつかの観察された行動はBAIとの間で矛盾すら示していた。真実を話す参加者については，どうやらあまり参考にはならなそうであり，より回避的で，不安のサインをより多く示し，足を組んだり姿勢を変えたりしがちであった[89]。また，別の研究は，参加者にBAIの使い方を訓練することが，実際には虚偽かどうかの判断の正確さを低下させ，一方でその判断への自信を高めることを見出した[90]。

　要するに，BAIプロトコルは，結局のところ，一般の人には信じられているが診断性には乏しい知識という残念なものなのである。その憶測に基づく主張[91]やよく耳にする慣用表現[92]がいくらあったところで，その妥当性が高まることはほとんどない。それにも関わらず，このプロトコルは，北米中の警察で用いられる取り調べの主要なツールであり続けている。これらの機関にとって，このプロトコルの魅力は，警察官の先入観を正当化する一見専門的な枠組みを提供している点と，それによって彼らが目の前の被疑者に対する取り調べを始めることができるようになる点にある[93]。また，このプロトコルは，警察の取調官が持っている誤った虚偽の手がかりに対する信念を正当化してくれもする[94]。実際，誤った推論に基づく虚偽判定によって多くの虚偽自白が引き起こされてきた。たとえば，ジェフリー・デスコビックは，彼の高校のクラスメートの死に関して過剰に感情をあらわにしたため，被疑者として見なされた[95]。一方，ゲイリー・ガウガーとマイケル・クロウは，彼らが愛した人達の死に対してほとんど感情を表さなかったために，刑事の嫌疑を引き寄せたのである[96]。

## 取り調べ

　仮に，事情聴取が終わるまでに，被疑者が嘘をつこうとしていると取調官が確信するならば，その被疑者は，たいてい取り調べの段階に進むことになるだろう。犯行を認めることで人生が大変なことになることを考えれば，被疑者は，やったかどうかに関わらず，自白することに強く抵抗するはずである。つまり，被疑者に相当量の圧を与えることなく自白が上手く得られることは，めったにないということである。自白を得るための主要な方法としての身体的な強制，いわゆる**拷問**（third-degree methods）が違法になった1930年代以降，取り調べの方法は，主に心理的な圧力に頼るように変わってきた[97]。

　取り調べについては，一つの決まった方法やスタイルといったものが存在す

るわけではない。取り調べのあり様は，取調官ごと，警察機関ごとに異なる。また，それらは，事件や被疑者によっても異なる。それにもかかわらず，アメリカの警察による取り調べは，ほとんどの取調官が共有している一連の教えに従う傾向にある。こうした類似は，一般的な知識を共有していることや，同じような方法で訓練されていることに起因している。アメリカで行われている一般的な取り調べは，極めて敵対的である。取り調べは，犯罪捜査のなかでもっともあからさまに敵対的な部分であり，それゆえ，公平で客観的な真理の探究という警察の職務のイメージにとってもっとも好ましくないものでもある。取り調べの激しさは，重大な事件——一般的には殺人などの注目を集めるような事件[98]——の解決にあたり，警察が他にほとんど証拠を手にしていない場合に取り調べが行われる傾向にあるという事実によって，ある程度説明することができる。捜査が取り調べの段階に入るまでに，取調官は，一般的にはかなりの時間と労力を事件に費やしてきており，被疑者がおそらく犯人だと結論づけている。被疑者が有罪だと証明することへの関心は，取調官の強い個人的な関与が取り調べに伴うことで，さらに強化されることがある。それゆえ，取り調べのプロセスは，取調官自身との関連や，職務上の評価に対する取調官の関心による影響も考慮しながら進められることになる。

　第6章で議論するように，自白は，有罪につながる有力な証拠である。しかし，そうした可能性があるにも関わらず——そして，以下に述べるように，それらの誤りやすさゆえに——自白に関する実務は，寛容で，取調室の現実からかけ離れた法原理による規制を受けている。また，捜査過程のいつもながらの不透明さや，警察による不正行為を告発してもすぐに水掛け論になって信頼できる証人の証言が重用されることにより，その法原理は実効性が低下するという問題にも悩まされている。

　さらに，アメリカの警察で最も広く用いられているこの取り調べの方法は，リードのプロトコルである，リードの9段階の取り調べである[99]。この取り調べは，一般的に，被疑者が自分のミランダ権利を読み上げられ，それらを放棄することに同意した後で開始される。このプロセスの最初の段階は，その事件へ関与したことについて被疑者をはっきり非難すること，すなわち，このプロセスの間中しつこく繰り返されるであろう非難を突きつけることである。取調官は，被疑者がこの非難を否定して別の説明を提示することを抑止するよう助言される。また，取調官は，被疑者の気持ちの操り方についても助言される。

最後に，このプロトコルは，被疑者が自分の悪事を認めるように仕向ける方法
や，その自白を十分有罪になる説明へと変える方法について，取調官に教示す
る。重要なのは，このプロトコルに従う取り調べから得られる自白がどれほど
正確であるかという問題である[100]。第6章で議論するように，陪審員は，自
白という証拠に大きな信頼を置く傾向にあり，虚偽の自白と真実の自白を区別
できないと考えられる事を考慮すれば，この問題は，とりわけ重要である。

　取り調べの過程を正しい結末につなげるための一つの方法は，被疑者が本当
のことを話しているかを取調官が適切に評価できるよう支援し，事情聴取の間
になされた虚偽に対する誤った判別を是正することである。この取り調べのプ
ロトコルは虚偽を診断するためのツールを何も提供しないので，そのようなこ
とはほとんど期待できない。この課題で取調官が使うことができるのは，取り
調べ前の事情聴取の段階で彼らが用いたのと同じ（診断で使うには不十分な）
ツールである。取り調べを進めるに従い，そこへの関与が深まっていくと，取
調官は，被疑者が本当のことを話しているというサインを探して受け取るとい
うことをしないようになってしまう。実際，警察の取調官は真実と虚偽の自白
の区別を十分に行わないということが，研究によって示されている[101]。

　あるいは，仮に取り調べ過程が，有罪の被疑者からは自白を引き出し，無実
の被疑者からは自白を得ないといったように，有罪と無罪の被疑者に対してま
ったく異なる効果を持つならば，取り調べ過程は，正しい結末につながってい
くことになるだろう。この可能性を調べるためには，その手続きと，その手続
きを受けた人にそれがどのような効果をもたらすかについて，精査することが
必要である。ここでは，まず，実際の刑事事件を対象とした観察研究とアーカ
イブ研究に基づく研究成果に焦点を当て，リチャード・レオらによる研究を主
に紹介する[102]。その後，実験研究へと議論を進め，主にソウル・カシンとク
リスチャン・マイスナーの研究グループによって行われた研究を紹介する。

## 観察研究とアーカイブ研究

　取り調べ過程が自白を誘発する可能性は，取り調べの2つの特性が結びつく
ことで生じているように思われる。1つめは，被疑者は取調官の要求に従わざ
るをえないという点である。取り調べは，狭くて，窓がなく，隔離されている，
特別に設計された部屋の中で行われる。この環境は，被疑者を孤立させ，あら
ゆる手段による情報のやりとり，接触，外部からの支援を遮断する。取り調べ

の根底には，被疑者が有罪であるということへのこだわりがある。この非難は，しつこく揺らぐことなく浴びせ続けられることになり，被疑者が犯行を否定してもそれにはにべもない拒絶が伴うものである。無実だという主張は，攻撃されるか，それらがなされる前に排除される。被疑者による犯行否認に対しては非難や頭ごなしの否定が取調官から次々と浴びせられるため，被疑者は，追い込まれて身動きできないように感じることになる。空腹で，疲労を感じ，不安な，意気消沈した被疑者からすれば，取調官の要求に従うことは，その難局を終わらせ，取調官の機嫌を取る唯一の方法のように見えるのかも知れない。実際，自白をした多くの人達は，終わりのない攻撃を止めたい，部屋の外に出たい，家に帰りたいという理由だけで，自白にサインをしたと説明している（当然，一度彼らが深刻な重罪に関与していたことを自白してしまうと，そうすることは許可されなかった）。たとえば，ニュージャージー州のある男性は，40時間のうち30時間に及ぶ尋問を受けた末，彼の2人の子どもの殺害を自白した。「私は，ただ警察官から離れたかっただけなのです」と彼は説明した[103]。彼は，あらたな証拠が出てくれば自分の身の潔白が明らかになるだろうと信じていた。当然ながら，多くの被疑者は，集中的な取り調べ過程が終わるとすぐに自白を撤回している。

　2つめは，さらに重要なことであるが，取調官は，被疑者が取りうるもっとも有効な行動は自白であると被疑者に感じさせなくてはならないという点である。自白するという間違いなく不合理な判断を被疑者にさせるために，取調官は，状況に対する被疑者の捉え方を歪曲させなければならない。つまり，自白することが自白を拒むことよりもより得だと思わせるのである。直接的か暗示的かに関わらず，身体への暴力，危害を加えたり処罰したりするという脅迫，減刑の約束を禁じたとき，最高裁は，被疑者の意思決定過程におけるこうした歪曲を懸念していたように思われる[104]。結果として，取り調べのプロトコルは，同様の結果を得るために別の手段を用いているだけなのである。とりわけ，リード・テクニックは，**最小化**や**最大化**と名づけられている取り調べテクニックの使用を推奨している[105]。そうしたことは，裁判所から容認されていると考えられている。

　最小化の効果は，その事件の重要性を低下させる「テーマ」を被疑者に提示するという方法によって，通常得られる。テーマは，たいていの場合，その事件はそんなに深刻ではなかった，被害者がそうなったのは当然だ，別の人でも

同じようにやっただろうといった，取調官の意見を伝達する。実際に事件に関与した被疑者の場合には，これらのテーマによって，罪の意識が軽減されることになるかも知れない。より重要なのは，罪を犯した被疑者であろうと無実の被疑者であろうと，最小化のテーマを用いることで，彼らが直面している嫌疑の重大さを低く感じるようになる傾向にあるということである。法の観点から見れば，テーマの提示によって暗黙のうちに減刑の約束をしたということにはならないが，とりわけ彼らの置かれている絶望的な状況を考えると，彼らは，本件に関する減刑だと受け止めるだろう。以下で述べるように，複数の実験結果が，最小化のテーマが一般の人たちには暗黙のうちの減刑の約束だと理解されていることを示している。

　取り調べにおいて捜査側が優勢であるかのように振る舞うことは，最大化の一例である。つまり，明らかに被疑者が不利なように事件を描くのである。ここでの暗黙のメッセージは，自白がなくても被疑者は有罪判決を受けることになるということ，そして，とりわけ刑事責任の重大性（典型的なものでは殺人）とそれに対する刑罰の厳しさ（終身刑または死刑）を考えると，被疑者が厳しい結果に直面しているということである。取調官に協力することは，被疑者の状況のひどさを軽減できる唯一の方法として描かれる。有罪判決の可能性を最大化することは，一般的には，被疑者には疑問を持ったり争ったりできない，有罪を示す有力な証拠を被疑者に提示するという方法によって行われる。証拠は本物であることもあるが，それがない場合，取調官は，しばしばそれをでっち上げ，被疑者を騙してその存在を信じさせる。ときには，このような証拠は作戦により加工され，被疑者に自分の主張の正当性を証明させる手段であるかのように思い込ませることもある。たとえば，取調官は，ポリグラフや何か別の（たいていは見た目だけの）装置のようなもので本当のことを話しているかどうかの確認検査を受けるよう，被疑者を説得するかも知れない。実際の結果がどうであれ，取調官はいつでも，被疑者が嘘をついていることが証明されたと説明するのである。取り調べ過程の他のほとんどの側面も同様であり，被疑者に嘘をつくことや証拠をでっち上げることが，裁判所から見逃されてきた[106]。

　複数の被疑者が事件に関与していたと疑われているとき，取調官は，しばしば——実際の自白にしろ，でっち上げられた自白にしろ——1人の被疑者の自白を用いることで，別の被疑者から自白を引き出そうとする。この種の最大化

によって，その他の被疑者は文字通り囚人のジレンマの状態になる。その際，最善ではない選択肢が，かなり高い頻度で選ばれているように思われる。というのも，研究対象となった虚偽自白事件のおよそ30％において，警察は，1人以上の無実の被疑者から自白を得たのである[107]。ともに起訴されている他の被告人の有罪性に関わる話が契約と脅迫の問題を含むということに疑いの余地はほとんどないが，実際，一部の取調官は，脅迫の禁止を堂々と破ってしまう。取調室の現実を垣間見る希有な機会が，イリノイ州議会での死刑廃止をめぐる近年の議論でもたらされた。元FBI捜査官で下院議員のジム・サシャが，被疑者を死刑宣告で脅すことは，警察が事件を解決するのに役立つため，死刑は残されるべきであると，臆面もなく主張したのである[108]。死刑宣告を避けるために取調官の誘いにのることは，それがいかに厳しいものであったとしても，実際にはもっとも合理的な行動だといえる。

　取調官は，事件に関与したことを認めている被疑者から供述を得た後で，完全な説明を得るよう助言される。そうすることは，被疑者に自白の内容についてさらに責任をとらせ，「犯行時の状況や詳細を暴露する，法的に認められた証拠としての自白」を作り出すのに役立つ[109]。第6章で議論するように，自白がその事件についての詳細な知識を明らかにした場合，その自白は，裁判官，陪審員，そして弁護人から信用されやすい。つまり，被疑者の説明の豊かさは，自白の信頼性の指標として見なされるのである。これは，もちろんその説明が被疑者の実際の知識を反映していない場合を除いてであるが，理にかなった手がかりであるように思われる。無実者が，やっていない罪を自白するよう誘導されることがあるのと同様に，その人たちもまた，自分の架空の説明を詳細情報で飾りつけるよう誘導されることがある。実際，虚偽自白の後DNA鑑定で雪冤された人たちのほとんど全員が，彼らが行ったとされる犯罪について詳細な説明を提供していた。そして，これらの自白のほとんどは，公には知られておらず，真犯人と警察だけが知っている詳細情報を含んでいたのである。それらの詳細情報は，故意にしろ，過失にしろ，ほぼ確実に警察の取調官によって，何らかの形でそれを知らない無実の自白者に伝えられたとしか考えられない。

## 実験研究
　警察によって用いられる取り調べの技法は，実験室での実験的検証の対象にもなっている。取り調べを実験的アプローチで検証する際には，厳しく，不慣

れで，リスクの大きい現実の取り調べ体験を再現することが主に困難であるために，外的妥当性についてとくに懸念があることは認めなければならない。それでも，実験で得られた知見から，取り調べ過程の一面に重要な洞察をもたらすことは可能である。実験で得られた知見が，現実の事件の研究から得られる個々人の説明だけでなく，観察研究やアーカイブ研究とも整合するということは，注目すべき点である。

　実験研究は，第2章で議論した取り調べの他の側面と同様に，取り調べが確証バイアスによって歪められてしまう可能性を見出した。具体的には，取調官が最初に抱いた，被疑者が犯人であるという信念が，取り調べとその結末にバイアスをかけることを複数の研究が示している。ある研究では，被疑者が犯人だと（偽って）信じ込まされた取調官役の参加者は，犯人であることを前提とした質問を行い，被疑者に対してより強く圧力をかけ，有罪性を示す偽の証拠の提示や減刑の約束を含め，様々な方法を用いて自白を引き出そうとする傾向がより強かった。そうした先入観による信念は，取り調べ過程の中で矯正されることはなかった。被疑者が犯人であると信じ込まされた取調官は，最初に被疑者は無実だと言われた人達に比べ，取り調べ過程の終わりまでにその信念を確証しようとする傾向が23%強かった。また，取調官の当初の信念は被疑者の行動に対して明らかに影響を与えており，取調官の質問に答える際，被疑者は，より防衛的になっていた[110]。

　別の研究は，最小化と最大化を用いることの効果について調べている。ある研究は，最小化のテーマが一般的には減刑の暗黙の約束として理解され，一方で，ある証拠が有罪性を示す強さを誇張することは，より重大な処罰を受けるという暗黙の脅迫として受け取られるということを示した[111]。カンニングについて参加者が実際に取り調べを受けた研究によれば，最小化の技法を用いることで，被疑者が犯人である場合に自白する割合をほぼ倍増させたが，無実の被疑者が自白する割合は3倍増になった。この研究は，とりわけ，取り調べ技法を組みあわせることの強力な効果を表している。最小化の技法と「取り引き（自白でもたらされるポジティブな結果や，否認し続けることのネガティブな結果をほのめかすこと）」を組み合わせることは，虚偽自白を大幅に増加させていた[112]。

　また別の研究は，取り調べ過程のさらなる特徴について調べている。ある実験シミュレーションによると，無実の参加者は，犯人である参加者に比べて2倍，ミランダ権利を放棄し，最初の段階で取り調べられることに同意しやすい。

権利を放棄した無実の被疑者のおよそ4分の3は，潔白だから放棄したと説明している。つまり，彼らは，何も悪いことをしておらず，やましいことは何もないと感じていたのである[113]。別の研究は，被疑者に偽りの不利な証拠を提示することの効果について検討した。この研究は，対象者が有罪であることを裏づけるある証人から得られた（偽りの）供述を提示すると，自白の割合を高める結果をもたらすことを見出した[114]。この知見は，圧力に負け責任を認めた被疑者に対しては金銭的な喪失を与えるというオランダの研究において再現されている[115]。別の研究は，有罪につながる証拠だとはっきり言わずとも，何か重要な証拠を所持している振りをしてはったりをかけることで，虚偽自白の割合が高まるということを見出した[116]。

## ミランダ権利

　アメリカの刑事司法の特徴の一つに，ミランダ対アリゾナ事件において1966年に出された裁判所の判決理由で定められた法理がある。ミランダ警告では，被疑者に対して，黙秘権があること，彼らが話すあらゆることは裁判所で自分たちにとって不利に用いられる場合があること，弁護人を要求する権利を持っていること，もし雇うことができない場合は無料で弁護人を選任できることを告げる[117]。ミランダ権利は，従来，刑事事件の取り調べを妨害するものであると考えられており，当時警察にはかなり驚きを持って受け止められた[118]。実際問題として，アメリカの取調官は，ミランダ警告を前提とした体制の時代にかなり上手く適応してきたと思われる[119]。実際，ミランダ・ルールへの違反の結果として，これまでに自白が除外されたということはほとんどない。リード・テクニックの組織が，その訓練を受けた者が手掛けた事件の99%以上で自白が得られていると豪語していることを思い出してほしい[120]。この法理が自白に至る取り調べの割合を低下させてきた証拠はほとんどない[121]。統計値として重要なのは，およそ80%の被疑者が自らのミランダ権利を放棄するか，法的に放棄したものと見なされているということである[122]。

　被疑者は，自分たちの説明を聞いてほしいからにせよ，警察官に気に入られたいからにせよ，取調官と話をすることをしばしば選ぶ。被疑者が話さないということを選んだ場合，取調官は，ミランダ権利の重要性を矮小化することや，被疑者に取り入ること，あるいは，権利を放棄することで自分たちの立場で説明する機会が与えられるので，権利放棄こそが一番有利だと彼らを説得するこ

とによって，ミランダ法理による保護を彼らに放棄させようとするかも知れない。ときには，取調官は，「ミランダ法理の外側」，つまり，記録に残らない形で，被疑者を取り調べることもある。非公式な取り調べでは，自分たちの供述は自分たちの不利になるようには用いられないと被疑者に信じさせることが起こりうる[123]。実際，警察は，有罪を示す他の証拠を得るためや，裁判所での被告人の証言を弾劾するために，その供述を用いることが可能である。信頼性の高い記録がない場合，取調官はミランダ警告を読み上げたと不正に主張することも可能であり，そうした水掛け論では彼らが常に勝利する。

　結局のところ，ミランダ法理による保護は，取り調べ過程を抑制するというよりも，実質的には取り調べ過程を促進させるものなのである。いまやこの法理は，被疑者を自白強制から保護するというその本来の目的に反して，強制されたという申し立てを無効にするための武器のようなものとしての役割を主に果たしている。ここ何年かの間に，裁判所は，自白の信頼性に基づいてその自白を証拠として採用するかどうか判断することをやめ，現在では，そのかわりとして自白の任意性に焦点を当てるようになっている[124]。そうすることで，裁判所は，ミランダ警告が持つ毒消し機能を容認してきた。つまり，ミランダ権利を自ら放棄する被疑者は，捜査の期間全体において自白を強制されたという申し立てを放棄したと見なされる[125]。裁判所は，被疑者にミランダ権利を与えることは「証拠として採用するかどうかについての事実上のチケット」を意味し，自白の任意性についての疑問は「適正な権利放棄の確認でもって終わる傾向にある」と述べている[126]。実際，権利放棄の任意性は，従来から行われている疑問のある取り調べの方法を正当化し，被疑者が誤って自らを有罪にするような情報提供を行うよう取調官が誘導した際にも，あらゆる責任から取調官を解放するように思われる。

### 虚偽自白の可能性

　リード・テクニックの推進者たちは，その正確さを主張している。テキストは，「無実な人間に虚偽の自白をさせてしまう危険性をもつものではなく……」と主張しており，また，「法的ないし道徳的に非難されるようなものではない」と述べて読者を安心させている[127]。また，ジョセフ・バックリーは，「非常に熟練した取調官としての経験上，虚偽自白はめったに起きない」という事実上反論不能な論拠を出している[128]。しかし，この取り調べ手続きは，

犯人だと確信している目の前の被疑者から自白を引き出すことを第1に設計されている。この取り調べ手続きが犯人である被疑者からだけ自白を誘導するということを示す根拠は何もない。被疑者が自白する可能性は，被疑者が取り調べの強制力に屈するとき，つまり，取調官が被疑者を打ちのめして，状況の認識を変えるのに成功したときにもっとも高い。この結末は，被疑者が実際に犯人なのかどうかとはごく緩やかな関係しかない。実際，自白が得られる可能性は，採用されている威圧的な技法の範囲と強さおよび取り調べ時間の長さによって主に決まるということが，研究から見出されている[129]。虚偽自白についてのアーカイブ研究によれば，自白を得た取り調べの長さの中央値はおよそ12時間であり，通常の取り調べと比べて何倍も長いものであった[130]。取り調べが強制的な性質を持っていることは，それに屈してしまう人の割合が精神障害者，知的障害者，若年者といった脆弱性のある人達の場合に大きいことからも明らかである[131]。一般的な被疑者は，『羊たちの沈黙』という映画の登場人物で狡猾で冷静なハンニバル・レクターとはまったく異なるのである。

　ソウル・カシンは，潔白であること自体が実は虚偽自白の危険因子かもしれないとして，説得力のある主張をしている[132]。**透明性錯覚**の現象と同様に，人は，自分の内的な状態が外からどれくらい分かるかを過大評価する傾向にある[133]。そのため，無実の被疑者は，自分は潔白なのだから釈放されるであろうと素朴に信じてしまうかも知れない。無実の被疑者は，自分にはやましいことが何もないと感じており，非協力的に振る舞うことで犯人のように見えてしまうのではないかと恐れる傾向にある。取り調べについての観察研究は，前科のない被疑者はミランダ権利を放棄しがちであり，それ故に取り調べを受けることになることを示唆している[134]。実験シミュレーションにおいて，無実の参加者はやましいことは何もないと感じる傾向にあり，犯人である被疑者の2倍の確率で自分たちの権利を放棄し，取り調べにさらされることに同意するということが見出されたことを思い出してほしい[135]。要するに，アメリカの刑事司法制度に広がっている事情聴取や取り調べの方法は，関与していない犯行について無実者に自白させる可能性があると考えるのが妥当である[136]。

## PEACE 法
　イギリスで現在用いられている取り調べの方法は，後に欠陥のある取り調べに基づいていたことが判明した，1970 年代に大きく報道された有罪判決を受

けて行われた改革に端を発している。1984 年，イギリスの議会は，犯罪捜査の手続きを抜本的に見直し，警察および刑事証拠法（PACE）を制定した[137]。そして 1993 年，内務省は，PEACE という略称で知られるようになった捜査面接の枠組みを公布し，もう 1 つの大きな前進を果たした[138]。このアプローチは，以下の原理（2007 年に改正された）によって動かされている。

・捜査面接の目的は，警察が捜査している事件についての正確で信頼できる説明を得ることである。
・取調官は，公正に振る舞わねばならない。
・脆弱性のある者に対しては，いかなる場合も，特段の配慮が必要である。
・捜査面接は，捜査であるという意識を持って取り組まなければならない[139]。

　PEACE の枠組みは，協力的な被聴取者を想定した認知面接（第 4 章で議論した）と，非協力的な被聴取者を想定した会話管理という，2 つの相補的な質問方法からなる[140]。

　会話管理法は，主に被疑者自身から収集される情報の使い方に関するものである。聴取では，時間の多くが被疑者による事件の説明に充てられる。取調官には，主に受け身の姿勢でファシリテーターの役割を果たし，被疑者の説明を完全かつ十分に理解することが求められる。この段階では，取調官は，被疑者が述べることに対していかなる批判もしてはならない。しかし，その後，取調官は，事実吟味的質問[141] によって，特定の事柄や説明の矛盾に注意を向けることができる。もし，被疑者の説明が自分への嫌疑に反証できているのであれば，彼の関与についての捜査は終了すべきである。他方，もし被疑者の説明によって取調官が納得できなければ，取調官は，説明の不一致や矛盾を追求する重要な段階に進んでよい。非難追及プロトコルが自白以外の発言を被疑者に認めず黙らせるよう取調官に求めるのに対し，会話管理法は，被疑者に多くの情報を提供するように促す。このアプローチは，自分の言い分を述べるための公正な機会を被疑者に与えるのみならず，被疑者の説明を追求するための材料を取調官に提供してもいる。重要なのは，会話管理アプローチが，被疑者に対する乱暴な扱いをやめさせ，最小化，最大化，脅迫をはじめ自白の強制となりうるあらゆる技法を禁止しているということである。

取り調べについての PEACE の枠組みと，虚偽検出のための証拠の戦略的使用は，いずれも情報の洗練された使い方に基づいている。こうしたアプローチは，テレビ番組の登場人物でありリチャード・フォーク[142]によって演じられた，刑事コロンボを彷彿とさせる。被疑者と対立し，責め，強制するのではなく，この話し好きで愛想のよい刑事は，主に被疑者から収集した情報によって組み立てた事実に基づく様々な作戦を通して，彼らの嘘や矛盾をあばき，罠にはめるのである[143]。暫定的な調査によれば，強制的でない取り調べは，リード・テクニックのような被疑者への非難中心の取り調べに比べ，被疑者が犯人かどうかをより上手く浮かび上がらせる[144]。

被疑者を追い詰める方法から情報中心の方法へというイギリスにおける取り調べ手続きの転換は，一夜のうちになされたわけではない。PEACE 法は，1991 年の内務省による批判を契機に導入された。この批判は，取り調べの重大な欠陥を露呈させるものであった。PACE の教訓があったにも関わらず，被疑者が犯人であるという仮定のもと，相当程度の心理的な圧力をかけながら，取り調べが行われていることが判明したのである[145]。こうしたことが引き金となり，警察官と法心理学者が協働して設計と管理を行う，警察官の訓練のための大規模プログラムが誕生することになった[146]。近年の調査によれば，PEACE 法は，イギリス警察の取調官の間で幅広い支持を集めている。また，実際の取り調べを文字に起こした研究によれば，警察は，この技法の核となる原則にきちんと従っている。とりわけ，彼らは，最小化，最大化，脅迫といった禁止されている技法の使用を避けるとともに，被疑者にとってどうしようもない状況にあることを強調することがないように配慮している[147]。研究者らは，PEACE 法への移行が真実か虚偽かを問わず実質的な自白率に及ぼした影響について，これまでのところ明らかにできていない[148]。それにも関わらず，PEACE 法がイギリスの取調官から幅広い支持を得ているということは，この技法によって彼らが取り調べを妨害されたとは感じていないことを示している。PEACE 法は，ニュージーランド[149]やノルウェー[150]の警察にも導入されており，また，スウェーデンやデンマークでの影響力をますます強めている[151]。

## 改革に向けての提案

自白は，おそらく他のどんなタイプの証拠よりも，刑事司法過程の核心に触れるものであろう。自白に関する実務の暗い歴史と取調室以降の被疑者の尊厳

にもたらすリスクを考えると，無実者に自白をさせる取り調べの技法は，ことさら重大な問題を引き起こすだろう。本章でレビューした研究は，虚偽検出と取り調べの両方に対して，より，情報ベースで，自覚的な，適応性のあるアプローチを呼びかけている[152]。厳しい警察官が取り調べる方法からコロンボのようなスマートな警察官による取り調べ方法へと移行することで，刑事司法制度が得られるものは大きい。改革における具体的な提案は，以下のとおりである。

1. 取調官は，虚偽検出を試みるとき，身体的な手がかりに依存するのを止めるべきである。妥当性が科学的に立証され，測定されたエラー率が許容範囲内だと分かるまでは，行動分析面接やそれと類似のプロトコルを用いるべきではない。
2. 虚偽検出において，取調官は，証拠の戦略的使用テクニックのように，被疑者から得られる情報をもっと重視すべきである。
3. 今後の研究結果次第では，取調官は，被疑者の認知的負荷を高める聴取方法を使用すべきである。
4. 取り調べにおいて，取調官は，弾劾的で強制的な方法への依存を減らし，情報収集に焦点を当てた，非対立的な手続きへと移行すべきである。
5. 最高裁判所は，疑義のある自白証拠でも証拠採用する甘い姿勢を見直すべきである。とりわけ，被疑者の意思を屈服させる力を持つ取り調べ方法の使用は，禁止するか厳しく制限すべきである。

どのような技法が用いられるかに関わらず，事情聴取や取り調べの全過程について，完全かつ信頼性の高い記録を残すことが重要である。取り調べを記録することの必要性が，多くの評論家や専門機関によって指摘されてきた[153]。そして，そうした取り組みは，すでにいくつもの州と何百もの警察組織に根付いてきている[154]。とりわけ，調査に参加した警察官のおよそ80%は，取り調べは最初から最後まで記録されるべきだと主張している[155]。本書を通して議論するように，取調室で起こったことを知ることができれば，自白の任意性と信用性の両方について，事実に基づく判断を行う上で大きな役割を果たすことができる。第8章では，これらを推進することによる様々な利点について議論するとともに，推進に否定的な意見への反論を述べている。しかしながら，電

子的な記録を作成すること自体がバイアスを引き起こすということは，認識しておくべきである。たとえば，カメラの視点，構図，明るさ，編集のような要因は，映像で語られている内容の受け取られ方を方向づける可能性がある。このため，取り調べの記録は，そうしたあらゆるバイアスによるリスクを最小限に抑える方法で行わなくてはならない[156]。

# 第6章 「被告人は有罪」
## 公判における事実認定

　これまでの4章では，刑事司法手続きのなかの捜査過程を取り扱ってきた。本章と次の章では，刑事手続きの正確性を補完する残りの部分，裁判段階を扱い，刑事裁判と，簡単ではあるが判決後の再審の2つについて触れる。

　裁判は，法の原則を最も象徴的に具現化したものである。アメリカ最高裁は，刑事裁判を，「決定的であり，尊重されるべき」[1]，そして「最上級」の出来事として扱ってきた[2]。裁判は，法制度で最も重要なものであり[3]，「我々がそう信じているように法の中心的制度」とみなされてきた[4]。刑事裁判には様々な目的がある中で，その本質的な目的は，被告人が犯罪を行ったか，行わなかったか，すなわち，有罪か無罪かという区別に関する事実の決定を行うことである。心理学的には，これは**診断課題**である。裁判手続きが従う原則は裁判の**合理主義的慣習**に従うということ，すなわち，公判で提示された証拠から合理的な結論を導き出すことの重要性を尊重しなければならないということである[5]。裁判の最終的な目標は，決定の正確性，簡潔にいえば，正しく行うことにある。

　アメリカの政治・司法の専門家たちの手応えとしては，現在の裁判制度は，刑事司法制度への期待によく応えているというものが優勢である[6]。この感覚を支持している人でも，この制度が完璧ではないことは認めるであろうし[7]，実際認めなければならない。しかし，ではこの手続きがどのように実施されるべきなのかということに対しては曖昧な態度がとられる。裁判所が繰り返し主張してきたのは，正しい評決に到達させる憲法の比類ない能力[8]，当事者主義の構造の妥当性[9]，反対尋問の真実検出力[10]，陪審評議の素晴らしい効果[11]，控訴裁判所と人身保護令状による監視[12]，そして，事実認定における陪審（この制度の女王バチ）の全体としての妥当性[13]，である。これらの強みの中でも，陪審員は，裁判所の説示を理解して従い[14]，不適切な証拠を除外し[15]，嘘を検出したり[16]，バイアスある情報を無視したりすることができるだけでなく[17]，

偏見に打ち勝ったり[18]，自分たちが陥るかもしれないあらゆるバイアスを認識することができるともみなされてきた[19]。

　以降の2つの章では，刑事裁判が，刑事司法制度の高い認識的要求を満たせるか否かについて検討する[20]。そこでの核心部分において，そのプロセスにおける事実認定者，すなわち，陪審員と裁判官の診断能力に焦点を当てる。ここで扱う問題は，第2章から第5章において検討したような，証言そのものの正確性に焦点を当てたものではなく，第三者である事実認定者に証言を正確に評価する能力があるかどうかに焦点を当てている。ここでの議論は，主に，刑事事件の多くで事実認定者の役割を担うことになる陪審員の能力に焦点を当てる。しかし，この章の目的は，課せられた課題を遂行する望ましさについて，裁判官と陪審員を比較するものではない。近年多くの研究が，多くの事実認定課題において，職業裁判官と素人の能力はそれほど変わらないということを示している[21]。これらの章で検討した人間の認知能力の限界は，2種類の意思決定者の間に存在するあらゆる違いを超えているように思われる。陪審が望ましい事実認定者として適切かということについての議論は，ここでは置いておく。

　この章のはじめでは，刑事司法手続きの主たる弱点，すなわち評決のもとになった証拠が評価不能であることや，しばしば質に問題があることについて議論する。中ごろの部分では，人々が刑事裁判で頻繁に提示されるような証言から正しく事実を推定することができるかという能力に関する研究について検討する。そして本章の最後では，注意を要する課題の遂行を困難にする諸要因について検討する。第7章では，正確な事実認定を妨害するものに対抗できるように設計され，刑事手続きに組み込まれている多くの法的セーフティネットの有効性について論じる。

## 証拠の完全性に関する問題

### 基準を満たさない捜査

　証拠の完全性の問題は，刑事捜査における警察の仕事の基礎的段階から始まっている。第2章から第5章で述べたように，およそ2万もの異なる法的執行機関が，ときには不適切なものも含めてそれぞれ異なる手続き，やり方，訓練プログラムで捜査を行っているということを思い出してほしい。結果として，ある捜査機関によって得られた証拠の信頼性は，その特定の部署，警察官，事件においてのみ通用するものであることがしばしばある。ベスト・プラクティ

スの基準に合致しない捜査手続きは，きわめて不正確な証拠を作り出しやすく，誤りをひきおこす可能性も含んでいる。誤識別は不十分なラインナップ手続き，出来事記憶の誤りは暗示的な尋問，虚偽自白は強引な取り調べ方略によってそれぞれ引き出される。要するに，従来の捜査手続きによって得られた証拠は，誤りをどの程度含んでいるのかわからないのである。

## 再構成された証言

　裁判で提示される証拠は，証人の証言を**再構成したもの**であること，つまり，各証人が警察に対して行ったもともとの証言とは，大きく異なる可能性があることも思い出してほしい。捜査と裁判前の手続き全体を経て，証拠の質は下がり，汚染にさらされ，正確性の追跡可能性が多く失われてしまう。生の証言が法廷にふさわしいよう再構成されるのと同様に，証言もより一方的で理解しやすく，確信を持ったものになっていく。以下に論じるように，裁判で争われている刑事事件について，証人の説明から正しい推論を引き出すのは，最善の条件においても困難である。このような再構成されたシナリオから真実を引き出すことは，とても信頼できる方法とはいえない。

## バイアスある証言

　本当のことを言えば，証人は感覚情報を伝える単なる媒介であることが理想である。しかし実際の証人は，刑事事件を囲う社会的悲劇に複雑に巻き込まれており，同時に，その事件の結末に関して強い期待を持っている。自らの弁明のために証言する被告人は，刑事罰から自分自身を守るよう動機づけられているのが普通であり，それゆえに，強い疑いの目でみられるのが一般的である。被害者である証人は，一般的に信頼できるとみられ，同情をもってたいてい扱われる。しかし，彼らも特定の結末にむけて動機づけられていることもあり，たいていは，犯人と思しき人物に罰が下されることを望んでいる。ジェニファー・トンプソンは，率直に，多くの犯罪被害者はおそらく以下のように感じているだろうと言った。「私は，ただ（コットンを）仕留めたかった。ずっとずっと永遠永劫刑務所にいるようにしたかった」と[22]。第2章で論じたように，検察側証人は，検察側と弁護側の間の集団間葛藤に引き込まれることがよくあり，一般的に警察の身内にふくめられる。どの集団に属するかが，目下の争点に関する事実の知覚や感情状態，動機づけに影響することを思い出してほし

い[23]。ジェニファー・トンプソンは,「コットンを仕留める」よう検察にそそのかされたことや,彼女の真に迫った証言が検察から称賛されたことを述懐している[24]。コットンの有罪判決の後,彼女は,検察官のオフィスで祝杯をあげた[25]。証人の動機の強さは,その人の証言の説得力を強化し[26],その事件の結末にも影響を与えうる。

　一見関係のなさそうな証人も,当事者主義にからめとられ,一方の側に肩入れすることがある。証言を左右する1つの要因は,**証人準備**過程である。これは一般的に行われていることだが,同時に問題も多い。弁護人は,日常的に裁判前に証人の準備を行う。このやり方は,偽証教唆に近いが[27],これをしないと,その弁護人が依頼者に対して負う専門家責任の義務を果たさなかったということにもなりうる。このとき,弁護人に許容されていることは多い。証人がなしうる証言について論じることや,証人に他の証人の証言を教えること,証人にその記憶をある側面から再検討するように頼むことも認められている。また,弁護人は,適用される法律について論じることも,敵対的な反対尋問に備えて証人を準備することも,他の言葉で説明するように提案することも認められている[28]。要するに,弁護人には,事実から離れるものであったとしても,ある結論に一致するように証言を醸成する極めて多くのことが許容されているのである。ある研究は,弁護士役によって面接を受けた後,証人の証言は弁護側の主張に有利な方向へと歪むことを示している。これらの効果の大きさは,弁護士役を演じる人の口のうまさに依存していた[29]。別の研究では,弁護側からは敵対的な反対尋問が来ることが予想されると検察側証人に事前に伝えると,その証人の証言がより有罪を支持するものになり,模擬陪審による有罪率を高めたことが示されている。この影響は,証言が実際には誤っている証人において非常に顕著になる[30]。証言は,証人がどちらの側から召喚されたかという事実によっても歪みうる。ある研究では,一方の側の証人として第三者の証人を召喚しただけで,その証言は召喚した側に傾くことが示されている[31]。このような過程を通じて,どこに所属するかということが,仲間意識を醸成する。

## 見せかけの裏づけ

　証拠の評価は,不明瞭な裏づけによってさらに複雑になる。それぞれの証拠がある結論を指し示していると収束されるのは,それぞれから導き出される手がかりの相互の親和性とその数の多さである。特に,証拠の数が多くなり,そ

れらが相互に強く補強し合うほど，それらはある結論を支持するものとみなされやすくなる。しかし，実際には，裏づけが取れているように見えても，それが誤解である場合もある。第2章から第5章で論じたように，証拠の収集と解釈は，捜査過程のダイナミズムに強く影響を受ける。通常の捜査過程において，新しい証拠は捜査の結論を出すに足るだけ集まるまで，すでに集められた証拠の上に積み上げられていく。その方向への蓄積のきっかけとなった重要な証拠が誤っていると，捜査全体を通して，**誤りを蓄積する**ことにもなりうる。

　そのため，証拠の裏づけは，正しい結論に対しては強い証拠の支持を与えることになるが，その結論が誤っていることを隠す捜査上の単なる妨害因子ともなりうる。このような見せかけの裏づけは，既知の誤判の多くに見られている。そのような事件では，検察の主張が説得力のある一連の裏づけ証拠で構成されているようにみえたが，のちにそれらすべてが誤りであることが分かった。これらの事件において，証拠が有する裏づけ能力は，証拠が十分ではないと異議を唱えた場合でも，無実であるにも関わらず起訴された者のたった69件のうち1件しか（無実を示すDNA証拠が現れる前は）釈放されず，その唯一の事例も結果的にひっくり返されてしまった理由を説明してくれるかもしれない。注目しなければならないのは，証拠が十分ではないという主張をあえてする者は，DNAでのちに無実が証明された者の半分に満たないことである[32]。これらの事件での証拠は，上訴審や再審請求時に審査を行う裁判官によっても説得力があると見なされることが多かった[33]。

## 捜査の不透明性

　証拠を評価する際のもう1つの根深い問題は，警察の捜査が通常記録されないことに起因する。信頼できる捜査記録が欠如しているということは，一般的には最も正確に事件を説明してくれる証人の生の発言にアクセスできないということである。捜査の不透明性は，ある証言が捜査過程で誘導されたものかどうか事実認定者が評価する際の妨げになる。その結果，事実認定者には，そのラインナップ担当者が被疑者を証人に指して見せたのか否か，ある事実が証人によって最初に提示されたのかそれとも取調官から最初に出たのか，また取調室で口約束や脅しが行われたのかを知る術がない[34]。3分の1のラインナップ担当者がラインナップの記録を紛失し，4分の1しかその手続きの写真記録を残しておらず，そして，尋問記録はほんのわずかしかないということを述べた

第2章を思い出してほしい[35]。取調官は，取り調べが終わる前に証人が提供した関連情報の多くを忘れてしまい，自分が尋ねた質問さえ，あまりよく覚えていない。証人からの情報が取り調べ過程の些細な，気付かないような特徴によってさえも歪む可能性を考慮すれば，捜査の不透明性は特に問題となる。

それでも，刑事は日常的に自分たちの捜査について，ときに極めて詳細な証言を行っている。信頼できる記録なしに取調過程の全詳細を記憶することはほぼ不可能であることを考えると，この証言の少なくとも一部は不正確であると考えられる。さらに，刑事の証言は，被疑者が有罪になるのを見たいという動機がなかったとしても，自分たちの仕事がいかにプロフェッショナルで信頼できるものであるかを伝えようという動機によって脚色されている可能性がある。刑事はよく証言台で証人の反応に影響を与えたことを否定する。場合によっては，その刑事が間違いを引き起こすような行動に何ら関わっていなかったり，自分の行いがその証人の反応に影響を与えたことに気づいていなかったり，あるいは単に自分が言ったりしたりしたことを忘れたりすることもあるが，いずれにしてもこれらの否定は心からのものである。しかし一方で，刑事は自らの行いについて完全な嘘をつくことがある。実務では，**警察の偽証**（testilying）と呼ばれるものである[36]。刑事の否認が何に起因するかに関係なく，それはたいてい被告人の説明と矛盾する。このような相違は，取り調べの文脈で最もよく起こり，いまだ深くベールをかぶったままだが捜査過程の中でも影響力のある側面である。検証可能な記録がない限り，警察官と被告人の相反する証言は水掛け論になってしまう。そしてたいていの場合，警察官が勝つことになる。

まとめると，捜査記録が利用できないということは，証言の正確性を解明するうえで価値のある手段を陪審員から奪うことになる。陪審員に利用できるものが，不完全で，ときにバイアスに満ちた情報だけの場合，陪審員に残された選択肢はほとんどなく，盲目的に真実のあるバージョンを信じるか，あるいは以下で論じるように，証人の自信や振る舞いといった表面的で，間違いをひきおこしやすい手がかりに頼るしかないのである。

## 人々の証言評価能力

次は，刑事事件でよく提示されるような証言から人々が行う推論の能力について検討した研究を紹介しよう。このような研究では主に，事実認定者が，DNAの照合や監視カメラ映像など，証言以外に検証できる情報を持たない状

況に焦点を当てている。そこでの課題は，証人の証言から推論を引き出すことである。この手の研究は，ほとんどの場合，理想の状況下で収集された証言に関するものであり，前述したような諸要因の影響を受けていない。言い換えれば，これらの研究では，実際の陪審が現実場面で目にするよりも質の高い証言を理解する際に，事実認定者がどのようなパフォーマンスを行うかを検討している。

**目撃証人による犯人識別証言**

　第3章で論じたように，既知の誤判の4分の3は，無実の被疑者に対する誤識別が主たる，あるいは唯一の原因となって発生している。自然状況，および実験場面での多くの観察によれば，ある人物を犯人とする識別の3分の1が誤りであると示していたことを思い起こしてほしい。犯罪に関与していないフィラーが選ばれた場合など，これら自然発生的な誤りの一部は，裁判にならないので陪審の目に触れることがない。他方，誘導されて起きた誤識別の多くは，警察が被疑者だと思っている人物に証人が誘導されているため，裁判になって陪審のところまでやってくる。ここで重要な問題は，法廷の事実認定者は，どのように証人による識別を評価するか，すなわち，正しい識別と誤った識別をどのように区別するかというところにある。

　[識別の正確性についての一般的な信念]　識別についての証言を評価する人々の能力を考えるうえで最初のポイントは一般的に，人々が人の識別能力にどれだけ信頼をおいているかを把握するところから始まる。人々が持つ一般的な信念は，個々の判断に影響を与えるため重要である。犯人識別を一般的に信用する傾向にある陪審員は，個々の識別についても信用する傾向にある。これまでの知見は一貫して，人々は，これに関連する人の能力を過大評価しやすいということを示している。たとえば，人々は自分の能力を過大評価しがちである。ワシントンD. C.で陪審になる資格がある市民に対して大規模な調査を行った結果，回答者の3分の2が，「私は人の顔を決して忘れない」という文章に同意し，4分の3が「自分には秀でた記憶力がある」と答えた。回答者のたった2分の1だけが，トラウマとなる出来事の記憶をビデオ録画に喩えることに不同意だった[37]。人々が自分たちの能力を過大評価する現象は，さまざまな実験課題において自分たちがどのくらいよくできると思うかを予測するように言われたときにもみられる。たとえば97%の回答者は，自分たちは，ターゲット

となる人物を識別する課題をうまくこなせるだろうと予測したが，この課題に
成功したのは実際の参加者のうちのたった50%であった[38]。

　人々は，他者が行うことについても過大評価する傾向にある。ある研究では，
参加者は，人々が不鮮明な写真のなかから顔をどの程度識別できるかについて
過大評価していることを明らかにした[39]。他の研究では，証人がラインナップ
のなかから無実のフィラーを選んでしまう可能性を指摘したのは参加者の6分
の1だけであったが，実際の誤りの比率はほぼ80%であった[40]。フロリダ在住
で，陪審になる資格を有する人々の約80%は，フィールド研究に参加した店
の店員の課題成績を過大評価した。これらの結果に基づくと，10の陪審のう
ち約7つの陪審において，少なくとも10人の陪審員が，識別を過信する可能
性があるといえる[41]。

　識別能力に対する過信は，模擬裁判でも見られる。たとえば，カナダのオン
タリオ州の地方裁判所で行われた研究では，識別の実際の正確性はたった
50%であったにもかかわらず，模擬陪審員は，69%のケースで，識別は正確
であると判断し，有罪に投票した[42]。同様に，実際に正しい識別を行っていた
証人がたった58%にすぎないにも関わらず，模擬陪審員の80%がその証言を
信じた[43]。さらに他の研究では，正確性のもとになる比率が54%であるのに対
して，やや弱い過信（68%）がみられた[44]。

　[識別の正確性の診断]　これらの研究による主な発見は，人々は，正確な識
別と不正確な識別の区別をうまく行えないということである。ある研究によれ
ば，模擬陪審員は，不正確な証人よりも正確な証人を信じる傾向にあった[45]。
しかし，オンタリオ州の裁判所で行われた研究の模擬陪審員は，不正確な証人
よりも正確な証人を信じやすいということはなく[46]，3つの研究において，模
擬陪審員は，正しい識別をした証人以上に，被疑者を誤識別した証人のほうを
信じる傾向にあることが示されている[47]。特に，実際の事件の多くの被告人は，
DNA検査によって被疑者から除外されていても，目撃証人の識別に基づいて
有罪になっている[48]。これらの人は数年後に無罪となったが，たいていは
DNAが他の確かな被疑者と一致してからであった。

　[正確性に関わる要因への敏感さ]　このような診断の問題に対するもっともら
しい説明は，識別をより正確に，あるいは不正確にする要因に対して人々が非
常に鈍感だということだ。識別の正確性は，事件の一部の特徴に特に影響を受
けやすく，結果的に，正答率は同じ基本的な目撃シナリオでも14%という低

い比率から，86%という高い比率まで広がりがあるということを思い出してほしい[49]。これは，正確な識別と不正確な識別を区別するために，陪審員は，証人の識別に影響をあたえる要因やその効果に気づく必要があるということを示している。

調査データによれば，正確性に関わる要因についての人々の知識は限られている。ある調査は，学生と陪審資格のある市民が，正確性に関わる要因についての質問に正確に回答できたのは半分に満たなかったと報告している。この結果は，チャンスレベル（25%）よりは有意に高いが，全体としてはやや不十分である[50]。他の一連の研究では，陪審員資格者と専門家の回答を比較し，30の質問項目のうち一致したのはたったの4項目であったことが報告されている[51]。識別に影響する要因に対する貧しい理解は，ワシントンD. C.で陪審員資格者に対して行われた前述の調査においても明らかになった。回答者の大多数は，証人の自信の有無に判断の基準を置きすぎており，4分の3の参加者がバイアスあるラインナップの説示がもたらす弊害について理解できておらず，およそ半分が，被疑者を知らない担当者がラインナップを行う利点を理解していなかった[52]。

大規模な実験研究は，模擬陪審員が，目撃したときからの期間，ラインナップにおける教示，そして，フォイルの数といった識別を損ねることが知られている9つの要因に対して極めて鈍感であることを示した。しかし，実験参加者は，証人が述べた自信の強さの影響を受けたのである[53]。以下に論じるように，この自信は，識別の正確性を判断するうえで限られた情報しか持っていない。他の研究では，明るさや犯人からの距離，そして目撃時間のような目撃状況の影響に対して人は全体的に鈍感であることが示された[54]。模擬陪審員は，異人種バイアス[55]や，バイアスある説示[56]に対しても比較的鈍感であることが分かっており，フィラーと被疑者の類似性に対する敏感さはそれほど大きくないことが示された[57]。

目撃状況への無関心は，目撃状況が悪い証人に対して行われた識別への強い過信となって明確に現れる。ある研究によれば，正しい識別はたったの32%であったのにもかかわらず，62%の陪審員が証人を信用した[58]。他の研究では，恵まれた状況下での識別に対する正確性評価（71%）と，理想的とはいえない3種の状況下での識別に対する正確性評価（65，68，67%）には違いがないことが示された[59]。さらに，回答者の42%もの人が，全く信用できない識別を信用

した[60]。

　たとえ陪審員が識別を妨げる要因を適切に評価することができたとしても，実際には，これらの要因に関する信頼できる情報が欠けている場合に，識別の信頼性を評価することは難しいだろう。多くの事件において陪審員は，証人自身が報告する目撃時の距離や時間，明るさに頼らざるをえず，証人自身が唯一利用可能な情報源なのである。第3章で論じたように，人は距離を過小評価し，時間を過大評価し，暗いことに気づかないため，これまでの研究はこれらの自己報告に疑いを投げかけている。これらはすべて正確性の過大評価につながるものである。さらに，これらの判断は，操作によっても影響を受けやすい。証人がポジティブな（偽りの）フィードバック（「いいでしょう。被疑者を言い当てましたね」）を与えられると，その証人は，目撃状況をより望ましいものであったと考え，またその被疑者により注意を払うようになるのである[61]。

　**[証人の自信への依存]**　識別に対する証人の自信の程度に，陪審員が過剰なまでに評価の重きを置いていることを多くの研究が指摘している。ある研究によれば，目撃証人の確信度は，識別の実際の正確性以上に陪審員の意思決定を強く予測する因子となっている[62]。模擬陪審員は，確信のない証人による識別の2倍，確信のある証人による識別を信用することが報告されている[63]。「絶対に間違いない」と証言した証人は，「すこし不確かです」と証言した証人の3倍正確だと判断された[64]。他の研究においては，検察の目撃証人が「100％確信があります」と言ったときの方が，「100％とはいえません」と言ったときよりも，約50％有罪率が高くなると報告されている[65]。別の研究は，目撃証人が自分の犯人識別は「絶対に確かです」と答えたときには，「全く自信はありません」と答えたときよりも，有罪率が非常に高くなると報告している（62％vs. 38％）[66]。また，証人の確信は，目撃時の要因に対する陪審員の評価を帳消しにしてしまうことも分かっている[67]。

　正確性の手がかりとして証人の自信に頼ることは，それが正確性の指標としてふさわしいものであれば役にたつだろう。しかし，実験研究による知見は，この説に対していくらか疑いを投げかけている。識別の正確性と証人の確信の統計的相関関係は，約0.4である[68]。正の関係ではあるが，この相関は強いものではない。たとえば，正確性の基準率が50％であるとすると，0.4という係数は，絶対確信があると主張している証人のうち，たった70％が実際に正しいということになる[69]。さらに重要なことに，組み合わせられた証拠は，高

い確信を伴って報告されやすい。これは結果として，正確性と確信度の関係を
より弱めることになっている。また，確信度は，他の目撃者とのやり取りや繰
り返しの目撃，質問の反復，被疑者の有罪性を示す他の証拠についての知識と
いったさまざまな情報源によって損なわれやすく，変容しやすい性質を持って
いることも思い出してほしい。前述の通り，ラインナップの実施者から与えら
れる偽りのフィードバック（「いいでしょう。被疑者を言い当てましたね」）は，
証人の確信度を高め，その識別に対する陪審員の信頼も高めやすい[70]。そのた
め，証人の確信が重視される場合には，実際以上にその識別が信頼できるよう
に見せかけることができるが，それは証言の正確性の評価を損ねているにすぎ
ない。検察は自信のある目撃証人を有しているときに起訴にもっていきやすい
ので，法廷には確信のある証人が頻繁に現われる傾向にある。

　　[法廷での識別]　識別に関する証言の正確性を評価する陪審員の能力は，法
廷での識別というどこにでも見られる実務によっても妨害される。法廷の事実
認定者の目の前で証人が被告人を犯人と識別するのを見て，それに圧倒される
ことで，ラインナップにおける証人の識別に陪審員が安心感を抱くのは間違い
ない。研究者のなかには，法廷での識別を無意味な儀式的行為だと否定するも
のもいるが[71]，それが事実認定者にとって強い影響力を持つ可能性があると考
えられる。直接出来事を目撃することは，一般的に第三者から同じことを話と
して聞くだけよりも説得力をもつ。いわゆる，**百聞は一見に如かず**，という現
象である[72]。ある研究は，回答者の 42% 程度が，法廷での識別のみに基づいて
識別を信用したと報告している。これは，たとえその証人が，以前ライブライ
ンナップで識別に失敗していたとしても，である[73]。さらに，法廷で行われる
即席の識別の多くは，有罪にしようというレトリックと強い自信とを伴って行
われる。たとえば，イリノイ州でのある裁判で証人は，被告人を犯人と識別し，
「彼が私をレイプしました」と証言した[74]。他の証人も被告人を犯人と識別し，
「その顔，肌の色，声を私は決して忘れることはないでしょう」と主張した[75]。
ジョージア州の強姦事件の証人は，法廷で被告人を犯人と識別し，120% 確信
があると述べた。判決の宣告において，裁判官は，「これほど自信に満ちた眼
差しの犯人識別を見た事件は多くない」と述べ，禁錮 45 年の刑を言い渡し
た[76]。イリノイ州の別の男性の裁判で，レイプ被害者は法廷で「私は断固とし
ていいます。暗い夜道で私といたのは，イエス様とこの男性だけです。裁判長。
これだけは確かであり，私はそう断言します」と述べた[77]。これらの被告人は

裁判で有罪となり，その後，DNA検査で無罪になった。検察官が，法廷での識別を行うように主張し，弁護人がそれを恐れるのも当然であろう。

　法廷での犯人識別は，犯人性が争われている事件では一般的な手続きになっている。犯人識別を行ったあらゆる誤判において，証人は，無実の被告人を指し示し，犯罪を行ったのは被告人なのだと陪審員を信じ込ませた。いまだに，この手続きは，研究者の注目を十分集めていない。この問題に注目が集まらないのは，実験心理学者に帰せられる問題ではない。この手続きが問題であることは実証研究をするまでもなく明らかだからである。しかし法学者や政治家の無関心は，不可解である[78]。法廷での識別が判決に与える影響は劇的なのに，その証明力は，良くてあてにならないという程度から酷いと全くの誤解を生じさせるというものまでの広がりを持つ。

　重要なのは，この手続きが，明らかに暗示的であるという点である。法廷の配置を考えてみれば，被告人が誰であるかは明らかである。要するに，証人は，被告人席でグレーのスーツを身にまとった，弁護人の横に座っている人物を指差せばいいだけなのだ。犯人を見たことがない人，偶然法廷に迷い込んだ観光客でさえこれを行うことは簡単であろう。この手続きの日に余る暗示性は，不十分な教示やラインナップ実施者の非言語的な暗示的行動のような，バイアスのある犯人識別に見られる影響の何倍も強力である[79]。

　法廷での識別は，犯行から時間が経つほど自然と難しくなり，衰退と汚染の影響を受けやすくなる。多くの場合，法廷での犯人識別は，繰り返される観察の一部である。実際，この手続きは，捜査，予備尋問，裁判それぞれで提示されてきた犯人の写真と対面する一連の流れの頂点となる。繰り返しの観察を認めるには，証人は，自分の記憶がどこに由来するものであるかを正確に追跡することができ，記憶を汚染する可能性のある識別手続きのどこかで見たのではなく，犯罪現場で見たのだと正しく判別することができるという前提がなりたたねばならない。これが正しくない前提であることは第3章からも明らかである。繰り返しの提示は親近性効果を引き起こすため，証人がたとえ最初はその人物を選んでいなかったとしても，以前みたターゲットだと認識しやすくなる。

　さらに重要なのは，法廷での犯人識別を取り囲む社会的環境は，極めて強いコミットメント効果をもたらすということだ。被告人の識別に失敗した場合，警察に無能で，信頼できない証人という印象を持たれるのだとすれば，証人が改めて識別の失敗を恐れるのももっともである。証人が，法廷の真ん中に立ち，

権威ある裁判官と組織された陪審に向かって，自分の証言がこの事件にとっていかに重要であるかを知っているときほど，コミットメント効果が強力に働く場面はないであろう。このような状況の力のもとで，検察の証人が，これまで警察に話してきたことや，法廷で繰り返すと検察官に約束してきたことを破り，前言を撤回するというのは，極めて例外的なことであろう。

　法廷での犯人識別を許容する政策は，さらに問題のある利用のされ方もしてきた。法廷での識別は，その証人によってなされる最初で最後の識別手続きであることもあるのだ。つまり，証人は，その記憶を検証する捜査手続きを何ら経ることなく，法廷で犯人を識別するように依頼されるということである[80]。実際には，証人が，法廷で，最初にラインナップ識別をしたとき以上に強く，自信を持って被告人を犯人と認めたときには，より大きな問題となる。ロナルド・コットンをラインナップで識別したときのジェニファー・トンプソンは非常にためらいがちであったが，法廷での彼女の犯人識別は断固としたものであったことを思い出してほしい。証人が最初の識別で被疑者を検出することに失敗していたとしても，法廷での識別が許されるというのは重大な問題である。このような識別の失敗は，証人は，被疑者についての信頼できる記憶を持っておらず，その時点で語った証言は自信がなかったという分類情報を付して扱われるべきである。

　驚愕するのは，法廷での識別が，暗示的なラインナップの悪影響を打ち消す手段として使われているということである。裁判所は，暗示的な手続きによって得られた証言は，その瑕疵ある手続きとは「別の」情報源からも得られたときにのみ許可されると主張している[81]。言い換えると，瑕疵ある識別手続きは，その後に続く手続き，典型的には，裁判所で行われる識別によってその瑕疵が帳消しになるということである。実際，裁判所の立場は，証人は瑕疵ある犯人識別手続きではなく，犯罪場面まで記憶を辿ることができるという信念に立脚している。第3章で論じたように，早い段階で行われた犯人識別手続きは，その後の識別手続きを通常汚染し，証人は，被告人に対する既視感がどこからやって来るのかを正確に見極めることができない。このような実務では，法廷での識別が，帳消しにされるはずの瑕疵ある識別手続きによって実際には汚染されているという恐ろしいリスクが無視されているのである。

　この手続き自体はそれほど暗示的ではないとでも言うかのように，より暗示的な情報が同時に提示された状態であっても，法廷での識別は認められてきた。

裁判所は，犯行から3年ほどたった事件で，検察官が証人に被告人の写真を公判の前日に見せたときでさえ，法廷での識別を許可した[82]。検察官が公判前の法廷に証人を招待し，そのなかで，被告人席を指差して見せたときも[83]，そして，被告人が囚人服を着て手錠・足かせをされ，制服を着た刑務官に囲まれていたときも同様にこれを許可した[84]。逆説的な話にはなるが，最善の状況下で判断を行った場合であってもこの手続きが診断性に欠けるのであれば，これらの行き過ぎが本当に判決に影響するか否かは明らかではない[85]。

　法廷での識別が日常的にどこでも認められているとすれば，これらを適正手続き違反として異議を申し立てるのは諦めざるをえないだろう[86]。それでも，弁護人のなかには，被告人席に被告人とは違う人物を座らせることによってこの慣行に抵抗した者もあった。ごくわずかに報告されているこのような事例では，証人は，無関係なその人物を指し示すことで犯人識別に失敗した。当然，裁判官は激怒し，弁護人を法廷侮辱罪に付した。あるイリノイ州の事件では，裁判官は，「慣例的に被告人の席である場所」にそうではない人物を座らせ，彼が被告人であるかのような誤った印象を作り出したとして，その弁護人を非難した。この行為が法廷侮辱罪であることを認めた上で，州の最高裁は，弁護人の行いは「法廷の品位と権威を汚した」とつけ加えた[87]。法廷侮辱罪が認められるのは確かだとしても，裁判所の反応は，これらの事件が真に意味するところを無視しているといえる。すなわち本来の問題は，法廷での識別は危険であり，証明方法として誤ってさえいるという点である[88]。

## 出来事記憶についての証言

　刑事事件で提示される証拠の大部分は，その事件に対する証人の説明である。出来事の証言を評価する際，2つの異なる判断が含まれうる。証人が正直に話しているかを疑う理由が陪審員にあるとき，その陪審員は，証人が嘘をついているかどうか見定めることに主な労力を割くだろう。証人が正直に話しているかどうかにその陪審員が疑念を持たなければ，陪審員は記憶にもとづく説明の正確性評価により注意を向けることができる。虚偽の検出という前者の課題は，第5章で論じたものだが，この後さらに詳しく述べようと思う。ここでは証人が誤っている可能性があるが，証人が嘘をつくと疑われていない場合の証言の評価に焦点を当てることとする。

　出来事についての証人の記憶の評価を突き詰めると，その記憶が真の記憶か

誤った記憶かの区別をすることになる。第4章で論じたように，人間の記憶は強力な認知装置ではあるが，ときに移ろいやすく，エラーや汚染に脆弱であることは，多くの心理学的研究によって証明されている。たとえば，人の記憶は，常に不完全であり，難しい事件の解決に必要となりうるすべての詳細情報を含んでいるわけではない。人間の記憶は，出来事の**中心**（gist），つまり，そのエピソードのより核となる，より実際的で意味のある側面をもっともよく記憶している。個々の具体的な詳細は，注目されにくく，記憶されにくく，非常に薄れやすく，汚染されやすい。さらに，人の記憶は常に正確というわけではない。虚記憶は，ある出来事を他の出来事と混乱したときや，記憶の欠けている部分を誤った情報で補ったとき，そして，出来事をもともと持っているスキーマや期待に合わせて解釈したときなどに自然と起こりうる。虚記憶は，証人が，不適切な捜査手続きを受けたときや，事後誤情報に晒されたときのような，外的な情報によって誘導されたときにも起こりうる。心理学的研究は，人々が，出来事に対する他の人の記憶をどのように，そしてどれくらい評価できるかを理解する手助けをしてくれる。多くの実験室研究が，このような課題に対して人は理想と違い，全体的にうまく評価できないことを明らかにしてきた。正確性でいえば，50%から75%になる（50%というのは偶然でも得られるチャンスレベルである）[89]。

　人が他者の記憶を評価する際によく使われる手がかりの一つは，記憶に基づく説明の鮮明度，つまりそこに含まれた**詳細情報の豊かさ**である[90]。ある研究は，コンビニ店員強盗殺人事件における検察側証人の証言の信じられやすさは，些末な情報を含んでいるかどうかによって影響を受けるということをあきらかにしている。銃撃前の犯人について詳細な情報を多く含んだ証言（クリネックスのティッシュペーパー，解熱剤のタイレノール，ダイエットペプシを持っていたという証言）の方が，単に「いくつかの商品を持っていた」という証言に比べて，証言に基づく判断により大きな影響をもたらした[91]。

　評価者が用いる第2の正確性評価の手がかりは，証人の説明の一貫性である[92]。多くの研究が，証人の証言の非一貫性が，特に有罪の可能性の推定や，有罪判決を下す人の比率に関わる証人の信用性推定に影響することを明らかにしてきた[93]。第3の正確性手がかりは，その証人が主張する確信の強さである[94]。犯人識別の判断と同様に，事実認定者は，自信をもって証言した証人の言葉を信じやすい傾向にある。ある研究は，より自信のある検察側証人からの

証言（「絶対の確信があります」と「それなりに自信はあります」の比較）は，有罪率の推定と有罪判決を下す比率を実質的に引き上げた[95]。自信の効果は，その後の多くの研究でも確認されている[96]。

　そして，問題は，これらの手がかりが実際に記憶の正確性の指標となりうるかという点である[97]。明らかに，もしこれらの手がかりが正確性を反映するものでなければ，あるいはこれらの手がかりと正確性の間に弱い関係しかなければ，それは，誤った結論を引き出すことにつながる。結局のところ，研究はこれらの手がかりの診断能力に疑念を呈している。特定の事実の記憶が詳細な情報まで豊かに含むものであれば，その記憶は正確である可能性が高いというのは，一見正しい推測のように思われる。しかし，ある詳細情報についての記憶が豊かだからといって，その出来事の他の詳細情報についても，その証人の記憶が信頼できると推測すべきではない。第4章で論じたように，記憶は，一枚岩の存在ではない。記憶は，その人に対する重要度によっても異なり，脳の異なる場所に貯蔵されており，記憶の薄れる速さも異なる，異なる情報源からまとめられた複数の断片から構成されるものである。すなわち，その出来事のある側面について正確な記憶を持ち合わせていたからといって，同じ証人の記憶の異なる側面を評価する際の適切な指標にはならないということである[98]。そのため，証人が，些細な詳細情報，たとえば，コンビニ店員を襲う前に強盗が手にした商品について具体的な記憶を思い出すことができるからといって，強盗犯の識別能力や逃走に使った車を証人が正確に思い出す能力もあると説明することはできないのである。さらに，出来事の異なった側面について記憶しているということには，逆の関係性もあると言える。犯罪事実の周辺情報について証人がよく記憶していればいるほど，その事件の犯人の識別成績は悪くなることが指摘されている[99]。同様の問題が，一貫性にもとづく正確性判断についても言える。記憶のある側面について一貫性のある記憶があるということは，記憶全体の強さの指標としては弱い。実際に，記憶の一貫性と記憶の正確性の相関関係は，中程度の 0.3 であると言われている[100]。

　これらの疑念は，正確性評価に広く使われている手がかりである，証人の自信の診断能力にも影を落とす。記憶は過大評価されやすいと報告される傾向にある。たとえば，人は，実際には 60% の正確性しかない場合でも 90% 自信があるといい[101]，25% 程度の不正確な記憶も最大限の自信を持って報告する[102]。出来事の記憶の正確性と自信の相関関係は，不安定でたいていは弱く，0 から

0.6 程度と言われている[103]。ある一連の研究は，自信と正確性の関係が有意であったときでさえ，事実認定者は，報告された自信を「過剰利用」し，つまり，正確性との関係が保障されている以上に，その証言に過剰な重きを置く傾向があったと報告している[104]。

　これまで述べてきた3つの手がかりは，法廷で提示される**再構成された**証言を評価する際には，さらに使えなくなる。第4章で論じたように，細かで表面的な詳細情報が記憶から薄れていくのに伴い，人々は，その欠けた部分を他のもので埋め合わせる傾向にある。人々は，その不完全な記憶を，自分たちのもっているスキーマや期待，ステレオタイプにあう詳細情報や，外界に対する現実的な推論を引き出す詳細情報で埋めようとする。記憶の欠如や隙間は，他の人によって暗示された情報や様々な外的情報源によっても埋められる。そのため，記憶に基づく豊かな説明は，刑事事件について事実認定者を誤認させるというだけではなく，証人の記憶に対して知覚される信頼性の高さを容易につり上げることもある。さらに，詳細情報の豊かさという手がかりについて人々がもつ直感的な信念は，法廷でも操作されることがある。経験豊かな法律家は，些細な詳細情報を証言に含めるように証人に勧め，自分たちの証人の証言に詳細情報が含まれていることを褒め称え，逆に相手側証人の証言には細かな詳細情報が含まれていない，あるいは誤った情報を含んでいると攻撃する。記憶に基づいて再構成された説明は，しばしば繰り返され，また公判準備のために，繰り返し練習されたものでもあるため，一貫性があるからといって正確性を高く評価することもまた同様に問題となる[105]。この手がかりも，たとえ間違っていたとしても一貫している証人を高く評価し，また，本当のことを言っている証人の細かな非一貫性について揚げ足を取ることで，弁護人の操作の影響をうけることになる[106]。

　再構成された証言は，証人の自信に基づく評価の有用性をも奪い去ってしまう。多くの捜査手続きが出来事の記憶に対する証人の自信を吊り上げており，これはたいていの場合，記憶が褪せ，汚染によって正確性が減少するのと表裏一体として同時に起こることをこれまでの研究が示している。正確性ではなく自信は，取り調べの繰り返しや他の目撃証人とのやり取り，想像，聴取者との談笑や聴取者から確証的なフィードバックを得るといった，現実の捜査でも起こりうるさまざまな要因によって吊り上げられると多くの研究が示していることを思い出してほしい。証人に（偽の）フィードバックが与えられた場合，自

信と正確性の相関は，0.6から0へと減少し[107]，思い出そうという証人の動機の増加は，この相関を0.2から0.05まで低下させることがわかっている[108]。

## 自白証拠

もう一種の重要な証拠は，法廷の外で得られた供述である。その中には，被告人が犯罪を犯したという自白や，被告人が犯罪に関わっていたことを示す他の人の供述も含まれる。自白は，一般的に，有罪を示す強力な証拠として信じられており，「おそらく最も証拠として強い，ダメージの大きい証拠で」[109]，「弁護を粉砕する爆弾である」[110]。

自白の証拠は，信用するに値するものと多くの場合受け取られ，この考えは検察官によって法廷で強化される[111]。しかし，自白は，常に信用できるわけではなく，それ故に，事実認定の正確性に重大な問題を引き起こす。第5章で論じたように，自白は，無実の人と罪を犯した人を分けるようデザインされたわけではない捜査手法によって通常引き出され，捜査はその被疑者が実際に犯人であるという前提のもとで実施される。この前提は，典型的に被疑者は取調官に嘘をつくものだという，それ自身が疑わしい根拠に基づいている。虚偽自白が誤った有罪判決を引き起こすかどうかは，最終的には陪審がそれと判断できるかどうかの能力に依存する。法制度は，この点について陪審員の能力に多大な信頼をおき，争いのある自白証拠を証拠採用するにあたってはリベラルな基準を用いている[112]。そのため，陪審員がどれくらい真の自白と虚偽の自白とを区別できるかを見定めることは重要である。限られた数だが，自然状況でのデータはこの点に関する陪審員の能力に疑念を呈している。2つの研究が，結果的に虚偽であることが明らかになった自白を含む実際の事件を検討している。これによると，裁判を行った事件のうち4分の3が有罪になった。つまり，4つ虚偽自白があれば，陪審員はそのうちの3つは信じてしまうということを意味している[113]。多くの有名な虚偽自白事件で，陪審員は，有罪とは矛盾する証拠に直面したときでさえ，その自白を信用した。ジェフリー・デスコビックは，公判前のDNA検査で犯人は彼ではないことが明らかになっていたにも関わらず，有罪となった[114]。セントラルパーク・ジョギング女性強姦事件では，10代の少年たちが，DNA検査で犯人ではないことが明らかであったり，彼らの供述自体にも彼らを有罪にするには矛盾があったりしたのにも関わらず，有罪になった[115]。ネブラスカ州ビアトリスの事件では，実際にはたった1人

の男性によって行われた犯行であることを捜査結果は示していたにも関わらず，陪審は，6人の男女がレイプ殺人に関わったという自白証拠を信じた[116]。DNA証拠によって無実が証明されたある無罪者は，無罪を証明するDNA証拠の存在にも関わらず，裁判官によって有罪にされた[117]。

　一般人は，自白が虚偽自白である可能性について楽観的に見ていることが示されている。人々は，警察が全くの無実の人を取り調べたりせず，強引な取り調べ技法でさえ，真の自白を引き出すことはあっても虚偽自白を引き出すことはないと信じる傾向にある[118]。虚偽自白の可能性を疑わないのは，調査対象となった人々の90%以上が，無関係な犯罪で自分が自白することはないと考えていることに起因するかもしれない[119]。この論理からは，犯罪への関与を自白する人は有罪である可能性が高いという結論が導かれる。真の自白を引き出すなら非倫理的な方法の使用も正当化されると陪審員は信じているために，強引な捜査が許容されているのかもしれない[120]。強引な捜査の効果を陪審員が憂慮するときや，さらには，裁判官が証拠採用できない自白なので無視するようにと説示した場合でさえ，人は，それに合わせて自分たちの評決を必ずしも調整するわけではない[121]。第7章で論じるように，陪審員の決定は，他の個人的価値や信念の影響を常に受け，それは，法が命じるものと必ずしも一致しない。特に，裁判官であっても，違法で強引な取り調べの結果を無視するという点について，法の規定に必ずしも従うわけではない[122]。

　陪審員が強引な取り調べのリスクを完全に理解し，その懸念を適切に評決に反映させたとしても，実際の刑事事件で自白の正確性について正しく判断するというのは，難しい問題である。この難しさは，実際の取り調べがその情報源の信頼性を追跡できなくしているという事実に起因する。自白の正確性を評価する際に一般的に用いられる手がかりは，ここにおいても，詳細情報の豊かさ，とくに，公にされていない事実に関する詳細情報の多さである[123]。しかし，虚偽自白は常に，自白者が想像した犯行事実の詳細な説明に埋め尽くされているという第5章を思い起こしてみよう。結局，警察の取り調べの明白な目的の一つは，被告人の自白を洗練された物語に変換するということである[124]。後にDNA検査によって無実が確定した40人の自白者のうち，38人から得られた自白には，豊かで詳細な内容であるにも関わらず虚偽でもある犯罪の説明が含まれていた。当然，検察官は法廷における語りの豊かさに焦点を当てつつ，その事実は一般に知らされておらず，真の犯人しか知りえなかったものだと強

調する[125]。ある検察官は，こんなに多くの詳細情報を正しく言い当てるなんて「数学的に不可能だ」と述べ[126]，他の検察官は，被告人の，強引な取り調べがあったとする主張を却下し，「詳細情報を次から次へ，そしてまた次から次へと提供した」と強調した[127]。自白が最終的に誤りであることが明らかになったときに行き着くことの多い結論は，被告人によってもたらされた公になっていない情報は，警察から何らかの方法で伝えられたというものである[128]。それでもなお，DNAによって無罪が明らかになった多くの事件で，刑事は法廷で，被疑者にそのような事実を開示したということを否認する[129]。多くの自白の証言録取において，刑事は，その自白が自由意思によってもたらされたという保証を含める[130]。このような証拠があるため，陪審は，自白の真実性について疑問をもつ明確な理由を持たず，またそうするすべも持たない。

## アリバイ証言

　アリバイ証拠の評価は，事実認定者にとって，もう１つの大きな課題である。基本的にアリバイ証拠は，ある状況で起こった事実を確定するのに効果的な方法を提供しているように見える。誰も２つの場所に同時にいることはできないのだから，アリバイの証明は，通常無実の被告人への疑いを否定するべきものである。しかし実際には，アリバイ証拠の証明は難しく，誤解されやすい。この点についての研究は，極めて少なく，比較的直感に基づくものであるが，被疑者によるアリバイの構築と，第三者がその後そのアリバイの信じるかという２つの問題に焦点を当てる上で手助けとなる[131]。アリバイは，陪審員や警察官を説得する上で重要な役割を演じ，検察官，裁判官，ときには弁護人を説得することで，裁判の結末にも影響することもある。アリバイの評価は，虚偽かどうかの判断と密接に関係し，信じがたいアリバイは虚偽であると一般的にはみなされる。そのため，そのアリバイはすぐに有罪を示すものと受け取られる。ここでの議論では，真実性の判断ではなく，アリバイの主張内容に基づく評価に焦点を当てることにする。

　実際，無実の人がアリバイを証明することは難しい課題である。人の記憶が，すべての時間を記憶することはできないというのはあきらかな事実である。第４章で論じたように，日付や時刻，出来事の順序についての人の記憶は貧しく，ときに，ある出来事を他のものと取り違えたり，誰がどの出来事のときにいたのかを思い出せなかったりする。犯罪への関与は，犯人にとっては明らかに記

憶される出来事であるが，それに関与していない人には，その時間は大した意
味をもたないというのはよくあることである。無実の被疑者が，特定の時間に
何をしていたかを取り調べ前に説明できることは稀であり，取り調べに先立っ
てアリバイを準備する動機にも機会にも欠けている。他の人やカレンダー，物
理的な記録にアクセスする事もできないままに，無実の人は，取り調べに来て
はじめてアリバイを生み出す必要性を感じるのではないだろうか。無実の人は，
不正確なアリバイを提供することに十分注意深くないかもしれず，真実はやが
て明らかになると素朴に信じているかもしれない。このような注意の欠如は，
刑の大きさが知らされる前，あるいは，ちょっとしたことで，刑事の追求をか
わすことができるという希望をいだいたときに起こりやすい。アリバイの証明
は，規則正しくない，記録に残りにくい生活をしている人，たとえば自営業の
人や無職の人，そしてホームレスの人には特に困難である。DNA による無罪
確定者のほぼ3分の1が法廷でアリバイによる弁護をしていない[132]。アリバ
イ証明の失敗は，事実認定者に誤解を与えることがある。それは，重い刑罰を
受ける可能性があるなら，無実の人は犯罪が行われたときにどこにいたのか，
真実かつ信用できるような説明をいつでも行うことができるはずだと人々は信
じる傾向にあることに起因する。そのためにアリバイの欠如は，有罪の指標の
ように見られるのである。

　無実の被疑者のなかには，誤ったアリバイを提供する人もいる。もし警察に
よって反証されれば，誤ったアリバイは，有罪であるという印象を強力に作り
出す。ときに被疑者は，ある機会に得られた情報にもとづいて誤ったアリバイ
を後で修正しようとする。修正されたアリバイは，被疑者の状況を改善するは
ずだが，それでもそのアリバイは，いまだに強い疑いの目を持って見られやす
い。これは証言の非一貫性が一般的に記憶の信用性のなさの指標として受け取
られる傾向にあるからであり，そうでなければ嘘の指標として受け取られる。
また，ときに無実の被疑者は，誤ったアリバイを意図的に提供し，誰か他の人
をかばったり，事件とは無関係な過ちを隠したりする。そのため，比較的軽い
罪を隠そうと嘘のアリバイを提供したばかりに，被疑者が重大な刑事犯に仕立
て上げられることもある。

　しかし，被疑者が，自分たちがどこにいたかについて本当のことを正確に証
明しようとした場合でも，相手が満足するだけの裏づけを提出できない限り，
信じてはもらえない。実際，DNA 鑑定で無罪が確定した人の68％は，アリバ

イ証拠を提示したが，誰一人事実認定者に信用してもらえなかった[133]。裏づけの失敗は，被告人にとって不利になることもある。裏づけをする証人が被告人のアリバイ証明に失敗すると，被告人は有罪であるという印象が増大し，逆効果になることが指摘されている[134]。アリバイは，切符の半券やパスポートのスタンプ，監視カメラといった物証によっても裏づけることができる。しかし，ほとんどの人は記録に残らない生活をしており，物理的に追跡可能なタイムスタンプをコンスタントに持っているわけではないので，その人がどこにいたかという物理的な証明ができることは極めて稀である。仮に裏づけ証拠があったとしても，偽造された可能性があると疑われたときには割り引いて評価されることもある[135]。アメリカ人とカナダ人のアリバイが問題となった125人分の事件を分析した研究によれば，アリバイが物証で裏づけられた事件はその10分の1程度であった[136]。

　アリバイは，人間の証言によっても裏づけられ，一般的には，犯罪が行われたとき，被疑者は裏づけ証人とともに他の場所にいたという証言が行われる[137]。人は誰でもある程度の時間を一人で過ごすし，特に一人暮らしの人はそうなので，証人による裏づけが常にあるというわけではない。さらに，その裏づけ証人自身が犯行当時どこにいたかを証明できないときや，証人自身の説明に信用できる裏づけがないときには失敗しやすい。

　裏づけを行う証人の信用性が疑われるためにアリバイ証言が割り引かれて評価される，というのはよく起きることである。多くの研究が，他人，隣人，店員からの裏づけは有罪率を下げることを示唆しているが，友人や家族からの裏づけはそうではない[138]。調査参加者の大部分が，愛する人が刑務所に行くくらいなら人は警察に嘘をつくだろうし，自分たちもそうすると信じていることからすれば，そう考えられてしまうのは当然であろう[139]。一人きりでない時間の大部分を，ほとんど信用できないような人物と一緒に過ごすのでないかぎり，裏づけ証人に対する不信は，アリバイの裏づけを困難にする。前述した125人のアリバイ分析によれば，友人や家族以外から得られたアリバイはたった2つであった[140]。DNA証拠によって最終的に無罪が確定した人のアリバイの大部分が，家族や恋人，友人によって，裏づけられていた（実際には裏づけに失敗していたが……）[141]。ロナルド・コットンの裁判では，彼の家族の多くが，彼は，犯罪が行われた夜に家にいたと証言した。陪審員の1人は，家族全員が「同じことをいう」という事実をネガティブに捉えていた。その陪審員は，「3

～4人が彼はソファーにいたと言った後にはもう，その次の人が何をいうかは分かった。だから，彼らは練習してきたように私には思えたの。まるで何を言うべきか教えられてきたみたいで。つまり，私には，それは誰かが罪を犯したということを意味しているように思えたんです」[142]。後にDNA検査で無罪が確定したティモシー・コールの裁判で，検察官は，コールの兄弟と友人から得られたアリバイを攻撃し，彼ら証人は，「自分の友人を守るためならなんでも言う，厚かましくずる賢い嘘つきである」と評した[143]。検察官と弁護人がよく知っているように，アリバイ証言は，防護壁と見なされているが，それは無実の被告人を守ることには頻繁に失敗し，彼らを攻撃する武器にすらなることがある。そこにいたにせよ，いなかったにせよ，反論されたにせよ，変更されたにせよ，アリバイ証言は，事実認定者が事実を正しく見定める能力を簡単に低下させてしまう。

## 虚偽の判断

　被疑者の供述評価は，真実性を判断することと密接に結びついている。正直であることが真実性を保証するわけではないが，一般的に虚偽は供述が誤っているかどうかの強力な指標である。虚偽の検出は，警察の捜査の重要な役割であったことを思い起こしてほしい。それは法廷での事実認定においても決定的なものになりうる。多くの刑事事件で，双方の立場から証言する目撃証人は，立場に基づき大きく異なった事実の説明をする。これは，少なくともその説明の一部がおそらく嘘であることを示している。裁判に勝つ上で効果的な方法は，相手側の立場で証言する証人が嘘をついていると示すことだ。ある証人が，たとえそれがほんの些細な情報についてさえ嘘をついていたということになると，それはその証言自体の信頼性を下げる可能性があり，その当事者の主張全体を損なうことにもつながりかねない。虚偽かどうかの判断については，その被告人が証言していようがいまいが，時折被告人自身に対して疑いの目が向けられる。たとえば一貫して発言しないでいることで誠実性が疑われる。難しい事件では，陪審員はどう判断していいかわからない曖昧な証拠について判断できないという居心地の悪さを経験するので，虚偽があるか否かの判断に大きく頼って信頼性を判断しやすい。証人が嘘をついていると判断することは，意思決定における葛藤から逃れる有効な方法なのである。そのような事件で，信頼できる外的な証拠が欠けている場合の判断はたいてい証人のふるまいだけを見て行

われることになる。

　今の法制度は，陪審員の虚偽検出能力に絶大な信頼をおいている。裁判所は，「われわれの刑事裁判制度の基本的な前提は陪審が嘘検出器として機能するということである」と述べている[144]。陪審員は，証拠の信頼性を評価する際に，証人のふるまいから判断するよう，明示的に説示を受ける[145]。第5章で詳細に述べたように，証人のふるまいに基づいて本当か嘘かを区別することは，非常に難しい課題である。この課題をうまくこなすには，嘘をついている人と本当のことを話している人が，それぞれの証言の正直さに応じて異なる手がかりを発しており，なおかつ，それを見る人は，これらの手がかりを正しく知覚，解釈することができるという前提が満たされる必要となる。手がかりとなりうる範囲は膨大である。たとえば，『ブラック法律辞典』（*Black's Law Dictionary*）において，「ふるまい」についての項目では，20のパラ言語と視覚的手がかり（証人の言いよどみ，笑い，熱意，表情，あくび，視線の動き，「率直さ」）を列挙している[146]。研究者たちは人が用いることがある158に上る手がかりを検証し，手がかりとして広く信じられている視線そらしを含め，その大部分が，虚偽の指標としては全く利用価値がないということを見出した。嘘をついている人が本当のことを話している人とは異なった振る舞いをするのと同じくらい，同じ嘘をついている人でも，そのふるまいは人によって異なり，その人固有の，ほとんど知覚できないような形でのふるまいを見せる。たとえ評価に使える普遍的な一連の手がかりが存在したとしても，人がそれらすべてに対して一度に注意を向けることができ，正しく解釈でき，それらを個々の正直さの推定に利用することができるかというと，それは疑わしい。多くの研究は，人のふるまいから嘘かどうかを判断することは，コインを投げてその裏表を当てるより少しマシなくらいであると一貫して報告している。

　虚偽検出は，緊張感が張り詰める法廷では特に難しい。無実の被告人は真犯人以上に緊張するかも知れないし，多くの証人は，陪審に信じてもらえるか不安になるからである。法廷の物理的限界に起因する問題もある。表情のわずかな手がかりは，証人とは離れて座っている陪審員からは気付かれにくいだろうし，手足の動きは，証言台の影に隠れて見えないかもしれない。声の変化などの他の手がかりは，特別な装置なしには信頼できるレベルで見定めることは不可能だろう[147]。

　法廷で一般的に行われる再構成された証言から虚偽の検出を行うのは特に難

しい。そのような証言は公判前に繰り返し語られているので，証人には，自分の語りを練習し，改善する機会がある。この事前練習を通して，証人の語りは，外的な証拠とより一致する方向に進化し，詳細情報に彩られたものになる。証言のリハーサルは，虚偽の手がかりとされているもの，すなわち心理的葛藤や非協力的態度や躊躇を克服し，言いよどみもなく，戸惑うことなく証言できるよう，嘘をついている証人を手助けするものにもなりうる[148]。実際，準備された証言が嘘かどうかを判断する場合，準備されていない証言について判断する場合よりも正確性が落ちるという研究がある[149]。ある研究は，連続した取り調べの中で，嘘をついている証人の行動は，より信頼できるようにみえてくると報告している[150]。

　虚偽検出が抱える根本的な問題は，この判断が，バイアスや，証拠外の情報の影響を受けやすいことである。ある研究によると，証人を，特定の証言とは無関係な文脈で信頼できる人物として紹介するとそうでない場合に比べて証言の信頼性が増し，信頼できない人物として紹介すると信頼性は低下した[151]。別の研究によると，親しみやすく，好ましく，魅力的だと判断された証人は，その証言そのものの真実性とは無関係に，信じられやすかった[152]。嘘かどうかの判断は，正確性そのものとは関係しない証人の強い自信に影響されるということを思い出してほしい。実際，観察された自信の程度と正確性の関係は，限りなくゼロに近い[153]。さらに，この研究によれば，集団での評議が虚偽判断の正確性を高めることはないが，虚偽に対する判断に自信を強める[154]。要するに，正確性の乏しさと判断に対する過信の組み合わせが誤った判断につながり，この判断が引き起こす深刻な結末が，虚偽検出を裁判過程の問題ある側面の一つにしているのである。この結論は，虚偽に対する陪審の判断と，虚偽検出を陪審員にさせようという考えに関して，裁判過程の信頼性に疑問を呈するものである。

　この研究は，さらに，上級裁判所や再審裁判所が，第１審でなされた事実認定に介入したがらないことにも疑問を投げかける[155]。過去の研究は，視覚的刺激にのみ基づいた虚偽の判断は，ほとんど信用できず，視聴覚的な情報，音声だけの情報，証言の文字起こし情報に基づく判断と同レベルの正確性しか有していないことを指摘している[156]。言い換えれば，証人の身体的ふるまいは，文書記録から引き出しうる言語的証言以上の情報を持たないのである。

## 事実認定を困難にするその他の要因

　事実認定という課題は，陪審が意思決定を行う環境の様々な要因によってさらに複雑になる。法廷は，合理的で，間違いのない，分別のある意思決定を行うのに理想的な環境とは，とても言えない。そこでの経験には，証拠にもとづいて推察を合理的に引き出すプロセスを，妨害しうる要因が多く含まれている。やり手の法律家は，たとえ些細なものであっても，バイアスを引き起こしうる要因を埋め込むと考えられる。これらの要因は，一般的には，被告人が実際に有罪かどうかとは無関係なので，事実認定を歪ませる懸念がある。有罪になりやすい要因を含んでしまった事件では，被告人に厳しい司法取引が提案されやすく，もし裁判に挑戦したとしても，検察官側の勝訴に終わりやすい。同様に，無罪になりやすいバイアス要因を含んだ事件は不起訴になるか，無罪判決が下されやすい。

　事実認定という課題は，どの事件を司法取引するかという選別の影響もうける。刑事起訴の大部分が司法取引で終わることを思い出してほしい。裁判に行く事件は，ここで解決できなかったごく一部の事件である。ここでの選別は，裁判が行われることになった事件群に関して2つのことを示している。第1は，司法取引で一般的に話し合われる損得の計算を越えて，自分の無実を証明したいと考える無実の被告人もいるということである。この現象は，実験室実験だけではなく[157]，実世界の事件における事例的証拠によっても支持されている[158]。つまり，無実の被告人は，実際に犯罪を犯した被告人に比べて，自分に不利な証拠に直面した際に裁判を望むことが多いと考えられる。そのため，裁判が行われた事件における無実の被告人の比率は，起訴された人々の総数におけるその比率よりも高くなりやすい。第2に，検察官と弁護人双方が行う司法取引の計算は，裁判所で提示されることになる証拠に陪審がどのように反応するか，これをどう予測するかに大きく依存してくる[159]。そのため，陪審の意思決定が予測不能であるとき，すなわち証拠が示すものが不明確であるときに，事件は裁判に行きやすくなる。言い換えれば，裁判になった事件では陪審が曖昧な証拠を提示される確率は高くなり，そのために難しい判断を迫られることになる。これもまた，裁判になった事件が，バイアスの影響をより受けやすくなるということを意味している。実験データとアーカイブ研究の結果の両方が，意思決定は，証拠が明確で強ければ，証拠外の影響を受けにくいという

ことを示している。意思決定まで時間がないとき，あるいは証拠の信頼性が明らかでないとき，この過程はもっとも影響を受けやすくなる[160]。曖昧で矛盾する証拠をもとに，さらには裁判の対立的で両極端な状況で，一か八かの決定をさせるということが，どれだけ陪審員の意思決定能力を妨げているかは想像に難くない[161]。

## 法廷での説得

　アングロアメリカンの刑事裁判における際立った特徴の1つは，口頭での証言や主張にその大部分を依存しているという点である。基本的に，裁判は，訴訟当事者が自分側の主張を信じ，支持するように事実認定者の説得を試みるという構成になっている。このように，裁判には，必然的に説得という行為が含まれているのである。

　最もよく見られる説得の形が，物語を話すことである。語りは，単なる個々の情報以上のものであり，聞き手の心理に訴えかけ，提示された情報に対する通常の感情的認知的反応を一時的に変化させるものである。語り手は，情報の受け手の批判的評価を部分的に中和することで，そうでなければ拒絶されてしまうかもしれない情報を受け入れさせることができる[162]。ナンシー・ペニントンとリード・ヘイスティーによってなされた一連の研究は，陪審員は，裁判で得た情報を物語的な形式に自然と合わせることを示している。人々は，人の行為について直感に合致する馴染みのあるスキーマにそってナラティブを構築することによって，複雑な情報に意味を見出す[163]。そのため，物語形式になりやすい証拠は，裁判でも取り上げられやすく，陪審を説得しやすい[164]。

　確かに，法廷での説得に語りが影響したとしてもそれは規範に反するものではないし，証拠はなんらかの順番で提示するしかない。実際に，真実性のある証拠は，真実性のない証拠よりも，よい語りを生み出しやすいものだと考えられる。ただ，良い物語が必ずしも正確な物語とは限らない。事実についての推察が，ある事件が持つ語りの力，そしてそれを伝える証人や法律家の語りのスキルによって過剰に力を得てしまう危険性がある。

　単なる語り以上に深刻な問題もある。多くの社会心理学的研究によると，人々は，中心ルートによる説得だけではなく，**ヒューリスティックな説得（周辺ルート）**によっても説得されることもある。**中心ルート**による説得とは，事実の系統的な提示と，合理的な推論を導くような弁論を強調するものであり，

合理的で精緻な思考を行うという法の想定に一致する。後者のルートは，表面的な説得手段である連想や類似性，メタファー，感情的なアピールやナラティブの戦略を含んでいる。研究によれば，説得では証拠と一致した分析的な推論以上に，ヒューリスティックで表面的な手がかりがたいていは支配的に働く[165]。説得は，正確性を伴わない多くのヒューリスティックなルート，たとえば感情的なアピール[166]，メタファー[167]，皮肉[168]，巧みな質問方法[169]，ユーモア[170]，話し手の好ましさ[171]によって影響されるのである。説得は，態度や集団成員性[172]，感情状態[173]，自信[174]といった聞き手の特性によっても影響を受ける。人は，信頼できる情報源以上に，それまで見聞きした出来事や個人的経験に重きを起きやすいことが明らかになっている[175]。また，人は映像やカラー写真，あるいは文書などで視覚的情報が伝えられた場合，その媒体の種類にも影響を受ける[176]。

　法律家が，相手方に対抗するためにさまざまなヒューリスティックな方法で説得を試みているというのも驚くに当たらない。これまでの法廷弁論のテキストや専門家教育過程におけるテキストをざっと見てみると，法の専門家がヒューリスティックな説得をどれだけ真に受けているかを見ることができる。たとえば，弁護人は，ふさわしい装いをすること，絶対的に誠実な人物にみえるように常に気をつけること，陪審員を楽しませ，彼らに物語を語り，簡潔であること，陪審席からの距離を保つこと，要するに，弁護人のように見せないことがアドバイスされている[177]。他のテキストでは，弁護人は，「良い存在であること」，自信があるように見せ，陪審とのアイコンタクトを維持し，陪審の好みに合った衣服を身に着け，話のトーンや音量，調子を変えることが推奨されている[178]。主要な訓練テキストのタイトルには，『陪審裁判のための演劇的コツと戦略』や『弁護士が俳優から学べる事とは？』といったものが含まれる[179]。弁護人の中には，陪審員との良いつながりを持つことを願ってセラピーに通うものもいる[180]。ヒューリスティックな説得の悪用の可能性は，法廷コンサルタント業界誕生の背景原因の一つである。たとえば，2011年9月のアメリカ法廷コンサルタント学会（American Society of Trial Consultants）のニューズレターは，法律家に，巧妙な言い逃れ方，陪審員に対する認知的バイアスの利用，そして証人の証言をより良く準備するための心理学的テクニックの利用といったトピックについてアドバイスを提供している[181]。結局のところ，事実認定は，判断の本質とは関係のない説得方法をどの程度使うかや，弁

護人が持つレトリックのスキルと同様に，その事件が持つ偶然的要素の影響を
受けやすい。

## 証拠以外の情報

アングロアメリカンの裁判の主な特徴は，事実の認定は裁判で認められた証
拠に基づかなければならないというものである。その事件や人物に関して認め
られていない証拠が判断に影響を与えてはならない[182]。しばしば証拠外の情
報は，裁判前報道，つまり警察，事件についてのメディア報道からもたらされ，
その大部分は警察や双方の法律家から伝えられたものである。証拠外の情報は
また，陪審選任手続きにおける質問や，証人による証言，弁護人の意見陳述，
法廷ゴシップからもたらされることもあり，また，陪審員による憶測の産物で
あることもある[183]。

証拠外の情報の問題は，それが意思決定過程に紛れ込み，評決に影響をもた
らすことにある[184]。裁判前報道の効果は，現場だけではなく実験室でも観察
されてきた。フィールド研究は，陪審になる可能性のある人物が被告人を有罪
であると考えるか否かは，その事件についての情報に晒されたかどうかと関係
することを明らかにした[185]。インディアナ州での裁判 179 件について検討し
た研究は，より多くの裁判前報道にさらされるほど，有罪評決に達する確率が
高くなることを明らかにした[186]。裁判前報道の存在とその影響は，有名な犯
罪の事件で，特に小さなコミュニティでの事件ほど，強くなる。ある有名な事
件についてオクラホマシティのテレビ局が行った世論調査によれば，裁判が始
まる前であったのにも関わらず，68% の調査参加者が被告人は有罪だと信じ
ていた。この被告人は，実際に有罪とされ死刑を宣告されたが，10 年後に
DNA 証拠によって無罪が確定した[187]。

証拠外の情報に晒されることの効果は，実験室でも観察されてきた。これま
での研究では，被告人の拳銃がこの殺人事件に関係しているらしい[188]，被告
人は過去に怪しい行動を取っていたらしい[189]，被告人は友人のいないいじめ
っ子であったらしい[190]，被害者が亡くなった日に被告人と被害者が言い争い
をしていたらしい[191] といった証拠として認められていない新聞記事の情報に
陪審員が曝されると，有罪判断率が押し上げられることが示されている。累計
5,000 人以上の参加者が関わった 44 件の実証研究のメタ分析の結果からは，
証拠外の情報に曝されると，全体として有罪率を 16% 引き上げるということ

が示されている[192]。裁判前の情報を視覚的な方法で（ビデオで）提示することは，視覚的ではない方法で（書面で）提示するよりも相対的に強いバイアス効果をもつ[193]。一部では，裁判官が，陪審員に証拠外の情報を無視するよう説示を行い，その効果を相殺しようとすることもある。この警告の効果の限界については第7章で論じよう。

　証拠外の情報の影響についての1つの説明は，陪審員は，正義と思われる結論に到達するために，証拠能力についての法的規定を意識的に無視しているということである。また別の説明では，証拠外の情報がもたらす効果は，後述の一貫性効果に関する議論で示されるように，意識的な気付きがないまま生じるということもできる。証拠外の情報の影響は，第4章で論じたように，おそらく**ソース・モニタリング**の失敗によって助長される。すなわち，陪審員は，ある特定の情報が公判で証拠として提示されたのか，他の情報源からもたらされたのかをいつも思い出せるわけではないということである[194]。

## 感情の喚起

　合理的事実認定に対する法的要請と一部の証拠がもつバイアス効果の間の対立的な状況は，おそらくは感情的な負荷がある事件では深刻になりやすい。日々の判断と感情は常に切っても切れない関係にあり，意思決定からすべての感情を取り除こうとすることは現実的ではないし，得策ではない。ある状況が強い感情をもたらすとき，その状況はより複雑になる。陪審員はときに，第2章で論じたように，強い怒りや嫌悪，憤怒や義憤の感情が駆り立てられるような悪質な行為が行われた事件に接する。強い怒りの状態が，証拠の分析を疎かにし，他者に対して敵意的な判断を行いやすくすることを思い出してほしい。特に，怒りは，ネガティブな結末を個人の責任により帰属させやすくし，他者の行いを意図的なものとして知覚しやすくしたり，有罪を示す証拠を信じる閾値を下げたり，他の解釈や状況要因を考慮に入れにくくさせる傾向を強める。怒りはまた，ステレオタイプ的判断への依存度，加害者への報復感情，被害者を救済する行為に対する動機づけを高める。確かに，法制度は陪審の評決が感情喚起の影響を受けやすいことに気づいており，陪審員は毎回あまり影響を受けすぎないようにと説示を受ける[195]。ここでの問題は，これらの説示には一般的に効果がなく，法律家は，その事実に十分気づいていると思われることである。

研究は，悲惨な証拠の提示が，陪審員の判断にバイアスをもたらすことを観察してきた。ある研究によると，模擬陪審員に，刺殺された被害者のむごたらしい写真を見せたところ，復讐心や，憤怒，ショック，不安といったネガティブな感情が喚起され，それは，有罪率を2倍にする効果をもたらした[196]。同様の知見は，残忍なバラバラ殺人の記述を用いたオーストラリアの研究でも再現されている[197]。重要なのは，これらの研究で問題となったのは被告人が犯人かどうかであり，犯罪行為の残忍性は，評決の決定には全く関係がないはずであるということである[198]。これらの陪審員は，凶悪な犯罪のために誰かを罰する必要を感じ，法廷に立っている人物が，自然とその候補者になったようにみえる。証拠法の分類では，凶悪性を示す証拠は，証拠としての価値をほとんどもたないにも関わらず，強い偏見をもたらす証拠である[199]。

怒りは，法律家の冒頭陳述や最終弁論のような視覚的証拠がない場合でも喚起されることがある。たとえば，ダリル・ハントの裁判では，検察官が陪審員に，「ドロっとした黄色い，吐気がするような液体が彼女の体の中に……彼女は，自分の体の中から命が流れ出て，ぽたぽたとすぐそばの草の上に落ちていくのを感じたでしょうか？」と，レイプ殺人犯の被害者がどのように感じたと考えられるかを説明したとき，陪審員の目からは涙がこぼれた[200]。自白にはおぞましい詳細情報が含まれ，被告人の口から直接語られるため，怒りを喚起するには特に強力な仕組みである。クリス・オチョアの事件では，レイプ殺人について詳細に語られた（虚偽の）自白が法廷で読み上げられたため，被害者の母親は法廷を出てトイレで嘔吐した[201]。裁判によっては，性犯罪の被害者が自身の受難を語りながら証言台で泣き出してしまったような場合など，裁判の通常の展開において陪審員の感情が喚起されることもある[202]。

刑事事件の判決は，評価判断の喚起，すなわち，良い悪いの判断にも影響を受けやすい。陪審員が，その事件の関係者，最も目立つところでは被告人と被害者だが，彼らだけではなく，それ以外の証人や警察，あるいは双方の法律家に対してもポジティブまたはネガティブに感じることは想像に難くない。研究によると，評価判断は，人々の意思決定を揺さぶる可能性がある[203]。実際，裁判で法律家が行う努力の多くは，それぞれの関係者に，ポジティブ，またはネガティブな方向から光を当てるということに費やされている[204]。ある無実の人は，裁判の中で検察官によって，「あなたがこれまで出会ったこともないほどおぞましい人物」と描写された[205]。

## 人種ステレオタイプ

　事実認定過程の完全性を脅かすもう1つの要因は，民族的，人種的ステレオタイプに由来するものである。マイノリティの集団は，人生のいろいろな側面で差別を受けやすいため[206]，彼らは刑事司法制度においても不当な扱いをうけているといっても意外ではないだろう。実験研究によると，その被告人が所属する集団のステレオタイプに合致した罪で起訴されると，人種バイアスによって有罪率が上がる。たとえば，白人の被告人は，黒人の被告人に比べて，横領の罪では有罪となりやすく，自動車盗や侵入強盗の場合には逆になる。研究によると，犯罪とステレオタイプの間の結びつきは，被告人の罪に対して表面的で，確証的な情報探索を引き起こしやすく，犯罪行動を被告人の内的パーソナリティに帰属し，将来の再犯可能性を高く見積もることにつながる[207]。

　これらの結果は，おそらく人種的ステレオタイプと強力に結びついている犯罪であるレイプで有罪とされた者が特に多い，DNAによる雪冤者のデータとも一致する。レイプで有罪とされた者のうち，マイノリティが全体に占める割合は約半分であるにも関わらず，レイプで有罪とされ，DNAによって無罪が証明された者の73%はマイノリティである[208]。このパターンは，被害者が白人である場合，特に顕著になる。レイプ事件のうち，白人女性に対して黒人男性が関わったのは5分の1以下であるのに[209]，DNA検査によってレイプについて無罪であることが明らかになった人のおよそ半分が，異人種間のレイプの罪で起訴されており，そのほとんどが，黒人男性が白人女性を襲った罪で起訴されたものであった[210]。

　人種効果は，特に死刑宣告の場面をはじめとする刑罰を決定する場面でも観察される。第7章で論じるように，アーカイブデータは，白人被害者を殺した黒人被告人は，他の人種間の組み合わせに比べて死刑が宣告されやすいということを示している。黒人被告人の中には，他の黒人被告人に比べてより厳しい刑を与えられているようにみえる人がいることも特筆すべきことである。具体的には，諸研究によると，アフリカ由来の顔の特徴（特に，横に広い鼻，厚い唇，黒い肌）を顕著にもった黒人被告人は，典型的なアフリカ系のステレオタイプな顔立ちにみえない人に比べて，より厳しい刑が科されているという[211]。この知見は，実刑判決のアーカイブデータから得られた知見や[212]，死刑判決のデータから得られた知見によっても支持されている[213]。

## 一貫性効果

　一貫性効果（第2章参照）は，陪審員の意思決定において，大きな役割を果たすことがある。**一貫性に基づく推論**が，複数の証拠項目からの推察を統合し，それらを組み合わせることによってある1つの判断に到達させるという認知過程について，1つの説明を提供することを思い起こしてほしい。この過程は，**同じ動きをするものは同じカテゴリーにあるはずだ**というゲシュタルト主義的な考え方で説明できる。複雑な意思決定は，その事件についての一貫性のあるメンタル・モデルからそれが引き出されたときに，すなわち，その結論が，証拠の強い支持を受けたときに，有効かつ苦労することなく行われる。認知システムは，今まさになされようとしている判断を支持する証拠を補強し，反対の証拠を弱めることで，複雑性や意思決定に伴う葛藤を減少させる。この過程は，双方向的推論がなされることによって達成される。そこでは，ある結論の発生がその結論とより一貫性を持つように事実を再形成しつつ，事実もまたその結論を導くという形をとる。

　一貫性効果の主要な特徴の1つは，証拠を2つの受け皿を持った秤へと**振り分け**，強力で相互に補強し合う証拠によって支持された1つの評決を導き，そして，それ以外の判断を弱く，十分に支持されていないものへと導くことであることを思い起こしてほしい。たとえば，一連の無関係な証拠項目（目撃証言，可能な動機，説明不能なお金の所持，アリバイ主張）を含む窃盗事件に直面したとき，人々は，すべての証拠項目を1つの一貫性のある塊として，有罪あるいは無罪を指し示すものとして解釈しようとする強い傾向がある[214]。

　この振り分けは，一般的には適応的であり，これが複雑な課題に対しても，1つの結論に到達することを可能にさせていると考えられている。しかし，同時に，刑事事件の判決を含め，ある種の意思決定においては，深刻な問題を抱えている。特に，この振り分けは潜在的に，人を無罪方向へと傾ける以上に，有罪方向へより強力により補強するように気持ちを傾けるらしく，被告人を有罪にする判決へと振り切らせる可能性を持っている。第1に，ある陪審員が有罪へ投票する方向へ傾いているとき，一貫していない証拠は，無罪を示す証拠の強さを低減することになる。そのため，そうでなければ合理的な疑いが立ち上がるような証拠も，事実認定者の心には，単に取るに足りない疑いへと低減される。第2に，一貫性効果は，その証拠自体が当初曖昧で複雑であったとしても，強い自信を生じさせる[215]。この自信の強さについては，一貫性による

シフトの大きさが関係することや，証拠の振り分けが多くなるほど，自信が強くなることがわかっている[216]。言い換えると，自信は，認知過程で必然的に生じる人工の副産物である。これらの効果が，高い証明の立証基準による保護をどれだけ弱体化させうるかを理解するのは難しいことではない[217]。すなわち，無罪を示す証拠の価値の低減と，有罪性を示す証拠による自信の向上は，単に有罪に必要な閾値を上回るよう傾きを強めるだけなのである[218]。

　一貫性効果の2つめの重要な特徴は，（他の証拠に論理的に依拠しない限り）それぞれの証拠が不変の情報を有しているはずであるという伝統的な合理的考え，すなわち暗黙の規範的原則の1つに異議を呈するものである。ゲシュタルトのプロセスが持つ相互関係性ゆえに，すべての証拠は，他のすべての証拠と相互に関係し，最終的には，決定全体に関係する。そのため，個々の証拠の評価は，今まさに思い浮かべられている評決の影響をうけることがあるし，論理的な関係性をもたない他の証拠にも影響されうる。これが証拠の**非独立性**である。これらの間接的な影響の結果として，事実認定者に強く有罪性を示す証拠を1つ示すと，ちょうど無罪を示す証拠が含まれているときには無罪判断へとその証拠を推し進めることができるのと同様に，全ての証拠が有罪性を示しているよう見えることがある。**間接的な影響**によって生じるこの現象は，一貫性の変化に方向性を与え，全ての証拠を，特定の証拠に一致する結論へと向かわせるのである。前述した窃盗事件に関する研究で，犯罪現場付近で被疑者を目撃したという情報を加えると，他の（それとは関係しない）証拠に対する解釈もより有罪性を示しているという解釈に変わったことを思い出してほしい[219]。同様に，名誉毀損訴訟の被告人について，犯行は善良な意図に基づいて行われたと記述した場合にそれは，被告人を支持する法的，そして事実に関する主張をより補強するものとなったが，欲に駆られた犯行だと記述された場合には反対の推論がなされた[220]。

　証拠の非独立性は，他の問いを検証するためにデザインされた多くの陪審シミュレーションで偶然観察されることもある。こちら側の証拠が，相手方から提示される（無関係な）証拠の影響を受けることを示す研究もある。たとえば，ある証人の証言に些細な詳細情報が含まれていると，相手方の証人の信用性の評価を引き下げ[221]，ある証人の証言に含まれた無関係な詳細情報に対して反証が行われると，相手方の証人の信頼性を増大させた[222]。そして，検察側の目撃証人の信頼性が増大すると，被告人のアリバイ証拠の信頼性が低下し

た[223]。同様の影響は，一方の当事者を支持する証拠の間にも見られる。模擬陪審員に有罪性を示す証拠を示したところ，曖昧なモンタージュが被告人と似ているという結論に至りやすくなった[224]。また，証拠の信頼性評価を傷つけることは，それと同じ立場の主張を支持する他の証拠を弱めることにもつながった[225]。

証拠の非独立性は，裁判前報道やあてこすりのような証拠外の情報による汚染効果についての我々の理解にも役立っている[226]。採用されなかった証拠や裁判前報道に陪審員をさらすことは，その評決を不公正にするだけではなく，残りの証拠の解釈にもまた影響を与える。たとえば，殺人事件の被告人が友人のいないいじめっ子であるという情報を陪審員に与えると，有罪判決が引き起こされやすくなり，警察官や検視官，被害者の父親，ソーシャルワーカーによる証言をより有罪性を示すものだと解釈させやすくする[227]。被告人自らが陪審員に不利な供述を話して聞かせると，他の4人の証人からの証言はより強く被告人の有罪性を示すものと解釈させることにつながる[228]。同様の効果は，陪審員が被告人の前科情報に触れた際にも見られる[229]。そのため，一貫性効果は，第7章で論じるように，証拠外の情報を無視するようにという裁判官の警告がたいてい効果をもたない理由の説明に役立つかもしれない。証拠として採用されなかった情報は無視するようにという説示に従ったとしても（それ自体大変困難であるが），法的に認められた他の証拠項目に接触したことによるバイアス効果に抵抗するのは難しいはずだ。

## 改革に向けての提案

この章で論じた研究は，刑事裁判の診断能力に疑いを投げかけるものである。事実認定という課題は，何よりも，評決の根拠となる証拠が評価不可能であったり，ときには不適切な質のものであったりすることによって妨害される。しかし，たとえ信頼できる証拠があったとしても，人にとって刑事裁判で一般的に提示される証拠の正確性評価を行うということは困難であるため，事実認定という課題が難しい問題であることに変わりはない。意思決定によってなされる評決を歪めうる要因が意思決定を行う環境に豊富に含まれている場合，正しい推論を行うことはさらに困難になる。

裁判過程に影響を与える核心的な問題は，この過程が，完全性の疑わしい証拠に大きく依存していることにあるため，法改正を行う際は，証拠の産出に最

も責任を負っている過程，すなわち捜査過程に焦点を当てることが望ましい。陪審に，正確かつ透明性の高い証拠を提供することは，陪審が課題をより扱いやすくし，その評決をより正確なものにするうえで大いに役立つだろう。裁判過程は，深く染み付いた伝統と対審構造であるがゆえの罠に深くとらわれており，改正しやすいものではない。実際，本章で論じた問題の多くは，効果的で実現可能な改正にすぐに結びつくものではない。たとえば，うまい語り口の効果やヒューリスティックな説得，そして，通常起こりうる感情の喚起に対抗する有効な解決策はないように見える。人種ステレオタイプが法廷に入り込むのを防ぐこともまた，難しい問題であり，一貫性効果を実質的に消滅させる，あるいは低減させることが可能かどうかも疑わしい[230]。

　それでも裁判過程そのものに改正の余地がある。これまでの研究は，事実認定という課題においてその診断能力を高める方法を提供している。第8章で論じるように，陪審員は，ラインナップや証人の取り調べの様子がビデオで提示されれば，犯人識別の正確性をよりよく評価できる。犯人識別が素早く自信を持って行われた場合には，その識別は極めて信用されやすいという第3章を思い出してほしい。そのため，証人の早さや自信についての知識で武装すれば，陪審員は，犯人識別の正確性をより評価しやすくなる。これを実現するためには，陪審員が，これらの正確性に寄与する要因の効果について教育を受ける必要がある。この教育という課題は，専門家によって行うことができるだろう。専門家証人は，判断に適切ではない要因を指摘し，実際に真実の指標となる要因に陪審員の注意を向けさせることで，事実認定という課題に寄与することが可能であろう。事実認定における専門家証言の効果について検討した限られた研究によれば，専門家証言によって中程度の改善が見られることが示されている[231]。しかし現実には，ほとんどの被告人が専門家証人を利用できる環境におらず，多くの裁判管轄では証拠として認められていない[232]。専門家証言の証拠採用に対する制約を緩める必要があると考えられる。その他，改正に向けた提案としては，以下が挙げられる。

1. 公判にあたる裁判官は，瑕疵ある捜査手続きを通して得られた証言の証拠採用には厳しい態度で挑むべきである。
2. 瑕疵あるラインナップ手続きに基づく目撃証人による識別手続きは，証拠として不採用とすべきである[233]。

3. 法廷内での識別は，証人が行う最初の犯人識別手続きとして許されるべきではなく，なんらかの暗示的な識別手続きの後にも許されるべきではない。さらに，証人が被疑者として誰も選ばなかった場合や，被告人以外の被疑者を選んだ場合にも許されるべきではない。

4. 自白は，任意に，かつ信用できるかたちで行われた場合にのみ証拠として許容されるべきである[234]。裁判所は，自発的にミランダ権利が放棄された後に行われたとみなされたものであっても，信頼できないと思われる自白証拠を採用すべきではない。

5. 自白の証拠採用は，高い証明基準に基づいてなされるべきである（現在用いられている「証拠の優越」の基準ではなく）。

6. 公判にあたる裁判官は，アリバイ証拠から引き出される誤った推論の問題について陪審員を教育するべきである。

7. 虚偽を見抜くため，証人のふるまいをもとに判断するようにというアドバイスを含む陪審員への説示は，中止すべきである。公判に当たる裁判官は，証人のふるまいから虚偽を判断することの問題について陪審員を教育し，そうしようとすることに対して警告を与えるべきである。

8. 上級審や再審手続きにあたる裁判官は，第1審の記録に基づく証言の真実性評価を再検討することを躊躇するべきではない。

9. 公判に当たる裁判官は，陪審員が証拠外の情報に触れないよう細心の注意を払うべきである。

10. 公判にあたる裁判官は，事件の性質に直接関係し，必要不可欠なものである場合を除いて，悲惨な証拠など，強い情動を引き起こす証拠の採用を禁じるべきである。

# 第7章 ┃ 裁判における事実認定の仕組み

　第6章では，難しい事件の裁判で提示された証拠から正確な推論を引き出すのに必要な事実認定能力を曇らせる様々な問題を精査した。そこでの議論の多くは，実際の文脈とはややかけ離れた状況での人間の能力のみに関するものであったことを認めざるをえない。法的事実認定は，それが法手続きにおける制度の文脈の中に組み込まれているときにはこれとは異なっており，実際にはより良いものではないかと思うかもしれない。裁判手続きには，判決の正確性のセーフガードの役割を果たすとされる多くの仕組みがある。アメリカの刑事裁判に対する広い崇敬の念は，この仕組みがその役割を十分に果たしているという想定のもとに成り立っている。これらの仕組みの有効性が本章の主題である。

## 反対尋問

　証人に対する反対尋問は，対審制の特徴の一つと評価されている。反対尋問は，被告人が証人と対決する権利や弁護士の援助を受けたりする権利を下支えするものの一つであり，重要かつ正当な権利の一つである。これらはどちらも合衆国憲法修正第6条によって保証されている[1]。その象徴的な意味，および政治的な意味での重要性に加えて，反対尋問は強力な診断ツールとみなされており，これは長いこと「真実を引きずり出す」ものと信じられてきた[2]。ジョン・ウィグモアによれば，反対尋問は「真実の発見のために開発された最高の法的原動力である」とアメリカ最高裁判所は繰り返し述べている[3]。反対尋問は誤った証言を防止する，あるいは明らかにすることによって，この手続きの診断能力を向上させる可能性がある。

### 誤った証言を防止する

　反対尋問には目撃証人候補者に対する何らかの予防効果があるのかもしれな

い。つまり，裁判で厳しい尋問に対峙しなければならないという予期が，不誠実な証言を防いでくれるかもしれない，ということである。この抑止効果がある程度，裁判手続きの正確性に実際に貢献していることは明らかである。それでも，この効果の限界は看過すべきではない。その限界の一つに，反対尋問による抑止効果は目撃者が嘘つきになることを防いでくれるかもしれないが，誠実だが誤っている証人を含むような難しい事件では，十分な効果があるかどうかは疑わしいという点がある。第4章で論じたように，記憶研究は，記憶に基づく証言そのものの正確性とは無関係に，人は自身の記憶を信用する傾向があることを示している。誤った記憶を持った目撃者が自らの証言を正確であると考えているとすれば，この抑止効果が自信をもとに抑止の程度を調整することは期待できないので，反対尋問が虚記憶に基づく証言を防ぐ程度に強力なら，正確な証人の本当に正確な証言を妨害してしまうであろうし，反対に，正確な証人の証言に抑止力が働かないのであれば，誤った記憶に基づく証言も妨害できないであろう。

目撃者が証言台に立つことをほとんど恐れない場合にもまた，反対尋問の抑止効果は低下する可能性がある。自分が証言する内容と矛盾する信用性の高い証拠がない場合，目撃者はほとんど心配しない。これには，たとえば，証人が誰もいないところで起きた犯罪の被害者であった場合や，偶然犯罪事件を目撃した唯一の人物であった場合など，当該証人が唯一の証拠である場合が当てはまる。また，証人の証言が他の証拠によって補強されている場合にも，証人の証言に反論できるような信用性のある証拠はないだろう。しかしながら，第6章で論じたように，一般に裏づけ証拠とされているものが単なる見せかけの裏づけ証拠である可能性もある。つまり，瑕疵ある捜査過程自体から生じた誤解を招くアーティファクトかもしれないのである。逆説的に，裏づけ証拠そのものが，今裏づけをしている誤った証言によって狂いが生じた捜査の結果である可能性もある。裁判で証言する警察官の証言を反証する証拠が提示されることは通常ない。捜査の不透明性とは，彼らの証言と矛盾する反対事実が一切利用できないことをしばしば意味する。

証人はまた，陪審がきっと自分を信じるだろうと思っている場合にもほとんど心配することはない。これは，証人が同情をひきやすい被害者である場合や，ほとんどの裁判管轄で，証人が警察官または公務員である場合によく見られることである。それに，当該証人の証言はいずれにしても跳ね除けられると予想

される場合にも，証人が証言台に立つことを心配する理由はほとんどない。陪審が証人を信じないようにあらかじめ仕向けられていることを証人が知っている場合がこれにあたる。職務として証言する専門家証人に関しても一般的に同じことが言える。これらの専門家は，彼らを雇用している当事者と同じ立場をとる傾向にあり，相手側に弾劾されることを完全に予期している[4]。

## 誤った証言を明らかにする

　反対尋問によって裁判の診断能力を向上させるもう1つの方法は，証言の過りや嘘を反対尋問中にリアルタイムで明らかにしていくことである。このように事実をつまびらかにしていけば（これをペリー・メイスン・モーメント[5]と呼ぼう），陪審に提示される証拠の正確性を向上させられるということに議論の余地はないだろう。ただ，このような劇的な事例はごくわずかだろう。第6章で述べたように，証人はたいてい法律家によって準備されている。この準備プロセスでは，証言は改ざんされたり，できる限り信用される姿に変えられたりする機会がある。準備プロセスはまた，反対尋問にはどのような質問が予想され，それにどのように答えることがベストかを証人に指示する機会でもあるようだ。

　ペリー・メイスン・モーメントがほとんど起きないのは，証言台に証人を立たせつづけることに戦略的なリスクが潜むことにも理由がある。証人を嘘つきだと証明を試みた結果，失敗すれば手痛い損失になる。繰り返し質問すれば，証人に自分の証言を繰り返し反復させる機会を与えてしまうということもある。さらに重要なのは，反対尋問に耐えれば証言をより強固なものに見せられ，証人の有効性を高めることができるということである。それゆえにこのような有名な格言がある。「自分がまだ答えを知らない質問をしてはならない」[6]。情報について不利な立場で働く弁護人にとって，反対尋問の有効性は限定的である。大多数の刑事被告人は，犯罪を効果的に調査するための資源，専門知識，法的権限に欠けている。検察は事実上，証拠を独占しているが，無罪である可能性を示す証拠を共有する義務はかなり限定されている[7]。したがって，真実を見つけるための重要なツールとされるものを被告人が効果的に使用することは多くの場合阻まれる。激しい反対尋問はまた，自らの主張の根拠が弱いことを示していると解釈されることもある。また，過度に敵対的であると感じられることもあり，これは事実認定者に不快感を与える[8]。これに加えて，陪審員は被害者，警察官，通りすがりの人といった一般的な検察の証人を困らせる質問に

否定的に反応する傾向があるため，このような問題は特に弁護人に制約を課すものである[9]。

　さらに，反対尋問は，誠実で正確な証人の証言を損なうことも，このプロセスでの診断性を妨げることに繋がる[10]。確かに，対審制において相手側の証人の信用性を弾劾することは，依頼人に対して法律家が負う職業的義務であるとする評論家もいる[11]。最近の研究によると，（誠実に回答するよう設定された）参加者に現実に近い反対尋問を受けさせたところ，約4分の3の証人が重要な事実に関する争点4つのうち，少なくとも1つに対して答えを変え，証言に大きな変化をもたらした[12]。この研究の中では，生じた変化によって証言の正確性は大幅に低下したが，理論的には，誤った証人の証言を変化させると証拠の正確性が実際に向上することもありうる。証人を安っぽく見せるためのテクニックの1つは，複雑な質問の仕方，すなわち**法律家言葉**（lawyerese）と揶揄される言葉を使って尋ねることだ。このような質問では誘導尋問や否定形または二重否定形の質問，複文からなる質問が使われる。研究によれば，このような質問は誤った反応や「わからない」という反応の割合を増加させる[13]。法律家言葉で行われた質問は，その証人の記憶の正確性とは無関係に証人の自信を低下させ[14]，証人の自信に基づいて真偽を判断する陪審の診断能力を弱める[15]。

　証人の信用性を引き下げようとする試みによって，裁判の嫌な側面，さらには冷酷な側面が顔を出すこともある。法廷弁護についてのある指南書は，証人を狩るイメージを思い起こさせる。「逃げ道を塞げ」それから「相手を組み伏せろ。そのためには罠を作動させるのが早すぎてはいけない」[16]。言うまでもなく，証人に対する個人攻撃は証言する側の結束力を高め，証言内容を左右することになる。敵対的な反対尋問に対して証人を準備させると，証言の有罪性を強調する強度が高まり，人為的に有罪判決率が増加したという研究を思い出してほしい[17]。

　反対尋問は証言の正確性以外にも，証人の選択にも影響を与えて，裁判プロセスを歪ませることがある。たとえ誠実で信用性の高い証人であっても，人格特性や低い知能などの理由で厳しい反対尋問には「うまく対応できない」証人を証言台に上げないよう，法律家は証人を選出するであろう。同様に，たとえ証人の高潔さや証言の信用性に疑いがあったとしても，法律家は与えられた仕事に耐えうると期待される証人を求めたいものである。したがって，反対尋問は不誠実な証人を防ぎ，証言台で真実を明らかにするものであるべきだが，そ

の利用可能性と有効性は限定的であり，裁判プロセスの正確性に悪影響を及ぼす可能性さえある[18]。

## 陪審への説示

　陪審員に刑事判決を決定する仕事を委ねる根拠としてよく引用されるのは，意思決定プロセスに陪審員らの一般常識を反映させるというものである[19]。同時に，民主主義体制の根本的信条には，人の罪を判断する際には法で定められた規則に則らねばならないとある[20]。法的手続きでは，陪審評決を適切な法的規則に従ったものにするために，公判裁判官は陪審に対して，決められた説示を行わなければならない。陪審への説示には刑事責任の定義に加えて，主に裁判で提示された証拠に基づくこと，推定無罪，そして立証基準の説明を含む，評決を決定するために必要な枠組みを規定する多くの規則が含まれている。法に適った評決に達するためには，陪審がこれらの規則を定められた通りに適用する必要がある。陪審が故意に説示を無視する，陪審による法の無視（jury nullification）が起きることもある[21]。ただ，以下の議論では，説示を適用する際に意図せず失敗する場合について検討することにする[22]。

　公判裁判官は法に忠実であることが求められ，控訴審で判決が覆される恐れを抱いているので，陪審員に法的規則に厳密に従うよう説示するのが一般的だが，そのような場合であっても，ほとんどの人の理解や能力を超えた説示を行わざるをえない場合がある。説示はたいてい複雑で，馴染みのない言葉で表現されたり，普段行わない，非現実的な思考方法を要求したりするものである。それでも法制度は，陪審が与えられた説示内容に従うという前提に大きく依存しており，裁判所は陪審がこれを遵守していることを信じていると，次のようによく公言している。「この制度の根底にある重要な前提は，陪審員が公判裁判官に与えられた説示に従うということである」[23]。この信念の根底にあるのは，陪審員は人間行動についての鋭い観察眼や，成熟した道徳感を持っている一方で，その個人的な正義感と矛盾するときでさえ法の規定に対して例外なく従うという考え方である。陪審員が与えられる説示をどれだけ理解し，実際に適用できるかどうかというのが実証的な問いである。以下の議論では，陪審への説示が果たす2つの重要な機能について説明する。それらは，陪審員を適切な意思決定に導き，生じる危険性のあるバイアスからその意思決定を守る機能である。

## 指導的説示

　陪審の意思決定を補助する説示の有効性を評価する一つの方法は，陪審員が説示をどの程度よく理解しているかを測ることである。ある大規模調査によれば，陪審員の理解度の成績は，法が暗黙のうちに仮定している完全，またはほぼ完全な理解を大きく下回っている。この研究によれば，説示に対する理解度は 13% から 73% の範囲で，これらの値のすべてがチャンスレベルよりも上回っているわけではない[24]。これらのデータは説示が陪審員の法に対する理解を実際に向上させているかどうかについて調査したものだが，控えめながら理解に改善が見られた研究もある一方で[25]，説示を与えられた陪審員が，説示を与えられていない集団と比べても法を理解しているわけではないという結果を示す研究もある[26]。陪審員が誤った既存の信念を持っていたり，慣れない思考課題が伴うものについての説示は特に理解度が低かった[27]。イギリスで行われた調査によると，人は自らの知識レベルに限界があることを認めない傾向がある。裁判官の説示を理解していたのは回答者の 31% だけであったのに対して，回答者の 3 分の 2 は自分が正しく理解していると主張した。ただし，説示が書面で与えられたときには理解度は約 50% 程度に増加した[28]。

　法の場で一般人が陪審への説示内容を適切に用いる能力について検討する際にも同様の疑念が生じる。ワシントン州とフロリダ州の陪審員に対する調査によると，説示内容を適切に用いるかどうかは，説示を与えられてもいなくても同程度のパフォーマンス成績であった[29]。注目すべきことに，これまでの研究では，与えられた説示はたいてい，陪審員の判断に影響を与えないことが示されてきた。ある殺人事件について判断する際，模擬陪審員は犯罪について 2 つの異なる定義を与えた場合でも同じ評決を下した[30]。強姦罪[31]や心神喪失の主張についての異なる説示を比較した実験においても，説示の効果はなかった[32]。

　おそらく，陪審への説示を阻む最大の障壁は，陪審員自身の法と正義に対する先入観であろう。人の意思決定は，与えられた説示よりも自身の個人的な先入観に基づく傾向にある[33]。強盗，窃盗，誘拐などの犯罪の定義について説示を行った後でも，一般市民はこうした犯罪に対する既存の理解，ときには間違った理解を適用し続けた[34]。90% の立証基準を使用するよう明確に説示された場合であっても，模擬陪審員は平均 85% 程度の基準を使用したことが報告されている。この値は，説示された閾値と説示がない場合に報告された閾値（78%）の間をとった値のように見える[35]。また注目すべきことに，裁判官でさ

え法的規則よりも個人的な正義を優先しているようである[36]。

## 治療的説示

　別のタイプの陪審への説示は，バイアスがかった手続きを「治療」するよう設計されている。治療的説示は証拠として採用されない有力な情報に，陪審員が晒された際の対策として実施されることが多い。そのような情報には法廷外でたいていは裁判前報道という形で触れたり，法廷で無意識であれ故意であれ，法律家によって述べられた発言に由来するものである。ときには一方の当事者が裁判官に審理無効を求めるが，そのような申し立ては滅多に受け入れられない。裁判官は申し立てを即座に棄却するか，陪審にその情報を無視するよう説示を与えることの方が多い。

　多くの心理学的理由により，司法が行う説示による治療可能性について疑義が呈されている。人に特定の考えについて思考を抑制するように指示するのは難しい芸当である。皮肉なことに，特定の考えについての思考を抑制しようとすると，かえってその考えの顕著性を高める逆効果になってしまうことが，思考プロセスについての研究でわかっている[37]。同様に，リアクタンス理論の研究は，人は自らの自由が脅かされたときに否定的な反応を示すことを示唆している。このような反動的な反応を引き起こす理由の一つは，奪われた自由の価値が高められることである。この反応により，無視されるはずの情報がより強調されうるのである[38]。後知恵バイアスについての研究は，今知っている情報がないときにどのように考えているのか，自分の状態を想像するのが難しいことを示している[39]。信念固執現象に関する研究によれば，たとえある信念を形成するために使用した情報が後で信用できないことがわかっても，人は自身が形成した信念に固執する傾向がある[40]。偏見を助長するような知識の影響が長引くのは，一貫性効果によって説明が可能だ[41]。

　治療的説示の有効性に関する研究結果はやや複雑だ[42]。第1に，個人による正義の定義が果たす役割を理解することでいくらか明確にすることはできる。このことは，個人の主義に対する選好だけでなく情報のもっともらしさと信用性に対する知覚にも関係する。たとえば，情報を無視せよという説示は，盗聴された自白がほとんど聞き取れないなど[43]，その情報が信用できない場合や，情報源が疑わしいと見なされたときには有効であることがわかっている[44]。反対に，情報が信用できる，被告人の有罪を立証するものと見なされた場合には

説示の効果は薄れてしまう[45]。有罪性を示す根拠が違法な盗聴によって得られた場合や[46]，殺人に使われた凶器が違法な捜索によって入手された場合など[47]，証拠排除の根拠が「法の技術的問題」と見なされた場合にも説示の効果はない。治療的説示はまた，悪性格証拠[48]，複数の犯罪を単一の裁判に結びつけること[49]，証拠外のほのめかし[50]，を中和するために使用された場合にも効果がないことがわかっている。要するに，人は自分の正義感と一致する場合には説示に従って当該の証拠を無視するが，自分の正義感に合わない場合には証拠を無視しないということである[51]。裁判官にも同じような振る舞いが見られることは注目に値する。現役裁判官についての研究によれば，裁判官自身も自ら不採用とする有罪または無罪を示す情報に揺り動かされざるをえない[52]。

　治療的説示の研究の２つめのタイプは，証拠を完全に無視するよう説示するものと，限られた目的に対してだけ証拠の利用を認める説示に区別できる。**限られた目的**の説示は，相反する主義に折り合いをつける必要性から生じる[53]。たとえば，被告人の前科が証拠として採用されることになった場合，証拠法は前科情報から当該事件についての被告人の犯人性を推論することを認めていないが，被疑事実の他の側面を証明したり，証言する被告人の信用性を弾劾したりすることは認めている[54]。このように明らかな矛盾に対処するために，法律は「証拠の使用目的を限定し，それに応じて陪審に説示する」よう裁判官に推奨している[55]。限られた目的についての説示は，認知処理を徹底的にコントロールできるという人の能力に対する信念を前提としている。この前提は研究結果に反するものである。多くの社会的判断は自動的に行われ[56]，意識的なコントロールに従わない[57]。情報のオンとオフを意のままに切り替えることが日常生活において非常に不自然な作業であることを考えると，この説示が基本的に不当な結論を防ぐのに何ら効果がないのも当然である。多くの模擬陪審研究によれば，証拠の限定利用について説示が行われたとしても，陪審員が被告人の前科情報に触れると，有罪率がより高くなる[58]。メタ分析によれば，前科情報は一般的に治療的説示に従わないものである[59]。皮肉なことに，前科情報の使用を制限する説示は，表向きの本来の目的に対して一貫性のない弱い効果しかもたらさない，つまり，被告人の証言の信用性を損なうものである[60]。

　裁判所は長らく治療的説示の有効性については懐疑的であった。ロバート・ジャクソン判事はこれらを「まったくの絵空事」と表現し[61]，ラーニッド・ハンド判事は陪審の能力を超えた「頭の体操」と言い表した[62]。ジェローム・フ

ランク判事は，「慎重な裁判所運営による正義に害をなす」「『司法の嘘』のようなもの」と表現した[63]。不採用証拠を無視することはまた「ベルを鳴らさないようにすること」[64]や陪審席に投げ込まれたスカンクの匂いを無視することになぞらえられた[65]。このような懐疑的な態度は近年の裁判所にはほとんどみられない。バーガー，レンキスト，ロバーツ最高裁判所長官の監督下にあった裁判所は，陪審は不採用証拠を無視するよう説示されたら，その証拠を無視できるだろうし，そうするだろうと言って憚らなかった[66]。不採用証拠に陪審員を晒すことに関する研究は，治療的説示の有効性の限界を示唆している。研究によれば，争いのある証拠の採用を認める裁判官の判断が，判決に対する当該証拠の影響力を高めてしまい，逆効果となることもある[67]。不利な効果が予測される場合，法廷代理人は深刻なジレンマに陥る。偏見を抱かせる証拠への異議申し立てを避けてしまうと，陪審がその情報に晒され続けるというリスクを冒すことになる。だが，証拠に異議申し立てしたところでせいぜい効果がない治療的説示が陪審員に与えられるだけで，最悪の場合は実際に偏見の影響を増長してしまうかもしれない。このような際どい状況は，そもそも被告人を捜査対象とした警察の判断と，罪を徹底的に追求しようとする検察官の判断に対して，すでに被告人に偏見をもたらす事実——特に被告人の前科——が影響を及ぼしている可能性があるという点で，被告人に二重のダメージを与えることが多い。

## 死刑判決

　陪審に対する説示は死刑判決のような法的意思決定では特に重大な役割を果たし，陪審員の思い違いは重大な結果を招く[68]。1970年代以降，死刑に関する議論の主な焦点はそれ自体の合憲性ではなく，運営上の公平性であった。現在の死刑に関する法は，2つの画期的な判決によって成り立っている。ファーマン対ジョージア州（1972）では，多数の判事が，死刑は残酷で常軌を逸した刑罰であって合衆国憲法修正第8条に違反するとして，当時陪審の裁量で死刑にできることを批判した[69]。その4年後，グレッグ対ジョージア州（1976）においてジョージア州の裁判所は，判決を決定する枠組みとして，個々の裁判には十分な陪審の自由裁量を維持しながらも，裁判官の裁量でこれを抑制することが可能な陪審の**指導付き裁量権**（guided discretion）を認め，制度を復活させた[70]。裁判所はこのように提案された制度を「量刑決定権を持つ当事者に十分

な情報と指針を与えるよう綿密に策定された法令」であると述べ，評価した[71]。

　指導付き裁量権の具体的な内容は，時間の経過とともに裁判管轄ごとにある程度異なるようになったが，3つの重要な特徴は共通している。まず，陪審は被告人の責任が増すような**厳罰化要因**（aggravating factors）を1つは見つけなければならない（たとえば，警察官の殺害や複数人を殺害すること）。基本的に，厳罰化要因は満場一致で合意が取られ，合理的疑いを超えて決定されなければならない。しかし，厳罰化要因が見つかったとしても，自動的に死刑判決が決まるわけではない。陪審員は被告人が死刑を回避するべき要因も考慮しなければならないのである[72]。このような**酌量要因**（mitigating factors）は，証拠の証明力が弱い，証拠の優越程度でも（あるいはまったく証明力がなくても）認められ，陪審員が満場一致で合意する必要もない。酌量要因は法に明記されたものである必要はなく，被告人の責任を軽減しうるあらゆる事実を含むことができる。そして，陪審員には死刑かこれに代わる刑罰，たいていは仮釈放の可能性がない終身刑を選択するかどうかを決定する際，厳罰化要因を酌量要因に対してどのように評価するかを定める**判断規則**（decision rule）が与えられている。

　死刑制度の合法性と正当性は，陪審員が指導付き裁量の手続きを遵守する能力に大きく依存している。もし陪審員が，その説示を理解するのに困難を覚え，死刑該当事件以外に適用される比較的わかりやすい説示を死刑事件に適用したならば，指導付き裁量権制度によって規定された複雑で不慣れな考え方に則った判断をしなくとも不思議ではない。クレイグ・ヘイニーとモナ・リンチは一連の調査で，州による死刑判決についての説示に対する理解度を調べるため，陪審資格があるカリフォルニアの人々に調査を行った。説示を3回聞いたあとでも，陪審員資格者たちは厳罰化要因と酌量要因という用語を定義することがほとんどできなかった。厳罰化要因と酌量要因について一部でも正しい定義を答えられた回答者は半数にも満たず，法的に正確な定義を答えられたのは8%だけであった[73]。特に興味深いのは，被告人が死刑手続きを生き残る唯一のチャンスである酌量要因に対する誤解である。回答者の約4分の1が酌量要因のうち2つを厳罰化要因と誤認し，3分の1以上の回答者が，最も重要な酌量要因——「犯罪の重大性を軽減するその他の事情」——を死刑判決の根拠と誤って解釈していた[74]。回答者は重大な判断規則に対する理解度も低いこともまた明らかであった。死刑判決は酌量要因が厳罰化要因を上回ったときには認められないと（正確に）回答した参加者は半数だけであり，2つの要因が拮抗したと

きにも同様であると（正しく）述べたのは15%だけであった。回答者の40%は厳罰化要因が酌量要因を上回ったときには死刑は不可避であると（誤って）回答した[75]。ヘイニーによるフォローアップ研究によれば，2006年にカリフォルニアで用いられるようになった心理言語学的に改善された説示を用いることで理解度がいくらか向上した。陪審員にその事件に特有の例や論点の例を説示で与え，それが適切かつ具体的な方法で提示されれば，さらに改善できるだろう。ただ，このように改善された説示を使っても理解度はかなり低いままである[76]。

リチャード・ウィーナーらによる研究では，ミズーリ州で使用されている死刑についての説示に対する陪審員の理解度を検証した。彼らの研究では，全体的な理解度は55%から60%の間で，これは当て推量よりわずかに優れているにすぎない[77]。特に理解度が低いのは死刑に関する手続きの中心的な特徴に関するものであり，これには，厳罰化要因と認められるには満場一致での合意が必要なこと，法律に明記されていない酌量要因を考慮してもよいこと，相殺要因の重みづけについての判断規則などが含まれる[78]。イリノイ州[79]，フロリダ州[80]，オハイオ州[81]，テネシー州[82]で使用されている説示を検討した研究においても同じように陪審員には基準以下の理解度しかないことが示された。

指導付き裁量権制度は主に陪審員の死刑判決に対する裁量権を抑止するために働いているため，説示に対する理解度が低いと手続きによる保護を弱めてしまう。研究によって明らかになった誤解——特に，厳罰化要因の認定基準を緩和させたり，酌量要因として認定する範囲を狭めたり，厳罰化要因があっても終身刑等に票を投じる自由に対する無理解——はすべて法が意図するよりも高い死刑判決率を導き出している。確かに，研究は陪審員の理解度と死刑判決の間に一貫した関係を見出している。つまり，陪審が説示について理解していないほど，死刑に票を投じる傾向が強くなるということである[83]。これに関連して，陪審員の理解度と死刑支持の間には負の相関がある。死刑の実施を強く支持する人々の理解度は低い傾向があるという意味である[84]。したがって，死刑に該当するかの評価手続き——これは死刑判決へ票を投じることに対して強い嫌悪感を示す陪審員の言い分だが——は陪審の理解度を全体的に低下させ，死刑判決の可能性を高めるものである[85]。説示に対する理解度は人種バイアスとも関連がある。理解度が低く，特に被害者が白人であるときには，黒人の被告人に死刑を言い渡す傾向が強いことが分かっている[86]。

実験室研究やフィールド研究の結果は，死刑陪審プロジェクト（Capital Jury Project）によるデータとよく一致している。このプロジェクトでは，14 の州で死刑が争われた 350 件の裁判に関わった約 1,200 名の陪審員に詳細なインタビュー調査が行なわれた。これらの調査の 1 つでは，陪審員のほぼ半数が酌量要因の概念を根本的に誤解しており，一定の条件を満たす場合には死刑だけが「唯一選択できる罰」であると信じていることがわかった。当然のように，酌量要因を探る義務があることを理解できなかった陪審員は，正しく説示を理解していた陪審員に比べて，早計に死刑判断を下す可能性が 5 倍も高かった。陪審員の正義に対する先入観の影響は，殺人罪の中でもより重い罪で訴追されているときほど死刑は不可避である（これは常に誤っている）と考えられていることが明らかになった[87]。サウスカロライナ州の多くの陪審員は，一見それらしい厳罰化要因が提示されると，それについて法律が規定を設けていると誤って回答したが，説示の中でこのようなことは言及されていなかった[88]。

指導付き裁量権制度の欠点を示す最大の証拠は，現実の判決のデータに見て取れる。多くの計量経済学的研究が，グレッグ判決後も引き続き，死刑判決が原則に則らずに出されていることを示している。ファーマンとグレッグの事件が起きたジョージア州で，デイヴィッド・バルダスらは死刑判決について画期的な調査を行った。1973 年から 1979 年の間に判決が決定された 2,484 件の殺人事件を検討したこの研究では，もっとも重要で影響力の強い要因である人種差別に注目した。この調査によれば，陪審の評決は被告人と被害者の人種に影響を受けていた。白人の被告人が白人の被害者を殺害した場合の死刑判決率は 8% であったが，被害者が黒人のときはたった 3% であった。対照的に，黒人の被告人が白人の被害者を殺害した場合の死刑判決率は 22% だったが，黒人を殺害した場合にはたった 1% であった[89]。この調査結果はマクレスキー対ケンプ（1987）の裁判で裁判所に提出されたが，指導付き裁量権の拘束力に対する裁判官の信用を揺さぶることはできなかった[90]。死刑に関する人種差別は北部の州を含む他の裁判管轄でも観察されており[91]，会計検査院にも確認されている[92]。まとめると，奨励された指導付き裁量権制度はほとんど指導として機能せず，多くの裁量を許しているようである。死刑判決はファーマン対ジョージア州（1972）において違憲とされた悪影響のある方法で決定され続けているのである。

## 陪審員の公平性の保証

　人の意思決定が態度や選好，信条，道徳的信念などの影響を受けていることはよく知られている。これらが陪審員の意思決定に及ぼす影響を法制度は認識し，受け入れており，それに，陪審員からこれらの影響を取り除くのは不可能に等しく，無駄なことであるとも司法制度は認識している。同時に，事件に対する元々の立ち位置の影響が強すぎる場合には，刑事司法制度の整合性が損なわれるため，その影響を抑制するだけの理由がある。したがって，合衆国憲法修正第6条は，公平な陪審から裁判を受ける権利を保証している。不公平な陪審員の除外は陪審選任手続きの表向きは主たる目的である[93]。ある人物を陪審に選ぶかどうかの決定において重要な要素は，陪審が公平でありえると裁判所が保証できるかということである。公平性の保証は，証拠として認められていない情報に陪審が晒された場合など，陪審が汚染される可能性を防ぐために裁判中にも行われる。

　司法制度で共有されている金言は，陪審員は自分の客観性を評価する能力を十分に持っているということである。裁判所は「自分が何を考えているか考えさせる目に見えないもの」を知ることの難しさを認めているが，このような状況にも陪審員は対応することができると主張している。「宣誓した義務に基づいて誠実であろうとする者は，ある程度公平な精神を備えていると十分保証されているといえよう」[94]。陪審員が自らの公平性を保証できるかどうかは実証的問題である。

　裁判所の期待に応えるためには，陪審員は第1に，どの要因が自分の意思決定に影響を与えているかを認識できるよう，十分に内省的であることが必要である。心理学の研究は，長らく**宣言的知識**と**手続き的知識**へのアクセスを区別してきた。人は前者に対して一般的に信頼性の高いアクセス権を持っており，自分の信念，判断，感情状態などについてはかなり正確に報告することができる。同時に，このような精神状態に至るまでの認知メカニズムやプロセスについては，内省的にアクセスすることが一般的にはできない[95]。とりわけ，人は実際に自分の意思決定と行動に実際に影響を与えている状況要因へのアクセスを制限されている[96]。それでも，人は自らには内省能力があると主張し[97]，判断や行動の理由を尋ねられたときには，容易に怪しい説明を行うものである。これは**知っている以上のことを語る**（telling more than we can know）現象とし

て知られている[98]。

バイアスに対する認知という話になると，人の内省能力の限界はさらに顕著になる。合理性や信用性，予測可能性を重視する文化の中で，バイアスという概念は軽蔑的な目で見られる。肯定的な自己概念や公的イメージを維持したいという普遍的な動機のために，人はバイアスにかかっていることを頑なに否定する傾向にある。特に，人は自らが公平で客観的であると考える傾向にある[99]。一般的に，人は自分の判断が場合によってはバイアスの影響を受けるだろうと認めることには抵抗がないかもしれないが，現在の判断や特定の問題に対する具体的な判断に対するバイアスの影響を認めることはほとんどない[100]。内省能力の限界とバイアスを認めることに対する否定的な傾向が，**客観性に対する錯覚**を作り出しているのだ[101]。

陪審行動に関する研究においてもバイアスの存在を否定する傾向が見られている。たとえ模擬陪審員自身がその影響を否定していたとしても，彼らが証拠外の要因に影響されることは一貫して示されている。このような知見は陪審員に犯行内容[102]や被告人の前科記録[103]，悲惨な写真[104]，強要された自白[105]についてのメディア報道を見せた研究によって得られてきた。バイアスに影響されていないと思われたいという動機は，法廷の環境や中立性，公平性に対するコミットメントを公言することで高まるようである。まとめると，自分は公平かつ客観的ではないと主張する人を陪審から除外する正当な理由がある一方で[106]，司法制度はその自己申告される客観性に対しては慎重になる必要がある。

## 検察の重大な立証責任

刑事手続きの特徴の一つは，**推定無罪**や**合理的疑いを超える**立証基準といった大きな要求が検察に課されていることである。この2つの基準にみられる非対称性は，誤った有罪判決や無罪判決を回避したいという司法制度の相反する欲求から生じているものである。裁判所も述べているように「罪人を自由にするよりも，罪なき者を有罪にする方が悲惨である」[107]。この非対称は「法は，1人の罪なき者が罰せられるよりも，10人の罪人を自由にする方がましと考える」というブラックストンの格言で有名である[108]。このような基準はよく法学の文脈の中では褒めそやされるが，それらの正確な意味と実際的な効果は非常に不明確である。

## 推定無罪

　推定無罪という考え方について一つ説明するとすれば，これは，刑事司法手続き全体の業務を統治するために最も重要な原則として，警察や裁判所に向けられているということである。この考え方に従えば，曖昧で自由裁量的な判断はすべて被告人の有利になるように判断されなければならない。しかしながら，裁判所はこのような解釈を否定している。裁判所は，推定無罪は判決を決定する過程を補助するものとして，事実認定者にのみ向けられたものであると主張している[109]。

　推定無罪が意思決定を補助する方法の一つは，被告人が刑事訴追の対象となっているという事実から生じる疑念に対抗することである[110]。たとえ検察が証拠を提示する前であっても，事実認定者にとって訴えられた人物を真犯人らしき人物としてみなすことは合理的だ。そうでなければなぜこの人物は裁判にかけられているのか，ということである。ある調査によると，一般の人々は初期の時点で被告人の有罪確率を50% 近くに見積もっている[111]。この予測は直感的に理解できるような気もするが，これは推定無罪が意図するよりもかなり高い予測である。事実認定者に対して司法が行う説示の効果が先ほどのような疑念に対抗し，かつ刑事制度の戒律に相応しいレベルに定着するかどうかは実証的に検証可能な疑問であるが，利用可能なデータが限られているため，この問題は未解決のままである。その理由の一つは，陪審員が司法の行う説示を正しく理解しているかどうかが不明だからである。ワイオミング州で行われたフィールド研究によると，説示を与えられた陪審員の40% が，被告人が訴追されたことこそが当人が有罪であることの証拠であると回答した[112]。実験室でのあるシミュレーション実験は，推定無罪という考えにはある程度の抑制効果があることを示した[113]。ただ，別の実験では，陪審員は最初低い有罪確率を予測したものの，一度起訴の証拠が提示され始めるとすぐにその予測を放棄してしまった[114]。

　また，推定無罪は検察の**証拠提出責任**を示すことによって意思決定を補助するものである。このルールは，検察側に証拠提出義務を課し，無実を証明する必要性から被告人を解放するものである。調査によると，陪審員はこの非対称な責任配分を必ずしも理解しておらず，日常生活ではほぼ経験しない概念である。フロリダ州で使用されている説示が陪審に与えられた場合，フロリダ州の裁判所で調査対象となった陪審員の半数だけが被告人に無実を証明する証拠を

提出する必要はないと判断し[115]，ほかの調査対象グループでは10人中3人だけが正しく検察の証拠提出責任を理解した[116]。証拠提出責任の所在に対する不十分な理解は，ミシガン州の陪審員サンプルの3分の2[117]とワイオミング州の陪審員サンプルの5分の1でも見られた[118]。そして，推定無罪は被告人の有罪を示す証拠が必要な立証基準を満たさない場合，被告人は無罪にならなければならないという，判断を決する役割を果たしているとも考えられている。だがここにも懸念はつきまとう。フロリダ州の陪審員の約4分の1は，有罪無罪を示す同じ程度に合理的な証拠が2つあった場合，被告人は有罪判決を受けてしかるべきだと考えていたのである[119]。

## 合理的疑いを超えなければならないという立証基準

　刑事訴訟手続きの特色のうち，合理的疑いを超えなければならないという立証基準は，長年にわたって多くの学術的な注目を浴びてきた。そしてこれはいまだ雲をつかむような話で，長い論争になっている[120]。その理由の一つは，この基準が事実認定者の主観的な心理状態によるべきものなのか，それとも証拠そのものの性質によるべきなのかについて，大きな意見の相違があるためである。多くの言及者は前者の定式を支持しているが[121]，その基準が有罪可能性を評価するための数値的基準を仮定しているのか，証拠がどの程度有罪を指し示しているのかに対する信念の閾値を規定しているのかについては意見の不一致がある[122]。法廷実務や法学の文献によく見られる後者の選択肢は[123]，本質的にメタ認知的な判断になり，確信の程度ではない。また，「合理的」という基準の適切な意味，すなわちそれが疑いの強さのことを言っているのか，それともその背後にある合理性についての本質的な判断のことを言っているのかについても意見の不一致がある[124]。もう1つの論争は，陪審員にこの立証基準の定義と説明を行うことの適切性が中心となっている。この問題の言及者や裁判所の中には，この基準についての説明ということをなしに，陪審にこの基準を伝えなければならないと提案する者もいるが[125]，定義について補足的に説明を行うべきだと主張する人もいる。後者の中には，疑いそのものに焦点を当てて，「単にありうるという疑いではなく，推定される，想像可能性のある，そうとしか思えない疑い」[126]という定義をする者もあるが，ほとんどの説示には疑いについての言及はなく[127]，「強く確信している」[128]，「ゆるぎない確信」[129]，「安定した信念」そして「確実に近い」[130]となっている。実際には，多くの裁

判管轄が複数の定義と説明を混在させており，広義すぎる説示になっている。たとえば，ルイジアナ州でのある死刑判決は，8つ以上の方法で立証基準を定義した説示に基づいて行われた[131]。

立証基準について利用可能な研究は，未解決の問題を多く残したままである。多くの調査は，何％くらいの確信があれば立証されたと考えるかについて人々に尋ねることで，その効果を評価しようと試みてきた。多くの研究において，立証されたと考える基準として表明される確信度の平均は85％前後であり[132]，これは法学の文脈で一般的に想定されている90％以上をやや下回っている[133]。この基準は個々の事件の特徴によらず不変的であると考えられているが，同じ研究の中で事件の特徴を変えたところ，閾値は79％から94％の範囲に及んだ[134]。重要なのは，基準の評価に大きな違いが見られることだ。ある大きなサンプルの回答者達は，平均64％の確信度が必要であると報告した一方で[135]，完全な確信を求める回答者も多く見られた。ミシガン州の陪審員サンプルではおよそ70％[136]が，カナダの研究では500名の陪審適格者の半数以上が100％の確信度を基準として報告している[137]。イギリスで実施された大規模調査では，陪審員の半数以上と法律家や治安判事のおよそ3分の1が100％の確信度が必要と回答していた[138]。当然，絶対の確信を求めた場合に有罪にすることは事実上不可能になるため，これは実験的データや現実の裁判データと明らかに矛盾している。これらの高い基準はまた，誤った有罪判決に対する誤った無罪判決の適切な割合についての一般の人々の直感とは相容れないものである[139]。

立証基準が判決に与える効果を検証した実験研究は限られており，その結果は様々だが，おおよそ部分的には，基準が意図している効果を生むようである。合理的疑いを超える基準について説示された陪審員は，**証拠の優越**基準を説示された陪審員と比較して，有罪判断率が低下したと報告する研究もある（そうであるべきであろう）[140]。他の研究では，立証基準だけではそれほど影響はなかったが，推定無罪の説示と一緒に与えると有罪判断率が低下した[141]。しかしながら，全米州裁判所センター（NCSC）が実際の裁判を対象に実施した300件以上のフィールド研究を鑑みると，少し考え直す必要はある。この調査では，事件ごとに証拠の強さと評決の関係を調査した。予想した通り，陪審は証拠の強さについて強いと記述されたときには高い確率で有罪に票を投じていた。しかし，陪審の半数以上が，検察の証拠の強さが中程度のものであると感じれば

有罪と判断し，そして驚いたことに，陪審の5つに1つは，証拠が弱いと感じたときにでさえ有罪に投票していた。同じような判断傾向は，これらの事件を担当した裁判官にも見られた[142]。

したがって，たとえ立証基準が有罪判断率を下げる機能を果たしていることがわかったところで，必ずしも判決の正確性を高めるとは限らないだろう。この基準はあくまで判断を整理する機能をもつだけであり，それ自身が診断機能を備えているわけではない。ある種の事件では証拠の正確性を適切に評価する事実認定者の能力に依存している。これらの調査が示唆するように，被告人の有罪に対する事実認定者の認識が実際の有罪の程度と近似していなければ，この立証基準が無実の被告人と有罪の被告人とを区別してくれることはないのである。したがって高い立証基準は，無実の被告人と有罪の被告人の両方を無罪にすることに繋がる。

## 陪審の評議

これまでの議論は主に個々の陪審員の判断に焦点を当ててきた。しかし，刑事判決は評議の過程を経てグループとしてまとめられる。意思決定権を陪審の手に委ねることは，間接熟議民主主義の理想を体現し，この手続きに正当性を与えるものである[143]。我々の目的にとって重要なのは，陪審評議が意思決定の正確性に貢献しているかどうかである。

評議の効果に関するフィールドデータは非常に示唆的である。現実の陪審員に裁判後にインタビューを行うと，非常にシンプルだが注目すべき所見が明らかになる。ごくわずかな例外を除いて，最初の投票結果がそのまま評決になるということである。合計94%の事件で最初の多数派が勝利を収めた[144]。カルヴィンとジーゼルによる初期の調査では，6名以上の陪審員が最初に有罪に票を投じた場合には，被告人の94%が有罪となり，最初の投票で6名未満の陪審員しか有罪に投票しなかった場合には97%が無罪となった[145]。同様の結果がインディアナ州で行われた179件の刑事裁判[146]とケンタッキー州の43件の刑事裁判[147]で得られている。全米州裁判所センターのフィールド研究では，最初の投票と最終評決の関係性は微妙に異なっていた[148]。これらのデータからは，陪審は熟慮という意味で民主主義的に行動しているのではなく，多数派主義的な意味で民主主義的に行動していると言えよう[149]。古典映画『12人の怒れる男』（*Twelve Angry Men*）に描かれているような孤独な陪審員による英

雄的な行いは，最初の投票で 11 対 1 の差がついてしまった 34 件のケースでは一度たりとも起こらなかったのである[150]。

しかし，多数派が圧倒的な力を持つからといって，評議が望ましい影響を手続きに与えないという結論に至るべきではない。その理由の一つは，評議が中位投票[151]を決定する重要な機能を果たし，個々の陪審員が持つ固有のバイアスを排除することにある。問題は，評議が評決の根拠となる事実認定の正確性も向上させるのかどうかという点である。これは最初の票差がほとんどない場合に特に重要になってくる。最初の投票に先立って何が生じたのかを理解するうえでも，評議の貢献は重要である。

集団は，その個々のメンバーよりも優れていると広く信じられている。この根底にあるのは，集合知に対する信念である。これは知識や判断を寄せ集めれば集団は最良のものを導き出し，最悪を除外できるはずと仮定する考え方である。しかしながら，このような考え方が必ずしも現実に対応しないことを研究は示している。このような研究の多くは，集団による判断が個人の判断よりも優れていたり劣っていたりすると一般的にいうことができないことを示唆している[152]。ある課題では集団の方が確かに個々のメンバーよりも優れている[153]。しかしまた別の課題では同程度の成績であったり[154]，個人よりも成績が悪かったりする[155]。それぞれの長所と短所は文脈や個々の集団固有の要因の多くに依存する[156]。重要なことに，集団の意思決定に評議が与える効果は，そのときの多数派の正確性に依存する。優勢グループのメンバーが正確な意見を保持している場合には正しい結論に達するよう方向づけられることになるが，優勢グループのメンバーの意見が誤っている場合，評議は誤りやすくなるのである。

## 情報的説得

一般的に，集団内での合意は 2 種類の説得方法によって得ることができる。それらは，**情報的影響**と**社会的影響**である[157]。情報的説得は聞き手が自分の立場を変えるよう誘導する情報や主張を伝えることによって行われる。過去の研究に基づくと，陪審員の間で行われる情報のやり取りが 3 つの経路で評決の正確さに影響をあたえる可能性が指摘できる。

[裁判での証拠について記憶を向上させる]　情報的説得の潜在的な影響の一つは，裁判で提示された証拠についての記憶を新たにさせることにある。何時間

何日にも渡って提示された証言をすべて覚えていることは不可能なので，陪審員は不完全でどこか偏った記憶と共に評議室に入ることになる[158]。メンバーの記憶を寄せ集めることで完全性を高めたり，よく記憶をしているメンバーが誤りを訂正することで記憶の正確性を高めたりするのであれば，集団評議の有益性を証明できるだろう。後者に関しては，基本的に陪審員が思い出す事実のほとんどは正確であるため，評議が思い出された証拠の正確性に影響を及ぼすことはほとんどないことが研究で示されている[159]。これはなんとも頼もしい発見である。しかしながら，記憶の網羅性の問題はもっと複雑だ。研究によれば，共同想起で思い出された記憶というのは平均的なメンバーの想起よりも幾分完全ではあるが，個々のメンバーの個々の記憶を合わせたものよりは網羅性が低い[160]。模擬陪審裁判を使って集団想起を検討した研究は，評議は陪審員の記憶の網羅性にわずかな改善しかもたらさないことを示している[161]。

**[陪審への説示を理解し，遵守する]**　陪審評議の過程で情報交換を行うことは，陪審への説示に対する個々の理解を向上させるかもしれない。フィービー・エルスワースが行った大規模な陪審シミュレーション研究では，評議を行った陪審員は評議を行わなかった陪審員よりも知識があるということはなく，その理解度は偶然を上回らなかった。評議の過程で触れられた法的争点に関する引用のうち正確だったのは半数だけであった。陪審員が法律に対する理解を変えるような影響を受けた場合，彼らは間違いを訂正すると同時に，正確な理解を誤りに置き換えてしまう傾向がある。正確性とは無関係に，最も強硬に主張された意見が勝つ傾向にあった[162]。カナダの調査によると，陪審に対する説示について陪審員が議論した数少ない事例の中では，内容の61％だけが法的に正確であった[163]。ミズーリ州の陪審員研究によると，1つの研究では評議が死刑判決についての説示の理解度にわずかだが貢献していることを示したが，他の研究では全く効果が認められなかった[164]。カリフォルニア州の陪審員研究では，評議後に死刑についての説示の理解度を調査したところ，理解度は低いことが示された[165]。別の研究では，評議によって回答者の3分の2が死刑判決についての説示の理解度を向上させたが，他の2つの説示について正しく理解できたのは半分かそれ以下であった[166]。評議が陪審員の治療的説示を遵守する能力を向上させると，正確性が向上することもある。だが，ここにおいても評議が持つ効果は晶贔目で見ても混在した結果をもたらしている。評議が違法収集証拠による影響を抑制したという事例もある[167]。ただ，それ以外の研究

では何の違いももたらさなかったり[168]，不採用証拠の影響を増幅させたりすることもあった[169]。

[推論を引き出す]　そして最後に，陪審評議は証拠から正確な推論を引き出す陪審員の能力を向上させて，評決の正確性を向上させることもある。限られた利用可能な研究によれば，この点に関してはわずかなメリットしかない。社会心理学研究によれば，集団評議が社会的判断を改善することもあるが，必ずしもそうではない[170]。虚偽の検出に関する研究では，集団が個人よりも正確であるということはなかったが，集団のメンバーは自分たちの成績（実際良くはない）についてより高い確信を持っていた[171]。最近の研究では，集団評議は一貫性効果を低下させないことが示されている[172]。

## 社会的影響

　情報的説得は，明らかに正確で明確な結論がある場合には成功する可能性が最も高い[173]。これは難しい刑事事件では稀なことである。そのような好条件がない場合，必要条件である満場一致に至るかどうかは社会的影響に大きく依存する[174]。実際，陪審評議の特徴の一つは，満場一致の採決が社会的圧力によってしばしば達成されることにある。陪審評議が非構造的で，不透明な，見知らぬ者同士で構成された一回限りの手続きであることを考慮すれば，意見が対立するようなケースでは満場一致に達しなければならないという強い義務感に急き立てられ，社会的圧力の影響が強まることはまったく驚くべきことではない[175]。全米州裁判所センターは3,000名以上の陪審員に対するインタビューを含む調査を行った。これらのインタビューからは，（評決に達しない評決不能（hung jury）とはならずに）陪審が評決に至る要因は主に社会的影響であり，証拠に基づくものではないということが分かる。合意に達するかどうかは，他の陪審員がどの程度聞く耳を持っていると感じるか，意見が合理的だと思うか，1人か2人の陪審員による評議の支配はあるか，陪審員同士の争いの程度などの要因によって説明可能であることが分かった[176]。さらに，この研究は，満場一致と見なされたものであっても，これが真の意味での合意を反映していないことも明らかにしている。評決に至った陪審のほぼ半数の中で，少なくとも1人の陪審員は，自分の個人的な考えに反して多数派に投票していた[177]。少数派の陪審員の多数派への追従は，実験的研究においても観察されている[178]。判断を変える陪審員は自信が低い傾向にあったが，正確性が低いわけではなか

った[179]。社会的圧力の強さは評議が進行するにつれて増大する傾向にあり[180]，そしてこれは議論の煮詰まった陪審の煮詰まりを解くとされる説示（ダイナマイト・チャージとも呼ばれる）によってかなり悪化する[181]。影響力のある陪審員が妥当な結論に達した場合の陪審評議は基本的に有益なものになるが，彼らが誤ったときにはおそらくは有害なものになりうるし，評決が完全に二分された場合には予測のつかない結果になると言えよう。

　また，実験室研究やフィールド研究は，社会的影響が陪審員の人種や性別，特に陪審長のこれらの属性に影響を受けることを示唆している。インディアナ州の179の陪審団を対象にした調査によれば，陪審長が有罪に投票したとき，とりわけ陪審長が白人男性のときに陪審はより多くの有罪判断を下した[182]。同様に，死刑陪審プロジェクトが実施した調査では，白人男性の陪審員が死刑判決へ影響力を持っていることが示された[183]。この影響はまた，死刑判決研究における模擬陪審評議の中でも観察された[184]。

　陪審評議においてはさらに2つの側面が注目される。第1に，評議の質が陪審の評議スタイル，具体的には証拠についての議論から始まるのか（証拠主導の評議）投票から始まるのか（評決主導の評議），に影響を受けることを示す暫定的な証拠がある。後者のスタイルでは，陪審員自らが支持する判断について論じるごとに，理屈っぽくなる傾向にある。その結果，証拠評価はまとまりがなくなる傾向にあり，法と事実の関係はあまり議論にならず，そして議論はそれほど厳格でも和気藹々としたものでもなくなる傾向にある[185]。現実の陪審を対象とした大規模なフィールド研究によれば，評議が開始された10分以内に採決を行った陪審は，最初の投票まで時間をかけて評議を行った陪審に比べて評決不能になりやすい傾向があった[186]。現実世界では陪審員が評議を自由に構造化していることを考えれば，陪審が異なれば異なる手続きが取られる可能性が高いということになる[187]。

　第2に，陪審評議は決定に極化効果の影響を受けることを覚えておくことが重要である。集団で問題について議論し，決定を行う際，多くの人に選択された決定を支持すると，人は自分の個人の立場を強化する傾向にあることを多くの研究が示している[188]。一般に，この極化効果は高い確信度ももたらす[189]。模擬陪審研究によれば，評議は（正確だったり不正確だったりする）裁判証拠についての記憶や[190]，記憶の情報源のモニタリング状態[191]，そして証拠の強さ

に対する判断について高い確信を与える[192]。先に述べた通り，集団での評議は証人が嘘をついているか否かの判断に対するメンバーの確信度も高めることが分かっている[193]。

この極化効果には2つの実用的な影響がある。第1に，意見の分裂した陪審が極化すると，そのグループ間の亀裂を深める可能性が高くなるため，情報的説得の効果が弱まる可能性がある。同様に，この効果は見かけだけの満場一致を達成するために社会的圧力の使用を増加させることに結びつく。第2に，陪審の極化は，陪審員自身の最初の立場についてより強く意識させる動因になるようである。第6章で論じたような一貫性効果から生じる個人内での極化とは異なり，集団極化はどちらかといえば有罪に傾いている陪審員の評決を変える可能性がある。その傾きの極化と，それに伴う確信度の増大は，陪審員に立証基準の閾値を超えた判断を促し，結果として有罪判断に至る可能性がある[194]。

## 控訴と有罪判決後の再審査

司法の判断をより良いものにしているとされる別の法的セーフガードは，裁判後の再審手続きに陪審評決は従わねばならないという決まりである。一般的な再審査の方法は，上級裁判所に直接的に控訴手続きを行うものと[195]，付属的な有罪判決後手続きとしては特に，連邦と州の裁判所で実施される人身保護令状（habeas corpus）の2つがある[196]。どちらの手続きも，最終的には裁判所で審査される。原則として，裁判後の再審査は，裁判での誤った決定を修正し，手続きの正確性を担保するために実施される。

控訴と有罪判決後の手続きでは，より独立性と権威のある立場によって公判での判決が審査される機会を提供し，これによって判決に至る過程の診断能力を潜在的に向上させることができる。しかし，第8章で議論されるように，上級裁判所や再審裁判所による審査は，一連の厳格な手続き上の障壁によって制限されている。さらに，再審査を行う裁判所の行う審査はほぼ手続き上の問題のみに限定されており，事実について疑義を呈することは避けられる。裁判所が事実について審査する場合には，検察にとって最も有利な証拠を審査し，これらの分析に関して高い立証基準を求める。

DNA証拠によって無実の発見が行われる以前から，裁判所が事実認定についてほとんど意味のある審査をしていないことは，DNA鑑定によって後に雪冤された人々の裁判での扱いからも明らかであった。ブランドン・ギャレット

はDNA鑑定によって雪冤された最初の250名について，彼らがDNA鑑定によって雪冤されるよりも前に行われた控訴審と再審を分析した。書面による判決を受けた165件のうち，有罪判決を受けた69名の受刑者が検察の証拠は不十分だという訴えを起こしたが，無罪が認められたものはいなかった[197]。新たに発見された無罪証拠に基づいて控訴請求を行った受刑者でも無罪になったものはいなかった[198]。誤識別によって有罪となり，識別手続きの正確性に疑義を呈した70名のうち5名だけが手続きの信用性を弾劾することに成功し[199]，自白の正当性に異議を訴えた13名の虚偽自白者のうち1人だけが無罪になった[200]。裁判所に請求を行った38名のDNAによる雪冤者のうち，たった1人だけが再審にこぎつけたが[201]，結局6名の裁判官の大多数に請求は退けられた。彼の申し立ては彼の無実を最終的に証明した証拠に関するものであった[202]。再審を行う裁判所は総じて，有罪判決の根本についていかなる問題もないとする傾向にあった。およそ半数のケースにおいて，裁判所は有罪を示す証拠について事務的に引用し，ときにはそれに「圧倒的な」という文言まで添えている[203]。また，DNA証拠による雪冤者は，DNAあるいはその他の無実の証拠がない他の受刑者と比較して，救済されやすいというわけではなく，同じ程度にしか無罪とはならないことも注目に値する（死刑の対象とはならないケースにおいて，それぞれ9%と10%)[204]。

　無実でありながら有罪となった人々の多くは，彼らを有罪にした誤った証拠に異議を申し立てることすらしないということに気づくのは難しい。目撃者によって誤識別された人々のうち，識別手続きについて争ったのは半数だけで，自白によって有罪となった人々で尋問の合法性について異議を唱えたのは3分の2にも満たない[205]。実際，DNAで雪冤された人々が，（おそらく有罪であった）同じグループに属する受刑者よりも有罪に異議を申し立てていたわけではない[206]。このような無実者の反応の薄さの原因が，資金不足や制度に対する不信感など，その他の場所にあったとしても，表向きには彼らに開かれていた法的手段から利益を得られなかったという現実がある。

## 改革に向けての提案

　本章で議論した研究は，手続きの診断能力を促進するために司法が設けた法的仕組みが，ある程度は実際に診断能力を向上させていることを示している。しかしながら，多くの場合において，これらの効果は混濁したものになり，効

果がないだけでなく，悪影響を及ぼすことさえある。第6章と第7章から導き出される結論はともに，裁判手続きが正確な証拠と不正確な証拠を見分ける能力は限られているということである。裁判手続きに対する社会の期待が高い中で[207]，このプロセスはより優れた**診断に準ずる方法**として見なされている。多くの場合，刑事判決は捜査段階で決定され，裁判は診断手続きとしての価値よりも象徴的な儀式として主に機能している[208]。

　このような結論は，アメリカにおける刑事裁判の事実認定能力を賞賛している主だった評論家の見解とは正反対のものである。第1に，約4分の3の事件において裁判官と陪審は同じ判決を下すという調査があると現行の刑事裁判の支持者は指摘する[209]。このような観察は，事実認定に対する陪審と裁判官の診断能力についての議論と実際に密接に関連している。しかしそれでも，それぞれの実際の診断能力についてはほとんど言及されない。実際，同じ裁判証拠を前にした場合，裁判官も陪審も真実を見分ける際に同様の困難に直面し，同じような判決パターンに至るだろうと考えられる[210]。

　第2に，制度の支持者は，証拠の強さが判決を決する最も重要な決定要因であり，証拠の強さは他のどのような特性よりも影響力があることを示す研究の存在を指摘する[211]。フィールドでのデータによれば，事実認定者の有罪性を表す証拠の強さについての評価と有罪率の相関係数は約0.5である[212]。相関関係が統計的に有意である事実は心強いが，その強度は限られているため少し立ち止まる必要がある。たとえば，ブロッコリーを食べることと学業成績のような，関連が無さそうな2つの変数間の間に弱い相関が見出された場合であれば，弱い関係でも素晴らしい発見と考えられることがあるだろう。そもそも，強力な関係性が規定され，期待されるような文脈で同じようなことは言えない。事実認定とこれによる高い正確性を実現するうえで，制度が裁判証拠にのみ深く依存していることを考えれば，判決の約半数以上が証拠によって説明できないというのは由々しき事態である。判決が証拠以外の要素や余計な要因に大きく左右されることは避けられない。説明ができない差異について，少なくとも一部は裁判手続きが持つ診断能力の限界で説明できよう。

　事実認定者に，より正確で透明性のある証拠を提示するという目的のためには，改革のための資源は捜査プロセスに多く注ぐべきであるとする第6章の議論を思い出してほしい。しかし，そこでも述べたように，裁判の仕組みを改革することにもある程度利益があるだろう。

1. 対審制の裁判の診断能力を向上させるには，検察と弁護側が持つ情報の非対称性を最小限に抑えるべきである。

2. 陪審に対する説示は平易な言葉で作成され，書面で提供されるべきである。また，一般的な誤解も明記し，可能であれば，具体的な例を用いて，どのように適用するべきかの説明を含めるべきである。

3. 陪審への説示について裁判官に質問があった場合，裁判官は単に（明らかに分かりにくい）説明を繰り返すのではなく，陪審員に分かりやすい説明を与えるべきである。

4. 陪審に対する治療的説示が効果的ではないことを考慮し，裁判官は偏見を生みやすい証拠を制限し，治療的説示が必要となる状況をあらかじめ予測することに対して積極的に取り組むべきである。目的が限定された説示の使用は避けられるべきであろう。

5. 最高裁判所は，指導付き裁量権の原則が死刑の誤った運用を防ぐのに失敗し，ひいては残酷で過剰な刑罰を禁じる合衆国憲法修正第8条に抵触していることを認めるべきである。

6. 裁判官は陪審の公平性に懐疑的であるべきであり，陪審員の審査をより厳密に行うべきである。

7. 陪審員には最初の投票を行う前に評議を尽くすように奨励するべきである。

8. 控訴審と再審を行なう裁判所は，無実を示す証拠を新鮮な目を持って見直すことに前向きになるべきであり，有罪判決の評価に対する基準を緩和するべきである。

# 第8章 | 正確性の向上を目指して

## 正確性の不足

　本書が中心的に明らかにした知見は，刑事司法手続きに対する理解は，その運用を委ねられた人の心の能力と限界を認識することによって深められるということである。刑事判決は，それを下す過程における人間の入力以上に正確ではありえない。第2章から第5章では捜査段階に焦点をあてたが，この捜査段階は刑事司法手続きを悩ませる中核的な問題の発生源となっている。刑事判決がよりどころとする証拠の正確性には疑問が残る。

　第2章では，捜査のダイナミズムの性質について検討した。捜査では，事実がだんだんと積み重ねられ，まとめられ，終結に向かうのである。刑事捜査の中核にある推論の過程は，暫定的に仮定した結論を確証する傾向にある様々な認知バイアスの影響を受けやすい。推論が誤った事実や間違った仮説によってもたらされた場合は，それが多くの強力で相補的な（しかし誤った）裏づけ証拠を産み出してしまうこともある。刑事捜査は，様々な動機づけの影響も受けやすい。警察官は，犯罪を解決するという組織としての目標，感情の喚起，集団成員性，当初の捜査目的に対するコミットメントの増大などによって生じるプレッシャーを感じている。同時に，これらの動機づけは有罪であろうという盲信を生み，推論の過程にやや敵対的な雰囲気を与える。この捜査における盲信は，一貫性効果によってさらに強められることもある。この効果は認知メカニズムの副産物であり，たとえ証拠が弱くて曖昧，または矛盾していたとしても，それに基づいた断定的な行動を可能にしてしまう。

　第3章で検討された目撃者識別に関する研究では，見知らぬ人を識別する課題における脆弱性が示されている。目撃者は，ラインナップ上のある人物にかろうじて見覚えがある程度でも，見覚えがあるような気がしただけでも，ライ

ンナップからその人物を選びだす傾向がある。そのため，犯人識別のうちの相
当数は誤りであり，正確な識別も気まぐれなものである。識別の正確性は目撃
状況に内在する様々な要因の影響を受け，また犯人識別手続きの実施方法にも
大きな影響を受ける。にもかかわらず，警察は心理学の知見をほとんど留意せ
ずに，場当たり的で低水準な識別手続きを用いることが多い。目撃者による識
別に対する過度の信頼は，それが事実認定者に与える強い影響と相まって，こ
の種の証言を誤った有罪判決の温床にしているのである。

　第4章では刑事事件に関する目撃者の記憶について検討した。出来事に関す
る人の記憶は常に不完全であるため，難しい事件を解決するのに必要なすべて
の詳細情報を刑事に報告することはできない。虚記憶も刑事捜査の妨害要因と
なりうる。虚記憶は無意識に，日常的に生じるが，捜査過程によって作り出さ
れることもある。とりわけ，目撃者に思い出せない詳細情報を報告するよう促
す一般的な聴取方法は，虚記憶を容易に作り出してしまう。

　第5章では，警察の被疑者取り調べについて検討した。取り調べの過程は診
断能力に乏しく，有罪確証的な警察のプロトコルにもとづいて被疑者が嘘をつ
いていると決めつけることに端を発しているのが常である。これまでの研究に
よれば，多くのアメリカの警察が用いている責め立てるような取り調べ手法で
は，主に精神的強要によって自白を得ていることが示されている。この手法で
は被疑者が本当に有罪かどうか分からないため，有罪と無罪の人の両方から自
白を引き出してしまう可能性がある。

　第6章と第7章では，被告人が本当に罪を犯したのか，それとも無実なのか
を裁判手続きがどれくらい正確に弁別できるのかを検討した。ここでは証言自
体の正確性は取り上げず，証言を吟味する事実認定者の能力や，そこから正し
い推論ができるかどうかについて論じた。第6章では，刑事判決の正確性に関
する一番根本的な問題は，証拠の信用性が不明で一貫しないことに端を発して
いると指摘した。法廷に至るまでの道のりで，目撃者の供述は，ありのままの
状態から法廷での証言に合わせたものに変化してしまうものである。この過程
で，証言はより有罪を示唆するものとなり，信用性を評価する上で必要な情報
を失う傾向にある。証言は目撃者の動機づけや，彼らが裁判で果たす役割によ
ってゆがめられることもある。一見妥当な裏づけ証拠も，警察の捜査がつくり
出したアーティファクトにすぎないこともある。誤りが誤りを生んだ結果，多
くの裏づけ証拠がすべて誤っていた，ということさえある。

難解な刑事事件で真実を突き止めるのは，信用性の高い証拠があっても一筋縄ではいかない。目撃者が犯人を正しく識別しているか，事件に関する記憶が正確か，また警察の取り調べで得られた自白は被疑者の行動を本当に説明できているかなどの判断は困難であることが研究によって示されている。アリバイを証言することは難しいが，アリバイがないということの意味が誤解されることはよくある。虚偽かどうかの判断はよく間違っている。第6章では，法廷という環境で提示される様々な証拠外の要因が，正しい推論を導く妨げとなることも示した。これらの要因には，たとえば，行き過ぎた説得のテクニックや裁判前報道，感情の喚起や人種ステレオタイプ，一貫性効果などが挙げられる。これらのすべてが，対審制という制度によって常態的に強化されるのである。

　第7章は，事実認定者が直面している困難は，法的過程という仕組みでは十分に解決することができないという結論であった。反対尋問は真実を突き止める最大の原動力になっているとはいえない。陪審への説示は誤って理解されたうえに，誤って適用され，法に関する直感や法についての信念によって無効化される。陪審員は公平であろうとするが，必ずしも公平性が保たれているとはいえない。法的手続きの正確性に対して検察側が責任を負うことの効果ははっきりせず，限定的である。陪審の評議についての研究は結果が一貫せず，評議が効果的であるとは言いがたい。上訴および人身保護令状を発行する裁判所は第1審の判決の事実認定については不十分な審理しか行わない。

　要するに，捜査過程で得られる証拠のうちどの程度が真実でどの程度が誤りであるかは未知数であり，裁判手続きはこれらを弁別できる仕組みにはなっていないという結論になる。刑事捜査の正確性も刑事裁判の診断力もたかがしれているということは，刑事司法過程はその厳粛な知識要求に見合う正確性やそれがうたう確実性を担保できないということを意味する。第7章では，不足している正確性を向上させるために，いくつかの改革を実施することを提案した。しかし，まずは正確性が不足しているにもかかわらず現行の刑事司法手続きを持続させている2種類の態度について検討を行わなければならない。それは，事実の正確性を犠牲にすることと過程の欠陥を否定することである。

## 事実の正確性を犠牲にする

　刑事司法過程の評価を貶めている主な理由は，それが事実認定の正確性や，真実の追求に重きをおいていないことである。事実認定，つまり，誰がどの犯

罪を行ったかを明らかにすることが刑事司法制度唯一の使命だと考えるのは，いささか安直であろう。刑事司法過程は，判決が国民の支持を得ること，社会における価値を示すこと，国家として権威を誇示すること，被害者感情に区切りをつけさせること，議論を終わらせることなど多くの使命を果たさなければならない[1]。また，様々な制約にも適合しなければならない。時宜を得て，費用対効果を考え，常に憲法や法律に従い，関わった人々のプライバシーや私的自治を守らなければならない[2]。これらの使命や制約と真実の追求とのバランスをどうとるかが，刑事司法制度が直面している極めて重要な課題である。

　アメリカの刑法制度が採用してきた枠組みは，合衆国憲法修正第6条の記載の通り，裁判に対するアングロサクソン系アメリカ人の信条を色濃く反映している。被告人は，陪審による公判を受ける権利，自分に不利な証人に対して反対尋問を行う権利，弁護人の援助を受ける権利といった，いくつかの権利を有している。この制度の特徴的なところは，**口頭主義**である[3]。これは，証言は公開法廷において生で行われなければならないというものである。連邦最高裁判所は，これらの条項は突き詰めれば正しい判決を下すためにあるとしているが[4]，一方指針では明確に真実の追求を否定している。被告人は手続き上の諸権利は保証されているが，証拠の信用性や判決の正確性については保証されていない[5]。実際，最高裁は「法の適正手続きの要請が意図するところは，誤った証拠を推定的に除外することではなく，証拠が正確であろうとなかろうとその使用が不公平にならないようにすることである」と言明している[6]。また，検察と対決する権利は「証拠の信用性を確保するためにあるが，それは，手続き的なものであって実質的なものではない。証拠を信用できるようにするのではなく，信用性を決まったやり方で評価する，つまり反対尋問という試練によってテストすることである」と言明している[7]。大体において，手続きそれ自体に裁判の究極的な価値があることになっている。裁判所による分析が指し示しているのは，手続きの公平性である[8]。しかし，この公平性という概念は，人はふさわしい判決を受けるべきであるという実質的な指針を表しているのではない。どちらかといえば，対審制における訴訟当事者の戦略的優位性の程度を調整する役割を果たしている。裁判は，その競争条件がおおむね平等であれば[9]，実際にそこで何が起きているのかにかかわらず公平だと見なされる[10]。

　刑事司法手続きの至るところで，事実の正確性は犠牲にされている。第2章から第5章で論じたように，捜査手続きは，科学的な研究やベスト・プラクテ

ィス・プロトコルにほとんど留意せずに設計されている。手続きは警察によってかなり異なり，許容できる水準を下回っている場合もよくある。法廷で持ち出される法科学は，明確な科学的根拠を欠いていたり誤って運用されたりすることがよくある[11]。刑事判決の大多数は裁判によって下されるのではなく，司法取引という不透明な過程を通じて内々の交渉で決められるということを思い出してほしい。司法取引は公開法廷における承認に基づいて行われるが，その形ばかりの意思表示は正確性や公正性の保証にはおよそなりえない。司法取引は主に，陪審に判断を委ねた場合の結果を見越した戦略的な判断として，被疑事実が正当であるかどうかとは無関係に用いられる，ということを思い出してほしい。陪審の選出は訴訟当事者が行うという裁判管轄が多いが，訴訟当事者は公平な人でも偏見を持っていない人でもなく，自分が望む判断をしてくれそうな陪審を選びたがる[12]。第6章で述べたように，弁護人は，証人が出廷する際の準備を手伝うのが通常であるが，その際に証言を有利な方向に誘導することはたやすい[13]。

　対審制は，事実の正確性を向上させる機能があるとうたわれている。裁判を有利にするために最良の証拠を収集し提示しようという，訴訟当事者の動機づけになると言われている[14]。これは魅力的な仮定のように思えるが，動機づけがバイアスを助長することには留意せねばならない[15]。したがって，陪審員が事実認定を行う際は，刑事事件に関する，バイアスがかかっていて，折り合いのつきえない2つの見解から，1つを選択することになる。また，法律家は速やかに説明を行うため，裁判では，事件の現場で実際何が起きたのかは重要視せず，法廷で何が証明されうるのかが関心事である。そのため，この実務家が敵対し合う世界では，証言の有用性は，それが真実と一致しているかではなく対審制において影響力があるかで評価される。たとえば，その正確性に疑いがあろうと，その高い確信度に疑問があろうと，確信度の高い目撃者による肯定的な犯人識別は，検察の強力な武器となる。対審制は，検察側と弁護側相互の不信を助長する腐敗した構造を有していることにも留意すべきである。この不信が今度は双方の立場を極端にするため，真実はさらに遠ざかってしまう[16]。両当事者における情報の非対称性もまた，対審制の手続きが真実を突き止める妨げとなる。検察は証拠を事実上独占しているということを思い出してほしい。一方で，被告人はたいてい，事件を調べるための資金や専門知識，法的権限が不足している。また，検察が被告人側と無罪証拠を共有しなければならない義

務は限定的である[17]。不思議なことに，刑事被告人は，単純契約または不法行為訴訟手続きのある訴訟当事者と比べて，彼らから自由を奪う可能性のある証拠に関する情報を得る権利をわずかしか与えられていない[18]。

　裁判の頂点である陪審の意思決定場面において，事実の正確性の位置づけは特に曖昧である。陪審員が求められているのは全員の評決を公表することのみであり[19]，その評決に至った理由を説明することは求められておらず，それに対する責任を負うこともない[20]。加えて，連邦証拠規則606（b）の存在が，評議過程を秘密のベールに包み隠している。この規則は，いかにしてその評決にたどり着いたかや評議室で何が起きたのかについて陪審員が証言することを禁じている[21]。それにもかかわらず，事実認定は有名な**陪審の領域**（province of the jury）のみに認められており，その支配権は厳格に保護されている[22]。高校の同級生に対する強姦殺人罪で有罪判決を受けたある無実の男性に対して，裁判官が「あなたは無実かもしれない……だが陪審が有罪と判断したのだ」と言ったように[23]。

　有罪判決を受けた被告人には，州裁判所と連邦裁判所の両方においてその有罪判決について再審査を受ける道がある。刑事司法制度は，有罪判決を受けた受刑囚に上訴と再審の手段を数多く与えすぎていると批判されている。しかし実は，上訴や再審によって誤った事実認定を正すことができる可能性はほんのわずかである。実際に，DNA鑑定による雪冤者の多くは，無罪を示す生物学的な証拠が発見される前に上訴や再審を繰り返し行っている[24]。それでも，この面倒でコストの高い手続きでは，有罪判決を受けた受刑囚は無実であったという決定的な真実を明らかにできなかったのである。この受刑囚が本当に有罪かどうかはおそらく裁判官の頭の中になかったのであろう。

　上訴と再審の効果が限定的である一つの理由は，それを行うためには多くの込み入った状況をクリアしなければならないことである。それはたとえば，申し立ての締切，同時期に行うべき異議申し立て，申し立て可能な主張が限られていること，申し立て権利の消尽などである[25]。これらの状況をクリアするのは難しい注文であり，とりわけ受刑囚の大多数が，弁護人の援助がない状態で有罪判決後の手続きを行うことを考えるとなおさらである。その上，救済命令が認められるための条件は厳しい。実際に，連邦裁判所が救済命令を下すのは再審査を行った死刑の対象とはならない事件での人身保護事例のうち0.4％に過ぎない[26]。このわずかな救済命令のうちの大部分は，法令違反，つまり捜査

や審理の際の手続き上の欠陥に基づくものである。したがって，事実的根拠に基づいた申し立てが実を結ぶ確率は極めて低いといえよう。事実的根拠に基づいて救済を受けることが難しいのは，控訴裁判所や再審裁判所が第1審の事実認定に介入することを非常に嫌うからである[27]。控訴裁判所や再審裁判所が事実認定について検討する場合，第1審の記録に基づいて，非常に検察贔屓な見方で証拠の検証を行う[28]。そのため，当然第1審の事実認定が同じように支持されることが多い。控訴裁判所や再審裁判所は，介入に対する閾値が高く[29]，また証拠の十分性に関する申し立てに対して「極めて限定的」な再審査しか認めない[30]。たとえば，ある州の再審裁判所は，有罪判決後の救済命令に必要な証拠は，新規で，物的なもので，非重複かつ決定的なものでなければならないと規定している。また証拠は，「非常に高水準で公訴事実を根底から覆すもの」でなければならないとしている[31]。判決を覆すことは，新証拠を検討する際の様々な障害によって難しさを増している。裁判所は，受刑囚が無実を証明できる可能性のある生物学的証拠を入手できるよう州に命令することに消極的であった[32]。最終的に，疑念が残る事件は執行機関に委ねられることがよくある[33]。受刑囚を自由にするために執行機関が支払う政治的コストは，その受刑囚が十中八九無実であるならなおさら，非常に大きい[34]。

　事実の正確性の犠牲は，裁判所の判決が矛盾する利益と直面することによって示されている。裁判所は，誤った評決を防ぐよりも様々な利益（特に，官僚的な判断）を習慣的に優先する。たとえば，疑わしい目撃者識別を除外することは検察への「極めて厳しい措置」だと評している一方で，誤識別が被告人に及ぼすリスクを軽視している[35]。司法取引の際に無罪を示唆する証拠を開示する権利を拒否する際，裁判所は，このような憲法上の拘束は「有罪答弁を確保するという政府の利益や司法による効果的な統治を著しく妨げるものである」と言明している[36]。ある陪審員が陪審としての務めの最中に大量のアルコールや薬物を摂取していたという主張について事実か否かの聴聞を開くことを拒否した際，裁判所は，裁判が完了状態にあることや率直な評議（率直すぎるという危険性は無視しているが），そして不思議な話だが，制度に対する大衆の信頼を優先したのである[37]。

　裁判所が事実の正確性をあまり重要視していないことは，妥当性に疑問が残る証拠を認める甘い方針と相まって[38]，不適切な捜査や裁判を生む格好の材料となっている。大変不可解なことに，裁判所は，「十分に説得力のある」無罪

証明をしうる死刑囚の釈放の申し立てを，憲法が認めているかどうかという問題をまだ解決していない。本当は無実なのだという申し立てを認めることは，「死刑事件を終結させたいという欲求に対してそれを打ち砕く強い影響力」を有する懸念があるため，二の足を踏んでいるのである[39]。裁判所は，もしこの「権利と思われるもの」を認めるのであれば，その閾値は必然的に「非常に高く」なるだろう，とつけ加えている[40]。比較的最近では，「連邦最高裁判所は，十分公正な審理が行われたが，後に人身保護令状に基づいた裁判で『本当は』無実であると判決が下される可能性がある被告人の死刑執行を，憲法が禁止しているとは**決して解釈していない**」と，アントニン・スカリア判事があらためて言明している[41]。また，たとえ裁判所が無実の被告人の死刑執行を停止する権利を認めたとしても，死刑対象ではない事件について有罪判決を受けた無実の受刑囚に対する救済はおそらく認められないだろう。彼らのうちの多くは数十年または一生を刑務所で過ごすのである。

　手続き主義の優位性は，学術的な議論や法教育でも示されている。アメリカで著名な刑事訴訟判例集の内容をざっと見てみると，憲法上の権利や手続き的な権利に紙幅が多く割かれていて，正確性という重要な問題に関してはほんのわずかな記述しかない。とりわけ，刑事訴訟教育とその言説は実質，捜査押収原則に占められている。この原則は，もともと正確性を減少させるものであるし，たいていは実際に有罪である被告人の場合に有用なものである[42]。

## 誤りを否定する

　事実の正確性は常態的に犠牲になっているにもかかわらず，現行の刑事司法手続きの信奉者は，その結果の正確性に信頼を置いている[43]。彼らは，その手続きを遵守すれば，事実の正確性も自ずと導かれるという都合の良い解釈を信じているようである[44]。あるイギリスの法学者によれば，陪審の「評決は真実として通用する」[45]。サンドラ・デイ・オコナー判事は，憲法上の保護のもと陪審に有罪と評決されたのであれば，法的に，または事実上無実であると見なされることはない，と言明している[46]。この信念は，刑事司法手続きは常に「有罪判決を受けた無実者の亡霊につきまとわれ」てきたが，その心配は「非現実的な夢想にすぎない」，というラーニッド・ハンド判事の有名な言葉に見てとれる[47]。スカリア判事は，誤った有罪判決は「微々たる最小限の数である」と言及している[48]。数多くの雪冤が，検察やときには裁判官によるひどい

妨害にもかかわらず実際に果たされているのだが[49]，彼は，誤った判決を司法手続きの不具合の証「ではなく，成功の証」[50] であるとみなしている。注目すべきことに，誤りの否定は日々制度を運用している司法当局者の間でも広く行われている。調査対象となった警察署長や検察官，裁判官の大多数は，誤った判決は存在しない，または起きていたとしても少なくとも我々の管轄では微々たる率であると主張している[51]。

この司法手続きに対する信頼は，制度の正当性が疑われた際にはさらに強められる。この防衛反応は，対審制が，真実の追求に明確に関与するヨーロッパの糾問主義制度と比べて好ましくないと指摘された場合に顕著になる[52]。制度の正当性に関する批判は，糾問主義制度に対する反撃[53]，つまりある種の**法的ナショナリズム**に遭うのである[54]。同様の見解であるが，誤りの可能性に関して疑問を持った裁判官の言及は，アメリカの死刑制度に対して「聖人ぶった」「説教」をする国家による批判の「裏づけとして広く喧伝される」だろう，とスカリア判事は嘆いている。彼はのちに，その国家をEU加盟国であると明らかにしている[55]。アメリカの制度に対する批判は，内省を促すのではなく，帰属意識を助長し，欠陥を認めることに対する反感を強めているように思える[56]。

刑事司法手続きの正確性に対する信奉は，陪審が事実認定を正確に行えるという信頼の上に成り立っている。裁判所は常に，「アメリカの陪審の良識と分別」を褒め称えている[57]。ある現職の裁判官は，「事件の真実を突き止める［陪審の］能力は，神秘的と言って良いほどである」と述べている[58]。何より，この陪審への揺るぎない信頼が，陪審への不完全な証拠の提示に対する裁判所の無関心を引き起こしているのである。「我々は裁判において多くの証拠を認めており，それは信用性を毀損する大きな要素であるが，それも我々の対審制の一部である」と裁判所は説明している[59]。信用性のない証拠は，「陪審という製粉機に常に入れられている穀物のようなものである」と述べられている[60]。また，自白を証拠から除外することは，「陪審が自白の正確性を見誤り，最終的に有罪か無実かの判断を誤ってしまうことを恐れているためでは全くない」と言明されている[61] 陪審の明敏さを示すために，裁判所は，証拠それ自体の重要性を低下させることさえするのである。「犯人識別についての証言は重要な証拠であるが，この証言もやはり単なる証拠に過ぎず……まさに対審制の中核（『完全性』）に値する要因であるとはいえない」と述べられている[62]。

司法手続きの正確性に対する信頼が，心理的，社会的な要求に応じているこ

とには疑いの余地はない。一例として，人は，社会秩序として好ましい判断をしがちであり，社会秩序は公正で正当なものだと考えている[63]。さらに重要なことに，国家が無実者の人生を破壊するかもしれないという懸念は，制度の完全性に不安の影を落とし，その運用に関わる人々に心理的な脅威を与えるであろう[64]。皮肉なことに，このような脅威に対する自然な反応は，その存在を否定することである[65]。そのため，刑事司法制度は，煩雑で，その上死を与えることもある制度の脆弱性と向き合うのではなく，正確性を主張することで一時的にその弱さから目をそらしているのである。ロバート・ジャクソン判事の発言を言い換えれば，この制度は，国家として罰を与える権力を委ねられている。それは，制度が絶対に誤らないからではなく，その権力を有しているからであって，それによって，絶対に誤らないものと見なされているのである[66]。

## 正確性の不足を改善する

　改善がなされるかどうかは，おおむねここまで述べてきた2種類の態度を変えられるか次第である。刑事司法手続きを考案し，監督し，運用する人々は，正しい判決に達することにより重きを置くべきである。また，この手続きは現行の形では，その目的の達成が期待できないことを認めるべきである。現行の刑事司法制度の信奉者は，今のままでもこの制度は十分機能していると主張している[67]。しかし，刑事罰が厳しいことを考慮すると，たとえもしその失敗がごく少数だとしても，ますますの誠実性と配慮をもってその権力を行使すべきであるといえよう。ジェローム・フランクが言明しているように，無実の人への有罪判決が正当化できるのは，「それが不可避である場合，つまり，このような不当な行為を避けるために実務的最善が尽くされた場合のみである。しかし多くの場合，実務的最善は尽くされていない」[68]。

　刑事司法制度は，事実の正確性の問題に，とりわけ誤った有罪判決の危険性に関して精力的に取り組むべきである。競合する使命（判決が国民の支持を得ること，国家として権威を誇示すること，社会の価値観を示すこと）をまっとうするためには，誤った判決の危険性を可能な限り減少させなければならない。人は，国家の罰を与える権力に服従せず，特に限られた効力しか有さない手続き上の権利以上のものを享受してしかるべきである[69]。刑事罰は，判決の正確性に誠実に取り組む制度によって，合理的疑いを超えた有罪証明がなされることを必要条件とすべきである。

本書で論じた研究は，陪審に優れた能力があると盲信することに疑問を投げかけている。陪審員は，その困難な職務を遂行するにあたり，不可解で不十分な手続きの影響について後でとやかく言うよりむしろ，利用可能な証拠の限りを尽くして判断を下すことに心血を注ぐべきである。証拠の信用性に疑問が残っていても容易に無視し，相矛盾する見解を容認し，証拠は「やはり単なる証拠に過ぎない」と楽観的に考えることは絶対に許してはならない[70]。証拠は，司法手続き全体を成り立たせている根拠そのものである。したがって，証拠は我々が頼みとする判決を良くも悪くも決定づけるものである。解決策は，証拠の改善を中心にして展開されるべきである。

証拠の完全性は現状の証拠制度で保たれうると考える人もいるかもしれない。注目すべきことに，連邦証拠規則403条は，証拠の悪影響が証明力を実質的に上回ると見なされる場合，証拠の除外を認めている[71]。実際には，現行の証拠制度によって示された解決策は，様々な点で不十分である。第1に，司法取引によってでっち上げられた大多数の刑事判決に対しては，この証拠規則はほとんど意味のないものである。そのため，信用性のない，偏見に満ちた証拠は，有罪答弁からはなかなか除外されない。第2に，信用性のない証拠を探し出すために，裁判所の裁判官は，証拠の正確性に影響を与える要因について穏当な評価をしなければならない。しかし結局のところ，多くの裁判官は科学的知識を欠いている。たとえば，目撃者による識別に影響を与える諸要因について裁判官にテストを行った調査では，正答率は19%から94%，平均は55%と項目によってばらつきが大きいことが示された[72]。彼ら裁判官は，大学生と同程度の知識しかなく，法学部の学生より劣っていた[73]。別の調査では，裁判官は60%の質問において専門家と意見が一致しないことも示されている[74]。最後に，これが最も重要であるが，最初に信用性のある証拠を集めることは，ずっと後になって裁判の段階で信用性のない証拠を除外することよりはるかに利がある。誤った証拠が別の誤った証拠を導き，それ故に捜査および裁判前の手続き全体が歪められる可能性がある。さらに，証拠の除外には起訴の取り下げを伴うこともあり，それは結局貴重な資源を浪費したということになる。後々になって起訴を取り下げなければならなくなるという可能性は，裁判官を証拠の除外に消極的にさせる。そして，このことが検察官に証拠の欠陥について反証させたり，または隠匿させたりする動機づけを強める。

第2章から第5章で論じたが，誤った証拠を最初に生みだすのは警察の捜査

であり，根本となる誤りは低水準の捜査手続きが用いられることによって引き起こされる場合が多いということを思い出してほしい。つまり，刑事捜査は改善の必要性と改善の可能性を有しており，それゆえ修正が望まれる部分である[75]。第1章で述べたように，その修正で，対審制が生む敵対的な分裂から脱却しなければならない。また，**誤った**有罪判決および無罪判決にできる限り焦点を絞るべきである。実際，本書における提案は，誤った有罪判決を減少させることのみを目的としているのではない。証拠の信用性および完全性の向上，根拠のない起訴の減少，行き過ぎた敵対構造の緩和，専門的技術および司法手続き全体の公正性の促進，そして究極的には，真犯人に対する有罪判決の増加をも目指しているのである。司法手続きの完全性を強化することは，刑事司法制度の正当性の向上に大いに役立つはずである。

　証拠の正確性を向上させる明白な方法の一つは，ベスト・プラクティス手続きに確実に従って刑事捜査を行うことである。ベスト・プラクティス手続きを遵守すれば，捜査は証拠の正確性を重要視し，また誤った証拠の出現は最小限に抑えられるはずである。第2章では，捜査手続きの管理について具体的な提案を行い，第3章から第5章では，被疑者や協力的な証人に対する取り調べ，およびラインナップ手続きを行う際の改善策について提案を行った。

　これまでの章を通じて論じてきたが，証拠の完全性を向上させる見込みが十分にあるもう1つの方法は，刑事捜査を透明化することである。捜査手続きのすべてを電子記録化し，関係者すべてが利用できるようにすることで透明性は実現する。第2章で，捜査の透明化は捜査手続き自体を改善する効果が期待できる，と述べたことを思い出してほしい。記録が利用できるのであれば，捜査のやり方に対する警察官の責任感も増すであろう。記録は，警察に対して訓練，監視，質の保証を行うためのツールとなり，警察官のベスト・プラクティスの遵守を促進するであろう。また記録は，警察の違法行為の防止にも役立つはずである。さらに，記録化を行っていなければ見逃していたであろう法科学的な詳細を記録しておく情報ツールとしての役割も果たすであろう。

　ベスト・プラクティス手続きと捜査の透明化の複合効果は，裁判における証拠の信用性を向上させ，その結果として法的手続き全体に劇的な影響を及ぼすだろう。より正確で透明性を有した証言が得られれば，検察はより公正で正当な司法取引を提案するであろうし，被告人は長期間の懲役を甘んじて受け入れる前に，自分の置かれた状況をより正確に見極めることができるだろう。証拠

の完全性が向上すれば，面倒でコストがかかり，そして不正確な訴訟手続きを通じて，あやしい証拠を選別する必要性が減少することが期待できる。最終的には，それが上訴や人身保護手続き，民事訴訟や損害賠償を減少させることにも繋がるはずである。

　事件が裁判にかけられる場合，証拠の質を上げると裁判の水準も上がるはずである。証拠の正確性が向上すればするほど，検察側と被告人側相互の不信感も減るであろうし，司法手続きにおける敵対構造も緩和されるであろう。理にかなっていない訴追や軽率な弁護の機会を制限することで，一見もっともらしいだけの申し立てを抑止できるだろう。検察は，有利な立場にある事件ではその追求を厳しくするであろうし，同様に被告人側は，誤った起訴に対する弁護や政府の不祥事の追求をより体制を整えて行うだろう。実際，現在取り調べを記録化している警察によれば，自白取り消しの申し立ての数は劇的に減少しており，いくつかの管轄区域では完全になくなっている[76]。過剰な訴訟手続きや敵意に満ちた反対尋問，そして水掛け論から刑事を解放すれば，彼らが対審制で直面しているプレッシャーは軽減され，犯罪の解決により多くの力を注ぐことができるだろう。

　言うまでもないが，証言の完全性の向上は，評決の正確性に直接的な効果を及ぼすだろう。刑事事件により確かに合致する証拠が得られれば，事実認定者は犯行現場で何が起きたのかをより究明しやすくなるだろう。記録化によって目撃者の生の証言をとっておくことが可能になり，それによって，記憶の減衰や汚染，捜査および裁判前の手続きに起因した様々な記憶の偏りや歪みの影響を最小限に抑えることができる。記録が利用できるのであれば，目撃者は最初の証言を守ろうとするため，彼らに証言の変更を迫る様々な圧力は軽減されるはずである。事実認定者にとっても，証言を得るために用いられた捜査手続きを知ることができるのは有用であろう。実際に近年の研究では，模擬陪審員が，ビデオ録画されたラインナップと目撃者の初回聴取を見せられた場合，目撃者識別の正確性により留意できたということが示されている[77]。さらに，証言が捜査自体によって誘導されたり歪められたりしていないかを事実認定者が判断する際にも，捜査記録は役立つであろう。たとえば，ラインナップにおいて暗示がなされていないか，面接において誘導質問がされていないか，取調室において高圧的な手法がとられていないかを確認することで陪審員が得るものは多いだろう。事実認定者が，バイアスのある手続きから得られた証言を慎重に扱

い，適切な捜査手法から得られた証言を信用するようになることが期待される[78]。

　捜査の記録化の利点は，18世紀にイギリスで用いられていた証拠提示の方法は，今日では必ずしも最善とはいえないことに気づかせてくれる[79]。証人の供述を記録するにも技術的な問題を抱えていたこともあり，裁判に至るまでに証言が汚染されてしまったであろうことを考えれば，口頭主義に固執したのは不可解であるし見当違いであるといえよう。歴史的に口述証言の優位性が保たれてきたのは，文書による証言に比べて知覚しやすいためである[80]。しかし，この優位性はもはや通用しない。なぜなら，裁判で行われる**再構成された**口述証言は，証人の証言をそのまま電子的に記録したものと比べれば劣っているからである。証人が生の証言を法廷でほぼ忠実に再現でき，また法廷での証言が記録された生の証言によって適宜補われるというのであれば，口述による証拠提示も事実認定に役立つであろう。

　もちろん，捜査の記録化の推奨は警察の反対に遭うだろう。たとえば連邦捜査局は，管理保護下の被疑者取り調べの記録化，およびそれの被告人側との共有に断固として反対している[81]。検察の証拠を幅広く開示することに強く反対するのは，証人が脅迫や贈賄を受けたり，場合によっては危害を加えられる可能性もあるためである[82]。1975年にアメリカの上院は，検察の証人リストの一部開示に関する法案を否決した。上院は，法案は「危険で」「おぞましく」「司法の障壁や賄賂」の温床となる，という司法省の熱心な反論をほぼ全面的に信用した[83]。幅広い開示の利点について網羅的に論じることは本書の範囲を超えているが[84]，この直感に訴える反論は誇張が過ぎるし，結局のところ誤りであるということは述べておかねばなるまい。証人への嫌がらせは，被告人が暴力的な犯罪組織の構成員であるといった非常に限られたケース以外ではほとんど問題にならない。重大犯罪の大多数は，法的手続きの間，保護管理下にあり，証人を脅かす手立てを持たない個人によって行われている。実際，アリゾナ州，コロラド州，ニュージャージー州，ノースカロライナ州といったいくつかの州では，幅広い開示を認めている[85]。また，フロリダ州やバーモント州では刑事被告人に，審理に先立って検察側の証人に証言をさせる権利さえも認めている[86]。これらの州で，司法省が予見していたような惨事は起きていないようである[87]。

　まれではあるが，ある特定の証人に配慮が必要であるという実際的な根拠が

ある場合は，検察は開示制度を適用せずにその証人を守る保護命令を得ることができる[88]。また，透明性のある記録は嫌がらせを抑止するであろうと考えられる理由がある。記録された証言を引き合いに出すことで，証人は被告人とその関係者からの圧力に抗しやすくなると考えられるからである。被告人側は，証人が裁判で証言するのを妨げることによって得られるものが少なくなるだろう。被告人側が証人をどうにか出廷させないようにした場合でも，記録された証言を訴追の遂行のために用いることができる[89]。

　捜査の記録化に伴う手間やコストは，この取り組みを頓挫させる理由にはならない。電子記録装置がパトカーに備えられ，徒歩で巡回する警察官もそれを携帯しているため，一般市民と遭った際の記録化は手近なものとなり急速に普及している[90]。十分に記録化された事件を解決するためには，どうしても多くの資源を割くことになる。警察官や検察，弁護人は，記録を精査するために多くの時間を費やすことになるだろう。このコストは否定できないが，根拠のない訴訟を減少させたり，多額の賠償が必要となる誤った有罪判決を減らすことによって確保できる資源と相殺されるはずである。さらに重要なことであるが，記録化が司法手続きの完全性に寄与することや，記録化によって誤った評決が生む人的苦痛が減少することに鑑みると，そのコストは正当なものであるといえよう。また，すべての事件で法律家が記録を精査することがなくても，証拠の透明性は多くの利益をもたらすだろう。捜査は記録されておりすべての関係者が利用できると認識しているだけで，警察官の責任感が増し，よりよい捜査が行われるようになるだろう[91]。

　捜査の記録化は，すでにそれを行っている人々，つまり，現在取り調べを記録化している警察から強力な支持を得ている。当該管轄区域の警察職員や検察がそろって支持していることは，強力な追い風に他ならない。取り調べの記録化は，弁護人から支持を受け続けていると同時に，警察にとっても有益なツールであることが明らかになった[92]。州の最高裁が下した取り調べの記録化の命令は，「我々がこれまで達成してきたものの中で一番である」とミネソタ州の当局者は述べている[93]。同様に，「記録化を推進して良い証拠を得る……ことは，事件の訴追の成功に大きく寄与するだろう」とノースカロライナ州の警察署長は言明している[94]。

　理想としては，刑事司法手続きの改革運動は，連邦最高裁判所が陣頭指揮を

執るべきである。連邦最高裁判所は個人の自由に関する最高権威であり，数多の警察や州裁判所に対して法的権限を有する唯一の機関である。また，真実のありかや刑事司法手続きにおける目的に関して基調を打ち出すのにも最良の立場にある。より正確な評決を得られる制度に導く方法として最高裁が採るべきは，ひどく老朽化した「独立した」観念である権利章典の法の適正手続き条項に命を吹き込むことである[95]。この方法に従えば，法の適正手続き条項は，被疑者や刑事被告人に対してこの上なく基本的で本質的な保護を与えていると解釈できる。つまり，司法手続きが誤りの危険性をできる限り最小化していなければ，彼らの人生や自由は奪われないことを保証していると解釈できるだろう。そしてこの解釈によって，警察が不正行為を行っていない場合でも，証拠の正確性と完全性の向上が促されるであろう。

　最高裁がこのような方向には進んでいないように思えることは，認めざるをえない[96]。そのため，改革を行うとなった場合には別の機関の監視が必要である。幸いにも，刑事判決の正確性に対する最高裁判所の無関心は，国中で増加の一途をたどる州および地方機関の動きに水を差すことにはなっていない。イリノイ州，ニュージャージー州，ノースカロライナ州，ウィスコンシン州などの裁判所および立法機関は，刑事司法制度の正確性向上のために，先頭に立って非難を繰り広げている[97]。大胆で積極的な改革は，多くの地方の警察でも行われている。たとえば，テキサス州ダラス郡の地区検察局ではクレイグ・ワトキンスが世話役となり[98]，またマサチューセッツ州サフォーク郡の地区検察局[99]や同州ノーサンプトンの警察[100]，カリフォルニア州サンタ・クララ郡の15の警察[101]といったところでも行われている。改善の余地やその可能性はとても大きい。本書で述べた提案の大部分は，警察官，検察官，裁判官から警察署長，地区検事長，検事総長，州裁判所，立法機関に至るまで，およそどの段階においても，捜査当局者や政策立案者によってそのまま実行することができるものである。

　人間の認知なくして評決は下せないが，刑事評決の正確性は不完全な人間の認知の制約を絶えず受けるだろう。それでも，ベスト・プラクティスの捜査手続きと捜査の透明性が合わされば，刑事司法手続きの正確性は必ずやより高水準に到達するであろう。これらの改革が切望されるが，それまでは我々が用いている証拠には疑問を持たざるをえない。また，誰を罰し誰を自由の身とするかについてもその不確実性を甘受せざるをえない。

# 注

## 第1章

1. ローズ事件の詳しい説明については，Rutenberg, S. (2006). Anatomy of a miscarriage of justice: The wrongful conviction of Peter J. Rose. *Golden Gate University Law Review*, *37*, 7-37 参照。また，イノセンス・プロジェクトのピーター・ローズの欄を参照。https://www.innocenceproject.org/cases/peter-rose/

2. ゴドショックの事件については，Kreimer, S. F., & Rudovsky, D. (2002). Double helix, double bind: Factual innocence and postconviction DNA testing. *University of Pennsylvania Law Review*, *151*, 547-617 参照。また，イノセンス・プロジェクトのブルース・ゴドショックの欄を参照。https://www.innocenceproject.org/cases/bruce-godschalk/

3. *Commonwealth of Pennsylvania v. Bruce Godschalk*, 00934-87, Montgomery County, Jury Trial, May 27, 1987, pp. 138-139.

4. Junkin, T. (2004). *Bloodsworth: The true story of the first death row inmate exonerated by DNA*. Chapel Hill, NC: Algonquin Books; Dwyer, J., Neufeld, P., & Scheck, B. (2000). *Actual innocence: Five days to execution and other dispatches from the wrongfully convicted*, pp. 213-222. New York: Doubleday. Department of Justice (1996). Convicted by juries, exonerated by science: Case studies in the use of DNA evidence to establish innocence after trial. http://www.ncjrs.gov/pdffiles/dnaevid.pdf も参照。

5. この手続きの初期の批判としては，Borchard, E. M. (1932). *Convicting the innocent.* Garden City, NY: Garden City Publishing; Frank, J., & Frank, B. (1957). *Not guilty*. Garden City, NY: Doubleday を参照。

6. 本書で論じられている犯罪の多くが男性加害者によって行われているように，加害者を表す際には通常「he」が用いられる。

7. アメリカで起こった事件のうち，警察に通報されているのは，粗暴犯のわずか48%，財産犯の38%に過ぎないと推定されている。Department of Justice, Bureau of Justice Statistics (data for 2006/2007). http://bjs.ojp.usdoj.gov/content/glance/tables/reportingtypetab.cfm

8. 粗暴犯の検挙率は45%，財産犯の検挙率は17%である。同様に殺人は64%，加重暴行は55%，強姦は40%，強盗は27%である。Federal Bureau of Investigation (2008). *Uniform crime reporting handbook, 2008: Crime in the United States*, table 25. http://www2.fbi.gov/ucr/cius2008/data/table_25.html

　このデータは，イギリスのデータと類似している。約半分の重大犯罪は通報され，起訴されるのはそのうちのたった5分の1である。Crown Prosecution Service (2002). *Narrowing the justice gap*. http://www.cps.gov.uk/publications/prosecution/justicegap.html

**9.** 法が有罪性を示す信頼できる証拠を除外したり，そもそも起訴を妨げたりしたために，罪を犯した個人を罰し損ねることもある。たとえば，Pizzi, W. T. (1999). *Trials without truth: Why our system of criminal trials has become an expensive failure and what we need to do to rebuild it.* New York: NYU Press を参照。

**10.** この問題についての最近の文献には，下記を参照。Gross, S. R. (2008). Convicting the innocent. *Annual Review of Law & Social Science, 4,* 173-192; Garrett, B. L. (2011). *Convicting the innocent: Where criminal prosecutions go wrong.* Cambridge, MA: Harvard University Press; Westervelt, S. D., & Humphrey, J. A. (2002). *Wrongfully convicted: Perspectives on failed justice.* Piscataway, NJ: Rutgers University Press; Gould, J. B. (2008). *The Innocence Commission: Preventing wrongful convictions and restoring the criminal justice system.* New York: NYU Press; Marshall, L. C. (2004). The innocence revolution and the death penalty. *Ohio State Journal of Criminal Law, 1,* 573-584 (p. 573).

**11.** Gross (2008)を参照，前掲，注 **10**; Garrett (2011), 前掲，注 **10**; Marshall (2004), 前掲，注 **10**.

**12.** *Kansas v. Marsh,* 548 U.S. 163, 193, 200 (2006) におけるスカリア判事の同意意見を参照。スカリア判事のこの意見は，ジョシュア・マルキスによる魅力的だが単純な数学的計算に依拠している。これは，既知の雪冤数を全米での投獄数で割ったもので，ここからは非常に小さい 0.00027 という比率が導き出されている。Marquis, J. (2005). Myth of innocence. *Journal of Criminal Law & Criminology, 95,* 501-522. Hoffman, M. B. (2007). The myth of factual innocence. *Chicago-Kent Law Review, 82,* 663-690 も参照されたい。

　この数学的計算は，まず(雪冤事件の件数とは対照的に)誤った有罪判決率がはっきりしないという点で欠陥がある。そして，分母は現実的にありうる誤った有罪判決の事件数で，ここで事件数としてカウントされるのは，誤りの検出が可能な事件にのみ限定されるべきである，という点に置いても欠陥がある。分子と分母の両方を正確に数量化するのは困難であるが，現実的な想定に基づけば，マルキスとスカリアによって提唱された値よりも，劇的に大きな誤り率を導くことになるだろう。サム・グロスは，スカリア判事の言う割合は「まったくもって誤りであり，ひどく誤解を生むもの」であると確信を持って主張している。Gross, S. R. (2006). Souter passant, Scalia rampant: Combat in the marsh. *Michigan Law Review First Impressions, 105,* 67-72 (p. 69).

**13.** Innocence Project, https://www.innocenceproject.org/

**14.** 雪冤事件の正式な記録はないので，その正確な数は不明である。ミシガン大学のサミュエル・グロスらが収集したデータによると，1989 年から 2003 年までに 340 件程の事件の雪冤が認められている。2000 年以降，雪冤の比率は 1 年に 40 件ほどである。これらの事件の半分弱が DNA 検査による雪冤である。残りの雪冤は，従来の種類の証拠に対する事実認定によるものである。Gross, S. R., Jacoby, K., Matheson, D. J., Montgomery, N., & Patil, S. (2005). Exonerations in the United States 1989 through 2003. *Journal of Criminal Law & Criminology, 95,* 523-560.

**15.** サム・グロスらは，死刑囚に対するエラー率は 4% 程度と推定している。この率は，1973 年から 2004 年の間に死刑を宣告された囚人から割り出されたものであり，最大で 21 年間死刑執行の恐怖におびえていた者たちである。Gross, S. R., O'Brien, B., Hu, C., & Kennedy, E. H. (under review). The rate of false convictions among criminal defendants who are sentenced to death. マイケル・ライジンガーは，死刑の可能性のある強姦殺人罪につい

て DNA で無罪が確定した者の比率を検討し，エラー率は最低で 3.3%，最大 5% に昇る可能性があると指摘している。Risinger, D. M. (2007). Innocents convicted: An empirically justified factual wrongful conviction rate. *Journal of Criminal Law & Criminology, 97*, 761-806. これらのエラー率は，死刑判決が下され，上級審でも死刑が維持された事件から抽出された全体の 3 分の 1 のデータに基づいている。Gelman, A., Liebman, J. S., West, V., & Kiss, A. (2004). A broken system: The persistent patterns of reversals of death sentences in the United States. *Journal of Empirical Legal Studies, 1*, 209-261. これらの調査については，Zalman, M. (in progress). Qualitatively estimating the incidence of wrongful convictions-a postscript を参照。

16. 強姦犯と殺人犯は，重罪の有罪判決全体の 2% 未満に過ぎないが，雪冤された事件の 96% はこれらの犯罪で有罪になったものである。Gross et al. (2005), 前掲，注 14 を参照。実際には，その他の犯罪に対する誤った有罪判決を発見する可能性は非常に低い。

17. 無実の人の多くが，裁判を受けることなく，司法取引で有罪を認めていることは明らかである。たとえば，ロサンゼルスのランパート・スキャンダルや，テキサス州のテュリアで起こった悪名高い事件では，135 人（その大部分が無実である）が司法取引に応じた。Burcham, D. W., & Fisk, C. L. (2001). Symposium: The Rampart scandal: Introduction. *Loyola of Los Angeles Law Review, 34*, 537-543; Open Society Policy Center (2005). Tulia: Tip of the drug war iceberg. http://www.soros.org/resources/articles_publications/publications/tulia_20050101/tulia.pdf

　有罪判決を覆すことは，司法取引によって有罪となった囚人には不可能に近い。これらの囚人が限られた法的援助資源に援助を求めようと思ったときに，検察官や裁判官，そして弁護人にでさえも，自分の無実の主張を納得させるのは非常に困難である。重要な点は，多くの州で，これらの囚人は，自分たちの無実を証明しうる証拠を検証することができないということである。

18. 有罪判決から雪冤までにかかる平均的な時間は，10 年以上である。Gross et al. (2005), 前掲，注 14 参照。

19. 「犯人性が問題となる事件と責任が問題となる事件」で論じるように，雪冤は，責任が問題となる事件では不可能である。光が当たるようになった誤った有罪判決のほぼすべては，犯人性が問題となる事件であり，つまりは，間違った人物に有罪判決が下された事件である。

20. 強姦犯を除いて，生物学的証拠は，ごく限られた一部の事件，比率でいうと重い犯罪の約 10-15% でしか利用可能ではないと推定されている。Liptak, A. (2007). Study of wrongful convictions raises questions beyond DNA. *New York Times*, July 23. Quoting Peter Neufeld. https://www.nytimes.com/2007/07/23/us/23bar.html

21. たとえば，テキサス州ダラス郡における標準的な手続きは，証拠を裁判後も残すことであるが，テキサス州ハリス郡は，歴史的に証拠を廃棄してきた。2011 年の 11 月に，ダラス郡は，DNA 検査にもとづいて 22 名の人を雪冤したが，人口が約 2 倍のハリス郡で雪冤されたのはたった 8 名であった。バージニア州では，無実の罪で有罪になった 8 名が，州の犯罪研究所で働いていた故メアリー・ジェーン・バートンが保存していた生物学的証拠によって雪冤された。証拠を保存するというバートンの習慣は，研究所の方針に反するものであった。Associated Press (2011). Man exonerated in 1979 Newport News rape. April 13. http://hamptonroads.com/2011/04/man-exonerated-1979-newport-news-rape を参照。

22. 一部の雪冤は，廃棄されたと考えられていた物的証拠の検証に基づいて行われた。ノー

スカロライナのドゥエイン・ダリは，12歳の少女に対する強姦の罪で有罪判決をくだされ，2つ以上の終身刑に処された。判決から18年経ち，ダリは，裁判での証拠は，とっくの昔に破棄されたと伝えられていた。ダリの弁護人，クリスティーン・ムンマは，その後亡くなった警部が，被害者のナイトガウンを自らの倉庫に保管していたことを発見した。このガウンのDNA検査の結果は，ダリを犯人から除外し，別の罪で収監されていた囚人の犯行であることを明らかにした。Mumma, C. (2009). Wrongfully convicted: One lawyer's perspective. *NIJ Journal* no. 262 (March). http://www.nij.gov/journals/262/one-lawyers-tale.htm

　前述のピーター・ローズの事件で，ローズの有罪を示すのに用いられた証拠の大部分は廃棄されていたが，精液のサンプルの1つが，10年近くバークレーのある研究所に誤って残されていた。Rutenberg (2006)，前掲，注1。ケビン・バードの事件では，無罪を示す証拠が書記官のミスで残されていた。バードは終身刑を受け12年間刑務所に収監されていた。イノセンス・プロジェクトのケビン・バードの欄を参照。https://www.innocenceproject.org/cases/552/

　ネブラスカの事件では，6人の無実者が，別の被疑者(真犯人)から得た生物学的証拠を23年にわたり保管していたある巡査部長のおかげで，雪冤された。DNA検査は，1985年の殺人について6人の無実を証明した。集団の有罪答弁は，強制されたものであったと，法務長官(2008)は述べた。KETV7.com, November 7. http://www.ketv.com/news/17936340/detail.html　同様に，(第2章か第4章で論じる)ロナルド・コットンを雪冤した生物学的証拠は，マーク・ゴールディン刑事の個人的な直観のおかげで保管されていたものである。

**23.** アラン・ニュートンの強姦罪，暴行罪，強盗罪についての雪冤は，彼がDNAでの検証を行うよう申し立ててから12年後に叶った。Dwyer, J. (2006). 22 years after wrongful conviction—and after 12 years fighting for access to evidence— DNA proves Alan Newton's innocence. *New York Times*, June 6. 同様に，アンソニー・カポッツィの事件で，エリー郡医療センター(Erie County Medical Center)は，彼の最初の要請から15年たって，郡検事から繰り返し召喚状が発行されたのちに生物学的証拠を発見した。カポッツィは，2つの強姦罪で22年間をニューヨークの刑務所で過ごした後，雪冤された。Staba, D. (2007). Located in hospital, DNA clears Buffalo man convicted in '80s rapes. *New York Times*, March 29. http://www.nytimes.com/2007/03/29/nyregion/29bike.html

**24.** 義理の母への強姦と殺人および6歳の姪への強姦で有罪となったクラレンス・エルキンスの雪冤は幸運によるところが多かった。DNA検査を行ってほしいというエルキンスの要望は，オハイオ州裁判所によって拒絶された。偶然，エルキンスは，彼が嫌疑をかけられた犯罪の真犯人である囚人と同室となった。エルキンスは，ひそかに，その囚人のたばこの吸い殻を得て，それがDNA検査にかかるように図った。DNA検査は，その男の有罪を示し，エルキンスは自由の身を得た。彼は，自らの刑期のうち7年半を刑務所で過ごしたのち，釈放された。イノセンス・プロジェクトのクラレンス・エルキンスの欄を参照。https://www.innocenceproject.org/cases/clarence-elkins/

　ジェームス・カーティス・ギルス(James Curtis Giles)は，情報提供者からのタレコミがもとになって強姦事件の被疑者になった。その後，彼は，被害者が当初話していた犯人像より10歳年上で，はるかに体重が重いにもかかわらず，写真ラインナップによって強姦被害者から加害者として識別された。ギルスのDNA検査は，情報提供者が本来は，別のジェームス・ギルスと言う人物(James Earl Giles)について情報提供しようとしていたと認めた後でやっと認められた。ギルスは残忍な強姦の罪で有罪判決を受けてから約25年後，仮釈放

の間に，DNA 検査の結果を受けて雪冤された。Bustillo, M. (2007). Texas men's innocence puts a county on trial. *Los Angeles Times*, April 9. http://www.latimes.com/news/nationworld/lation/la-na-exonerate9apr09,1,265991.story

　ニューヨークのロイ・ブラウンは，性的暴力と殺人の罪で有罪判決を受け，25 年から終身刑までの刑を科せられた。義理の父親の家で火災があったので，ブラウンは，警察署の報告書の写しを請求したところ，偶然，真犯人の存在を示唆するそれまで非公開であった文書を入手した。ブラウンは，なくなった被疑者の娘の DNA 検査を元に最終的に雪冤された。Santos, F. (2006). With DNA from exhumed body, man finally wins freedom. *New York Times*, December 24. https://www.nytimes.com/2007/01/24/nyregion/24brown.html　イノセンス・プロジェクトのロイ・ブラウンの欄を参照 https://www.innocenceproject.org/cases/roy-brown/

**25.** DNA 証拠がない事件において雪冤された人の中には，非常に稀な状況にいた人もいる。たとえば，両親を殺害した罪で起訴されたイリノイ州の無実の男性は，別の捜査で監視されていた真犯人がその夫婦を殺害したと自慢して逮捕されたことで，日の目を見た。ゲイリー・ガウジの事件については，Warden, R. (2005). Illinois death penalty reform: How it happened, what it promises. *Journal of Criminal Law & Criminology, 95*, 381-426 を参照。アンソニー・ポーターの家族が，彼の死刑執行が近づいたために葬式の準備を始めた丁度その頃になって，ノースウェスタン大学でジャーナリズムを学ぶ学生が，彼の罪を何とか反証し，真犯人の自白の録音を入手した。Warden (2005), p. 423 参照。イリノイ州の 2 人の死刑囚が無実であることは，州検事が，数年前の夏に真犯人 (検察側の重要証人でもあった) と一緒に仕事をした際に，その殺害への関与を自白していたことを偶然思い出したことで，明らかになった。ペリー・コブとダービー・ティリスの事件については，Warden (2005), pp. 412-413 参照。

**26.** この事件についての議論は第 3 章の「現実のラインナップ」参照。

**27.** 人間の行動の多くは，複数回の意思決定からなるので，ある誤りを，唯一の，正しい原因として指摘することは不可能である。ただし，内的な確率的誤りと，ある状況や他者からの入力によって引き起こされた，あるいは悪化させられた誤りは，大まかに分けることができるかもしれない。

**28.** たとえば，ある検察官は，24 年間刑務所で過ごした後に雪冤された無実の男性の起訴について振り返り，「彼の名前はラインナップの中に入っており，被害者が彼を選びました。それが結局間違いだったのです」と述べている。また，別の検察官は，40 年の刑に対して 16 年間収監されたのちに無罪が明らかになった男性を起訴したことについて，「警察は，真犯人を捕まえたと考えていました。そして被害者も，真犯人を知っていると考えていました。それらが誤りだったのです」とコメントした。テキサス州のダラス郡の前郡検事マイク・オコナーとラナ・マイヤーは，ジェイムス・カーティス・ギルスとワイリー・ファウンテンの誤った有罪判決について以下の文献でコメントしている。Council, J. (2008). Witnesses to the prosecution. *Texas Lawyer*, June 9.

**29.** 長く苛々としたやりとりを刑事とした後になってはじめて，被害者は，ローズが犯人だと識別し，第三者の目撃者もそれに同調した。Rutenberg (2006) 前掲，注 1。イノセンス・プロジェクトのピーター・ローズの欄を参照。前掲，注 1。

**30.** Kreimer & Rudovsky (2002), 前掲，注 2; イノセンス・プロジェクトのブルース・ゴドショックの欄を参照，前掲，注 2。

**31.** Junkin（2004），前掲，注 **4** の第 12 章を参照。目撃証人の 2 人は，犯人を見た時に酩酊しており，テレビでブラッズワースが警察に連行されているのを見てはじめて，彼を犯人と識別した。

**32.** Dwyer, Neufeld, & Scheck（2000），前掲，注 **4**, pp. 45-77. イノセンス・プロジェクトのウォルター・スナイダーの欄を参照。https://www.innocenceproject.org/cases/walter-snyder/

**33.** Gould, J. B.（2008），前掲，注 **10** 参照。

**34.** 素晴らしい調査記事については，Zerwick, P.（2007）. Murder, race, justice: The state vs. Darryl Hunt. *Winston-Salem Journal*, November 16; Vertuno, J.（2009）. Judge clears dead Texas man of rape conviction. *Austin American-Statesman*, February 7 を参照。ハントの事件は，説得力のあるドキュメンタリーフィルムのテーマにもなっている。Brown, K., Rexer, W., Stern R., & Sundberg, A.（Producers），& Stern, R., & Sundberg, A.（Directors）.（2006）. *The trials of Darryl Hunt* [Motion picture]. United States: Break Thru Films を参照。イノセンス・プロジェクトのダリル・ハントの欄も参照されたい。https://www.innocenceproject.org/cases/darryl-hunt/

**35.** Castelle, G., & Loftus, E. F.（2002）. Misinformation and wrongful convictions. In S. D. Westervelt & J. A. Humphrey, eds., *Wrongfully convicted: Perspectives on failed justice*, pp. 17-35. New Brunswick, NJ: Rutgers University Press 参照。イノセンス・プロジェクトのウィリアム・オーデル・ハリスの欄を参照。https://www.innocenceproject.org/cases/william-odell-harris/

**36.** たとえば，第 3 章の「現実のラインナップ」の節で挙げられている事件を参照。

**37.** 上述したように，ローズは 2 名の目撃者によって高い確信度と共に識別された（Rutenberg 2006, 前掲，注 **1**）。ブルース・ゴドショックは被害者の識別，2 人目の被害者の証言，刑務所にいる情報提供者の証言，血液検査の法科学的証拠，そして彼自身の自白に基づいて有罪判決を受けた（Innocence Project, 前掲，注 **2**）。カーク・ブラッズワースの起訴状には，5 人の目撃者による識別，靴跡，そして被告人による有罪をほのめかすような供述が含まれており，このすべてが検察官に「非常に強力な」証拠と言わしめることとなった（Dwyer, Neufeld, & Scheck 2000, 前掲，注 **4**, p. 222）。以下の章で議論するロナルド・コットンの事件では，2 名の被害者と 1 名の通行人による識別，雇用者の証言，そして物的証拠にもとづいて有罪判決が下された。

**38.** Saks, M. J., & Koehler, J. J.（2005）. The coming paradigm shift in forensic identification science, *Science, 309*, 892-895. DNA によって雪冤された最初の 225 名について同様の分析を行ったイノセンス・プロジェクトによると累計 376% という値が得られている。http://www.innocenceproject.org/understands/ を参照。DNA による最初の雪冤者 250 名についての分析によると，法科学的証拠を含んだ事件のおよそ 60% で不適切な法科学証人が証言しており（法廷速記録が利用可能であった 137 件中 80 件），これは雪冤者のサンプルの約 3 分の 1 に上る。Garrett, B. L., & Neufeld, P. J.（2009）. Invalid forensic science testimony and wrongful convictions. *Virginia Law Review, 95*, 1-97.

**39.** Saks and Koehler（2005, 前掲，注 **38**）の観察によると，誤った有罪判決は，証拠以外の要因によっても引き起こされる。警察の不正が 44%，検察の不正が 28%，不十分な弁護が 19% である。

**40.** ジュリアス・ラフィンは，バージニア州の陪審によって，強姦と住居侵入の罪で有罪と

された。彼は，21年間を刑務所ですごしたのちに，DNA検査に基づいて雪冤された。Gould (2008), 前掲，注 **10**.

**41**. たとえば，下記を参照。Uviller, H. R. (1990). Acquitting the guilty: Two case studies of jury misgivings and the misunderstood standard of proof. *Criminal Law Forum, 2*, 1-43; Rosen, J. (1998). After "One Angry Woman." *University of Chicago Legal Forum*, 179-195.

**42**. 多くの場合，訴訟当事者とその他の傍聴人が陪審の判断をあえて予測したりはしないだろう。

**43**. National Research Council (2004). *Fairness and effectiveness in policing: The evidence.* Ed. W. Skogan & K. Frydl, pp. 74, 227-228. Washington, DC: National Academies Press.

**44**. 刑事司法手続きに関わる人々の立場ごとの体系的な違いについては，ダン・カーンらの研究が示している。下記の論文を参照。Kahan, D. M. (2010). Culture, cognition, and consent: Who perceives what, and why, in "Acquaintance Rape" cases. *University of Pennsylvania Law Review, 158*, 729-813; Kahan, D. M., & Braman, D. (2008). The self-defensive cognition of self-defense. *American Criminal Law Review, 45*, 1-65.

**45**. 司法取引の比率は，強姦(88%)，強盗(89%)，過重暴行(92%)といったように，深刻な重罪でも高い。殺人でさえ，約3分の2(61%)で司法取引が行われている。Rosenmerkel, S., Durose, M., & Farole, D. (2009). Felony sentences in state courts, 2006-statistical tables. *U.S. Department of Justice, Bureau of Justice Statistics*, table 4.1. https://www.bjs.gov/content/pub/pdf/fssc06st.pdf

**46**. この実務に対する批判については，以下の論文を参照。Alschuler, A. W. (1976). The trial judge's role in plea bargaining. *Columbia Law Review, 76*, 1059-1154; Stuntz, W. J. (2004). Plea bargaining and criminal law's disappearing shadow. *Harvard Law Review, 117*, 2548-2569. Cf. Church, T. W. (1979). In defense of bargain justice. *Law & Society Review, 13*, 509-525. 司法取引が無実の被告人を有罪にするリスクを高めるという点については Alschuler, A. W. (2003). Straining at gnats and swallowing camels: The selective morality of professor Bibas. *Cornell Law Review, 88*, 1412-1424 を参照。

**47**. Gross et al. (2005), 前掲，注 **14** を参照。

**48**. イノセンス・プロジェクトは，雪冤が認められた最初の74の事件のうち37件において警察の不正があったとしている。この不正には，無罪を証明する証拠の隠蔽，過度の暗示，証拠の偽造，証人への強要，そして自白の強要が含まれる。http://innocenceproject.org/understand/Government-Misconduct.php。Saks and Koehler (2005, 前掲，注 **38**)の観察によると，警察の不正は，DNA検査による最初の雪冤事件86件のうち44%で認められるとしている。

**49**. 検察の不正は，DNA検査による最初の雪冤事件の74件中33件で認められた。この不正には，無罪を証明する証拠の隠蔽，誤った証言だと知りながらの利用，証人への強要，不適正な最終弁論，陪審への誤った供述，そして証拠の偽造が含まれる。http://innocenceproject.org/understand/Government-Misconduct.php。Saks and Koehler (2005, 前掲，注 **38**)は，DNA検査による最初の雪冤事件86件のうち28%で検察の不正があったとしている。

**50**. Saks & Koehler (2005, 前掲，注 **38**)によると，DNA検査による最初の雪冤事件86件のうち27%で，誤った，あるいは誤解を招く科学的専門家による証言があった。科学的証言の悪用については，下記を参照。Garrett, B. L., & Neufeld, P. J. (2009). Invalid forensic science testimony and wrongful convictions. *Virginia Law Review, 95*, 1-97; Giannelli, P. C. (1997). The abuse of scientific evidence in criminal cases: The need for independent crime laboratories. *Virginia Journal of Social Policy & the Law, 4*, 439-478; Mills, S., McRoberts, F., & Possley, M. (2004). Forensics under the microscope-When labs falter, defendants pay. *Chicago Tribune*, October 20.

**51.** 下記を参照。Federal Rules of Evidence 403, 404(a), and 404(b); Strong, J. W., ed. (1999). *McCormick on evidence* (5th ed.). St. Paul, MN: West Group.

**52.** Stuntz, W. (2011). *The collapse of American criminal justice*. Cambridge, MA: Harvard University Press.

**53.** 国選公費弁護人と裁判所の紹介による弁護人の仕事は，両者の過重な取扱件数と報酬の少なさによって妨げられる。たとえば，裁判所の紹介による弁護人の時間給は，非重罪事件で，1時間50ドルから65ドルであり，これは，個人開業している弁護士の時間給のおよそ4分の1である。調査のための公的資金は，皆無に等しい。The Constitution Project (2009). Justice denied: America's continuing neglect of our constitutional right to counsel. https://constitutionproject.org/pdf/139.pdf

**54.** 郡のなかで法がどのように機能しているかのよい説明としては下記を参照。Bach, A. (2009). *Ordinary injustice: How America holds court*. New York: Henry Holt.

**55.** この大部分の調査について，内的妥当性と，構成概念妥当性について心配する必要はほとんどない。これらの妥当性はともに，観察が結論をどの程度支持しているかに関するものである。Aronson, E., Wilson, T. D., & Brewer, M. B. (1998). Experimentation in social psychology. In D. T. Gilbert, S. T. Fiske, & G. Lindzey, eds., *The handbook of social psychology*, vol. 1 (4th ed.), pp. 99-142. New York: McGraw-Hill を参照。

**56.** Lewin, K. (1935). *A dynamic theory of personality*. New York: McGraw-Hill; Ross, L., & Nisbett, R. E. (1991). *The person and the situation: Perspectives of social psychology*. New York: McGraw-Hill を参照。

**57.** Simon, D. (2010). In praise of pedantic eclecticism: Pitfalls and op-portunities in the psychology of judging. In D. E. Klein & G. Mitchell, eds., *The psychology of judicial decision making*, pp. 131-147. New York: Oxford University Press を参照。

**58.** 下記論文を参照。McCloskey, M., Egeth, H., & McKenna, J. (1986). The experimental psychologist in court: The ethics of expert testimony. *Law and Human Behavior, 10*, 1-13; Konecni, V. J., & Ebbesen, E. B. (1986). Courtroom testimony by psychologists on eyewitness identification issues: Critical notes and reflections. *Law and Human Behavior, 10*, 117-126; Yuille, J. C., & Cutshall, J. L. (1986). A case study of eyewitness memory of a crime. *Journal of Applied Psychology, 71*, 291-301.

死刑陪審(死刑認定)から陪審員を除外することについての研究の無慈悲な対応については，Chief Justice Rehnquist's opinion in *Lockhart v. McCree*, 476 U.S. 162 (1986)を参照。反応については，Ellsworth, P. C. (1991). To tell what we know or wait for Godot? *Law and Human Behavior, 15(1)*, 77-90 を参照。

**59.** Diamond, S. S. (1997). Illuminations and shadows from jury simulations. *Law and Human Behavior, 21*, 561-571; Bornstein, B. H. (1999). The ecological validity of jury simulations: Is the jury still out? *Law and Human Behavior, 23*, 75-91; Simon (2010), 前掲，注**57** を参照。

**60.** 収束的妥当性の構成については，Aronson, Wilson, & Brewer（1998），前掲，注 **55** 参照。

**61.** 法心理学的研究の構成概念妥当性については，Simon（2010），前掲，注 **57** 参照。

**62.** 実験が，その結果を大きく見積もるか小さく見積もるかは，統制された要因が，自然状況において焦点となる要因とどのように交互作用を起こしているかによる。焦点を当てる要因に対して本来抑制的に働く要因を統制することは，この結果を大きく見積もらせることになり，逆に，本来促進的に働いている要因を統制することは，結果を小さく見積もらせることになる。たとえば，個々の陪審員が，あるバイアスの影響を受けやすいという知見は，実際には，そのバイアスが，陪審評議によって補正されているかもしれないので，刑事司法制度の問題を過剰に大きく見せていると言われるかもしれない。他方で，評議自体がそのバイアスを拡大するよう機能しているかもしれず，その場合は，中心的知見が実際の問題を過小評価していることになる。

**63.** 第 7 章で論じられたように，法的判決を下す組織の文脈で，この手続きの正確さを保証するのは困難である。

**64.** 実験心理学の慣習では，知見は，実験的操作による効果が，偶然によって引き起こされたものではないという蓋然性が認められた場合に（一般的には 0.05 の閾値を基準として用いて），統計的に有意であると見なされる。統計的に有意ということは，それ自体が弱い効果（たとえば，24% から 29% へのエラー率の上昇）か強い効果（24% から 60% へのエラー率の上昇）かを区別しているわけではない。また，観察された現象の絶対的な値について，つまり，実験的操作が（20% から）30% のエラー率を引き起こしたか，あるいは（80% から）90% のエラー率を引き起こしたかを言っているわけでもない。

**65.** ロイド・ワインレブは，「捜査管轄（investigating magistracy）」の設立を提案している。Weinreb, L. L.（1977）. *Denial of justice*. New York: Free Press, p. 119. ジョージ・トーマスは，刑事捜査と公判前手続きが「監査判事（screening magistrate）」によって監督されるべきだと提案している。Thomas, G. C., III（2008）. *The Supreme Court on trial: How the American justice system sacrifices innocent defendants*. Ann Arbor: University of Michigan Press, pp. 193-227. 似たような観点で，キース・フィンドリーは，対審制と審問制の良い点を組み合わせた制度を提案している。Findley, K. A.（in press）. Adversarial inquisitions: Rethinking the search for the truth. *New York Law Review*.

アングロ・アメリカン型と大陸型の刑事司法制度の違いについては，下記の文献を参照。Hatchard, J., Huber, B., & Vogler, R.（1996）. *Comparative criminal procedure*. London: British Institute of International and Comparative Law; van Koppen, P. J., & Penrod, D. S.（2003）. *Adversarial versus inquisitorial justice: Psychological perspectives on criminal justice systems*. New York: Kluwer Academic Publishing.

**66.** 審問制に対する主な批判については下記を参照。Sklansky, D. A.（2009）. Anti-inquisitorialism. *Harvard Law Review, 122*, 1634-1704.

**67.** 真実を見つけるというその高い目標が，刑事捜査の厳しい現実に完全には適合しないために，審問制が万能ではないことは認めるべきである。ジャクリーン・ホジソンは，フランスの制度が，審問制の理想におおむね合致していないと述べている。およそ 95% の犯罪は，判事（juge d'instruction）によって捜査されず，検察（procureur）の指導の下，通常の警察によって捜査される。この手続きの機能は，アングロ・アメリカンにおけるそれとほとんど同じであり，かつ，おそらく被疑者の権利に対する保護はより弱くなる。Hodgson, J.（2005）. *French criminal justice: A comparative account of the investigation and prosecution of*

240                                  注

*crime in France*. Oxford: Hart Publishing.

**68.** 提案のごく一部は，立法的介入を必要とするかもしれない。

**69.** 最初の 250 人の雪冤事件のうち 42% で，真犯人が特定された。Innocence Project
(2010). 250 exonerated, too many wrongfully convicted. http://www.innocenceproject.org/
news/250.php.

**70.** 無実の被告人だけを保護することの重要さについては，Amar, A. R. (1997). *The con-stitutional and criminal procedures: First principles*, chap. 4. New Haven, CT: Yale University Press を参照。

**71.** この種のトレードオフの例については，第 3 章の「改革への提案」を参照。

**72.** 改善案をデザインする際には，意図しない，望ましくない結果が起こる可能性を考慮する必要がある。キャロル・スタイカーとジョーダン・スタイカーが記しているように，本当は無実だという主張は，諸刃の剣として使われる可能性があり，その主張は，アメリカ最高裁と議会によって，被告人の事件を公正に評価する場から被告人を締め出す政策を正当化するためにうまく利用されている。Steiker, C. S., & Steiker, J. M. (2005). The seduction of innocence: The attraction and limitations of the focus on innocence in capital punishment law and advocacy, *Journal of Criminal Law & Criminology, 95*, 587-624.

　　改革の必要性に対する懐疑的な見方については，たとえば，Allen, R. J., & Laudan, L. (2008). Deadly dilemmas. *Texas Tech Law Review, 41*, 65-92 を参照。

**73.** 逮捕から判決までかかる時間の中央値は，強姦，強盗，暴行を含む各種重罪については 4 カ月から 8 カ月であり，殺人については約 1 年である。Cohen, T. H., & Kyckelhahn, T. (2010). Felony defendants in large urban counties, 2006. *Department of Justice, Bureau of Justice Statistics*, table 10. https://bjs.gov/content/pub/pdf/fdluc06.pdf 実際に裁判まで行く事件では，この期間ははるかに長くなる。

**74.** 生の証拠の正確性には例外がある。時々，証人のもともとの証言は誤っていたが，他の証人の証言による汚染によってその証人の証言がより正確になることもある。政策問題として，証人の証言により正確な情報を植えつけることは，避けるべきである。正確性を向上させる可能性があるからといって，その事によって生起する法的，倫理的，実際的な問題の多くを正当化することはできないのだ。

## 第 2 章

**1.** この事件は，感動的な本の題材である。Thompson-Cannino, J., Cotton, R., & Torneo, E. (2009). *Picking cotton*. New York: St. Martin's Press. この事件は，最初，ベン・ローターマンによって，製作・監督されたドキュメンタリーフィルムで紹介された。*What Jennifer Saw, Frontline* series, PBS (1997). https://www.pbs.org/wgbh/pages/frontline/shows/dna/ 本文におけるこの事件の説明は，最初の裁判の速記録（*State v. Cotton*, No. 257A85 Alamance Co. Super. Ct., January 7, 1985）と 2 つめの裁判の上訴文書（*State v. Cotton*, 318 N.C. 663 [1987], No. 257A85）も基にしている。

**2.** ゴールディンの識別手続きは，現在のベスト・プラクティスの基準を満たしていないが，多くの裁判管轄で今日行われている手続きとそれほど違うわけではない。有能な代理人を雇うことのできない多くの被告人とは異なり，コットンは，裁判所が任命した弁護士，フィリップ・モーズレイによって弁護を受ける幸運に恵まれた。彼は，最初の裁判でも上級審でもうまくやってのけた。

**3.** たとえば，ブルース・ゴドショックから虚偽自白を引き出した取り調べは，被害者の1人が写真帳から彼を犯人と識別した直後に行われた。その女性は，法廷で，自分の犯人識別には絶対の確信があると証言したのにもかかわらず，写真帳から彼を選ぶ際には，非常に迷っていた。彼がゴドショックを犯人と識別したのは，3度目に彼を見た時であり，毎回，20分から30分見続けていた。*Commonwealth of Pennsylvania v. Bruce Godschalk*, 00934-87, Montgomery County, Suppression hearing, May 26, 1987, p. 23.

**4.** National Research Council (2004). *Fairness and effectiveness in policing: The evidence.* Ed. Wesley Skogan & Kathleen Frydl, pp. 48-49. Washington, DC: National Academies Press. 少なくとも771の警察機関が，たった1人の警察官しか配置していない。警察機関が，法の遵守(主にパトロールを通して)，秩序の維持，そしてさまざまな公共サービスの提供といった捜査以外の仕事も任せられていることを思い起こしてほしい。

**5.** Innes, M. (2003). *Investigating murder: Detective work and the police response to criminal homicide*, p. 127. Oxford: Oxford University Press.

**6.** National Research Council (2004), 前掲, 注**4**, p. 2; Skolnick, J. (1966). *Justice without trial: Law enforcement in democratic society*, pp. 66-68. New York: Wiley; Waegel, W. B. (1981). Case routinization in investigative police work. *Social Problems, 28*, 263-275.

**7.** Brownlie, A. R. (1984). *Crime Investigation, art or science? Patterns in a labyrinth.* Edinburgh: Scottish Academic Press を参照。刑事の訓練の多くは，仕事中に非公式で行われており，先輩刑事の見習いといった形式で行われている。Manning, P. K. (2006). Detective work/culture. In J. Greene, ed., *Encyclopedia of police sciences*, p. 394. New York: Routledge.

**8.** Innes (2003), 前掲, 注**5**.

**9.** Skolnick (1966), 前掲, 注**6**; Neyroud, P., & Disley, E. (2007). The management, supervision, and oversight of criminal investigations. In T. Newburn, T. Williamson, & A. Wright, eds., *Handbook of criminal investigation*, pp. 549-571. Portland, OR: Willan Publishing.

**10.** U.S. Department of Justice, National Institute of Justice (2003). *Factors that influence public opinion of the police.* Washington, DC. https://www.ncjrs.gov/pdffiles1/nij/197925.pdf を参照。

**11.** 耳目を集める事件の報道に対応することは，警察の捜査官が直面するやっかいな問題の一つになっている。Mawby, R. C. (2007). Criminal investigation and the media. In T. Newburn, T. Williamson, & A. Wright, eds., *Handbook of criminal investigation*, pp. 146-169. Portland, OR: Willan Publishing.

**12.** Innes (2003), 前掲, 注**5**, p. 127. 「最善のとき」に捜査を十分進められないと，犯罪現場が汚染されるリスク，証人の記憶が劣化し，汚染されるリスク，そして，犯人が，事件の手がかりを隠蔽する機会を与えることになる。Innes, M. (2007). Investigation order and major crime inquiries. In T. Newburn, T. Williamson, & A. Wright, eds., *Handbook of criminal investigation*, pp. 255-276. Portland, OR: Willan Publishing.

**13.** スコルニックによれば，法に従うことが，職務の妨げになることもある。Skolnick (1966), 前掲, 注**6**, chaps. 9-11. National Research Council (2004), 前掲, 注**4**, p. 159 も参照．

**14.** National Research Council (2004), 前掲, 注**4**, p. 3. 1970年代以来，警察捜査の現場を

242 注

対象とした研究は，アメリカでほとんどされていない。同上 p. 23. 最近の調査のほとんど
は，イギリスで行われたものである。

**15.** イギリスで行われた殺人捜査についてのある研究によれば，捜査論法にもっとも一般的
に用いられていたのは仮説推論であった。Innes (2003), 前掲，注 **5**, p. 184. 仮説推論につい
ては下記も参照。 Anderson, T., Schum, D., & Twining, W. (2005). *Analysis of evidence.*
2nd ed. Cambridge: Cambridge University Press.

**16.** Carson, D. (2009). Detecting, developing and disseminating detectives' "creative" skills.
*Policing & Society, 19,* 216-225.

**17.** Risinger, M. D. (2006). Boxes in boxes: Julian Barnes, Conan Doyle, Sherlock Holmes
and the Edalji case. *International Commentary on Evidence, 4(2),* article 3.

**18.** Spalding, T. L., & Murphy, G. L. (1996). Effects of background knowledge on category
construction. *Journal of Experimental Psychology: Learning, Memory, and Cognition, 22,*
525-538.

**19.** この効果は，説明バイアス(explanation bias)と呼ばれている。Markman, K. D., & Hirt,
E. R. (2002). Social prediction and the "allegiance bias." *Social Cognition, 20,* 58-86. しかし，
この効果は，動機によって容易に無力化される。たとえば，参加者がどちらかのチームのフ
ァンである場合には通用しない。

**20.** Carroll, J. S. (1978). The effect of imagining an event on expectations for the event:
An interpretation in terms of the availability heuristic. *Journal of Experimental Social Psy-
chology, 14,* 88-96.

**21.** [訳注] 発展途上国に対する社会・経済的ボランティアを行う団体。アメリカ政府が運
営している。

**22.** Ross, L. D., Lepper, M. R., Strack, F., & Steinmetz, J. (1977). Social explanation and so-
cial expectation: Effects of real and hypothetical explanations on subjective likelihood. *Jour-
nal of Personality and Social Psychology, 35,* 817-829. レビューについては下記参照。
Koehler, D. J. (1991). Explanation, imagination, and confidence in judgment. *Psychological
Bulletin, 110,* 499-519. Gilbert, D. T., Krull, D. S., & Malone, P. S. (1990). Unbelieving the
unbelievable: Some problems in the rejection of false information. *Journal of Personality
and Social Psychology, 59,* 601-613 も参照。

**23.** Tversky, A., & Kahneman, D. (1974). Judgment under uncertainty: Biases and heuris-
tics. *Science, 185,* 1124-1130. 条件付き確率における信念膨張についての研究に関しては
Koriat, A., Fiedler, K., & Bjork, R. A. (2006). Inflation of conditional predictions. *Journal of
Experimental Psychology: General, 135,* 429-447 を参照。

**24.** この効果は信念耐久と名づけられている。Anderson, C. A., Lepper, M. R., & Ross, L.
(1980). Perseverance of social theories: The role of explanation in the persistence of dis-
credited information. *Journal of Personality and Social Psychology, 39,* 1037-1049.

**25.** Bacon, E (1620/1960). *The new organon and related writings,* p. 50. New York: Lib-
eral Arts Press.

**26.** Doyle, A. C. (1891). The adventures of Sherlock Holmes: A scandal in Bohemia.
*Strand Magazine,* July 1981, p. 2.

**27.** レビューについては，Klayman, J. (1995). Varieties of confirmation bias. In J. R. Buse-
meyer, R. Hastie, & D. L. Medin, eds., *Decision making from the perspective of cognitive psy-*

*chology*, vol. 32: The psychology of learning and motivation, pp. 385-418. New York: Academic Press; Nickerson, R. S. (1998). Confirmation bias: A ubiquitous phenomenon in many guises. *Review of General Psychology, 2*, 175-220 を参照。

**28.** Klayman (1995), 前掲, 注 **27**, p. 386.

**29.** Revlin, R., Leirer, V., Yopp, H., & Yopp, R. (1980). The belief-bias effect in formal reasoning: The influence of knowledge on logic. *Memory & Cognition, 8*, 584-592 を参照。

**30.** Edwards, K., & Smith, E. E. (1996). A disconfirmation bias in the evaluation of arguments. *Journal of Personality and Social Psychology, 71*, 5-24 を参照。

**31.** 同上。

**32.** Koehler, J. J. (1993). The influence of prior beliefs on scientific judgments of evidence quality. *Organizational Behavior and Human Decision Processes, 56*, 28-55; Mahoney, M. J. (1977). Publication prejudices: An experimental study of confirmatory bias in the peer review system. *Cognitive Therapy and Research, 1*, 161-175.

**33.** Darley, J. M., & Gross, P. H. (1983). A hypothesis-confirming bias in labeling effects. *Journal of Personality and Social Psychology, 44*, 20-33.

**34.** Hirt, E. R., & Markman, K. D. (1995). Multiple explanation: A consider-an-alternative strategy for debiasing judgments. *Journal of Personality and Social Psychology, 69*, 1069-1086 (study 3).

**35.** フランスの哲学者エミール・シャルティエ(Emile Chartier, 1868-1961 [訳注：正しくは 1951])の言葉として知られる。

**36.** Cohen, C. E. (1981). Person categories and social perception: Testing some boundaries of the processing effect of prior knowledge. *Journal of Personality and Social Psychology, 40*, 441-452.

**37.** Edwards & Smith (1996), 前掲, 注 **30**.

**38.** Greenhoot, A. F., Semb, G., Colombo, J., & Schreiber, T. (2004). Prior beliefs and methodological concepts in scientific reasoning. *Applied Cognitive Psychology, 18*, 203-221.

**39.** Fraser-Mackenzie, P. A. F., & Dror, I. E. (2009). Selective information sampling: Cognitive coherence in evaluation of a novel item. *Judgment and Decision Making, 4*, 307-316.

**40.** Kempton, J., Alani, A., & Chapman, K. (2002). Potential effects of the confirmation bias in house condition surveys. *Structural Survey, 20*, 6-12.

**41.** Wallsten, T. S. (1981). Physician and medical student bias in evaluating diagnostic information. *Medical Decision Making, 1*, 145-164. ある研究によると, 71% の医学生と研修医が, 仮として提示された診断に同意した。なお, もっともらしい代替案ではあるが暗示的に提示されなかった場合の診断に対する同意率は 10% 未満であった。Leblanc, V. R., Brooks, L. R., Norman, G. R. (2002). Believing is seeing: The influence of a diagnostic hypothesis on the interpretation of clinical features. *Academic Medicine, 77(10)*, supp. Pines, J. M. (2005). Profiles in patient safety: Confirmation bias in emergency medicine. *Academic Emergency Medicine, 13*, 90-94 も参照。

**42.** Graber, M. L., Franklin, N., & Gordon, R. (2005). Diagnostic error in internal medicine. *Archives of Internal Medicine, 165*, 1493-1499.

**43.** 就職面接の応募者として提示されたときには, 心理臨床家はその人物を, 「魅力的で, 受け入れやすい外見」, 「実直で創造的」のように, 自然な言葉で表した。同じ人物が患者と

して提示されたときには，「依存的で，頑な」，「厳格で，防衛的な人物，同性愛に対して葛藤を持っている」と表した。2つのグループに見られた報告の違いは，精神分析家では顕著であったが，行動療法家ではそれほどではなかった。Langer, E. J., & Abelson, R. P. (1974). A patient by any other name...: Clinician group difference in labeling bias. *Journal of Consulting and Clinical Psychology, 42,* 4-9.

**44.** Ben-Shakhar, G., Bar-Hilel, M., Bilu, Y., & Shefler, G. (1998). Seek and ye shall find: Test results are what you hypothesize they are. *Journal of Behavioral Decision Making, 11,* 235-249.

**45.** Ask, K., & Granhag, P. A. (2007a). Motivational bias in criminal investigators' judgments of witness reliability. *Journal of Applied Social Psychology, 37,* 561-591; Ask, K., Rebelius, A., & Granhag, P. A. (2008). The "elasticity" of criminal evidence: A moderator of investigator bias. *Applied Cognitive Psychology, 22,* 1245-1259.

**46.** 熟練者と比較的経験の浅い分析者の間には差はみられなかった。Kerstholt, J. H., & Eikelbloom, A. R. (2007). Effects of prior interpretation on situation assessment in crime analysis. *Journal of Behavioral Decision Making, 20,* 455-465.

**47.** これらの専門家には知らせずに，実際の事件で得られた同じペアの指紋を事前に分析させ，それらが同一かどうか判断させた。研究者が，これらの専門家に（わざと）これらの指紋は同一ではないと知らせたところ，この誤情報は，対象となった専門家のうち，たった1人を除く全員に強い影響を与えた。5人の専門家のうち，3人が，自分の判断を「不一致」に変え，1人が「判断できない」に変えた。Dror, I. E., Charlton, D., & Peron, A. E. (2006). Contextual information renders experts vulnerable to making erroneous identifications. *Forensic Science International, 156,* 74-78.

**48.** 警察捜査で生じるトンネル・ビジョンについて情報に富んだ議論をしているものについては，下記参照。Martine, D. L. (2002). The police role in wrongful convictions: An international comparative study. In Saundra D. Westervelt & John A. Humphrey, eds., *Wrongfully convicted: Perspectives on failed justice,* pp. 77-95. New Brunswick, NJ: Rutgers University Press; Findley, K. A., & Scott, M. S. (2006). The multiple dimensions of tunnel vision in criminal cases. *Wisconsin Law Review,* 291-397; および，Risinger, M. D., Saks, M. J., Thompson, W. C., & Rosenthal, R. (2002). The Daubert/Kumho implications of observer effects in forensic science: Hidden problems of expectation and suggestion. *California Law Review, 90,* 1-56.

**49.** これは，アメリカでもイギリスでも当てはまる。National Research Council (2004), 前掲，注**4**, p. 74; Bayley, D. H. (2005). What do the police do? In T. Newburn, ed., *Policing: Key readings,* p. 145. Portland, OR: Willan Publishing; Bayley, D. H. (1994). *Police for the future,* p. 27. New York: Oxford University Press.

**50.** たとえば，Lord, C. G., Ross, L., & Lepper, M. R. (1979). Biased assimilation and attitude polarization: The effects of prior theories on subsequently considered evidence. *Journal of Personality and Social Psychology, 37,* 2098-2109; Edwards & Smith (1996), 前掲，注**30**を参照。

**51.** この効果についての知見は，カナダ，オーストラリア，フランス，イギリス，アメリカの警察官の研究から得られたものである。以下，参照。Perrott, S. B., & Taylor, D. M. (1995). Attitudinal differences between police constables and their supervisors: Potential influences of personality, work environment, and occupational role. *Criminal Justice and Behavior, 22*, 326-339; Wortley, R. K., & Homel, R. J. (1995). Police prejudice as a function of training and outgroup contact: A longitudinal investigation. *Law and Human Behavior, 19*, 305-317; Furnham, A., & Alison, L. (1994). Theories of crime, attitudes to punishment and juror bias amongst police, offenders and the general public. *Personality and Individual Differences, 17*, 35-48; Sidanius, J., Liu, J. H., Shaw, J. S., & Pratto, F. (1994). Social dominance orientation, hierarchy attenuators and hierarchy enhancers: Social dominance theory and the criminal justice system. *Journal of Applied Social Psychology, 24*, 338-366. スウェーデンの熟練の取調官と学生を比較した実験では，熟練の取調官のほうが，どちらともとれる証拠を被疑者として疑われている人の有罪を示していると解釈しやすいことが示された。Ask, K., & Granhag, P. A. (2005). Motivational sources of confirmation bias in criminal investigations: The need for cognitive closure. *Journal of Investigative Psychology and Offender Profiling, 2*, 43-63.

**52.** そのため，確証バイアスは心的汚染の範疇である。Wilson, T. D., & Brekke, N. (1994). Mental contamination and mental correction: Unwanted influences on judgments and evaluations. *Psychological Bulletin, 116*, 117-142 を参照。

**53.** ジェイ・ケーラーは，科学者による研究の評価は，その科学者自身の信念に一致する方向にバイアスの影響を受けるが，科学者はそれを否定し，なんの影響もないと非難することを見いだした。Koehler (1993), 前掲，注 **32** を参照。

**54.** たとえば Ask, Rebelius, & Granhag (2008), 前掲，注 **45**; Dror, I. E., & Charlton, D. (2006). Why experts make errors. *Journal of Forensic Identification, 56*, 600-616 を参照。

**55.** Weinreb, L. L. (1977). *Denial of justice*, chap. 2. New York: Free Press 参照。

**56.** Cole, S. A. (2005). More than zero: Accounting for error in latent fingerprint identification. *Journal of Criminal Law & Criminology, 95*, 985-1078; Giannelli, P. C. (1997). The abuse of scientific evidence in criminal cases: The need for independent crime laboratories. *Virginia Journal of Social Policy & the Law, 4*, 439-478.

**57.** Comment on Rule 3.8 of Model Rules of Professional Conduct. American Bar Association. *Berger v. United States*, 295 U.S. 78,88 (1935); Weinreb (1977), 前掲，注 **55**, chap. 3 も参照。

**58.** 動機づけられた推論についての研究の理論的基礎はジバ・クンダによってつくられた。Kunda, Z. (1990). The case for motivated reasoning. *Psychological Bulletin, 108*, 480-498, p. 480 を参照。

**59.** Ditto, P. H., Munro, G. D., Apanovitch, A. M., Scepansky, J. A., & Lockhart, L. K. (2003). Spontaneous skepticism: The interplay of motivation and expectation in responses to favorable and unfavorable medical diagnoses. *Personality and Social Psychology Bulletin, 29*, 1120-1132.

**60.** Wyer, R. S., & Frey, D. (1983). The effects of feedback about self and others on the recall and judgments of feedback-relevant information. *Journal of Experimental Social Psychology, 19*, 540-559.

**61.** Munro, G. D., Ditto, P. H., Lockhart, L. K., Fagerlin, A., Gready, M., & Peterson, E. (2002). Biased assimilation of sociopolitical arguments: Evaluating the 1996 U.S. presidential debate. *Basic and Applied Social Psychology, 24*, 15-26.

**62.** Hastorf, A. H., & Cantril, H. (1954). They saw a game: A case study. *Journal of Abnormal and Social Psychology, 49,* 129-134.

**63.** Boiney, L. G., Kennedy, J., & Nye, P. (1997). Instrumental bias in motivated reasoning: More when more is needed. *Organizational Behavior and Human Decision Processes, 72,* 1-24.

**64.** Brownstein, A. L., Read, S. J., & Simon, D. (2004). Effects of individual expertise and task importance on pre-decision reevaluation of alternatives. *Personality and Social Psychology Bulletin, 30,* 819-904.

**65.** たとえば, Larwood, L., & Whittaker, W. (1977). Managerial myopia: Self-serving biases in organizational planning. *Journal of Applied Psychology, 62,* 194-198; Risucci, D. A., Tortolani, A. J., & Ward, R. J. (1989). Ratings of surgical residents by self, supervisors and peers. *Surgery, Gynecology and Obstetrics, 169*(6), 519-526; Bass, B. M., & Yammarino, F. J. (1991). Congruence of self and others' leadership ratings of naval officers for understanding successful performance. *Applied Psychology, 40,* 437-454 を参照。

**66.** この研究では, ある大学生が修学上の不正行為で捜査されるという模擬犯罪場面が用いられた。Simon, D., Stenstrom, D., & Read, S. J. (2008). *On the Objectivity of Investigations: An Experiment.* Paper presented at Conference for Empirical Legal Studies, Cornell Law School, September 9-10.

**67.** 敵対的な不信感は, 相手方の捜査官を自分たちに比べて客観性に乏しく, 信用できない人物として知覚することで顕在化する。同上。

**68.** Charlton, D., Fraser-Mackenzie, P., & Dror, I. E. (2010). Emotional experiences and motivating factors associated with fingerprint analysis. *Journal of Forensics Sciences, 55,* 385-393.

**69.** 戦争のメタファーは, 特別な行為に対する容認を含意し, それを正当化する雰囲気を生み出す。Lakoff, G., & Johnson, M. (1980). *Metaphors we live by.* Chicago: University of Chicago Press.

**70.** Klockers, C. B. (1985). *The idea of police.* Beverly Hills, CA: Sage Publications; Stenross, B., & Kleinman, S. (2003). The highs and lows of emotional labor: Detectives' encounters with criminals and victims. In M. R. Pogrebin, ed., *Qualitative approaches to criminal justice: Perspectives from the field,* pp. 107-115. Thousand Oaks, CA: Sage Publications; Charlton, Fraser-Mackenzie, & Dror (2010), 前掲, 注 **68**.

　　大義における有罪判決の重要性については, 2度目の裁判でダリル・ハントを有罪にした検察官であるディーン・ボウマンが実例を提供してくれている。「検察官として最も報われるのは, あなたにもわかるでしょうが, 正しいことをしているか, 正しいことのために最大限の努力をして, いかに勝ち目があろうとなかろうと道義的な有罪判決を得て, 真実がもたらされるときです。辛い道を行かなければなりませんが, 真実が明らかになると確信し, 信じてそれに向かって進まなければなりません。私は思うんです。どんな障害があろうとも, そのことに情熱をそそぎ, それが真実だと信じているのなら, いずれそれは勝利につながる。そして私は, これがまさにそれだと分かったのです」Interview with Dean Bowman, in *The trials of Darryl Hunt* (2005). Think Film, produced and directed by Ricki Stern and Anne Sundberg. ダリル・ハントは, 18年半刑務所で過ごした後, DNA によって雪冤され, 釈放された。https://www.innocenceproject.org/cases/darryl-hunt/

**71.** FBI に報告される犯罪データの公的な基準では，被疑者は，逮捕され，その罪で起訴され，検察官から法廷に引き渡されることを要件としている。Federal Bureau of Investigation (2010). *Uniform crime reporting handbook*. https://ucr.fbi.gov/crime-in-the-u.s/2010/crime-in-the-u.s.-2010/methodology 取調官の日常的な実務においては，被疑者を捕まえることができれば十分である。Skolnick (1966), 前掲，注 **6**, pp. 167-173; Waegel (1981), 前掲，注 **6** を参照。

**72.** Stern & Sundberg (2005) 前掲，注 **70** における警察署長ジョゼフ・マステンの陳述を参照。ハントが DNA によって雪冤され，18 年半刑務所で過ごした後，釈放されたことを思い出してほしい。

**73.** Wilson, O. W. (1962). *Police planning*, p. 3. Springfield, IL: Charles C. Thomas; Skolnick (1966), 前掲，注 **6**, chap. 8 参照。

**74.** Skolnick (1966), 前掲，注 **6**; Waegel (1981), 前掲，注 **6** 参照。

**75.** ニューヨークの警察署では，検挙率が低いと，その地区の責任者が同僚や部下の前で叱責され，恥ずかしい思いをさせられた。Rashbaum, William K. (2010). Retired officers raise questions on crime data. *New York Times*, February 6. https://www.nytimes.com/2010/02/07/nyregion/07crime.html

**76.** Waegel (1981), 前掲，注 **6**.

**77.** Rashbaum (2010), 前掲，注 **75**; Baker, A. (2010). Former commander recalls pressures to alter reports. *New York Times*, February 7. https://www.nytimes.com/2010/02/08/nyregion/08captain.html; Rayman, G. (2010). The NYPD tapes: Inside Bed-Stuy's 81st precinct. *The Village Voice*, May 4, 2010; Davies, N. (2003). Fiddling the figures: Police cheats who distort force records. *The Guardian*, July 11. https://www.theguardian.com/uk/2003/jul/11/ukcrime.prisonsandprobation1

**78.** 検挙された犯罪のおよそ 30% は現場で解決され，50% は，巡査による最初の犯人識別をもとに解決された。警部は，残りの 20% の事件に関わり，その事件の大部分は，名乗り出てきた証人の情報によって解決されるか，事務職員でも日常的にできる情報を追跡することによって解決された。Petersilia, J. (1977). The investigative function. In P. W. Greenwood, J. M. Chaiken, J. Petersilia, eds., *The criminal investigation process*. Lexington, MA: D. C. Heath. Waegel (1981), 前掲，注 **6**; Stenross & Kleinman (2003), 前掲，注 **70** も参照。National Research Council (2004), 前掲，注 **4**, pp. 74, 227-228 も参照。

イギリスでは，殺人のおよそ 70% は「自己完結型」(現場に犯人を示す証拠が豊富で捜査がほとんど不要なケース)と考えられると推定されている。Innes, M. (2002). The "process structures" of police homicide investigations. *British Journal of Criminology, 42,* 669-688. アメリカの一部の裁判管轄では，簡単に解決できる事件を「ダンカー(dunkers)」と呼んでいる。Manning (2006), 前掲，注 **7**.

**79.** Bayley (2005), 前掲，注 **49**, p. 145; Eck, J. (1992). *Solving crimes: The investigation of burglary and robbery*. Washington, DC: Police Executive Research Foundation.

**80.** National Research Council (2004), 前掲，注 **4**, p. 74; Tilley, N., Robinson, A., & Burrows, J. (2007). The investigation of high volume crime. In T. Newburn, T. Williamson, & A. Wright, eds., *Handbook of criminal investigation*, pp. 226-254. Portland, OR: Willan Publishing.

**81.** Innes (2003), 前掲，注 **5**, p. 15.

**82.** ウォルター・スナイダー事件の検察官であるジョゼフ・マッカーシー(第4章参照)は，以下のように説明している。「そして強姦事件では，被害者と検察官，そして取調官の間にしばしば絆が生まれる。その者たちは辛い時間を経験する。その心理とは，自分は，彼らと街にいる奴らとの間の最終防衛ラインであるという心理である」Dwyer, J., Neufeld, P., & Scheck, B. (2000). *Actual innocence: Five days to execution and other dispatches from the wrongfully convicted*, p. 238. New York: Doubleday. 殺人事件に13年間を費やした，カリフォルニアの殺人事件担当警部は，被害者の母親と築いた親しい関係について「彼女は私の家族の一部であり，私は彼女の家族の一部である」と記述している。Therolf, G. (2007). A "bitter joy" at murder arrests: After 13 years, Placentia police say new DNA evidence ties two cousins to the stabbing death of a Cal State Fullerton student. *Los Angeles Times*, July 7. https://www.latimes.com/archives/la-xpm-2007-jul-07-me-torrez7-story.html

**83.** これらの情動的反応の関係については以下を参照。Kahneman, D., & Sunstein, C. R. (2005). Cognitive psychology of moral intuitions. In J. P. Changeux, A. R. Damasio, W. Singer, & Y. Christen, eds., *Neurobiology of human values*, pp. 91-105. Berlin: Springer.

**84.** Lerner, J. S., Goldberg, J. H., & Tetlock, P. E. (1998). Sober second thought: The effects of accountability, anger, and authoritarianism on attributions of responsibility. *Personality and Social Psychology Bulletin, 24*, 563-574; Goldberg, J. H., Lerner, J. S., & Tetlock, P. E. (1999). Rage and reason: The psychology of the intuitive prosecutor. *European Journal of Social Psychology, 29*,781-795; Quigley, B. M., & Tedeschi, J. T. (1996). Mediating effects of blame attributions on feelings of anger. *Personality and Social Psychology Bulletin, 22*, 1280-1288. 怒りは，事故の過失割合判断における有責性の判断にも影響することが知られている。Feigenson, N., Park, J., & Salovey, P. (2001). The role of emotions in comparative negligence judgments. *Journal of Applied Social Psychology, 31*, 576-603. 怒りの状態が高まると，瑕疵を状況よりも個人の行為へ帰属する傾向を強める。Keltner, D., Ellsworth, P. C., & Edwards, K. (1993). Beyond simple pessimism: Effects of sadness and anger on social perception. *Journal of Personality and Social Psychology, 64*, 740-752.

**85.** たとえば，怒りを喚起することで，ヒスパニック系の人というものは暴力的であり，体育会系の学生というものは試験で不正行為を働くものだ，という根拠のない主張を信じる参加者の傾向が高められた。Bodenhausen, G. V., Sheppard, L. A., & Kramer, G. P. (1994). Negative affect and social judgment: The differential impact of anger and sadness. *European Journal of Social Psychology, 24*, 45-62.

**86.** Ferguson, T. J., & Rule, B. G. (1983). An attributional perspective on anger and aggression. In R. G. Geen & E. I. Donnerstein, eds., *Aggression: Theoretical and empirical reviews*, vol. 1, pp. 41-74. New York: Academic Press.

**87.** Mackie, D. M., Devos, Thierry, & Smith E. R. (2000). Intergroup emotions: Explaining offensive action tendencies in an intergroup context. *Journal of Personality and Social Psychology, 79*, 602-616.

**88.** Dror, I. E., Peron, A. E., Hind, S. L., & Charlton, D. (2005). When emotions get the better of us: The effect of contextual top-down processing on matching fingerprints. *Applied Cognitive Psychology, 19*, 799-809.

**89.** 悲しみの喚起はこのような効果をもたない。Ask, K., & Granhag, P. A. (2007b). Hot cognition in investigative judgments: The differential influence of anger and sadness. *Law*

*and Human Behavior, 31*, 537-551.

**90.** Tajfel, H., & Turner, J. (1979). An integrative theory of intergroup conflict. In W. G. Austin & S. Worchel, eds., *The Social psychology of intergroup relations*, pp. 33-47. Belmont, CA: Wadsworth; Abrams, D., & Hogg, M. A. (1990). *Social identity theory: Constructive and critical advances*. New York: Springer-Verlag; Abrams, D. (1999). Social identity, social cognition, and the self: The flexibility and stability of self-categorization. In D. Abrams, & M. A. Hogg, eds., *Social identity and social cognition*, pp. 197-229. Malden, MA: Blackwell.

**91.** 実験研究のレビューについては下記参照。Brewer, M. B. (1979). In-group bias in the minimal intergroup situation: A cognitive-motivational analysis. *Psychological Bulletin, 86*, 307-324. Recent research emphasizes the importance of morality in in-group evaluations. Leach, C. W., Ellemers, N., & Barreto, M. (2007). Group virtue: The importance of morality (vs. competence and sociability) in the positive evaluation of in-groups. *Journal of Personality and Social Psychology, 93*, 234-249. 文化人類学的な例については下記参照。Brewer, M. B., & Campbell, D. T. (1976). *Ethnocentrism and intergroup attitudes: East African evidence*. Beverly Hills, CA: Sage Publications; Phalet, K., & Poppe, E. (1997). Competence and morality dimensions of national and ethnic stereotypes: A study in six eastern-European countries. *European Journal of Social Psychology, 27*, 703-723.

**92.** 前述のように,警察官は,法と秩序における立ち位置と関連した態度をもつ傾向にある。以下も参照。Perrott & Taylor (1995),前掲,注**51**; Wortley & Homel (1995),前掲,注**51**; Furnham & Alison (1994),前掲,注**51**; Sidanius et al. (1994),前掲,注**51**.

**93.** White, K. M., Hogg, M. A., & Terry, D. J. (2002). Improving attitude-behavior correspondence through exposure to normative support from a salient ingroup. *Basic and Applied Social Psychology, 24*, 91-103.

**94.** Back, K. W. (1951). Influence through social communication. *Journal of Abnormal and Social Psychology, 46*, 9-23; Swann, W. B., Jr., Gomez, A., Seyle, D. C., Morales, J. F., & Huici, C. (2009). Identity fusion: The interplay of personal and social identities in extreme group behavior. *Journal of Personality and Social Psychology, 96*, 995-1011. 集団規範への成員の服従については,以下のレビューを参照。Roccas, S., Sagiv, L., Schwartz, S., Halevy, N., & Eidelson, R. (2008). Toward a unifying model of identification with groups: Integrating theoretical perspectives. *Personality and Social Psychology Review, 12*, 280-306.

**95.** Dwyer, Neufeld, & Scheck (2000),前掲,注**82**, p. 238. ウォルター・スナイダーの事件については第4章参照。

**96.** Kerschreiter, R., Schulz-Hardt, S., Mojzisch, A., & Frey, D. (2008). Biased information search in homogeneous groups: Confidence as a moderator for the effect of anticipated task requirements. *Personality and Social Psychology Bulletin, 34*, 679-691.

**97.** Schulz-Hardt, S., Frey, D., Lüthgens, C., & Moscovici, S. (2000). Biased information search in group decision making. *Journal of Personality and Social Psychology, 78*, 655-669.

**98.** Rydell, R. J., Mackie, D. M., Maitner, A. T., Claypool, H. M., Ryan, M. J., & Smith, E. R. (2008). Arousal, processing, and risk taking: Consequences of intergroup anger. *Personality and Social Psychology Bulletin, 34*, 1141-1152.

**99.** アーヴィン・ジャニスによれば，集団思考には，耐性の錯覚，集団合理化，その集団が根っから道徳的だという信念，外集団に対するステレオタイプ，反対者への圧力，自己中心性，全員一致の錯覚，自薦の用心棒が含まれる。歴史的事例についての研究で，ジャニスは，集団思考のマインドセットが判断力の低下をもたらすことを示した。Janis, I. L. (1972). *Victims of groupthink*. Boston: Houghton Mifflin; Janis, I. L. (1982). *Groupthink: Psychological studies of policy decisions and fiascoes*, 2nd ed.. Boston: Houghton Mifflin.

**100.** 個人の行動と集団行動とのズレは，不連続性効果と名づけられてきた。Insko, C. A., & Schopler, J. (1998). Differential distrust of groups and individuals. In C. Sedikides, J. Schopler, & C. A. Insko, eds., *Intergroup cognition and intergroup behavior*, pp. 75-107. Mahwah, NJ: Lawrence Erlbaum.

**101.** Johnston, K. L., & White, K. M. (2003). Binge-drinking: A test of the role of group norms in the theory of planned behaviour. *Psychology & Health, 18*, 63-77 を参照。

**102.** Jaffe, Y., Shapir, N., & Yinon, Y. (1981). Aggression and its escalation. *Journal of Cross-Cultural Psychology, 12*, 21-36; Jaffe, Y., & Yinon, Y. (1979). Retaliatory aggression in individuals and groups. *European Journal of Social Psychology, 9*, 177-186.

**103.** Meier, B. P., & Hinsz, V. B. (2004). A comparison of human aggression committed by groups and individuals: An interindividual-intergroup discontinuity. *Journal of Experimental Social Psychology, 40*, 551-559.

**104.** Jaffe, Shapir, & Yinon (1981), 前掲，注 **102**.

**105.** Milgram, S. (1974). *Obedience to authority: An experimental view*, experiment 18, pp. 121-122. New York: Harper & Row.

**106.** Valdesolo, P., & DeSteno, D. (2007). Moral hypocrisy: Social groups and the flexibility of virtue. *Psychological Science, 18*, 689-690. 現実社会の事例については下記参照。Moser, K. (2010). San Francisco DA says office didn't know about problems at scandal-ridden crime lab, *The Recorder*, April 27. https://www.law.com/almID/1202453216864/?slret urn=20190302033105

**107.** Baumeister, R. E, & Leary, M. E (1995). The need to belong: Desire for interpersonal attachments as a fundamental human motive. *Psychological Bulletin, 117*, 497-529.

**108.** たとえば，人は，「創造的」，「明るい」といった性格を高く評価し，「怠け者」，「無能」といった性格を低く評価する。Alicke, M. D. (1985). Global self-evaluation as determined by the desirability and controllability of trait adjectives. *Journal of Personality and Social Psychology, 49*, 1621-1630.

**109.** 公平と見做されることの重要性については，下記も参照。Loewenstein, G., Issacharoff, S., Camerer, C., & Babcock, L. (1993). Self-serving assessments of fairness and pretrial bargaining. *Journal of Legal Studies, 22*, 135-159.

**110.** Aronson, E. (1969). The theory of cognitive dissonance: A current perspective. In L. Berkowitz, ed., *Advances in experimental social psychology*, vol. 4, pp. 1-34. San Diego: Academic Press; Aronson, E. (1992). The return of the repressed: Dissonance theory makes a comeback. *Psychological Inquiry, 3*, 303-311.

**111.** Alicke (1985), 前掲，注 **108** に提案されたように，良い捜査活動と結びついた特性として，人は，「察しがよい」「冷静」「信頼できる」といったものに最も重きを置く。Aronson (1969), 前掲，注 **110** 参照。

**112.** たとえば下記を参照。Staw, B. M., & Fox, F. V. (1977). Escalation: The determinants of commitment to a chosen course of action. *Human Relations, 30,* 431-450; Garland, H., & Conlon, D. E. (1998). Too close to quit: The role of project completion in maintaining commitment. *Journal of Applied Social Psychology, 28,* 2025-2048.

**113.** ある人が事前の選択を曲げるということは，認知的不協和理論に似た状態を引き起こす。以下参照。Festinger, L. (1957). *A theory of cognitive dissonance.* Evanston, IL: Row, Peterson; Harmon-Jones, E., & Mills, J., eds. (1999). *Cognitive dissonance: Progress on a pivotal theory in social psychology.* Washington, DC: American Psychological Association. 認知的不協和理論に対する言及は，Bazerman, M. H., Giuliano, T., & Appelman, A. (1984). Escalation of commitment in individual and group decision making. *Organizational Behavior & Human Performance, 33,* 141-152 で提案されたものである。

**114.** このズレは，判断の材料になるもっともらしい情報よりも，すでになされた意思決定を支持する遡及的な情報の方が好まれるということを示している。以下参照。Beeler, J. D., & Hunton, J. E. (1997). The influence of compensation method and disclosure level on information search strategy and escalation of commitment. *Journal of Behavioral Decision Making, 10,* 77-91; Conlon, E. J., & Parks, J. M. (1987). Information requests in the context of escalation. *Journal of Applied Psychology, 72,* 344-350.

**115.** たとえば，元々自分が雇った従業員を評価するとき，管理職は，その従業員の有効性の評価や，改善の余地，昇進の可能性について，より高く評価する傾向がある。下記参照。Schoorman, F. D. (1988). Escalation bias in performance appraisals: An unintended consequence of supervisor participation in hiring decisions. *Journal of Applied Psychology, 73,* 58-62; Bazerman, M. H., Beekun, R. I., & Schoorman, F. D. (1982). Performance evaluation in a dynamic context: A laboratory study of the impact of a prior commitment to the ratee. *Journal of Applied Psychology, 67,* 873-876; Slaughter, J. E., & Greguras, G. J. (2008). Bias in performance ratings: Clarifying the role of positive versus negative escalation. *Human Performance, 21,* 414-426.

**116.** 特に，ドラフトで高い順位が与えられたプレイヤーはより長い出場時間が与えられ，ドラフトで低い順位だったプレイヤーよりも長い時間プレイすることができる。Staw, B. M., & Hoang, H. (1995). Sunk costs in the NBA: Why draft order affects playing time and survival in professional basketball. *Administrative Science Quarterly, 40,* 474-494.

**117.** Staw, B. M., Barsade, S. G., & Koput, K. W. (1997). Escalation at the credit window: A longitudinal study of bank executives' recognition and write-off of problem loans. *Journal of Applied Psychology, 82,* 130-142.

**118.** ある研究では，前売り券を正規料金で支払ったシーズン券の所有者は，それを割引料金で購入した人よりも，より多くの公演に出席したことが示されている。Arkes, H. R., & Blumer, C. (1985). The psychology of sunk cost. *Organizational Behavior and Human Decision Processes, 35,* 124-140 (study 2).

**119.** Schoorman (1988), 前掲，注 **115**.

**120.** O'Brien, B. (2009). Prime suspect: An examination of factors that aggravate and counteract confirmation bias in criminal investigations. *Psychology, Public Policy, and Law, 15,* 315-334.

**121.** Staw & Fox (1977), 前掲，注 **112**; Bobocel, D. R., & Meyer, J. P. (1994). Escalating commitment to a failing course of action: Separating the roles of choice and justification. *Journal of Applied Psychology, 79*, 360-363; Whyte, G. (1993). Escalating commitment in individual and group decision making: A prospect theory approach. *Organizational Behavior and Human Decision Processes, 54*, 430-455.

**122.** Harrison, P. D., & Harrell, A. (1993). Impact of "adverse selection" on managers' project evaluation decisions. *Academy of Management Journal, 36*, 635-643. Simonson, I., & Nye, P. (1992). The effect of accountability on susceptibility to decision errors. *Organizational Behavior and Human Decision Processes, 51*, 416-446 (study 6)も参照。

**123.** Staw & Fox (1977), 前掲, 注 **112**.

**124.** Zhang, L., & Baumeister, R. F. (2006). Your money or your self-esteem: Threatened egotism promotes costly entrapment in losing endeavors. *Personality and Social Psychology Bulletin, 32*, 881-893; Harrison & Harrell (1993), 前掲, 注 **122**.

**125.** Beeler & Hunton (1997), 前掲, 注 **114**; Bobocel & Meyer (1994), 前掲, 注 **121**.

**126.** Garland & Conlon (1998), 前掲, 注 **112**; Moon, H. (2001). Looking forward and looking back: Integrating completion and sunk-cost effects within an escalation-of-commitment progress decision. *Journal of Applied Psychology, 86*, 104-113; Boehne, D. M., & Paese, P. W. (2000). Deciding whether to complete or terminate an unfinished project: A strong test of the project completion hypothesis. *Organizational Behavior and Human Decision Processes, 81*, 178-194.

**127.** Greitemeyer, T., Schulz-Hardt, S., & Frey, D. (2009). The effects of authentic and contrived dissent on escalation of commitment in group decision making. *European Journal of Social Psychology, 39*, 639-647; Bazerman, Giuliano, & Appelman (1984), 前掲, 注 **113**.

**128.** たとえば Whyte (1993), 前掲, 注 **121** を参照。

**129.** Marques, J., Abrams, D., & Serodio, R. G. (2001). Being better by being right: Subjective group dynamics and derogation of in-group deviants when generic norms are undermined. *Journal of Personality and Social Psychology, 81*, 436-447; Cota, A. A., Evans, C. R., Dion, K. L., Kilik, L., et al. (1995). The structure of group cohesion. *Personality and Social Psychology Bulletin, 21*, 572-580.

**130.** Jaffe & Yinon (1979), 前掲, 注 **102**.

**131.** Schachter, S. (1951). Deviation, rejection, and communication. *Journal of Abnormal and Social Psychology, 46*, 190-207. これは, 集団が常に完全に調和的, あるいは平等であると言っているわけではない。集団間で葛藤を抱えているときでさえも, 集団は, 集団内で階層や階級による分断, そして対立をもっている。Wit, A. P., & Kerr, N. L. (2002). "Me versus just us versus us all" categorization and cooperation in nested social dilemmas. *Journal of Personality and Social Psychology, 83*, 616-637. しかし, 多くの場合, これらの違いは集団内に埋もれ, 外側の集団からは見えない傾向にある。

**132.** Blockars, C. B., Ikkovic, S. K., & Haberfeld, M. R. (2006). *Enhancing police integrity.* Dordrecht: Springer; Savitz, L. (1970). The dimensions of police loyalty. *American Behavioral Scientist, 13*, 693-704; Westley, W. A. (1970). *Violence and the police: A sociological study of law, custom, and morality.* Cambridge, MA: MIT Press を参照。刑事課に選ばれるということが, たいていそのチームへのコミットメントを高めている。各成員は, そのチームの一員として, 自身の忠誠を証明しなければならない。忠誠心が, その部門内での残留や

昇進に影響する。Manning (2006), 前掲, 注7を参照。リチャード・セバロスの事件は, 隊列を崩す検察官に対して集団が団結した例である。*Garcetti v. Ceballos*, 547 U.S. 410 (2006) を参照。

**133.** たとえば, フォードハイツで起こった事件の被疑者が耳目を集めた殺人事件の罪で起訴された後, シカゴ警察は, 正しい証拠を提供した証人を無視した。Protess, D., & Warden, R. (1998). *A promise of justice*, chaps. 12, 14. New York: Hyperion.

**134.** 中国映画『變臉 この櫂に手をそえて』(呉天明監督：1996)の主役は, このことをうまく捉えている。「最も軽いそよ風でもあなたを刑務所に送り込むことができるが, 最も強い雄牛でも, あなたをそこから引き出すことはできない」

**135.** 取り調べまたは起訴における過ちを検察官が認めるのに抵抗を示すことについては, 下記参照。Medwed, D. (2004). The zeal deal: Prosecutorial resistance to post-conviction claims of innocence. *Boston University Law Review, 84,* 125-183.

**136.** ジェームズ・オチョアは, 自分の弁護士スコット・ボスヴィック(無償で弁護)のアドバイスに反し, 犯罪について有罪を認めた。同時期に類似の犯罪で有罪になっていた男性と犯行現場の生物学的証拠が一致したことで, 彼はその後雪冤された。Reza, H. G. (2006). Innocent man grabs his freedom and leaves town. *Los Angeles Times*, November 2. Moxely, R. S. (2005). The case of the dog that couldn't sniff straight. *OC Weekly*, November 5; イノセンス・プロジェクトのジェームズ・オチョアの欄を参照。http://www.mnocenceproject.org/Content/James_Ochoa.php.

**137.** Garrett, B. L. (2011). *Convicting the innocent: Where criminal prosecutions go wrong,* pp. 100-102. Cambridge, MA: Harvard University Press 参照。

**138.** Cooper, C. L., & Grimley, P. J. (1983). Stress among police detectives. *Journal of Occupational Medicine, 25,* 534-540; Wright, A. (2007). Ethics and corruption. In T. Newburn, T. Williamson, & A. Wright, eds., *Handbook of criminal investigation*, pp. 586-609, p. 605. Portland, OR: Willan Publishing.

**139.** 取調官のジレンマは, 倫理の「地雷原」として言い表されてきた。Wright (2007), 前掲, 注 138, p. 605.

**140.** 未来に起こりうる出来事の重大性を割り引く傾向については, Ainslie, G., & Haslam, N. (1992). Hyperbolic discounting. In G. Loewenstein & J. Elster, eds., *Choice over time*, pp. 57-92. New York: Russell Sage Foundation を参照。はるか将来の出来事は, 多くの場合, より抽象的に捉えられるのに対して, 間近の出来事は, より具体的で詳細に感じられるということも示されてきた。Trope, Y., & Liberman, N. (2003). Temporal construal. *Psychological Review, 110,* 403-421.

**141.** 文献のレビューについては Dunning, D., Heath, C., & Suls, J. M. (2004). Flawed self-assessment: Implications for health, education, and the workplace. *Psychological Science in the Public Interest, 5,* 69-106 を参照。

**142.** Ramsey, R. J., & Frank, J. (2007). Wrongful conviction: Perceptions of criminal justice professionals regarding the frequency of wrongful conviction and the extent of system errors. *Crime & Delinquency, 53,* 436-470; Zalman, M., Smith, B., & Kiser, A. (2008). Officials' estimates of the incidence of "actual innocence" convictions. *Justice Quarterly, 25,* 72-100 を参照。

**143.** Leo, R. A. (2008). *Police interrogation and American justice*. Cambridge, MA: Harvard University Press を参照。英語圏の多くの犯罪学者は，警察による事件の構成を，偏見に基づく意思決定や，検察に有利になるような事実のごまかしなど，バイアスがかった実務とみなしている。たとえば，下記を参照。McConville, M., Sanders, M., & Leng, R. (1991). *The case for the prosecution: Police suspects and the construction of criminality*. London: Routledge. 議論については下記を参照。Innes (2003), 前掲，注 **5**, pp. 214-216; Bayley (1994), 前掲，注 **49**, p. 27. 反対の意見については下記を参照。Smith, D. J. (1997). Case construction and the goals of criminal process. *British Journal of Criminology, 37*, 319-346.

**144.** *Johnson v. United States*, 333 U.S. 10, 13-14 (1948).

**145.** 下記参照。National Academy of Science (2009). *Strengthening forensic science in the United States: A path forward*. Washington, DC: National Academies Press; Garrett, B. L., & Neufeld, P. J. (2009). Invalid forensic science testimony and wrongful convictions. *Virginia Law Review, 95*, 1-97; Mnookin, J. L. (2010). The Courts, the NAS, and the Future of Forensic Science. *Brooklyn Law Review, 75*, 1209-1275; Giannelli (1997), 前掲，注 **56**.

**146.** 先例によると，耳目を集めた事件は，特に対審制の圧力を受けやすく，そのため，有罪偏向エラーにいたる傾向があることを示唆している。有名な例としては，以下のものがある。セントラルパークでジョギングをしている人に執拗な暴行を行った罪で 5 人の少年が有罪判決(Saulny, S. [2002]. Convictions and charges voided in '89 Central Park jogger attack. *New York Times*, December 20. https://www.nytimes.com/2002/12/20/nyregion/convictions-and-charges-voided-in-89-central-park-jogger-attack.html を参照)。性的暴行と誘拐の罪で，デューク大学ラクロスチームの 3 人のメンバーが起訴された事件(Wilson D., & and Barstow, D. [2007]. All charges dropped in Duke case. *New York Times*, April 12. https://www.nytimes.com/2007/04/12/us/12duke.html)，そして，2001 年に殺人炭疽菌攻撃に関与した疑いを掛けられた軍の科学者スティーブン・ハットフィルへの過酷な追及(Shane, S., & Lichtblau, E. [2008]. New details on F.B.I.'s false start in anthrax case. *New York Times*, November 25. https://www.nytimes.com/2008/11/26/washington/26anthrax.html)，誤って中国によるスパイ容疑をかけられたウェン・ホー・リーの長期間の逮捕(F.B.I. faulted in nuclear secrets investigation. *New York Times*, December 13, 2001. https://www.nytimes.com/2001/12/13/us/fbi-faulted-in-nuclear-secrets-investigation.html)，アルカイダだと思われてメンバーが一時有罪判決を受けたデトロイトの「潜伏戦略戦闘部隊」(Hakim, D., & Lichtblau, E. [2004]. After convictions, the undoing of a U.S. terror prosecution. *New York Times*, October 7. https://www.nytimes.com/2004/10/07/us/after-convictions-the-undoing-of-a-us-terror-prosecution.html)，アブダラ・ヒガッツィから引き出した 9.11 の世界貿易センタービルのツインタワーへのテロ攻撃に関与したという虚偽自白(Dwyer, J. [2007]. Roots of false confession: Spotlight is now on the F.B.I. *New York Times*, October 31. Roots of false confession: Spotlight is now on the F.B.I https://www.nytimes.com/2007/10/31/nyregion/31about.html)，そしてアラスカの上院議員テッド・スティーブンスの起訴 (Lewis, N. A. [2009]. Tables turned on prosecution in Stevens case. *New York Times*, April 7. https://www.nytimes.com/2009/04/08/us/politics/08stevens.html).

**147.** 第 1 章で言及したように，警察の不正は，DNA 検査による雪冤事件のおよそ半分で観察されており，検察の不正は，これら事件の 45% で観察されている。誤った法科学証言

や誤解を引き起こす法科学証言は，これら事件の約4分の1で観察された。

**148.** Testilying（偽証）という言葉は，偽証罪に関与した警察官によって作られた。Commission to Investigate Allegations of Police Corruption and the Anti-Corruption Practices of the Police Department, Milton Mollen, Chair, July 7, 1994, at 36. Slobogin, C. (1996). Testilying: Police perjury and what to do about it. *Colorado Law Review, 67,* 1037-1060 も参照。著名な犯罪学者であるジェローム・スコルニクは，警察について，以下のように述べている。「嘘をつくことは，仲間の警察官を守るか，犯罪に対処する法的資格に関して裁判所が課している制限に対する埋め合わせといった，法的障害をなんとかする日常的な方法である」Skolnick, J. H. (1982). Deception by police. *Criminal Justice Ethics,* Summer/Fall, 40-54.

**149.** チャレンジャー号の墜落に繋がったNASAの活動について検討したダイアナ・ボーンの研究は，このような文化の変化を明らかにした。極端なプレッシャーの下で働くなかで，NASAの科学者と技術者は徐々に，標準的な業務手続きから逸脱していき，徐々に，誤ったやり方を普通だと捉える文化を形成していった。意図的な不正が行われなくても，このようなやり方が，深刻な欠陥を抱えた意思決定につながったのだ。Vaughn, D. (1996). *The Challenger launch decision: Risky technology, culture, and deviance at NASA.* Chicago: University of Chicago Press.

**150.** 時間とともに警察官の態度が厳しくなることについては，下記を参照。Wortley & Homel (1995), 前掲, 注**51**; Gatto, J., Dambrun, M., Kerbrat, C., & De Olivera, P. (2010). Prejudice in the police: On the processes underlying the effects of selection and group socialization. *European Journal of Social Psychology, 40,* 252-269; Perrott & Taylor (1995), 前掲, 注**51**.

**151.** この計算によると，検察官の主張は139の証拠と一致しており，弁護側の主張は199の証拠と一致している。Kadane, J. B., & Schum, D. A. (1996). *A probabilistic analysis of the Sacco and Vanzetti case,* pp. 80, 286-337. New York: John Wiley & Sons.

**152.** メンタル・モデルという言葉は，ここでは，構造化された表象という広い意味で使われている。Markman, A. B. (1999). *Knowledge representation.* Mahwah, NJ: Lawrence Erlbaum を参照。

**153.** 実験の結果については，以下を参照。Holyoak, K. J., & Simon, D. (1999). Bidirectional reasoning in decision making by constraint satisfaction. *Journal of Experimental Psychology: General, 128,* 3-31; Simon, D., Pham, L. B., Le, Q. A., & Holyoak, K. J. (2001). The emergence of coherence over the course of decision making. *Journal of Experimental Psychology: Learning, Memory, and Cognition, 27,* 1250-1260; Simon, D., Snow, C. J., & Read, S. J. (2004). The redux of cognitive consistency theories: Evidence judgments by constraint satisfaction. *Journal of Personality and Social Psychology, 86,* 814-837; Simon, D., Krawczyk, D. C., & Holyoak, K. J. (2004). Construction of preferences by constraint satisfaction. *Psychological Science, 15,* 331-336; Simon, D., Krawczyk, D. C., Bleicher, A., & Holyoak, K. J. (2008). The transience of constructed preferences. *Journal of Behavioral Decision Making, 21,* 1-14; Glöckner, A., & Betsch, T. (2008). Multiple-reason decision making based on automatic processing. *Journal of Experimental Psychology: Learning, Memory, and Cognition, 34,* 1055-1075; Glöckner, A., Betsch, T., & Schindler, N. (2010). Coherence shifts in probabilistic inference tasks. *Journal of Behavioral Decision Making, 23,* 439-462. 一貫性効果についてのレビューは下記参照。Simon, D., & Holyoak, K. J. (2002). Structural dynamics of cognition: From consistency theories to constraint satisfaction. *Personality and Social Psychology Review, 6,* 283-294; Simon, D. (2004). A third view of the black box: Cognitive coherence in legal decision making. *University of Chicago Law Review, 71,* 511-586.

認知的アーキテクチャの基礎の概略については下記参照。Read, S. J., Vanman, E. J., & Miller, L. C. (1997). Connectionism, parallel constraint satisfaction processes, and Gestalt principles: (Re)introducing cognitive dynamics to social psychology. *Personality and Social Psychology Review, 1,* 26-53; Thagard, P. (2000). *Coherence in thought and action.* Cambridge, MA: MIT Press.

**154.** Holyoak & Simon (1999), 前掲, 注 **153**, studies 2, 3 を参照。

**155.** Simon et al. (2001), 前掲, 注 **153**.

**156.** Simon, Snow, & Read (2004), 前掲, 注 **153**.

**157.** Simon, Stenstrom, & Read (2008), 前掲, 注 **66** を参照。

**158.** Ask & Granhag (2007a), 前掲, 注 **45**.

**159.** Simon, Stenstrom, & Read (2008), 前掲, 注 **66**.

**160.** 同様に, 被告人は事件現場からはるか遠くに居たという情報を与えると, 残りの証拠についての評価もより無罪を示唆するものに変えてしまう。Simon, Snow, & Read (2004), 前掲, 注 **153**, study 3. 他の証拠に1つ証拠を加えることが及ぼす影響については下記の研究でも示されている。Holyoak & Simon (1999), 前掲, 注 **153**, study 3; Simon, Krawczyk, & Holyoak (2004), 前掲, 注 **153**, study 2.

**161.** Holyoak & Simon (1999), 前掲, 注 **153**, study 3.

**162.** さらに, 自白について知った場合, 証人は2日前に行ったラインナップに対する判断を変えた。Hasel, L. E., & Kassin, S. M. (2009). On the presumption of evidentiary independence: Can confessions corrupt eyewitness identifications? *Psychological Science, 20,* 122-126.

**163.** Wells, G. L., & Bradfield, A. L. (1998). "Good, you identified the suspect": Feedback to eyewitnesses distorts their reports of the witnessing experience. *Journal of Applied Psychology, 83,* 360-376; Wells, G. L., Olson, E. A., & Charman, S. D. (2003). Distorted retrospective eyewitness reports as functions of feedback and delay. *Journal of Experimental Psychology: Applied, 9,* 42-52.

**164.** 同様に, 模擬の取調官に目撃者が被疑者を犯人と識別したと知らせると, 顔のモンタージュ画像と被疑者の類似度をより高く評価した。目撃者が被疑者を犯人と識別しなかったと伝えた場合や, 目撃者の犯人識別について何も伝えなかった場合には, 類似度は低いと評価された。なお, 顔のモンタージュは, 実際にその被疑者に基づいて作成されたわけではない。Charman, S. D., Gregory, A. H., & Carlucci, M. (2009). Exploring the diagnostic utility of facial composites: Beliefs of guilt can bias perceived similarity between composite and suspect. *Journal of Experimental Psychology: Applied, 15,* 76-90.

**165.** Elaad, E., Ginton, A., & Ben-Shakhar, G. (1994). The effects of prior expectations and outcome knowledge on polygraph examiners' decisions. *Journal of Behavioral Decision Making, 7,* 279-292.

**166.** 参加者には知らせていなかったが, 以前, 彼らは実際の事件でまさにこれらの指紋を分析した経験を持っていた。専門家のほぼ半分が, この情報によって誘導され, 以前の判断とは反対の結論に達していた。12の似た事件において(照合が容易ではなく, 不正確な情報

が提示された事件)のうち，3つの判断が逆になっていた。特に，専門家は，証拠外の情報を含まない12の事件のうち2つにおいても自分たちのそれまでの判断をひっくり返していた。Dror & Charlton (2006), 前掲, 注 **54**.

**167**. Bruner, J. S., Goodnow, J. J., & Austin, G. A. (1956). *A study of thinking*. New York: Wiley. 正事例試行方略は，フランシス・ベーコンの言葉に汲み取られている。「人間の知性に固有な知覚の誤りは，反証されたときよりも，自分の考えを肯定された時により引き起こされやすい」(Bacon, F. [1844]. *Novum organum or true suggestions for the interpretation of nature*, p. 21. London: William Pickering).

**168**. 同様の方略は，仮説保持方略であり，これは作業仮説が真であるという結論に至りやすい問いをたてる方法である。これについてのレビューは下記を参照。Klayman, J., & Ha, Y. W. (1987). Confirmation, disconfirmation, and information hypothesis testing. *Psychological Review, 94*, 211-228; Nickerson (1998), 前掲, 注 **27**.

**169**. Wason, P. C., & Johnson-Laird, P. N. (1972). *Psychology of reasoning: Structure and content*. Cambridge, MA: Harvard University Press.

**170**. Klayman (1995), 前掲, 注 **27**, p. 399. ジョナサン・バロンによれば，この現象は，以下のように記述することができる。「仮説を検証するために，その仮説が真であれば起こるであろう結果を想像し，それ故にその結果を探そうとする(その際，同じ結果を引き起こす可能性のある他の仮説については配慮しない)」。バロンは，これを適合ヒューリスティックと名づけた。Baron, J. (2000). *Thinking and deciding*, p. 162. New York: Cambridge University Press. この調査は，人が，社会的判断を行う際に仮説を検証する手段として用いる情報収集方略を2つ特定している。診断方略は，今検討している仮説が真であるか偽であるかを最も明確に分ける回答が期待される問いを立てる方略である。確証方略では，その診断性には多くの配慮をさかずに，自分の仮説を確証する問いを立てようとする傾向がある。Skov, R. B., & Sherman, S. J. (1986). Information-gathering processes: Diagnosticity, hypothesis-confirmatory strategies, and perceived hypothesis confirmation. *Journal of Experimental Social Psychology, 22*, 93-121.

**171**. Snyder, M., & Swann, W. B. (1978). Hypothesis testing processes in social interaction. *Journal of Personality and Social Psychology, 36*, 1202-1212.

**172**. Kassin, S. M., Goldstein, C. C., & Savitsky, K. (2003). Behavioral confirmation in the interrogation room: On the dangers of presuming guilt. *Law and Human Behavior, 27*, 187-203.

**173**. 選択的接触は，レオン・フェスティンガーの認知的不協和理論の中心的なテーマの1つである。Festinger (1957), 前掲, 注 **113**, 6章7章. Frey, D. (1986). Recent research on selective exposure to information. In L. Berkowitz, ed., *Advances in experimental social psychology*, vol. 19, pp. 41-80. New York: Academic Press; Snyder & Swann (1978), 前掲, 注 **170**; Jonas, E., Schulz-Hardt, S., Frey, D., & Thelen, N. (2001). Confirmation bias in sequential information search after preliminary decisions: An expansion of dissonance theoretical research on selective exposure to information. *Journal of Personality and Social Psychology, 80*, 557-571 を参照。

**174**. 選択的接触は，1973年の上院議員のウォーターゲート事件の審問においても観察された。この事件は，共和党よりも民主党の支持者に注目された。Sweeney, P. D., & Gruber, K. L. (1984). Selective exposure: Voter information preferences and the Watergate affair.

*Journal of Personality and Social Psychology, 46*, 1208-1221.

**175.** Ehrlich, D., Guttman, I., Schonbach, P., & Mills, J. (1957). Postdecision exposure to relevant information. *Journal of Abnormal and Social Psychology, 54*, 98-102.

**176.** Holton, B., & Pyszczynski, T. (1989). Biased information search in the interpersonal domain. *Personality and Social Psychology Bulletin, 15*, 42-51.

**177.** Fischer, P., Jonas, E., Frey, D., & Schulz-Hardt, S. (2005). Selective exposure to information: The impact of information limits. *European Journal of Social Psychology, 35*, 469-492.

**178.** Kunda, Z. & Sinclair, L. (1999). Motivated reasoning with stereotypes: Activation, application, and inhibition. *Psychological Inquiry, 10*, 12-22.

**179.** 一般市民の意思決定の研究によると，実験参加者が，裁判所の判断に同意している時には，裁判所の推論がどのような種類でも気にしないが，判断に同意しない場合には，推論の形式の違いによって反応に違いが認められる。Simon, D., & Scurich, N. (2011). Lay judgments of judicial decision making. *Journal of Empirical Legal Studies, 8*, 709-727.

**180.** Edwards & Smith (1996), 前掲，注 **30**. 同様の知見は政治学者の研究にも見られる。Taber, C. S., & Lodge, M. (2006). Motivated skepticism in the evaluation of political beliefs. *American Journal of Political Science, 50*, 755-769.

**181.** Wyer & Frey (1983), 前掲，注 **60**. 同様の知見については，Pyszczynski, T., Greenberg, J., & Holt, K. (1985). Maintaining consistency between self-serving beliefs and available data: A bias in information evaluation. *Personality and Social Psychology Bulletin, 11*, 179-190 を参照。

**182.** Ditto et al. (2003), 前掲，注 **59**.

**183.** この小さいが議論の余地のないミスに，査読者がその研究結果に不同意である場合は 71% が気づくのに対して，査読者が結果に同意している場合に気づくのはたった 25% である。Mahoney (1977), 前掲，注 **32**.

**184.** このメカニズムは，バイアスがかった同化とも呼ばれている。Lord, Ross, & Lepper (1979), 前掲，注 **50**.

**185.** Duncan, B. L. (1976). Differential social perception and attribution of intergroup violence: Testing the lower limits of stereotyping of blacks. *Journal of Personality and Social Psychology, 34*, 590-598; Cohen (1981), 前掲，注 **36**.

**186.** Munro et al. (2002), 前掲，注 **61**.

**187.** Hastorf & Cantril (1954), 前掲，注 **62**.

**188.** Brownstein, Read, & Simon (2004), 前掲，注 **64**.

**189.** Dror, Charlton, & Peron (2006), 前掲，注 **47**; Dror & Charlton (2006), 前掲，注 **54**.

**190.** Shaklee, H., & Fischhoff, B. (1982). Strategies of information search in causal analysis. *Memory & Cognition, 10*, 520-530; Saad, G., & Russo, J. E. (1996). Stopping criteria in sequential choice. *Organizational Behavior and Human Decision Processes, 67*, 258-270.

**191.** Ditto, P. H., & Lopez, D. F. (1992). Motivated skepticism: Use of differential decision criteria for preferred and nonpreferred conclusions. *Journal of Personality and Social Psychology, 63*, 568-584.

**192.** McGonigle, S., & and Emily, J. (2008). A blind faith in eyewitnesses: 18 of 19 local cases overturned by DNA relied heavily on unreliable testimony. *Dallas Morning News*,

October 12, p. 1A.

**193.** レビューについては下記参照。Lerner, J. S., & Tetlock, P. E. (1999). Accounting for the effects of accountability. *Psychological Bulletin, 125*, 255-275; Tetlock, P. E. (2002). Social functionalist frameworks for judgment and choice: Intuitive politicians, theologians, and prosecutors. *Psychological Review, 109*, 451-471.

**194.** Tetlock, P. E., & Boettger, R. (1989). Accountability: A social magnifier of the dilution effect. *Journal of Personality and Social Psychology, 57*, 388-398; Lerner & Tetlock (1999), 前掲，注 **193**; Simonson & Nye (1992), 前掲，注 **122**.

**195.** Wogalter, M. S., Malpass, R. S., & Mcquiston, D. E. (2004). A national survey of police on preparation and conduct of identification lineups. *Psychology, Crime & Law, 10*, 69-82.

**196.** 最近犯人識別手続きの改正が行われた裁判管轄では，警察官の 23% がこの手続きを録画している。Wise, R. A., Safer, M. A., & Maro, C. M. (2011). What U.S. law enforcement officers know and believe about eyewitness interviews and identification procedures. *Applied Cognitive Psychology, 25*, 488-500.

**197.** 記録の不備については，以下の裁判でも言及されている。*Coleman v. Alabama*, 399 U.S. 1 (1970); *Gilbert v. California*, 388 U.S. 263 (1967); *Neil v. Biggers*, 409 U.S. 188(1972); *Simmons v. United States*, 390 U.S. 377 (1968); *Stovall v. Denno*, 388 U.S. 263 (1967); and *United States v. Ash*, 413 U.S. 300 (1973).

**198.** Warren, A. R., & Woodall, C. E. (1999). The reliability of hearsay testimony: How well do interviewers recall their interviews with children? *Psychology, Public Policy, and Law, 5*, 355-371. 後者の知見は，母親に子どもと数日前に行った会話について尋ねた研究でも得られている。質問で思い出されたのは，6分の1ほどであった。Bruck, M., Ceci, S. J., & Francoeur, E. (1999). The accuracy of mothers' memories of conversations with their preschool children. *Journal of Experimental Psychology: Applied, 5*, 89-106.

**199.** この研究は，インタビューの自動録音から起こした逐語録を比較したものである。Lamb, M. E., Orbach, Y., Sternberg, K. J., Hershkowitz, I., & Horowitz, D. (2000). Accuracy of investigators' verbatim notes of their forensic interviews with alleged child abuse victims. *Law and Human Behavior, 24*, 699-708.

**200.** Gregory, A. H., Schreiber-Compo, N., Vertefeuille, L., & Zambrusky, G. (2011). A comparison of US police interviewers' notes with their subsequent reports. *Journal of Investigative Psychology and Offender Profiling, 8*, 203-215.

**201.** さらに，特定の環境下では，説明責任は，実際にバイアスを増大させる。この概念の悪い側面は，対象とする聴衆の評価を得るためには先取的自己批判よりも同調が好ましいと考えられた時に現れる。たとえば，積極的な是正措置や，大学授業料の増額，核武装といった問題についての自分たちの立場を説明するようにと言われた場合，リベラルな聴衆に対してはよりリベラルな見方を表明し，保守的な観衆に対してはより保守的な見方を表明する。Tetlock, P. E., Skitka, L., & Boettger, R. (1989). Social and cognitive strategies for coping with accountability: Conformity, complexity, and bolstering. *Journal of Personality and Social Psychology, 57*, 632-640. 高圧的な上司や野心的な検察官の機嫌を取りたい犯罪捜査官は，その上司や検察官の好みに合致した結論に至りやすい。

**202.** The FBI report: Stacey, R. B. (2004). A report on the erroneous finger-print individualization in the Madrid train bombing case. *Journal of Forensic Identification, 54*, 706. The

DOJ report: Department of Justice, Office of the Inspector General of the Oversight and Review Division (2006a). *A review of the FBI's handling of the Brandon Mayfield case, Executive Summary*. Washington, DC. https://oig.justice.gov/special/s0601/exec.pdf

**203.** たとえば *United States v. Llera Plaza*, 188 E Supp. 2d 549 (E. D. Pa. 2002). Cole (2005), 前掲, 注 **56** を参照。

**204.** メイフィールド事件についての捜査の公式報告では, 事件の誤りはメイフィールドの信仰によって引き起こされたものではないと結論づけている。Department of Justice (2006a), 前掲, 注 **202**, p. 18. しかし, この退役軍人が, イスラム教を受け入れ, 被疑者となり有罪判決を下されたテロリストと連絡を取り続けていたという事実を取調官が見落としていたというのは, 信じがたい。調査にあたった者の１人は, 犯人と識別された人物が,「大手家電メーカーの修理工」のようにイスラム的特性を持っていない人物であったなら, 研究所は, この犯人識別に大いに疑いを持っただろうと認めている。同上 p. 12.

**205.** Kershaw, S. (2004). Spain and U.S. at odds on mistaken terror arrest. *New York Times*, June 5, p.A1. https://www.nytimes.com/2004/06/05/us/spain-and-us-at-odds-on-mistaken-terror-arrest.html

**206.** 同上。

**207.** Stacey (2004), 前掲, 注 **202**.

**208.** 同上。The DOJ report found no evidence that the investigators were influenced by high profile nature of the case. Department of Justice (2006a), 前掲, 注 **202**, p. 11.

**209.** Department of Justice (2006a), 前掲, 注 **202**, p. 8.

**210.**「第三次特徴」には, 汗孔, 隆線間の小さな点, 隆線の縁, 隆線間の起伏などが含まれる。これらの詳細情報については, それらが非常に小さく, 見た目が変わりやすく, 同じ指からとられた写真でも写り方によって異なることから, 論争がある。同上。

**211.** 同上。

**212.** 分析官は,「二重タッチ」理論に基づいてこの領域の明らかな不一致を見逃した。この説明は調査に対して助言を行った専門家に一蹴された。同上 p. 9.

**213.** 同上, p. 8.

**214.** 同上, p. 12.

**215.** 同上, p. 7.

**216.** Stacey (2004), 前掲, 注 **202**.

**217.** Department of Justice (2006a), 前掲, 注 **202**, p. 10.

**218.**「端点」, 別名「マニューシャ」は, 個々の指紋の隆線の端点, あるいは分岐点にある。

**219.** Kershaw (2004), 前掲, 注 **205**.

**220.** 同上, Mr. Corrales の引用。

**221.** Department of Justice (2006a), 前掲, 注 **202**, p. 11.

**222.** Kershaw (2004), 前掲, 注 **205**. 裁判官は以下のように述べている。「私は, 指紋についての問題に関して, スペイン当局からなんら宣誓供述調書を受け取っていません。私が持っているただ１つの情報は, FBI に相談したのちに, スペイン当局がその照合に 100% 同意したということだけです」Department of Justice, Office of the Inspector General of the Oversight and Review Division (2006b). *A review of the FBI's handling of the Brandon Mayfield case*, p. 80. Washington, DC. https://oig.justice.gov/special/s0601/Chapter2.pdf からの引用。司法省の報告は,「詳細について悔やむべき不注意」としてこの宣誓供述調書に

おける不正確さを記述した（同上 p. 268）。弁護士の行いは，司法省の調査の対象外であった。

**223.** Kershaw（2004），前掲，注 **205.**

**224.** 同上。

**225.** たとえば，De Bono, E.（1968）. *New think: The use of lateral thinking in the generation of new ideas.* New York: Basic Books を参照。

**226.** 刑事は，自分たちが収集した物の意味と利用可能性を常に検討するよう求められている。National Centre for Police Excellence（2005）. *Practice advice on core investigative doctrine,* p. 62. Cambourne, UK: Association of Chief Police Officers. 警察の捜査について定めた英国法（PACE）は，被疑者の責任を追求する方向だけでなく，それを反証する方向についても，すべての合理的な取り調べが行われることと，それらが記録されることを要件としている。

**227.** カナダの法廷は，警察官に，「すべての利用可能な情報」を考慮するように命じている。警察官は，信用できない証拠の除外だけが認められている。*Dix v. AG Canada,* 2002, para. 357.

**228.** Lord, C. G., Lepper, M. R., & Preston, E.（1984）. Considering the opposite: A corrective strategy for social judgment. *Journal of Personality and Social Psychology, 47,* 1231-1243; Mussweiler, T., Strack, F., & Pfeiffer, T.（2000）. Overcoming the inevitable anchoring effect: Considering the opposite compensates for selective accessibility. *Personality and Social Psychology Bulletin, 26,* 1142-1150. バイアス除去は，自分の仮説の逆だけではなく，あらゆる他の仮説についても考慮したときに可能となると指摘する研究もある。Hirt & Markman（1995），前掲，注 **34.**

**229.** Arkes, H. R.（1991）. Costs and benefits of judgment errors: Implications for debiasing. *Psychological Bulletin, 110,* 486-498. Mussweiler, Strack, & Pfeiffer（2000），前掲，注 **228** も参照。

**230.** たとえば，この介入によって，（ランダムに割り当てられたスポーツイベントでのチームの勝利についての）説明を求められた場合に，そのシナリオを信じる傾向を低減させるのには成功したが，その結果に動機づけ（自分のチームの勝利）が埋め込まれていた時には，その信念のバイアスを除去できなかった。Markman & Hirt（2002），前掲，注 **19,** study 1.

**231.** たとえば，Sanna, L. J., Schwarz, N., & Stocker, S. L.（2002）. When debiasing backfires: Accessible content and accessibility experiences in debiasing hindsight. *Journal of Experimental Psychology: Learning, Memory, and Cognition, 28,* 497-502; Hirt & Markman（1995），前掲，注 **34,** study 3 を参照。

**232.** 同じような介入は，悪魔の代理人を指名することだが，これは，対案を提供する必要を課すことなく，現在の仮説の批判を行う責任を誰かに負わせる方法である。

**233.** 文献レビューとメタ分析については下記を参照。Schwenk, C. R.（1990）. Effects of devil's advocacy and dialectical inquiry on decision making: A meta-analysis. *Organizational Behavior and Human Decision Processes, 47,* 161-176.

**234.** Greitemeyer, Schulz-Hardt, & Frey（2009），前掲，注 **127;** Nemeth, C., Brown, K., & Rogers, J.（2001）. Devil's advocate versus authentic dissent: Stimulating quantity and quality. *European Journal of Social Psychology, 31,* 707-720. Gunia, B. C., Sivanathan, N., & Galinsky, A. D.（2009）. Vicarious entrapment: Your sunk costs, my escalation of commitment. *Journal of Experimental Social Psychology, 45,* 1238-1244 も参照。

**235.** Kerstholt & Eikelbloom（2007），前掲，注 **46**.

**236.** ジャクリーン・ホジソンが報告しているように，捜査判事（juges d'instruction）は，事件の担当になる前に警察によって集められた証拠を確認する傾向がよくある。Hodgson, J. (2005). *French criminal justice: A comparative account of the investigation and prosecution of crime in France*, p. 247. Oxford: Hart Publishing.

**237.** Schachter（1951），前掲，注 **131**; Nemeth, Brown, & Rogers（2001），前掲，注 **234**.

**238.** Nemeth, C. J., Connell, J. B., Rogers, J. D., & Brown, K. S.（2001）. Improving decision making by means of dissent. *Journal of Applied Social Psychology, 31*, 48-58; Nemeth, Brown, & Rogers（2001），前掲，注 **234**.

**239.** http://www.dallasda.com/ 参照。さらに言えば，ワトキンスの検事局が発行しているニューズレター『The Justice Report』の 2011 年夏号のトップ記事では，悪質な強姦罪でその検事局が起訴し，1984 年に有罪判決を受けた男性が雪冤された物語を伝えている。http://dallascounty.org/department/da/media/Summer2011.pdf

**240.** 雪冤の比率が高いのは，ダラス郡が従来から，終了した事件についても証拠を残してきたことによる。少なくとも一部の事件では，それが再審時に説得力のある証拠を提示することを可能にしてきた。

**241.** 誤判審査委員会については第 8 章参照。

**242.** 第 1 章に記したように，ロイド・ワインレブは，「捜査管轄」の設立を提唱した（Weinreb（1977）. 前掲，注 **55**, p. 119）。ジョージ・トーマスは，犯罪捜査と公判前手続きは，「審査判事」によって監視されるべきであると提案している。Thomas, G. C. III（2008）. *The supreme court on trial: How the American justice system sacrifices innocent defendants*, pp. 193-227. Ann Arbor: University of Michigan Press. キース・フィンドリーは，対審型制度と糾問型制度の良い点を組み合わせた制度をこれまで提案してきた。Findley, K. A. (in press). Adversarial inquisitions: Rethinking the search for the truth. *New York Law Review*.

**244.** Kassin, S. M.（1998）. Eyewitness identification procedures: The fifth rule. *Law and Human Behavior, 22*, 649-653 を参照。

**244.** 警察の捜査に関して有名なランド研究によると，多くの捜査記録に不備があり，不用意に保管されてきた。警察の資料は，検察が重要だと考える証拠に関する尋問が 26% から 45% をしめる。記録の追跡が十分できないために，公訴棄却判決の比率が高くなり，司法取引での検察官の立場を弱くしているとこの著者は考えている。Greenwood, P. W., Chaiken, J. M., Petersilia, J., & Prusoff, L. L.（1975）. *The criminal investigation process, Part III*. Santa Monica, CA: RAND. 同様に，熟練のカナダの警察官も，手書きでメモを取る習慣が公訴棄却に終わる可能性を渋々認めている。Yuille, J. C.（1984）. Research and teaching with police: A Canadian example. *International Review of Applied Psychology, 33*, 5-23.

## 第 3 章

**1.** 被疑者が含まれている写真帳を見た銀行員の 48% が正しく識別を行い，52% が無実のフィラーを犯人と識別，または，この中に被疑者はいないと誤った判断をした。無実のフィラーのみが含まれている写真帳を見た銀行員では，63% がこの中にターゲットはいないと正しい判断をした。Pigott, M. A., Brigham, J. C., & Bothwell, R. K.（1990）. A field study on the relationship between quality of eyewitnesses' descriptions and identification accuracy. *Journal of Police Science and Administration, 17*, 84-88.

**2.** Goldstein, A. G., Chance, J. E., & Schneller, G. R. (1989). Frequency of eyewitness identification in criminal cases: A survey of prosecutors. *Bulletin of the Psychonomic Society, 27*, 71-74.

**3.** 識別は，服装，アクセサリー，歩き方，身体的特徴，声などにも基づいて行われる。

**4.** Cutler, B. L., & Penrod, S. D. (1995). *Mistaken identification: The eyewitness, psychology, and the law.* New York: Cambridge University Press.

**5.** ［訳注］目撃者の記憶をテストするため，証人の供述には近いが犯人ではないことが明らかな人物。

**6.** 総勢640名の目撃者が参加した314件の識別手続きについて，バレンタインらがレビューを行ったところ，41%が被疑者を犯人と識別し，39%が誰も選択せず，21%が無実のフォイルを識別した。Valentine, T., Pickering, A., & Darling, S. (2003). Characteristics of eyewitness identification that predict the outcome of real lineups. *Applied Cognitive Psychology, 17*, 969-993 を参照。1569人が関わった623件の識別手続きについて，ライトとマクダイドが調査したところ，39%が被疑者を犯人と識別し，41%が誰も選択せず，20%が無実のフォイルを識別したことが明らかになった。Wright, D. B., & McDaid, A. T. (1996). Comparing system and estimator variables using data from real line-ups. *Applied Cognitive Psychology, 10*, 75-84. 先述より少ないデータだが，134件の識別手続きでは，正しい識別の割合がわずかに高い一方，無実のフォイルを犯人と識別する割合は同等であることが示された（順に58%, 21%, 21%）。Wright, D. B., & Skagerberg, E. M. (2007). Postidentification feedback affects real eyewitnesses. *Psychological Science, 18*, 172-178 を参照。

**7.** これらのデータは，本研究で実施された58の人物ラインナップからのみ取り上げられている。残念ながら警察は，単独面通しと写真ラインナップにおいて，選択しなかった場合と無実のフィラーを犯人と識別した場合を分けて記録していない。そのため，誤識別に関して正しい割合を算出することができない。この研究は，全体で374人の犯人と623件の識別手続きを含む271事件を包含している。Behrman, B. W., & Davey, S. L. (2001). Eyewitness identification in actual criminal cases: An archival analysis. *Law and Human Behavior, 25*, 475-491.

　実際の事件における正確な識別の正しい割合は，記録されているデータより低い可能性がある。警察捜査では，犯人が誰なのかが常に明らかではないので（基礎真実），警察が疑いをかけている人物を選択することが，必ずしも正しい識別とはならない。基礎真実がわかることは実験研究における突出した利点の一つである。

**8.** Clark, S. E., Howell, R. T., & Davey, S. L. (2008). Regularities in eyewitness identification. *Law and Human Behavior, 32*, 198-218.

**9.** 残りの半分（52%）は，対象者はいない，または"わからない"と正しい判断をしている（同上）。後に述べられるように，誤選択の割合はターゲット不在ラインナップにおいて同時提示ラインナップで"バイアスのある"教示を使用した場合に高い。たとえば，Wells, G. L., & Bradfield, A. L. (1998). "Good, you identified the suspect": Feedback to eyewitnesses distorts their reports of the witnessing experience. *Journal of Applied Psychology, 83*, 360-376; Brewer, N., & Wells, G. L. (2006). The confidence-accuracy relationship in eyewitness identification: Effects of lineup instructions, foil similarity, and target-absent base rates.

*Journal of Experimental Psychology: Applied, 12*, 11-30 を参照。

**10.** 実験室研究では，選択した人全員(合計 69%)のうち正しい選択をした人の割合(46%)が3分の2を占めている。実際場面における利用可能なデータでの正答率は 69% であり，これは，選択した人全員(65%)のうちの正しい選択をした人(45%)の割合である。

　ラインナップで間違った選択をすると必ず無実の人が巻き込まれるわけではないので，実際には，無実の人が負わされるリスクは誤選択の確率より低くなる。一般的に，警察は特定の被疑者を念頭に置いており，すべての無実のフィラーに疑いの余地はないはずである。したがって，対象者以外の人が選択されても，選択されたフィラーがリスクを負うことはなく，目撃者の記憶に対して疑いがかけられるはずである。それでも，5 人に 1 人の割合で，誤って選択されたフィラーが被疑者となり，危険な状況に置かれてしまうだろう。これらの偶然は，ベスト・プラクティスの手続きに沿って理想的な条件下で実施されるラインナップにおいても付随する。本章を通して述べられるように，実際のラインナップでの数多くの特徴が，警察の疑う人物を選択するように目撃者を誘導する可能性があり，これによって誤った有罪判決の割合を上げることになる。

**11.** 犯人存在ラインナップで正しく犯人を選んだ 46% のうち，19% が犯人不在ラインナップを棄却し，27% が無実のフィラーを選んだ。これらのデータは Clark, Howell, & Davey (2008)，前掲，注 **8**(表 **2**)で要約された 94 の研究の分析から得られている。この結果は，「犯人からフォイルへのシフト(target-to-foils shift)」と名づけられている。この現象に関するより厳密な評価方法が，犯人存在ラインナップと，犯人を追加のフォイルと置き換えない犯人不在ラインナップを比較する少数の研究(置き換えなしの除去実験デザイン the removal without replacement experimental design)で紹介されている。これらの研究は，犯人がいる場合に正しく犯人を識別した人数の 5 分の 4 が，犯人がいない場合に無実のフォイルを選択することを示している。合計おおよそ 400 人が参加した 3 つの研究で，44% が犯人存在ラインナップで正しく犯人を選んだ。犯人不在ラインナップでは 44% のうちの 5 分の 1 が，適切に誰も選択せず，5 分の 4 が無実のフォイルを選択した。本研究は以下を参照のこと。Wells, G. L. (1993) What do we know about eyewitness identification? *American Psychologist, 48*, 561. 同様の研究として次を参照。Clark, S. E., & Davey, S. L. (2005). The target-to-foils shift in simultaneous and sequential lineups. *Law and Human Behavior, 29*, 151-172. コンピュータで作成した顔画像を使った研究では，さらに問題のある結果が得られた。目撃者全員が犯人不在ラインナップで無実のフォイルを選択した。Flowe, H. D., & Ebbesen, E. B. (2007). The effect of lineup member similarity on recognition accuracy in simultaneous and sequential lineups. *Law and Human Behavior, 31*, 33-52. すべてのデータは，現在アメリカで実施されているラインナップでもっとも主流の，同時提示ラインナップのみで報告されている。

**12.** 以下の 2 つの研究を参照。Wallace, D. B., & Penrod, S. D. (in progress). The decomposition and recomposition of eyewitness identifications: Eyewitness reliability, guessing and lineup bias; Penrod, S. D. (2003). Eyewitness identification evidence: How well are witnesses and police performing? *Criminal Justice Magazine*, Spring, 36-47, 54. これらの問題について有益な議論をいただいたスティーブン・ペンロッドとスティーブン・クラークに感謝の意を表す。

**13.** エドウィン・ボルヒャルトは 65 件の誤った有罪判決のうち 29 件に誤識別が関与していたことを明らかにした。Borchard, E. M. (1932). *Convicting the innocent.* Garden City, NY:

Garden City Publishing. 次も参照のこと。Frank, J., & Frank, B. (1957). *Not guilty*. Garden City, NY: Doubleday; Gross, S. R. (1987). Loss of innocence: Eyewitness identification and proof of guilt. *Journal of Legal Studies, 16*, 395-453.

**14.** Gross, S. R., Jacoby, K., Matheson, D. J., Montgomery, N., & Patil, S. (2005). Exonerations in the United States 1989 through 2003. *Journal of Criminal Law & Criminology, 95*, 523-560; Garrett, B. L. (2011). *Convicting the innocent: Where criminal prosecutions go wrong*. Cambridge, MA: Harvard University Press; Innocence Project (2010). 250 exonerated, too many wrongfully convicted. http://www.innocenceproject.org/news/250.php. DNA 鑑定によって雪冤された事件において誤識別が大きく関わっていたことは，ほとんどの DNA鑑定によって雪冤される事件が，一般的に生物学的証拠に依存する強姦犯罪であることによるものである。

**15.** Brown, S. C., & Craik, F. I. M. (2000). Encoding and retrieval of information. In E. Tulving & E I. M. Craik, eds., *The Oxford handbook of memory*, pp. 93-107. New York: Oxford University Press.

**16.** 人間の記憶の進化的説明については次を参照。Nairne, J. S., & Pandeirada, J. N (2008). Adaptive memory: Remembering with a Stone-Age brain. *Current Directions in Psychological Science, 17*, 239-243.

**17.** 以下の2つの研究を参照。Hasel, L. E., & Kassin, S. M. (2009). On the presumption of evidentiary independence: Can confessions corrupt eyewitness identifications? *Psychological Science, 20*, 122-126; Smith, A. K., & Hasel, L. A. (2011). "I must have been mistaken": How information about an alibi can corrupt eyewitness identification decisions. Paper presented at the annual meeting of the American Psychology-Law Society, Miami, FL, March 3-6.

**18.** この現象を証明するための良い方法は，参加者に対象者が含まれる短い映像を呈示して，ラインナップから対象者を選択してもらうことである。公開されている実験材料は以下のサイトで入手可能である。http://www.psychology.iastate.edu/-glwells/theeyewitnesstest.html このテストは犯人不在ラインナップであるため，すべての選択が必然的に間違いとなる。

**19.** Davis, D., Loftus, E. E, Vanous, S., & Cucciare, M. (2008). "Unconscious transference" can be an instance of "change blindness." *Applied Cognitive Psychology, 22*, 605-623.

**20.** 裁判の速記録 *State v. Cotton*, No. 257A85 (Alamance Co. Super. Ct., January 7, 1985), pp. 108-109.

**21.** 同上，p. 89, 343.

**22.** Lindsay, D. S., Read D. J., & Sharma K. (1998). Accuracy and confidence in person identification: The relationship is strong when witnessing conditions vary widely. *Psychological Science, 9*, 215-218.

**23.** Wells, G. (1978). Applied eyewitness-testimony research: System variables and estimator variables. *Journal of Personality and Social Psychology, 36*, 1546-1557. ウェルズの類型は "システム変数" と "推定変数" に区別される。本章で使用されている偶発要因(incident factors)というカテゴリーはウェルズの推定変数と大きく重なっているが，ここでは心理学的効果により重点を置き，識別後の正確性の推定に役立つ可能性にはあまり重点を置いていない。

**24.** たとえば，視覚刺激にさらされることの汚染の影響は，事件のわずか20分後に呈示さ

れた場合と比較して7日後に呈示された場合に，より強いことが示されている。Jenkins, F., & Davies, G. (1985). Contamination of facial memory through exposure to misleading composite pictures. *Journal of Applied Psychology, 70*, 164-176.

**25.** Schacter, D. L. (1996). *The seven sins of memory: How the mind forgets and remembers.* New York: Houghton Mifflin, chap. 4; Mitchell, K. J., & Johnson, M. K. (2000). Source monitoring: Attributing mental experiences. In E. Tulving & F. I. M. Craik, eds., *The Oxford handbook of memory*, pp. 179-195. New York: Oxford University Press.

**26.** Megreya, A. M., & Burton, A. M. (2008). Matching faces to photographs: Poor performance in eyewitness memory (without the memory). *Journal of Experimental Psychology: Applied, 14*(4), 364-372.

**27.** 会話の前に約20メートルの距離をお互い向かい合って歩いていることから，歩行者は研究協力者をはっきりと見ていたといえる。この2-5分かかる研究では，2人の研究協力者はそれぞれ異なる服装をしており，身長差が5センチ程度あり，声は明らかに違っていた。Simons, D. J., & Levin, D. T. (1998). Failure to detect changes to people during a real-world interaction. *Psychonomic Bulletin & Review, 5*, 644-649. 本研究のビデオ映像を第1著者のウェブページで見ることができる。http://www.simonslab.com/videos.html

**28.** 本研究では，2人の研究協力者は異なる髪色と髪型をして，顔の特徴に明確な違いがあり，声も違っていたにも関わらず，参加者の4分の3が変化に気付かなかった。Levin, D. T., Simons, D. J., Angelone, B. L. Chabris, C. F. (2002). Memory for centrally attended changing objects in an incidental real-world change detection paradigm. *British Journal of Psychology, 93*, 289-302. 発見率の低さは，ビデオ映像の2つの場面間で役者が入れ替わった研究で見られた。8つの異なるビデオ映像の中の場面間で，ある役者が服装も髪型もはっきり異なる別の役者と入れ替わった。8つの実験を通して，参加者の3分の1しか入れ替わったことに気付かなかった。Simons, D. J., & Levin, D. T. (1997). Change blindness. *Trends in Cognitive Sciences, 1*, 261-267.

**29.** Davis et al. (2008) 前掲。注 **19** を参照。

**30.** Johansson, P., Hall, L., Sikstrom, S., & Olsson, A. (2005). Failure to detect mismatches between intention and outcome in a simple decision task. *Science, 310*, 116-119.

**31.** Nisbett, R. E., & Wilson, T. D. (1977). Telling more than we can know: Verbal reports on mental processes. *Psychological Review, 84*, 231-259.

**32.** Wagenaar, W. A., & Van der Schrier J. H. (1996). Face recognition as a function of distance and illumination: A practical tool for use in the courtroom. *Psychology, Crime & Law, 2*, 321-332; De Jong, M., Wagenaar, W. A., Wolters, G., & Verstijnen, I. M. (2005). Familiar face recognition as a function of distance and illumination: A practical tool for use in the courtroom. *Psychology, Crime & Law, 2*, 87-97.

**33.** このフィールド研究では，15メートルの範囲での顕著な変化は見られなかった。Lindsay, R. C. L., Semmler, C., Weber, N., Brewer, N., & Lindsay, M. R. (2008). How variations in distance affect eyewitness reports and identification accuracy. *Law and Human Behavior, 32*(6), 526-535.

**34.** 裁判の速記録，前掲，注 **20**，p. 155 を参照。

**35.** Radvansky, G. A., Carlson-Radvansky, L. A., & Irwin, D. E. (1995). Uncertainty in estimating distances from memory. *Memory & Cognition, 23*, 596-606; Wiest, W. M., & Bell, B.

(1985). Stevens's exponent for psychophysical scaling of perceived, remembered, and inferred distance. *Psychological Bulletin, 98*, 457-470.

**36.** Lindsay et al. (2008) 前掲，注 **33** を参照。

**37.** Wells, G. L., & Quinlivan, D. S. (2009). Suggestive eyewitness identification procedures and the Supreme Court's reliability test in light of eyewitness science: 30 years later. *Law and Human Behavior, 33*, 1-24 を参照。

**38.** 本研究では，犯人が 45 秒間はっきりと映っているビデオ映像を視聴した参加者のうち 95% が，犯人を正しく識別した。一方，はっきり映った映像が 12 秒間だった場合の正しい識別はわずか 29% であった。ターゲット不在ラインナップでは，長い映像を視聴した参加者では 41%，短い映像を視聴した参加者では 90% が無実のフィラーを選択した。Memon, A., Hope, L., & Bull, R. (2003). Exposure duration: Effects on eyewitness accuracy and confidence. *British Journal of Psychology, 94*, 339-354.

前掲，注 **22** の Lindsay, Read, & Sharma (1998)は，時間を 3 分から 10 秒に短くすると，全体的な識別の正確性が半分(86% から 44%)に下がることを明らかにした。

**39.** Cutler, B. L., Penrod, S. D., & Martens, T. K. (1987). The reliability of eyewitness identification: The role of system and estimator variables. *Law and Human Behavior, 11*, 233-258.

**40.** Loftus, E. E., Schooler, J. W., Boone, S. M., & Kline, D. (1987). Time went by so slowly: Overestimation of event duration by males and females. *Applied Cognitive Psychology, 1*, 3-13.

**41.** 銀行員がやりとりした時間の長さを心の中のストップウォッチで計測するよう求めた結果，推定された時間はより短くなった(平均 67 秒)。Pigott, Brigham, & Bothwell (1990) 前掲，注 **1**. Pedersen, A. C. I., & Wright, D. B. (2002). Do differences in event descriptions cause different duration estimates? *Applied Cognitive Psychology, 16*, 769-783. も参照。

**42.** メタ分析については，Deffenbacher, K. A., Bornstein, B. H., Penrod, S. D., & McGorty, E. K. (2004). A meta-analytic review of the effects of high stress on eyewitness memory. *Law and Human Behavior, 28*, 687-706 を参照。

**43.** このプログラムは，拘束，拷問された場合に備えて，エリートの戦闘隊の中から兵士を揃えた。ストレスの低い尋問における全体的な識別の正確性は 68% で，ストレスの高い条件では 32% であった。無実のフォイルを選択した割合は，それぞれ 30% と 59% であった。Morgan, C. A., III, Hazlett, G., Doran, A., Garrett, S., Hoyt, G., Thomas, P., Baranoski, M., & Southwick, S. M. (2004). Accuracy of eyewitness memory for persons encountered during exposure to highly intense stress. *International Journal of Law and Psychiatry, 27*, 265-279.

**44.** ホラー・ラビリンスは，恐怖を体験するために設計された迷路である。本研究では，低い不安感を報告した参加者の 4 分の 3 が対象を正しく識別し，約 20% がフォイルを選択した。高い不安感を報告した参加者で対象を正しく識別したのは，5 分の 1 以下であり，ちょうど半分を超えるくらいの人が無実のフォイルを選択した。Valentine, T., & Mesout, J. (2009). Eyewitness identification under stress in the London Dungeon. *Applied Cognitive Psychology, 23*, 151-161.

**45.** Peters, D. P. (1988). Eyewitness memory and arousal in a natural setting. In M. M. Gruneberg, P. E. Morris, & R. N. Sykes, eds., *Practical aspects of memory: Current research* *and issues*, vol. 1, pp. 89-94. Chichester, UK: John Wiley & Sons.

**46.** 裁判の速記録 前掲，注 **20**，p. 241 を参照。

**47.** メタ分析によると，武器の存在は識別の正確さを有意に低下させるが，その影響の強さは中程度であった。より大きな影響は，出来事に関する証拠を想起させた際に見られた。Steblay, N. M. (1992) A meta-analytic review of the weapon focus effect. *Law and Human Behavior, 16*, 413-424 を参照。ロンドン警視庁が 640 件の実際の犯人識別を対象に行った研究では，武器の存在の効果が認められなかった。しかし，(アメリカの)実験室研究でよく使われている武器は銃であるが，ロンドン警視庁が対象とした事件では，ほんの少数の事件でしか銃は関与していなかった。Valentine, Pickering, & Darling (2003)，前掲，注 **6** を参照。

**48.** 注意の妨害は，武器が一般的なものではなく，かつ脅威を与えるものであるという両方の事実によって，引き起こされるようである。Hope, L., & Wright, D. (2007). Beyond unusual? Examining the role of attention in the weapon focus effect. *Applied Cognitive Psychology, 21(7)*, 951-961 を参照。

**49.** Loftus, E. F., Loftus, G. R., & Messo, J. (1987). Some facts about "weapon focus." *Law and Human Behavior, 11*, 55-62.

**50.** 爆破事件後しばらくの間，FBI はジョン・ドー 2(名無しの権兵衛)と呼ばれる 2 人目の人物の捜索を全国的に行った。この 2 人目の犯人については，爆破事件の 2 日前の 4 月 17 日午後にマクベイがレンタカーのトラックを借りた車庫で働いていた 2 人の目撃者が非常に詳しく説明した。説明を基に作成したモンタージュは全国メディアで大々的に公開されたが，そのような人物は見つからず，存在しないと一般的に信じられた。このミステリーは，マクベイの訪問の翌日に起こった事実から生じていると考えられる。それは，爆破と何の関係もない 2 人の男が，ちょうどマクベイが前日見ていたのと同じトラックを，事件翌日の同時刻に同じ車庫で確認していたところを見られていたのである。男性の 1 人はマクベイに全体的に似ていた。目撃者は誤ってこの男をマクベイと関連づけたようである。Memon, A., & Wright, D. B. (1999). Eyewitness testimony and the Oklahoma bombing. *The Psychologist, 12*, 292-205. 古典的な事件については，Loftus, E. F. (1979). *Eyewitness testimony*. Cambridge, MA: Harvard University Press, p. 142 を参照。

**51.** Mueller-Johnson, K., & Ceci, S. J. (2004). Memory and suggestibility in older adults: Live event participation and repeated interview. *Applied Cognitive Psychology, 18*, 1109-1127. その現象を再現している別の研究は，Ross, D. F., Ceci, S. J., Dunning, D., & Toglia, M. (1994). Unconscious transference and mistaken identity: When a witness misidentifies a familiar but innocent person. *Journal of Applied Psychology, 79*, 918-930 を参照。

**52.** 目撃者のそれぞれ平均 24% と 30% が残りの 2 人を選択し，13% がフォイルを選択した。Davis et al. (2008) 前掲，注 **19** を参照。

**53.** 上記で説明した銀行員の研究を真似たフィールド研究では，テキサス州エルパソのさまざまな民族出身のコンビニ店員が，以前に接客した 3 種類の民族の実験協力者について識別を行った。その結果，民族バイアスが明白となり，店員と民族が異なる場合に正確率が低くなり，エラー率が高くなった。Platz, S. J., & Hosch, H. M. (1988). Cross-racial/ethnic eyewitness identification: A field study. *Journal of Applied Social Psychology, 18*, 972-984.

**54.** Meissner, C. A., & Brigham, J. C. (2001). Thirty years of investigating the own-race bias in memory for faces: A meta-analytic review. *Psychology, Public Policy, and Law, 7*, 3-35.

**55.** Wells, G. L., & Olson, E. A. (2001). The other-race effect in eyewitness identification: What do we do about it? *Psychology, Public Policy, and Law, 7*, 230-246 を参照。社会的要因を支持する議論は，Doyle, J. M. (2001). Discounting the error costs: Cross-racial false alarms in the culture of contemporary criminal justice. *Psychology, Public Policy, and Law, 7*, 253-262 を参照。

**56.** Wright, D. B., Boyd, C. E., & Tredoux, C. G. (2003). Inter-racial contact and the own-race bias for face recognition in South Africa and England. *Applied Cognitive Psychology, 17(3)*, 365-373. バスケットボールファンである白人はファンではない白人と比べて，黒人男性の識別がより正確であった。これは，ファンが黒人のプロバスケットボール選手を見ることで，黒人男性の顔の違いに敏感になるためと考えられる。Li, J. C., Dunning, D., & Malpass, R. S. (1998). Cross-racial identification among European-Americans: Basketball fandom and the contact hypothesis. Paper presented at the biennial meeting of the American Psychology-Law Society, Redondo Beach, CA, March.

**57.** Rhodes, M. G., & Anastasi, J. S. (in press). The own-age bias in face recognition: A meta-analytic and theoretical review. *Psychological Bulletin.*

**58.** Yarmey, A. D. (1992). Stereotypes and recognition memory for faces and voices of good guys and bad guys. *Applied Cognitive Psychology, 7*, 419-431.

**59.** Flowe, H. D., & Humphries, J. E. (2011). An examination of criminal face bias in a random sample of police lineups. *Applied Cognitive Psychology, 25*, 265-273. 同時に，犯罪者のステレオタイプに似た顔はより簡単に認識されるため，より良く覚えられる可能性がある。MacLin, O. H., & MacLin, M. K. (2004). The effect of criminality on face attractiveness, typicality, memorability and recognition. *North American Journal of Psychology, 6(1)*, 145-154 を参照。

**60.** 特徴的な見た目の人たちのために公正なラインナップを作成する難しさについては，Brigham, J. C., Ready, D. J., & Spier, S. A. (1990). Standards for evaluating the fairness of photograph lineups. *Basic and Applied Psychology, 11*, 149-163. Brigham, J. C., Meissner, C. A., & Wasserman, A. W. (1999). Applied issues in the construction and expert assessment of photo lineups. *Applied Cognitive Psychology, 13*, S73-S92. Doob, A. N., & Kirshenbaum, H. M. (1973). Bias in police lineups-Partial remembering. *Journal of Police Science and Administration, 1*, 287-293 を参照。

**61.** Wells, G. L., Charman, S. D., & Olson, E. A. (2005). Building face composites can harm lineup identification performance. *Journal of Experimental Psychology: Applied, 11*, 147-156. 類似性が低いという知見は，描画ツールやコンピュータシステムによって構成されたモンタージュでのみ見られている。スケッチ画家によるモンタージュの検討は十分にされていない。

**62.** Farah, M. J., Wilson, K. D., Drain, M., & Tanaka, J. N. (1999). What is "special" about face perception? *Psychological Review, 105*, 482-498. Wells, Charman, & Olson (2005) 前掲，注 **61** も参照。

**63.** モンタージュを作成した参加者のうち，58% が後のラインナップで誰かを選ぶことができず，30% が無実のフィラーを識別した。モンタージュを作成しなかった参加者のうち，84% が正しく対象者を識別し，わずか 6% がフィラーを識別した。本研究は，識別の低下はイメージを見たことではなく，モンタージュを実際に作成したことによるものであることを

示唆している。

**64.** 裁判の速記録 前掲，注 **20**，p. 324 を参照。Interview with Jennifer Thompson, *What Jennifer Saw, Frontline* series, PBS（1997）. https://www.pbs.org/wgbh/pages/frontline/shows/dna/interviews/thompson.html

**65.** 両写真とも，『フロントライン』（Frontline）のウェブサイトで閲覧可能。https://www.pbs.org/wgbh/pages/frontline/shows/dna/photos/alt/text_04.html

**66.** Meissner, C. A., Sporer, S. L., & Schooler, J. W.（2007）. Person descriptions as eyewitness evidence. In R. C. L. Lindsay, D. F. Ross, J. D. Read, & M. P. Toglia, eds., *Handbook of eyewitness psychology*, vol. 2: Memory for people, pp. 3-34. Mahwah, NJ: Lawrence Erlbaum.

**67.** 研究は，431 件の強盗事件に関わる 1,313 人の目撃者によって提供された 2,299 の記述を含んでいる。van Koppen, P. J., & Lochun, S. K.（1997）. Portraying perpetrators: The validity of offender descriptions by witnesses. *Law and Human Behavior, 21,* 661-685. スウェーデンのアーカイブから得られた類似の結果については Fahsing, I. A., Ask, K., & Granhag, P. A.（2004）. The man behind the mask: Accuracy and predictors of eyewitness offender descriptions. *Journal of Applied Psychology, 89,* 722-729 を参照。

**68.** Pigott, Brigham, & Bothwell（1990）前掲，注 **1** を参照。

**69.** メタ分析については，Meissner, C. A., Sporer, S. L., & Susa, K. J.（2008）. A theoretical review and meta-analysis of the description-identification relationship in memory for faces. *European Journal of Cognitive Psychology, 20,* 414-455 を参照。

**70.** たとえば，ある研究は，識別の正確性は目撃してから平均 1 カ月後に実施されたラインナップ（47%）より，ターゲットを見た直後に実施された場合（62%）のほうが高いことを示した。Sauer, J., Brewer, N., Zweck, T., & Weber, N.（2010）. The effect of retention interval on the confidence-accuracy relationship for eyewitness identification. *Law and Human Behavior, 34*(4), 337-347（選択した人のデータのみ）. 比較的まれな例外についての議論は，第 4 章を参照。

**71.** Deffenbacher, K. A., Bornstein, B. H., McGorty, E. K., & Penrod, S. D.（2008）. Forgetting the once-seen face: Estimating the strength of an eyewitness's memory representation. *Journal of Experimental Psychology: Applied, 14,* 139-150. 衰退は記憶を頭の中で思い返す量に非常に影響される。頻繁に思い返される記憶はより長く保持される。頻繁に思い返すことが，記憶の汚染にも影響を及ぼすことを認めなければいけない。

**72.** Valentine, Pickering, & Darling（2003）前掲，注 **6** を参照。

**73.** Behrman & Davey（2001）前掲，注 **7** を参照。

**74.** Read, J. D., Vokey, J. R., & Hannersley, R.（1990）. Changing photos of faces: Effects of exposure duration and photo similarity on recognition and the accuracy-confidence relationship. *Journal of Experimental Psychology: Learning, Memory, and Cognition, 5,* 870-882.

**75.** マグショット帳と後のラインナップの両方で同じフィラーを呈示された参加者は，はじめに見ていない参加者よりも，ラインナップでその人物を選ぶ傾向にあり（30% 対 20%）犯人を正しく識別する傾向が低かった（59% 対 80%）。Memon, A., Hope, L., Bartlett, J., & Bull, R.（2002）. Eyewitness recognition errors: The effects of mugshot viewing and choosing in young and old adults. *Memory & Cognition, 30,* 1219-1227. 別の研究では，マグショット帳

から誤ってフィラーを選んだ参加者のうち10%が，ラインナップから正しい対象を選択した。ラインナップで間違ったフィラーを選んだ参加者の70%が選んでいたのは，マグショット帳で選んだと同じ無実のフィラーであった。Goodsell, C. A., Neuschatz, J. S., & Gronlund, S. D. (2009). Effects of mugshot commitment on lineup performance in young and older adults. *Applied Cognitive Psychology, 23*(6), 788-803. 別の研究は，最初の手続きで誰かを選んだ参加者(犯人は含まれていなかったため，全員が間違い)の33%のみが，後のラインナップで犯人を正しく識別している。正答率は，最初にマグショットを呈示されなかった参加者のほうが高かった(69%)。Brigham, J. C., & Cairns, D. L. (1988). The effect of mugshot inspections on eyewitness identification accuracy. *Journal of Applied Social Psychology, 18*, 1394-1410. 類似の結果については，Dysart, J. E., Lindsay, R. C. L., Hammond, R., & Dupuis, P. (2001). Mug shot exposure prior to lineup identification: Interference, transference, and commitment effects. *Journal of Applied Psychology, 86*, 1280-1284 および Hinz, T., & Pezdek, K. (2001). The effect of exposure to multiple lineups on face identification accuracy. *Law and Human Behavior, 25*(2), 185-198 を参照。

**76.** 研究全体で，マグショット帳の呈示の後の正しい識別率は50%から43%に落ちた一方，無実のフィラーの誤識別率は15%から37%に上がった。Deffenbacher, K. A., Bornstein, B. H., & Penrod, S. D. (2006). Mugshot exposure effects: Retroactive interference, mugshot commitment, source confusion, and unconscious transference. *Law and Human Behavior, 30*, 287-307.

**77.** ゴレンシュタインとエルスワースによる研究において，最初の写真帳で誤ってフィラーを選んだ参加者は，最初の写真帳を見なかった参加者と比較して，2回目のラインナップで犯人を選ぶ傾向が低かった(22%対39%)。Gorenstein, G. W., & Ellsworth, P. C. (1980). Effect of choosing an incorrect photograph on a later identification by an eyewitness. *Journal of Applied Psychology, 65*, 616-622.

**78.** Valentine, T., Davis, J. P., Memon, A., & Roberts, A. (in press). Live showups and their influence on a subsequent video line-up. *Applied Cognitive Psychology.*

**79.** 66人の繰り返し視聴のうち，被疑者を正しく識別した人の割合は1回目が45%，2回目が62%であった。最初に被疑者の識別に失敗した目撃者のうち45%が，後の手続きで誰かを選択した。そのうちわずか27%が，2回目の手続きで識別を誤った。後の手続きにおける減少は，時間経過による記憶の衰退によるものと予想される。Behrman & Davey (2001), 前掲，注7を参照。

**80.** 大規模なメタ分析によると，顔について記憶が強まったと後の時点で報告された研究は53件中わずか6件であり，この効果は非常に弱かった。

**81.** この識別の正確性の向上についての別の説明として，刑事による圧力の増加と暗示が考えられる。時間とともに，刑事は事件の終結についてより強く動機づけられる傾向にある。

**82.** Deffenbacher, Bornstein, & Penrod (2006) 前掲，注76を参照。ソース・モニタリングの現象に関するさらなる情報は第4章を参照。

**83.** Deffenbacher, Bornstein, & Penrod (2006) 前掲，注76によると，もっとも強いバイアスの結果は，参加者が以前の識別の際に人前でなんらかの意見を表明するように誘導された場合に見られた。

**84.** 実際には，このトピックに関する研究が行われる以前に，法律家たちはこの種のバイアスについてよく知っていた。*Simmons v. United States*, 320 U.S. 377 (1968) において，被告

人側の弁論がなされたが，却下された。320 U.S. 377（1968）.

**85.** ジェニファー・トンプソンのインタビュー。前掲，注 **64** を参照。

**86.** 裁判の速記録。前掲，注 **20**，p. 110 を参照。

**87.** ジェニファー・トンプソンのインタビュー。前掲，注 **64** を参照。

**88.** 誘導的な視覚情報を呈示された目撃者の 40% が，誤った描写に合致した人物を選択した。Jenkins & Davies（1985）前掲，注 **24** を参照。モンタージュの呈示は，異なる複数の顔の特徴を組み合わせて一つの記憶にする記憶結合(memory conjunction)を引き起こす原因となる。Kroll, N. E. A., Knight, R. T., Metcalfe, J., Wolf, E. S., & Tulving, E.（1996）. Cohesion failure as a source of memory illusions. *Journal of Memory and Language, 35,* 176-196.

**89.** Morgan, C. A., Southwick, S., Steffian, G., Hazlett, G., & Loftus, E. F.（in progress）. Misinformation can influence memory for recently experienced, highly stressful events.

**90.** この暗示は，口ひげのある人物の選択率を 5 倍にした。Loftus, E. F., &Greene, E.（1980）. Warning: Even memory for faces may be contagious. *Law and Human Behavior, 4,* 323-334, 実験 2.

**91.** 後に実施した，口ひげのある無実の人物と真犯人の両方を含んだラインナップにおいて，ほぼ 90% の目撃者が口ひげのある無実の人物を選択した。同上。

**92.** 同上を参照。それぞれ，実験 1 と予備実験。

**93.** Weingardt, K. R., Leonesio, R. J., & Loftus, E. F.（1995）. Viewing eyewitness research from a metacognitive perspective. In J. Metcalfe & A. P. Shimamura, eds., *Metacognition: Knowing about memory,* pp. 175-184. Cambridge, MA: MIT Press.

**94.** たとえば，ジョージア・イノセンス・プロジェクトが実施した調査によると，ジョージア州の警察機関 355 件のうち 82% が，標準的な識別手続きを記したテキストを用意していない。Turner, D.（2007）. DNA test clears man after 27 years. Associated Press, December 11.

**95.** サクラメント郡のデータでは，記録されている手続きの 42% が単独面通し(615 件中 258 件)であった。Behrman & Davey（2001）前掲，注 **7** を参照。1991 年から 2000 年のサンディエゴ郡で実施された強姦，強盗，暴行事件の捜査における 153 件の識別手続きでは 59% であった。Flowe, H. D., Mehta, A., & Ebbesen, E. B.（2011）. The role of eyewitness identification evidence in felony case dispositions. *Psychology, Public Policy, and Law, 17,* 140-159. テキサス州エルパソ郡での単独面通しは 30% であった。McQuiston, D., & Malpass, R.（2001）. Eyewitness identifications in criminal cases: An archival study. Paper presented at the fourth biennial meeting of the Society for Applied Research in Memory and Cognition, Kingston, Ontario, Canada, June. 北カリフォルニアのある街のサンプルでは，識別手続きの 77% が単独面通しであった(224 件中 172 件)。Gonzalez, R., Ellsworth, P. C., & Pembroke, M.（1993）. Response biases in lineups and showups. *Journal of Personality and Social Psychology, 64,* 525-537.

**96.** 全国の警察署サンプルのラインナップ実施者を対象にした調査(回答数 220 件)は，実施される手続きの 27% が人物ラインナップ，73% が写真ラインナップであることを示した。Wogalter, M. S., Malpass, R. S., & McQuiston, D. E.（2004）. A national survey of U.S. police on preparation and conduct of identification lineups. *Psychology, Crime & Law, 10,* 69-82.

**97.** 1991 年から 2000 年のサンディエゴ郡で行われた 283 件の捜査における人物ラインナッ

プの実施率は0%から6%であった。手続きの89%が単独面通し，または写真帳であった。Flowe, Mehta, & Ebbesen (2011) 前掲，注**95**を参照。バージニア州の108件の警察署を対象に実施した調査では，90%が写真ラインナップ，60%が単独面通しを使っており，わずか4分の1が人物ラインナップを使用していた。Gould, J. B. (2008). *The Innocence Commission: Preventing wrongful convictions and restoring the criminal justice system*. New York: NYU Press, p. 137 を参照。

**98.** メタ分析によると，単独面通しとラインナップにおいて正しい識別がされる割合は類似している（それぞれ41%と43%）が，単独面通しの誤識別率は非常に高い（18%と11%）。Clark, S. E., & Godfrey R. D. (2009). Eyewitness identification evidence and innocence risk. *Psychonomic Bulletin & Review, 16*, 22-42. 単独面通しの批判的なレビューは，Wells, G. L., Small, M., Penrod, S., Malpass, R. S., Fulero, S. M., & Brimacombe, C. A. E. (1998). Eyewitness identification procedures: Recommendations for lineups and photospreads. [白書としても知られている]. *Law and Human Behavior, 22*, 603-647; Yarmey, A. D., Yarmey, M. J., & Yarmey, A. L. (1996). Accuracy of eyewitness identification in showups and lineups. *Law and Human Behavior, 20*, 459-477 を参照。混成評価（mixed evaluation）の研究は，Dysart, J. E., & Lindsay, R. C. L. (2007). Show-up identifications: Suggestive technique or reliable method? In R. C. L. Lindsay, D. F. Ross, J. D. Read, & M. P. Toglia, eds., *Handbook of eyewitness psychology*, vol. 2: Memory for people, pp. 137-153. Mahwah, NJ: Lawrence Erlbaum を参照。Gonzalez, Ellsworth, & Pembroke (1993)の研究によると，単独面通しは比較的好ましい結果を示している。前掲，注**95**を参照。

**99.** 真犯人に似ている無実の被疑者の選択率は，ラインナップでは17%，単独面通しでは23%だった。Steblay, N., Dysart, J., Fulero, S., & Lindsay, R. C. L. (2003). Eyewitness accuracy rates in police showup and lineup presentations: A meta-analytic comparison. *Law and Human Behavior, 27*(5), 523-540.

**100.** Behrman & Davey (2001) 前掲，注**7**を参照。

**101.** 比較判断の問題はゲイリー・ウェルズが指摘した。Wells, G. L. (1984). The psychology of lineup identifications. *Journal of Applied Social Psychology, 14*, 89-103 を参照。写真を単に比較するだけでは，それらの写真の違いを（広げて）強調し，その結果，記憶している真犯人と選択した写真が似ているという主観性が強くなる。第2章と第6章の一貫性効果を参照。

**102.** Steblay, N. K., Dysart, J. E., & Wells, G. L. (2011). Seventy-two tests of the sequential lineup superiority effect: A meta-analysis and policy discussion. *Psychology, Public Policy, and Law, 17*(1), 99-139 (data from Full Design Dataset, table 3). クラークとゴッドフリー（2009 前掲，注**98**）は，継時提示ラインナップ手続きが誤識別を17%から10%，正識別を54%から43%まで全体的に下げることを示している。継時提示ラインナップ手続きは，対象がフィラーの中で目立っているラインナップでもっとも効果的である可能性がある。Clark, Howell, & Davey (2008) 前掲，注**8**を参照。以下の研究は，この効果を支持するエビデンスを示している。Carlson, C. A., Gronlund, S. D., & Clark, S. E. (2008). Lineup composition, suspect position, and the sequential lineup advantage. *Journal of Experimental Psychology: Applied, 14*, 118-128. 以下も参照のこと。McQuiston-Surrett, D., Malpass, K. S., & Tredoux, C. G. (2006). Sequential vs. simultaneous lineups: A review of methods, data, and theory. *Psychology, Public Policy, and Law, 12*, 137-169.

**103.** 497 件の実際の犯罪事件を含む本研究は，継時提示ラインナップ手続きは，同時提示ラインナップ手続きと比較して，被疑者を正しく選択する割合を下げずに(27% 対 25.5%)フィラーを選択する割合を下げることを明らかにした(12% 対 18%)。これらのデータはまだ完全な分析が終わっておらず，査読も受けていない。Wells, G. L., Steblay, N. K., & Dysart, J. E. (2011). A test of the simultaneous vs. sequential lineup methods: An initial report of the AJS National Eyewitness Identification Field Studies. *American Judicature Society*. http://www.ajs.org/wc/pdfs/EWID_PrintFriendly.pdf　イギリスのフィールドデータと比較すると，本研究では被疑者の識別の割合が非常に低く，それに対応して，誰も選ばない割合が高くなっていることを特記する。継時的ラインナップ手続きの利点を支持するフィールドデータについては，Klobuchar, A., Steblay, N., & Caligiuri, H. (2006). Improving eyewitnessidentifications: Hennepin County's blind sequential lineup project. *Cardozo Public Law, Policy, and Ethics Journal, 4*, 381-413 を参照。

　ラインナップの形式は，メクレンバーグ研究(The Mecklenburg Study)というイリノイ州警察によって実施されたフィールド研究の主題であった。この研究は，目撃証言研究の著名な批評家であるエッベ・エッベセンの監督下で行われた。この研究の結果は継時的，二重盲検手続きに異議を唱えた。http://eyewitness.utep.edu/Documents/IllinoisPilotStudyonEyewitnessID.pdf を参照。メクレンバーグ研究は，目撃者研究を行っていない著名な実験心理学者たちを含め，さまざまな研究者によって幅広く疑われている。本研究は，"この研究を現実世界にどう意味づけるかを考える際に致命的な結果"をもたらす交絡を含むデザインを基盤にしていると，有識者たちは結論づけた。Schacter, D. L., Dawes, R. E., Jacoby, L. J., Kahneman, D., Lempert, R., Roediger, H. L., & Rosenthal, R. E. (2008). Policy forum: Studying eyewitness investigations in the field. *Law and Human Behavior, 32*, 3-5. 特に，この研究は技術アドバイザーのロイ・マルパスによっても回顧的に批判されている。Ross, S. J., & Malpass, R. S. (2008). Moving forward: Response to "Studying eyewitness investigations in the field." *Law and Human Behavior, 32(1)*, 16-21 を参照。研究方法の批判的レビューは，Steblay, N. K. (2011). What we know now: The Evanston Illinois field lineups. *Law and Human Behavior, 35(1)*, 1-12 を参照。

**104.** Lindsay, R. C. L., & Wells, G. L. (1980). What price justice? Exploring the relationship of lineup fairness to identification accuracy. *Law and Human Behavior, 4*, 303-313.

**105.** Leippe, M. R., Eisenstadt, D., Rauch, S. M., & Stambush, M. A. (2006). Effects of social-comparative memory feedback on eyewitnesses' identification confidence, suggestibility, and retrospective memory reports. *Basic and Applied Social Psychology, 28*, 201-220.

**106.** イギリスの法的必須条件は 8 人以上である。PACE, Code D, Annex (a)2; Annex B(c)9 (1984). http://police.homeoffice.gov.uk/news-and-publications/publication/operational-policing/PACE_Chapter_D.pdf?view=Binary を参照。

**107.** ある程度非類似性があることの利点，つまり「適度な不均質性(propitious heterogeneity)」に関する議論は，Wells, G. L., & Bradfield, A. L. (1999a). Measuring the goodness of lineups: Parameter estimation, question effects, and limits to the mock witness paradigm. *Applied Cognitive Psychology, 13*, S27-S39 を参照。

**108.** フィラーが明らかにターゲットと似ていない場合，誤った識別を行う割合が 2 倍以上になる(49%，フィラーが似ている場合は 21%)。Clark & Godfrey (2009) 前掲，注 **98** 表 5. 同時に，フィラーが似ていない場合，正しい識別を行う割合は高くなる(72%，フィラーが

似ている場合は62%)。言い換えれば，被疑者がフィラーと比べて目立つと，誤識別と正識別をより高めることにつながる。

**109.** 機能的なラインナップの人数に関する議論は，Wells, G. L., Leippe, M., & Ostrom, T. M. (1979). Guidelines for empirically assessing the fairness of a lineup. *Law and Human Behavior, 3,* 285-293 を参照。効果的なラインナップの人数に関する議論は，Malpass, R. S. (1981). Effective size and defendant bias in eyewitness identification lineups. *Law and Human Behavior, 5,* 299-309 を参照。

さらに問題を複雑にするのは，ラインナップの公正さは，フォイルに対して被疑者をどこに配置するかにも影響を受けることである。被疑者に似ているフォイルに隣接して被疑者が配置される場合より，似ていないフォイルにすぐ隣接している場合に，被疑者は選択されやすいことを研究は示している。ある研究は，それぞれ32%と15%の識別率を明らかにしている。しかし，この効果は言語描写がより詳細で正確な場合に弱まった。Gonzalez, R., Davis, J., & Ellsworth, P. C. (1995). Who should stand next to the suspect? Problems in the assessment of lineup fairness. *Journal of Applied Psychology, 80,* 525-531.

**110.** Wells & Bradfield (1999a) 前掲，注 **107** を参照。別の研究は，強盗は "黒人，男性，背が低く，顔全体にひげがあり，細身だが痩せこけてはいない" と描写された，*United States v. Mills* の事件で使用されたラインナップを検討した。ミルズ本人または彼の写真を一度も見たことがない 60 人の模擬目撃者のうち，誰かを選択した参加者でミルズを選んだのは 61% にのぼった。Wells, Leippe, & Ostrom (1979) 前掲，注 **109** を参照。*Regina v. Shatford* のカナダの事件を使用した研究では，参加者の半数以上が描写だけを元にして被疑者を選択した。Doob & Kirshenbaum (1973) 前掲，注 **60** を参照。(おそらく裁判結果に不満を持つ)弁護人が研究者にラインナップを送ったと考えられるため，これは現実に使用されたラインナップのランダムサンプルではなかった。

**111.** Buckout, R. (1974). Eyewitness testimony. *Scientific American,* 23-31.

**112.** Brigham, Meissner, & Wasserman (1999) 前掲，注 **60** を参照。

**113.** Lindsay, R. C., Wallbridge, H., & Drennan, D. (1987). Do the clothes make the man? An exploration of the effect of lineup attire on eyewitness identification accuracy. *Canadian Journal of Behavioural Science/Revue canadienne des sciences du comportement, 19* (4), 463-478.

**114.** Dysart, J. E., Lindsay, R. C. L., & Dupuis, P. R. (2006). Show-ups: The critical issue of clothing bias. *Applied Cognitive Psychology, 20*(8), 1009-1023.

**115.** この十分に確立された知見によって，研究者たちはこの通知を含まない教示のことを "バイアスのある教示" と名づけた。メタ分析は，"バイアスのない" 教示がターゲット不在ラインナップにおける選択の割合を 60% から 35% に下げる(すべての選択が間違い)が，ターゲット存在ラインナップの場合の正識別の割合(それぞれ 53% と 55%)には影響が見られないことを明らかにした。全体では，バイアスのない教示は正識別の割合を 44% から 55% に上げた。これらは 2,588 人以上の参加者が関わった 22 の研究からのデータである。Steblay, N. M. (1997). Social influence in eyewitness recall: A meta-analytic review of lineup instruction effects. *Law and Human Behavior, 21,* 283-297.

Clark & Godfrey (2009) 前掲，注 **98** によって実施されたより新しいメタ分析は，誤識別の減少に対する効果がわずかであることを示している(10% から 7%)。このように変化がわずかであったことは，"バイアスのある" 条件での誤識別の絶対値が異常なまでに低かった

こと(10%)に影響されたようである(誤識別の全体的な割合が20%を超えていた(Clark, Howell, & Davey(2008), 前掲, 注8によるメタ分析と比較した場合)。言い換えれば, これらの研究では, 誤識別に影響する可能性はおそらく床効果によって妨げられたのだろう。しかし, このデータセットは"バイアスのない"教示によって正しい識別が56%から50%に減少することを示している。

**116.** Phillips, M. R., McAuliff, B. D., Kovera, M. B., & Cutler, B. L. (1999). Double-blind photoarray administration as a safeguard against investigator bias. *Journal of Applied Psychology, 84,* 940-951. Garrioch, L., & Brimacombe (née Luus), C. A. E. (2001). Lineup administrators' expectations: Their impact on eyewitness confidence. *Law and Human Behavior, 25,* 299-314.

**117.** たとえば, Greathouse, S. M., & Kovera, M. B. (2009). Instruction bias and lineup presentation moderate the effects of administrator knowledge on eyewitness identification. *Law and Human Behavior, 33(1),* 70-82を参照。

**118.** 同上。本研究は誰が被疑者かを知らない実施者によって実施されたラインナップの診断力が, 誰が被疑者かを知っていた実施者によるラインナップの診断力と比べて2倍高かったことを示した。

**119.** Haw, R. M., & Fisher, R. P. (2004). Effects of administrator-witness contact on eyewitness identification accuracy. *Journal of Applied Psychology, 89,* 1106-1112.

**120.** Douglass, A. B., Smith, C., & Fraser-Thill, R. (2005). A problem with double-blind photospread procedures: Photospread administrators use oneeyewitness's confidence to influence the identification of another eyewitness. *Law and Human Behavior, 29,* 543-562.

**121.** Smith & Hasel (2011) 前掲, 注17を参照。

**122.** Hasel & Kassin (2009) 前掲, 注17を参照。

**123.** ターゲットはラインナップにいなかったため, これら全ての目撃者が間違っていたことに注意。Skagerberg, E. M. (2007). Co-witness feedback in line-ups. *Applied Cognitive Psychology, 21,* 489-497. さらに, Luus, C. A. E., & Wells, G. L. (1994). The malleability of eyewitness confidence: Co-witness and perseverance effects. *Journal of Applied Psychology, 79,* 714-723も参照。

**124.** ある研究では, ポジティブなフィードバックが確信度の平均値を49%から68%に上げたことが示された。別の研究では, 7件法で測定された確信度が4.0から5.4に上がった。Bradfield, A. L., Wells, G. L., & Olson, E. A. (2002). The damaging effect of confirming feedback on the relation between eyewitness certainty and identification accuracy. *Journal of Applied Psychology, 87,* 112-120; Wells & Bradfield (1998) 前掲, 注9を参照。

別の研究は, その事件について以前に取り調べを担当した捜査官からのポジティブなフィードバックがあると, 目撃者の識別の確信度が上がることを明らかにした。Leippe et al. (2006) 前掲, 注105を参照。

**125.** Douglass A. B., & Steblay, N. M. (2006). Memory distortion in eyewitnesses: A meta-analysis of the post-identification feedback effect. *Applied Cognitive Psychology, 20,* 859-869.

**126.** Bradfield, Wells, & Olson (2002) 前掲, 注124を参照。

**127.** *Neil v. Biggers* 409 U.S. 198 (1972); *Manson v. Brathwaite* 432 U.S. 98 (1977). Wells & Quinlivan (2009), 前掲, 注37を参照。

**128.** Wells & Bradfield (1998) 前掲，注 **9** を参照。しかし，目撃者にフィードバックを呈示する前に，彼らが記憶しているものについてさまざまな角度から考えるように教示すると，その効果は抑制される。Wells, G. L., & Bradfield, A. L. (1999b). Distortions in eyewitnesses' recollections: Can the postidentification feedback effect be moderated? *Psychological Science, 10,* 138-144.

**129.** このフィードバックは，フィラーを選んだ目撃者の確信度を床レベルまで下げ(10 件法の 4.9 から 2.75)，被疑者を選んだ目撃者の確信度を 7.8 から天井レベル(8.6)まで上げた。Wright & Skagerberg (2007) 前掲，注 **6** を参照。

**130.** ジェニファー・トンプソンのインタビュー。前掲，注 **64** を参照。

**131.** 識別手続きの経験豊かなトレーナーであるケニス・パテノード警部補は，警察官の大多数は正式なトレーニングを経験したことがないことを指摘している。Patenaude, K. (2006). Police identification procedures: A time for change. *Cardozo Public Law, Policy, and Ethics Journal, 4,* 415-419.

**132.** 警察部門の全国サンプルの調査は，警察の訓練がまったく体系化されていないことを明らかにした。仕事は他の警察官から非公式に学んだと，警察官のおよそ 4 分の 3 が報告した。Wogalter, Malpass, & McQuiston (2004) 前掲，注 **96** を参照。

**133.** Wise, R. A., Safer, M. A., & Maro, C. M. (2011). What U.S. law enforcement officers know and believe about eyewitness interviews and identification procedures. *Applied Cognitive Psychology, 25,* 488-500. 報告したデータは，回答のあった警察官全員を集約したものである。

**134.** イノセンス・プロジェクトのウィルトン・デッジの欄を参照。https://www.innocenceproject.org/cases/wilton-dedge/　テキサス州のケビン・バードは，事件から 4 カ月近く後に，犯罪被害者によって食料品店で犯人と識別された。イノセンス・プロジェクトのケビン・バードの欄を参照。https://www.innocenceproject.org/cases/552/　インディアナ州のハロルド・バンティンもまた食料品店で買い物中に犯人と識別された。被害者の片目は法的に盲目で，もう一方の目は近視だった。イノセンス・プロジェクトのハロルド・バンティンの欄を参照。https://www.innocenceproject.org/cases/harold-buntin/

**135.** ヴィンセント・モトは事件の 5 カ月後，若い女性と子供と一緒に歩いていたところを被害者によって自然発生的に犯人と識別された。イノセンス・プロジェクトのヴィンセント・モトの欄を参照。https://www.innocenceproject.org/cases/vincent-moto/

**136.** イノセンス・プロジェクトのジュリアス・ラフィンの欄を参照。https://www.innocenceproject.org/cases/julius-ruffin/

**137.** デイビッド・グレイは，53 歳の女性に対する強姦と残忍な刺殺の罪によって 6 年間の投獄の刑を受けた。イノセンス・プロジェクトのデイビッド・グレイの欄を参照。https://www.innocenceproject.org/cases/david-a-gray/

**138.** イノセンス・プロジェクトのジュリアス・ラフィン。前掲，注 **136** を参照。

**139.** イノセンス・プロジェクトのチャールズ・チャットマンの欄を参照。https://www.innocenceproject.org/cases/charles-chatman/

**140.** イノセンス・プロジェクトのキース・ターナーの欄を参照。https://www.innocenceproject.org/cases/keith-e-turner/

**141.** イノセンス・プロジェクトのウィリアム・グレゴリの欄を参照。https://www.innocenceproject.org/cases/william-gregory/

**142.** イノセンス・プロジェクトのブライアン・ピシュチェクの欄を参照。https://www.innocenceproject.org/cases/brian-piszczek/ イノセンス・プロジェクトのマイケル・マーサーの欄を参照。https://www.innocenceproject.org/cases/michael-mercer/

**143.** カーク・ブラッズワースについて証言した2人の子供は、実際には写真帳で彼を選択できず、人物ラインナップでは無実のフィラーを選んだ。数週間後、警察の留置所でのブラッズワースのテレビ放映を見た後、子供たちの母親は、実際には子供たちは人物ラインナップでブラッズワースを犯人と識別したが、自分たちの選択を伝えることが怖かったのだと警察に伝えた。子供たちは法廷で、彼らが見たのはブラッズワースであることを証言し、彼らのうちの1人は、法廷で彼を犯人と識別した。ブラッズワースは有罪になり、死刑を宣告された。1993年、彼はDNA鑑定に基づき無罪となった。Dwyer, J., Neufeld, P., & Scheck, B. (2000). *Actual innocence: Five days to execution and other dispatches from the wrongfully convicted*, chap. 11. New York: Doubleday; Junkin, T. (2004). *Bloodsworth: The true story of the first death row inmate exonerated by DNA*. Chapel Hill, NC: Algonquin Books. 類似の出来事については、Zerwick, P. (2007), Murder, race, justice: The state vs. Darryl Hunt. *Winston-Salem Journal*, November 16 を参照。

**144.** アルマンド・ヴィラサナは、有罪判決を受けたが、刑を宣告される前に無罪とされた。手続きが完了するまでの間、彼は通算2年間投獄された。イノセンス・プロジェクトのアルマンド・ヴィラサナの欄を参照。https://www.innocenceproject.org/cases/armand-villasana/

**145.** イノセンス・プロジェクトのブランドン・ムーンの欄を参照。https://www.innocenceproject.org/cases/brandon-moon/

**146.** Hall, M. (2008). The exonerated: The 37 men in these pages spent 525 years in prison for crimes they didn't commit-then came the hard part: freedom. *Texas Monthly, 36* (*11*), 148. デイヴィッド・ポープの事件については、イノセンス・プロジェクトのデイヴィッド・ショーン・ポープの欄を参照。https://www.innocenceproject.org/cases/david-shawn-pope/

**147.** イノセンス・プロジェクトのジョニー・ブリスコーの欄を参照。https://www.innocenceproject.org/cases/johnny-briscoe/

**148.** スティーブン・エイブリィの事件のレビューは、Findley, K. A., & Scott, M. S. (2006). The multiple dimensions of tunnel vision in criminal cases. *Wisconsin Law Review*, 291-397 を参照。

**149.** カルロス・ラバーニア。http://www.law.northwestern.edu/wrongfulconvictions/exonerations/txLaverniaSummary.html を参照。

**150.** イノセンス・プロジェクトのジェイムス・オチョアの欄を参照。https://www.innocenceproject.org/cases/james-ochoa/

**151.** イノセンス・プロジェクトのトーマス・ドスウェルの欄を参照。https://www.innocenceproject.org/cases/thomas-doswell/

**152.** イノセンス・プロジェクトのマイケル・グリーンの欄を参照。https://www.innocenceproject.org/cases/michael-green/

**153.** イノセンス・プロジェクトのアレハンドロ・ドミンゲスの欄を参照。https://www.innocenceproject.org/cases/alejandro-dominguez/

**154.** ポスターを呈示される前、鍵となる目撃者は、ハーマン・アトキンスを犯人と識別で

きなかった。イノセンス・プロジェクトのハーマン・アトキンスの欄を参照。https://www.innocenceproject.org/cases/herman-atkins/

155．イノセンス・プロジェクトのジョニー・リンゼイの欄を参照。https://www.innocenceproject.org/cases/johnnie-lindsey/

156．イノセンス・プロジェクトのハビブ・ワヒール・アブダブの欄を参照。https://www.innocenceproject.org/cases/habib-wahir-abdal/

157．イノセンス・プロジェクトのアルバート・ジョンソンの欄を参照。https://www.innocenceproject.org/cases/albert-johnson/

158．トーマス・マッゴーワンも，深刻な暗示に悩まされた。イノセンス・プロジェクトのトーマス・マッゴーワンの欄を参照。https://www.innocenceproject.org/cases/thomas-mcgowan/

159．イノセンス・プロジェクトのピーター・ローズの欄を参照。https://www.innocenceproject.org/cases/peter-rose/

160．［訳注］アメリカのコメディアン。

161．イノセンス・プロジェクトのアントニオ・ビーバーの欄を参照。https://www.innocenceproject.org/cases/antonio-beaver/

162．イノセンス・プロジェクトのケビン・バードについては前掲，注 134 を参照。被害者は最初，犯人について"ハニーブラウン色"の白人男性と説明した。

163．イノセンス・プロジェクトのアレハンドロ・ドミンゲスについては前掲，注 153 を参照。

164．イノセンス・プロジェクトのマーヴィン・ミシェルの欄を参照。https://www.innocenceproject.org/cases/marvin-mitchell/

165．［訳注］バードロード；フロリダ州コーラルゲーブルズにある地域。

166．イノセンス・プロジェクトのルイス・ディアスの欄を参照。https://www.innocenceproject.org/cases/luis-diaz/

167．Rutenberg, S. (2006). Anatomy of a miscarriage of justice: The wrongful conviction of Peter J. Rose. *Golden Gate University Law Review, 37*, 7-37; イノセンス・プロジェクトのピーター・ローズについては前掲，注 159; Dwyer, Neufeld, & Scheck (2000), 前掲，注 143, pp. 45-77; イノセンス・プロジェクトのウォルター・スナイダーの欄を参照。https://www.innocenceproject.org/cases/walter-snyder/ また，ラリー・フラーとロニー・テイラーの事件も参照。イノセンス・プロジェクトのラリー・フラーの欄は以下を参照。https://www.innocenceproject.org/cases/larry-fuller/ イノセンス・プロジェクトのロナルド・ジーン・テイラーの欄は以下を参照。https://www.innocenceproject.org/cases/ronald-gene-taylor/

168．トラヴィス・ヘイズ，ライアン・マシューズ，ブランドン・ムーンの事件を参照。イノセンス・プロジェクトのトラヴィス・ヘイズの欄は以下を参照。https://www.innocenceproject.org/cases/travis-hayes/ イノセンス・プロジェクトのライアン・マシューズの欄は以下を参照。https://www.innocenceproject.org/cases/ryan-matthews/ イノセンス・プロジェクトのブランドン・ムーンの欄は前掲，注 145 を参照。

169．イノセンス・プロジェクトのギルバート・アレハンドロの欄を参照。https://www.innocenceproject.org/cases/gilbert-alejandro/

170．イノセンス・プロジェクトのテリー・チャルマースの欄を参照。https://www.innocenceproject.org/cases/terry-chalmers/

171. イノセンス・プロジェクトのラリー・メイズの欄を参照。https://www.innocenceproject.org/cases/larry-mayes/ オクラホマ州のジェフェリー・ピアスの事件の目撃者は，最初のラインナップで彼を識別できなかったが，数カ月に実施されたラインナップでは識別できた。イノセンス・プロジェクトのジェフェリー・ピアスの欄を参照。https://www.innocenceproject.org/cases/jeffrey-pierce/

172. イノセンス・プロジェクトのカルヴァン・ジョンソンの欄を参照。https://www.innocenceproject.org/cases/calvin-johnson/

173. ウィリアム・オデール・ハリス事件の強引な分析については，Castelle, G., & Loftus, E. F. (2002). Misinformation and wrongful convictions. In S. D. Westervelt & J. A. Humphrey, eds., *Wrongfully convicted: Perspectives on failed justice*, pp. 17-35. New Brunswick, NJ: Rutgers University Press. イノセンス・プロジェクトのウィリアム・オデール・ハリスの欄を参照。https://www.innocenceproject.org/cases/william-odell-harris/

174. ウォルター・スナイダーの事件は，Dwyer, Neufeld, & Scheck (2000) 前掲，注 143 pp. 45-77，イノセンス・プロジェクトのウォルター・スナイダー，前掲，注 167 を参照。

175. イノセンス・プロジェクトのロバート・クラークの欄を参照。https://www.innocenceproject.org/cases/robert-clark/

176. イノセンス・プロジェクトのアーヴィン・マギーの欄を参照。https://www.innocenceproject.org/cases/arvin-mcgee/

177. イノセンス・プロジェクトのクラーク・マクミランの欄を参照。https://www.innocenceproject.org/cases/clark-mcmillan/

178. イノセンス・プロジェクトのルイス・ディアスの欄は前掲，注 166 を参照。

179. Dwyer, Neufeld, & Scheck (2000) 前掲，注 143 の 11 章，Junkin (2004) 前掲，注 143 を参照。

180. たとえば，イノセンス・プロジェクトのブランダン・ムーン，前掲，注 145，イノセンス・プロジェクトのデニス・マーの欄 https://www.innocenceproject.org/cases/dennis-maher/ イノセンス・プロジェクトのクラーク・マクミラン，前掲，注 177 を参照。

181. イノセンス・プロジェクトのデニス・マー，前掲，注 180，イノセンス・プロジェクトのアンソニー・ロビンソンの欄を参照。https://www.innocenceproject.org/cases/anthony-robinson/ 犯人には口ひげがあるとも言われていたがロビンソンにはなかった。

182. イノセンス・プロジェクトのトーマス・マッゴーワンの欄は前掲，注 158 を参照。

183. イノセンス・プロジェクトのロニー・ブロックの欄を参照。https://www.innocenceproject.org/cases/ronnie-bullock/

184. Anthony Capozzi: Son's arrest leads mother on a 22-year journey of faith (2007). *USA Today*, 5 月 13 日 http://www.usatoday.com/news/nation/2007-05-13-mothers-faith_N.htm. Capozzi, who suffered from schizophrenia, was subsequently identified by three victims.

185. イノセンス・プロジェクトのアンソニー・パウエルの欄を参照。https://www.innocenceproject.org/cases/anthony-powell/

186. イノセンス・プロジェクトのロニー・テイラーの欄は前掲，注 167 を参照。

187. イノセンス・プロジェクトのジェイムス・カーティス・ジャイルズの欄を参照。https://www.innocenceproject.org/cases/james-curtis-giles/

188. イノセンス・プロジェクトのグレゴリー・ウォリスの欄を参照。https://www.

innocenceproject.org/cases/gregory-wallis/

**189**. Turtle, J., Lindsay, R. C. L., & Wells, G. L. (2003). Best practice recommendations for eyewitness evidence procedures: New ideas for the oldest way to solve a case. *Canadian Journal of Police and Security Services, 1*, 5-18.

**190**. これらの事後評価が，ゲイリー・ウェルズが「推定」とラベルづけした理由である。Wells (1978) 前掲，注 **23** を参照。

**191**. ある研究は，10 秒以下で識別した場合の正答率は 87% で，判断に 12 秒以上かかった場合は約 50% であることを示した。Dunning, D., & Perretta, S. (2002). Automaticity and eyewitness accuracy: A 10- to 12-second rule for distinguishing accurate from inaccurate positive identifications. *Journal of Applied Psychology, 87*(5), 951-962. 別の研究では，識別が 15 秒以下の場合の正答率は 70% で，それ以上の場合は 43% であったことを示した。選択に 30 秒以上かかった場合の正確性は，18% を上回らなかった。Smith, S. M., Lindsay, R. C. L., & Pryke, S. (2000). Postdictors of eyewitness errors: Can false identifications be diagnosed? *Journal of Applied Psychology, 85*(4), 542-550. さらに別の研究は，5 秒から 29 秒が限界の範囲であるとしている。Weber, N., Brewer, N., Wells, G. L., Semmler, C., & Keast, A. (2004). Eyewitness identification accuracy and response latency: The unruly 10-12-Second Rule. *Journal of Experimental Psychology: Applied, 10*(3), 139-147.

**192**. 高い確信度を伴って 10 秒以内で選択した場合の正答率は 88% であり，確信度が低くゆっくり選択した場合は 54% であった。選択は 90% 以上で高い確信の選択とみなされ，80% 以下で低い確信の選択とみなされた。Weber, N., Brewer, N., Wells, G. L., Semmler, C., & Keast, A. (2004). Eyewitness identification accuracy and response latency: The unruly 10-12-second Rule. *Journal of Experimental Psychology: Applied, 10*, 139-147.

**193**. 判断が 6 秒以内で，確信度が 90% 以上の目撃者の正答率は 97% で，より判断が遅く確信度が低い目撃者では正答率は 32% であった。目撃者の約 3 分の 1 はこれらのどちらのカテゴリーにも分類されなかった。Sauerland, M., & Sporer, S. L. (2009). Fast and confident: Postdicting eyewitness identification accuracy in a field study. *Journal of Experimental Psychology: Applied, 15*(1), 46-62.

**194**. このジレンマは一般的に，警察に被疑者の見当があり，他に証拠を得るアイデアがない場合に起こるため，この注意を守ることは特に困難である。識別を信用しないことは，罪が罰せられないことをしばしば意味する。

**195**. 報告書は，警察を対象として視野にいれた 6 名の著名な研究者によって作成された。この文書は控えめで，注意深く，対象としている読者の持つ懸念に明らかに配慮している。報告書には以下の 4 点の推奨事項が記載されている。それは，二重盲検法の必要，ラインナップの教示の改善，公正なラインナップの構成，確信の声明の即時記録の 4 点である。さらに報告書は，継時的ラインナップ手続きの使用とラインナップのビデオ録画を，正式にではないが，推奨事項として挙げている。Wells et al. (1998) 前掲，注 **98** を参照。

**196**. 『ガイド』(*Guide*) は，ラインナップには被疑者を 1 人だけ入れること，公正なラインナップの構成，ラインナップの教示の改善，確信の声明の即時記録，手続きの記録の保存について推奨している。『ガイド』は，二重盲検法の実施，継時提示ラインナップ手続き，ラインナップのビデオ記録について言及はしているが，それらを推奨事項とまではしていない。U.S. Department of Justice, National Institute of Justice (1999). *Eyewitness evidence: A guide for law enforcement.* https://www.ncjrs.gov/pdffiles1/nij/178240.pdf 『ガイド』は司

法長官ジャネット・レノに任命された審議会が作成した。審議会は目撃者証言の研究者6名，警察関係者16名，検察官6名，弁護士4名で構成された。審議会の経験についての研究者の記述，および『ガイド』については以下を参照。Wells, G. L., Malpass, R. S., Lindsay, R. C. L., Fisher, R. P., Turtle, J. W., & Fulero, S. M. (2000). From the lab to the police station: A successful application of eyewitness research. *American Psychologist, 55*(6), 581-598.

**197.** ラインナップ手続きの見直しは，ノースカロライナ州，ニュージャージー州，ロードアイランド州，バーモント州，デルウェア州を含む10州で実施されている。イノセンス・プロジェクトを参照。http://www.innocenceproject.orginews/LawView5.php

**198.** 無理に選択する傾向が強くなることに対抗するために，犯人となんとなく似ていることや犯行現場から数ブロック離れた場所での目撃といった，不十分な疑いに基づいて被疑者をラインナップに置くべきではない。ゲイリー・ウェルズは「合理的な疑い(reasonable suspicion)」の閾値を提案している。Wells, G. L. (2006). Eyewitness identifications: Systemic reform. *Wisconsin Law Review*, 615-643.

**199.** いくつかの提案事項には矛盾があることに注意すべきである。たとえば，可能な限り早く手続きを実施することという提案事項は，警察が特定の人物について実質的な疑いを持つ前にラインナップを実施してはいけないという事項と矛盾する可能性がある。これらの提案事項のバランスをとるには，警察による微妙な判断が必要になる。

　ある提案事項は，他の事項の実施に左右される。たとえば，二重盲検の推奨は継時的ラインナップ手続きにとって肝心である。盲検でない継時的ラインナップ手続きは，実施者による暗示の危険性を高めるという悪影響を及ぼす可能性がある。ターゲットが継時的に呈示される場合，つまり単独で呈示される場合には，実施者による漏洩や暗示のチャンスが増える。

**200.** 被疑者が誰かを実施者が知らない場合，誤識別の割合が減少する(24%から12%)とともに，正識別の割合も減少する(56%から43%)ことを思い出してほしい。Clark, S. E. (under review). Trade-off in correct and false identifications: Protecting the innocent is not free.

**201.** 継時的手続きはターゲット不在ラインナップでの誤識別を下げ(32%に対して，同時提示ラインナップでは54%)，程度は低いものの，ターゲット存在ラインナップでの正しい識別も下げる(44%対52%)ことを実験室研究が示していることを思い出してほしい。Steblay, Dysart, & Wells (2011) 前掲，注**102**を参照。しかし最近のフィールドデータでは，同時提示ラインナップと比較して継時提示ラインナップにおける正識別は減少しないことを示している(おそらく，これらは主にターゲット存在の手続きであった)。Wells, Steblay, & Dysart (2011) 前掲，注**103**を参照。

**202.** 注**11**で議論されたデータを参照。

**203.** Lampinen, J. M., Judges, D. P., Odegard, T. N., & Hamilton, S. (2005). The reactions of mock jurors to the Department of Justice guidelines for the collection and preservation of eyewitness evidence. *Basic and Applied Social Psychology, 27*, 155-162.

**204.** たとえば，Wells et al. (2000) 前掲，注**194**.

**205.** PC目撃者(PC_Eyewitness)と呼ばれるプログラムが，ノーザンアイオワ大学の研究チームによって主に研究目的で開発されている。MacLin, O. H., Meissner, C. A., & Zimmerman, L. A. (2005). PC_ Eyewitness: A computerized framework for the administration and practical application of research in eyewitness psychology. *Behavior Research Methods, 37*, 324-334; MacLin, O. H., Zimmerman, L. A., & Malpass, R. S. (2005). PC_Eyewitness and the sequential superiority effect: Computer-based lineup administration. *Law and Human*

*Behavior, 29*, 303-321.

**206.** Wells, Steblay, & Dysart (2011) 前掲，注 **103** 参照。

**207.** 最近イギリスで実施された手続きについては，Valentine, T., Hughes, C., & Munro, R. (2009). Recent developments in eyewitness identification procedures in the United Kingdom. In R. Bull, T. Valentine, & T. Williamson, eds., *Handbook of psychology of investigative interviewing: Current developments and future directions*, pp. 221-240. Chichester, UK: Wiley-Blackwell を参照。

**208.** Valentine, T., & Heaton, P. (1999). An evaluation of the fairness of police lineups and video identifications. *Applied Cognitive Psychology, 13*, S59-S72. ラインナップは理想的にはビデオ映像を使って実施されるが，ビデオラインナップの実施ができない場合や，マグショット帳による探索が必要な場合は，写真が使われるべきである。このビデオは複数の角度からの全身と正面顔，および音声記録で構成されるべきである。

**209.** イギリスで実施しているラインナップに関わる設備的な問題については，Roberts, A. (2004). The problem of mistaken identification: Some observations on process. *International Journal of Evidence & Proof, 8*, 100-119 を参照。

**210.** 憲法上の保護に関する限り，逮捕された被疑者の撮影を警察が許可されることは，ほとんど疑いの余地はない。最高裁判所は，自己に不利な証言をしない権利があるからといって，被告人が識別手続きに参加しなくてよいわけではないことを，*United States v. Wade*, 1967 で裁定した。最高裁判所の判断に基づくと，合理的な疑いがある場合のみ，被疑者を撮影する目的で一時的に拘束することが許されると考えられる。*Hayes v. Florida*, 470 U.S. 811 (1985).

## 第4章

**1.** 心理学領域では，出来事の記憶はエピソード記憶のカテゴリーに分類される。エピソード記憶とは，ある時にある場所で起こったこととして思い出すことができるような個人的な経験に関する記憶として定義されている。自転車に乗っていて転ぶ，大学からの合格通知を受け取るなどの出来事に関する想起は，エピソード記憶の例である。エピソード記憶は，意味記憶や作動記憶(ワーキングメモリ)とは区別されなければならない。意味記憶は，たとえば，スプーンという言葉の意味や，シェイクスピアのハムレットはデンマークの話であるということを知っているなど，その人物の膨大な量の一般的知識をさす。作動記憶は，限られた情報を一時的に保持することを可能にする。作動記憶は，人と会話をしたり，進行的な出来事を観察するといった認知的な処理を促進するために情報を貯蔵するものである。

**2.** ライアン・マシューズとトラビス・ハインズの事件については，*Louisiana v. Hayes*, 806 So.2d 816, 01-736 (La. App. 5 Cir. 12/26/01); イノセンス・プロジェクトのライアン・マシューズの欄を参照。https://www.innocenceproject.org/cases/ryan-matthews/ を参照。犯行で使用されたスキーのマスクが他の人物と一致したという DNA 鑑定に基づいて 2 人の男性が雪冤された。

**3.** *State v. Cotton*, No. 257A85 Alamance Co. Super. Ct., January 7, 1985, trial transcript, pp. 360, 371.

**4.** クラレンス・エルキンスの事件については，2000 Ohio App. LEXIS 4670; イノセンス・プロジェクトのクラレンス・エルキンスの欄を参照。https://www.innocenceproject.org/cases/clarence-elkins/ を参照。

**5.** イノセンス・プロジェクトのグレン・ウッドオールの欄を参照。https://www.innocenceproject.org/cases/glen-woodall/

**6.** イノセンス・プロジェクトのドウェイン・スラッグスの欄を参照。https://www.innocenceproject.org/cases/dwayne-scruggs/

**7.** イノセンス・プロジェクトのベン・サラザールの欄を参照。https://www.innocenceproject.org/cases/ben-salazar/; Tharp, G. W. R. (2006). DNA frees man jailed 18 years. *Dallas Morning News*, March 21.

**8.** イノセンス・プロジェクトのエドュアルド・ベラスケスの欄を参照。http://www.innocence https://www.innocenceproject.org/cases/eduardo-velasquez/

**9.** 上記のライアン・マシューズや下記のエドワード・ホネカーを参照。

**10.** イノセンス・プロジェクトのデイヴィッド・ショーン・ポープの欄を参照。https://www.innocenceproject.org/cases/david-shawn-pope/

**11.** イノセンス・プロジェクトのドンテ・ブッカーの欄を参照。https://www.innocenceproject.org/cases/donte-booker/

**12.** イノセンス・プロジェクトのレオナルド・マクシェリーの欄を参照。https://www.innocenceproject.org/cases/leonard-mcsherry/

**13.** 初期に警察に提供された被害者の2つの報告には，どちらにも地下室や石油についての言及はなかった。むしろ，犯行当日，被害者は「強い体臭がして，息が酒臭かった」と述べた。翌日，彼女は刑事に対して，「じゃこうの臭い，汗とアルコールを混ぜたような，そしておそらくタバコの煙」と述べた。スナイダーは懲役45年の量刑を宣告されたが，6年半服役した後にDNA鑑定で雪冤された。ウォルター・スナイダーの事件については，Dwyer, J., Neufeld, P., & Scheck, B. (2000). *Actual innocence: Five days to execution and other dispatches from the wrongfully convicted*, pp. 45-77. New York: Doubleday; イノセンス・プロジェクトのウォルター・スナイダーの欄を参照。https://www.innocenceproject.org/cases/walter-snyder/

**14.** イノセンス・プロジェクトのクラーク・マクミランの欄を参照。https://www.innocenceproject.org/cases/clark-mcmillan/

**15.** *Commonwealth of Virginia v. Edward William Honaker*, No. CR1977 (Nelson Co. Cir. Ct. February 6, 1985) の裁判記録を参照。Gould, J. B. (2008). *The Innocence Commission: Preventing wrongful convictions and restoring the criminal justice system*, p. 104. New York: NYU Press; イノセンス・プロジェクトのエドワード・ホネカーの欄を参照。https://www.innocenceproject.org/cases/edward-honaker/

**16.** これらの研究では，標準的な聴取技法を使用した場合は82%，認知面接プロトコルを使用した場合は85%の正答率であった。Kohnken, G., Milne, R., Memon, A., & Bull, R. (1999). The cognitive interview: A meta-analysis. *Psychology, Crime & Law, 5*, 3-27. 撮影された誘拐映像に対する目撃者の記憶を検証したスウェーデンの研究では，正答率は65%であった。Granhag, P. A., Stromwall, L. A., & Allwood, C. M. (2000). Effects of reiteration, hindsight bias, and memory on realism in eyewitness confidence. *Applied Cognitive Psychology, 14*, 397-420.

**17.** イギリスの警察訓練生を対象とした研究では，平均68%の正答率が得られた。Yuille, J. C., Davies, G., Gibling, F., Marxsen, D., & Porter, S. (1994). Eyewitness memory of police trainees for realistic role plays. *Journal of Applied Psychology, 79*, 931-936. スコットラン

ドの警察官を対象とした研究では、平均正答率は 82% であった。Hulse, L. M., & Memon, A. (2006). Fatal impact? The effects of emotional arousal and weapon presence on police officers' memories for a simulated crime. *Legal and Criminological Psychology, 11*, 313-325.

**18.** バンクーバー通りで銃撃戦を目撃した 21 名の目撃者の記憶は、80% 以上正確であることがわかった。警察での聴取では、正確性は 82% であり、数カ月後に研究者らによって実施された聴取では 81% であった。Yuille, J. C., & Cutshall, J. L. (1986). A case study of eyewitness memory of a crime. *Journal of Applied Psychology, 71*, 291-301. 前述の研究者らは、2 つの射撃事件(92%)と一連の銀行強盗(90%)において、やや高い正確性を指摘した。Cutshall, J., & Yuille, J. C. (1988). Field studies of eyewitness memory of actual crimes. In D. C. Raskin, ed., *Psychological methods in criminal investigation and evidence*, pp. 97-124. New York: Springer.

　同じような正確性が、ストックホルムでの 22 件の銀行強盗の目撃者 58 名の記憶を検討したスウェーデンの研究者たちによって示された。実際に強盗に巻き込まれた目撃者の正確性は 81% であった。強盗の標的にならなかった傍観者および、その他の従業員の正確性は、それぞれ 62% と 72% であった。Christianson, S. A., & Hübinette, B. (1993). Hands up! A study of witnesses' emotional reactions and memories associated with bank robberies. *Applied Cognitive Psychology, 7*, 365-379. 監視カメラ(CCTV)に映っていた犯行と目撃者の記憶を調べたスコットランドの研究ではさらに高い正確性が報告された。9 人の被害者と 10 人の傍観者によって報告された分類可能な詳細情報のうちの 96% が監視カメラの映像と一致することが判明した。Woolnough, P. S., & MacLeod, M. (2001). Watching the birdie watching you: Eyewitness memory for actions using CCTV recordings of actual crimes. *Applied Cognitive Psychology, 15*, 395-411.

**19.** 記憶の量的な側面に焦点を当てた一連の研究については(網羅性に関するものではないが)Koriat, A., & Goldsmith, M. (1996). Monitoring and control processes in the strategic regulation of memory accuracy. *Psychological Review, 103*, 490-517 を参照。

**20.** ある研究では、銀行強盗を描いた 3 分間の警察の訓練用ビデオについての参加者の記憶を測定し、参加者が映像の中に描かれた 154 の詳細情報のうちの 25% を記憶していたことが示された。この研究では、ビデオを見てから 2 日後に記憶テストが行われた。Gilbert, J. A. E., & Fisher, R. P. (2006). The effects of varied retrieval cues on reminiscence in eyewitness memory. *Applied Cognitive Psychology, 20*, 723-739. 1 分半程の殺人事件に関する映像の記憶を検証した研究では、45 個の詳細情報の 15 〜 30% を参加者が記憶していることが明らかとなった。Bornstein, B. H., Liebel, L. M., & Scarberry, N. C. (1998). Repeated testing in eyewitness memory: A means to improve recall of a negative emotional event. *Applied Cognitive Psychology, 12*, 119-131. これらの研究の中の 1 つでは、昼間の明るさで目撃する条件では、目撃者は、犯行現場の詳細情報の 15% を思い出したのに対して、夜間の明るさで目撃する条件で思い出された情報はわずか 5% であった。犯人と被害者に関する詳細情報についての正答率は相対的に高いことが示された(昼間の明るさ条件ではそれぞれ 27% と 31% であるのに対して、夜間の明るさ条件では犯人、被害者ともに 6% であった)。Yarmey, A. D. (1986). Verbal, visual, and voice identification of a rape suspect under different levels of illumination. *Journal of Applied Psychology, 71*, 363-370.

　その他の研究では、事件のより大枠の記憶を測定し、以下の研究で網羅性の平均はそれぞれ、47、42、および 31% であったことが示された。Scrivner, E., & Safer, M. A. (1988).

Eyewitnesses show hypermnesia for details about a violent event. *Journal of Applied Psychology, 73*, 371-377; Turtle, J. W., & Yuille, J. C. (1994). Lost but not forgotten details: Repeated eyewitness recall leads to reminiscence but not hypermnesia. *Journal of Applied Psychology, 79*, 260-271; and Vidmar, N., & Laird, N. M. (1983). Adversary social roles: Their effects on witnesses' communication of evidence and the assessments of adjudicators. *Journal of Personality and Social Psychology, 44*, 888-898. 犯罪シミュレータを用いて行われたスコットランドの警察官を対象とした研究では，記憶された詳細情報の平均は51% であった。Hulse & Memon (2006)，前掲，注 **17**.

何を1つの「詳細情報」と定義するかという境界の設定は，不透明な作業であることを理解しておく必要がある。犯人が帽子をかぶっているかどうかだけでなく，その色，形，ロゴ，縁のデザイン，ステッチの種類，糸の色など，どんな場面でも無限の数の細かい詳細情報に細分化することができる。言うまでもなく，人がそのような細部すべてを知覚し，符号化することは期待できない。実際的な理由で，犯罪捜査に影響を与える可能性のある詳細情報のレベルに焦点を合わせるのが最善であろう。

**21.** 英国の警察官を対象とした研究によって，目撃者が自発的に思い出した記憶は，しばしば捜査が必要とするレベルに達しないことが明らかとなった。「目撃者は，あなたが望む情報をどの程度覚えていますか」という質問に対して，警察官の51% が「ほとんどない (rarely)」と回答した。また，40% が「たいてい覚えている(usually)」と答え，8% のみが「いつもだいたい覚えている(almost always)」と答え，「常に覚えている(always)」と答えたのは 0% であった。Kebbell, M. R., & Milne, R. (1998). Police officers' perceptions of eyewitness performance in forensic investigations. *Journal of Social Psychology, 138*, 323-330.

**22.** この研究では，犯人を正しく識別した参加者(サンプルの57%)が犯行現場の環境についての 11 の質問のうち 6.4 個に正しく回答したのに対して，無実のフィラーを選んだ参加者(32%)は，8.5 個の質問に正しく回答できた。残りの 18% は，誰も選択せず，5.1 個の詳細情報しか記憶しておらず，犯人識別，そして，犯行現場の状況の両方に関する記憶が乏しかった。Wells, G. L., & Leippe, M. R. (1981). How do triers of fact infer the accuracy of eyewitness identifications? Using memory for peripheral detail can be misleading. *Journal of Applied Psychology, 66*, 682-687.

**23.** レミニッセンスに関する現象については以下の議論を参照。

**24.** 研究の概要については，Ley, P. (1979). Memory for medical information. *British Journal of Social and Clinical Psychology, 18*, 245-255 を参照。別の研究では，患者は，得られた情報の61% しか正しく思い出せなかったことが明らかとなった。Bertakis, K. D. (1977). The communication of information from physician to patient: A method for increasing patient retention and satisfaction. *Journal of Family Practice, 5*, 217-222. 簡単な介入により，正確性は 83% に増加した。

**25.** 大規模な研究(N=1,751)では，慢性疾患のある患者でさえ，その多くが重要な意味を持つ可能性がある医師からの医学的助言の一部を思い出せないことが示された。Kravitz, R. L., Hays, R. D., Sherbourne, C. D., DiMatteo, M. R., Rogers, W. H., Ordway, L., & Greenfield, S. (1993). Recall of recommendations and adherence to advice among patients with chronic medical conditions. *Archives of Internal Medicine, 153* (*16*), 1869-1878.

**26.** 平均して，参加者は 3 カ月間に渡り自分の日記に記した医療情報のうちの51% しか思い出せなかった。2 カ月後，再生率は39% に低下した。Cohen, G., & Java, R. (1995). Memory for medical history: Accuracy of recall. *Applied Cognitive Psychology, 9*, 273-288.

**27**. Schauer, D. L. (1996). *Searching for memory*. New York: Basic Books.

**28**. Schmechel, R. S., O'Toole, T. P., Easterly, C., & Loftus, E. F. (2006). Beyond the kin? Testing jurors' understanding of eyewitness reliability evidence. *Jurimetrics, 46*, 177-214.

**29**. Wise, R. A., Safer, M. A., & Maro, C. M. (2011). What U.S. law enforcement officers know and believe about eyewitness interviews and identification procedures. *Applied Cognitive Psychology, 25*, 488-500.

**30**. Yuille, J. C. (1984). Research and teaching with police: A Canadian example. *International Review of Applied Psychology, 33*, 5-23.

**31**. この調査は 159 名の警察官によって回答された。これらの警察官の警察での勤務経験は平均 12 年であった。Kebbell & Milne (1998), 前掲, 注 **21**.

**32**. Mitchell, K. J., & Johnson, M. K. (2000). Source monitoring: Attributing mental experiences. In E. Tulving & F. I. M. Craik, eds., *The Oxford handbook of memory*, pp. 179-195. New York: Oxford University Press.

**33**. Bartlett, F. C. (1932). *Remembering: A study in experimental and social psychology*. Cambridge: Cambridge University Press.

**34**. 1973 年 6 月に, ウォーターゲート事件を調査する上院委員会に対して, ジョン・ディーンが提供した有名な証言を取り巻く出来事においても, 記憶の構成的な特性が証明された。ニクソン大統領の元弁護団は, ディーンの記憶している内容について 245 ページに及ぶ報告書を委員会に提供し, それらについて詳しく証言した。ディーンはその記憶の鋭敏さを賞賛され, 傍聴人らからは「人間テープレコーダー」と呼ばれた。ディーンの証言の重要な部分は, ニクソンの関与を突き止めようとする企てを阻止する方法について, オーバルオフィスでディーンとニクソンが話し合った内容に関するものであった。ディーンの証言直後に, 委員会は, オーバルオフィスで行われた全ての会話がひそかに記録されたことを発見した。この録音は, ディーンの記憶の正確さを客観的に示す機会を提供した。この録音テープは, 実際にニクソンが隠蔽に関与していたという点では, ディーンの証言が要約レベルでは正しかったことを示した。しかし, 具体的な詳細情報のレベルでは, この大々的に発表された証言は正確とはほど遠いものであった。ディーンが思い出した多くの詳細情報と発話についての逐語的な記憶は間違っていた。大統領との 2 つの重要な会話の記憶には, ディーンの希望や願望が入り込んでいる様子がみられた。彼が実際には言っていない発話について(おそらく彼はそのように発言したと思いたかっただろうが)の報告や, 大統領が実際には言わなかった内容(そのほとんどが, ディーンを賞賛するような内容)をニクソンが言ったものとして報告していた。ディーンはまた, ある会話での内容を別の会話の中でのものとして記憶する, ソース・モニタリング・エラーを起こしていた。Neisser, U. (1981). John Dean's memory: A case study. *Cognition, 9*, 1-22 を参照。

**35**. Brainerd, C. J., & Reyna, V. F. (1990). Gist is the grist: Fuzzy-trace theory and the new intuitionism. *Developmental Review, 10*, 3-47; Brainerd, C. J., & Reyna, V. F. (2002). Fuzzy-trace theory and false memory. *Current Directions in Psychological Science, 11*, 164-169.

**36**. ソース・モニタリング理論では, 記憶はその情報源についての判断を必要とすると仮定している。記憶の判断には 3 つの種類がある:内的に生成された情報と外的に得られた情報の弁別(リアリティ・モニタリング), 2 つの外的記憶の情報源の弁別(ソース・モニタリン

グ），そして，2つの内的な記憶の情報源の弁別（内部ソース・モニタリング）である。Johnson, M. K., Hashtroudi, S., & Lindsay, D. S. (1993). Source monitoring. *Psychological Bulletin, 114*, 3-28.

**37.** Johnson, M. K. (1997). Source monitoring and memory distortion. *Philosophical Transactions of the Royal Society B: Biological Sciences, 352*, 1733-1745.

**38.** Kroll, N. E. A., Knight, R. T., Metcalfe, J., Wolf, E. S., & Tulving, E. (1996). Cohesion failure as a source of memory illusions. *Journal of Memory and Language, 35*, 176-196; Brown, S. C., & Craik, F. I. M. (2000). Encoding and retrieval of information. In E. Tulving & F. I. M. Craik, eds., *The Oxford handbook of memory*, pp. 93-107. New York: Oxford University Press. このプロセスは，結合(cohesion)とも呼ばれている。Moscovitch, M. (1994). Memory and working with memory: Evaluation of a component process model and comparisons with other models. In D. L. Schacter & E. Tulving, eds., *Memory systems*, pp. 269-310. Cambridge, MA: MIT Press を参照。

**39.** ビデオには，バスケットボールをパスして回している人の集団が映っている。参加者はボールをパスした回数を数えるように指示される。約20秒後，全身真っ黒のゴリラスーツを着用した人物が画面の真ん中に登場し，カメラに向かって胸を叩き，そして立ち去る。参加者の約40％がゴリラに気付かない。Simons, D. J., & Chabris, C. F. (2000). Gorillas in our midst: sustained inattentional blindness for dynamic events. *Perception, 28*, 1059-1074.

**40.** たとえば，ある大手製造会社の従業員は，1週間前に行ったことよりも前日に行った内容についての詳細情報をより多く思い出した。Eldridge, M. A., Barnard, P. J., & Bekerian, D. A. (1994). Autobiographical memory and daily schemas at work. *Memory, 2*, 51-74. 多くの研究において，最初の聴取を遅らせることは，正しい情報の量が少なく，誤情報の量が多い記憶を報告させることになることを示している。その例の一つとして Tuckey, M. R., & Brewer, N. (2003). The influence of schemas, stimulus ambiguity, and interview schedule on eyewitness memory over time. *Journal of Experimental Psychology: Applied, 9*, 101-118 を参照。

**41.** メタ分析には，210の公刊された研究が含まれた。Rubin, D. C., & Wenzel, A. E. (1996). One hundred years of forgetting: A quantitative description of retention. *Psychological Review, 103*, 734-760.

**42.** Bornstein, Liebel, & Scarberry (1998, 前掲，注**20**) では，3回のテストにおいて全体で約20％の増加が見られることを発見し，Dunning and Stern (1992) は，10％ほどの増加を明らかにした。Dunning, D., & Stern, L. B. (1992). Examining the generality of eyewitness hypermnesia: A close look at time delay and question type. *Applied Cognitive Psychology, 6*, 643-657.

**43.** 最も強力な結果は，Gilberz & Fisher (2006, 前掲，注**20**)によって示された。この研究では，標準的な聴取技法を使用した場合は30％の増加がみられ，検索の手がかりを変更した場合には50％の増加がみられた。

**44.** 法的な目的で考えると，レミニセンスによるわずかな増加は，記憶にもとづく報告がまったく網羅的ではない場合にはおおむねその意味を失う。事件についての法的に意味のある詳細情報に関する証人の記憶は限られていることを思いだしてほしい。楽観的に考えるとレミニセンスによる全体として20％の増加は，当初，25％であった記憶の網羅性を，30％まで押し上げることができる。しかし，それでも記憶されていない部分はまったく埋められな

い。

**45.** レミニセンスと忘却の相殺が，全体として記憶の増進を生み出すか(ハイパー・アムネージア；記憶高進現象)，全体として記憶の減衰を生み出すかどうかは，個々の研究環境に依存する。相反する結果については，Dunning & Stern (1992), 前掲，注 **42**, Turtle & Yuille (1994), 前掲，注 **20** を参照。

**46.** Rubin & Wenzel (1996), 前掲，注 **41**.

**47.** フラッシュバルブ・メモリーは，「ほぼ知覚した状態そのままの質」を持つと考えられていた。Brown, R., & Kulik, J. (1977). Flashbulb memories. *Cognition, 5*, 73.

**48.** いくつかの研究では，フラッシュバルブ・メモリーが優れた記憶成績を有していることを見いだしている。例，Neisser, U., Winograd, E., Bergman, E. T., Schreiber, C. A., Palmer, S. E., & Weldon, M. S. (1996). Remembering the earthquake: Direct experience vs. hearing the news. *Memory, 4*, 337-357; Tinti, C., Schmidt, S., Sotgiu, I., Testa, S., & Curci, A. (in press). The role of importance/consequentiality appraisal in flashbulb memory formation: The case of the death of Pope John Paul II. *Applied Cognitive Psychology.* 他の研究では，その効果を見出すことができなかった。たとえば，Schmolck, H., Buffalo, E. A., & Squire, L. R. (2000). Memory distortions develop over time: Recollections of the O. J. Simpson trial verdict after 15 and 32 months. *Psychological Science, 11*, 39-45; Talarico, J. M., & Rubin, D. C. (2003). Confidence, not consistency, characterizes flashbulb memories. *Psychological Science, 14*, 455-461; Talarico, J. M., & Rubin, D. C. (2007). Flashbulb memories are special after all; in phenomenology, not accuracy. *Applied Cognitive Psychology, 21*, 557-578.

**49.** この研究では通常，はじめてその出来事について聞いたときに参加者が居た場所，その時何をしていたかの活動の内容，そのニュースの情報源，その時の自分の感情反応，まわりにいた人の感情反応など，個人がおかれた状況と関連する情報についての記憶を検討している。ほとんどの犯罪捜査において，この種の詳細情報が犯人の特定やその被疑者の有責性の程度の判断に役立つ可能性は低い。

**50.** Talarico & Rubin (2003), 前掲，注 **48**; Talarico & Rubin (2007), 前掲，注 **48**. O. J. シンプソンへの評決についての研究でも高い確信度が報告されていた。Schmolck, Buffalo, & Squire (2000), 前掲，注 **48**; Conway, A. R. A., Skitka, L. J., Hemmerich, J. A., & Kershaw, T. C. (2009). Flashbulb memory for 11 September 2001. *Applied Cognitive Psychology, 23*, 605-623.

**51.** ある研究では，参加者は自分が見た映像には含まれていなかった事実，たとえば実際に画面には出て来なかった犬の色などを思い出すように求められた。「わからない」と回答するという選択肢があるにもかかわらず，回答の約3分の1が断定的な回答を含んでいたが，当然のことながらこれは間違いである。Hastie, R., Landsman, R., & Loftus, E. F. (1978). Eyewitness testimony: The dangers of guessing. *Jurimetrics, 19*, 1-8. O. J. シンプソンの評決に関する事実についての人々の記憶を追跡した研究では，「覚えていない」という回答の割合は，事件から15カ月と30カ月の間に3分の1に減少した。したがって，回答者の記憶が弱くなるにつれ，断定的な記憶を報告する傾向が強くなったが，これはその大部分が不正確なものであった。正答率は，この期間に38%から20%に低下した。Schmolck, Buffalo, & Squire (2000), 前掲，注 **48**.

**52.** 第3章で，カナダのフィールド調査の参加者が，対象者までの距離を実際の3分の2に過小評価し，推定値の範囲を答えさせた時には，半数以上のケースで実際の距離が推定範囲

外となることが示されたことを思いだしてほしい。Lindsay, R. C. L., Semmler, C., Weber, N., Brewer, N., & Lindsay, M. R. (2008). How variations in distance affect eyewitness reports and identification accuracy. *Law and Human Behavior, 32*(6), 526-535; Radvansky, G. A., Carlson-Radvansky, L. A., & Irwin, D. E. (1995). Uncertainty in estimating distances from memory. *Memory & Cognition, 23*, 596-606; Wiest, W. M., & Bell, B. (1985). Stevens's exponent for psychophysical scaling of perceived, remembered, and inferred distance. *Psychological Bulletin, 98*, 457-470 についても参照。

**53.** Pedersen, A. C. I., & Wright, D. B. (2002). Do differences in event descriptions cause different duration estimates? *Applied Cognitive Psychology, 16*, 769-783; Loftus, E. F., Schooler, J. W., Boone, S. M., & Kline, D. (1987). Time went by so slowly: Overestimation of event duration by males and females. *Applied Cognitive Psychology, 1*, 3-13.

**54.** ある研究では，時速12マイルで走行する車の速度を推定するように求めると回答は，時速10マイルから50マイルの範囲にわたった。Marshall, J. (1969). Law and psychology in conflict. New York: Anchor Books. Cited in Loftus, E. E, & Palmer, J. C. (1974). Reconstruction of automobile destruction: An example of the interaction between language and memory. *Journal of Verbal Learning and Verbal Behavior, 13*, 585-589.

**55.** バンクーバーの銃器店での事件に関する研究では，関係者の身長など合計23個の長さに関する情報を目撃者が提供した。これらの情報の正確性は50%にすぎず，つまり，偶然起こる確率にすぎなかった。Yuille & Cutshall (1986), 前掲，注 **18**.

**56.** Allport, G. W. (1954). *The nature of prejudice.* Garden City, NY: Doubleday/Anchor. ダンカンによる古典的な研究では，曖昧な押す動作について，白人の参加者は，同じような動作を白人の男性が行なった場合に比べて，黒人の男性が行う場合には暴力的な行為と解釈した。Duncan, B. L. (1976). Differential social perception and attribution of intergroup violence: Testing the lower limits of stereotyping of Blacks. *Journal of Personality and Social Psychology, 34*, 590-598.

**57.** たとえば，スポーツファンは自分が好きなチームに有利なように，試合の中で起こった出来事を判断する。Hastrof, A. H., & Cantril, H. (1954). They saw a game: A case study. *Journal of Abnormal and Social Psychology, 49*, 129-134. 動機づけが知覚に与える影響は，人が曖昧な視覚的イメージをどのように解釈するのかという研究によって実証されている。Balcetis, E., & Dunning, D. (2006). See what you want to see: Motivational influences on visual perception. *Journal of Personality and Social Psychology, 91*, 612-625. 動機づけは，丘の傾斜などの物理的特徴の判断にも影響を与えることがわかっている。Proffitt, D. R., Creem, S. H., & Zosh, W. (2001). Seeing mountains in mole hills: Geographical slant perception. *Psychological Science, 12*, 418-423. 人はまた，自分の政治的な嗜好性に従って出来事を解釈する。Fischle, M. (2000). Mass response to the Lewinsky scandal: Motivated reasoning or Bayesian updating? *Political Psychology, 21*, 135-159.

**58.** Johnson, M. K., Bransford, J. D., & Solomon, S. K. (1973). Memory for tacit implications of sentences. *Journal of Experimental Psychology, 98*, 203-205.

**59.** この種の48個の文に対する誤再生率は.73であった。Chan, J. C. K., & McDermott, K. B. (2006). Remembering pragmatic inferences. *Applied Cognitive Psychology, 20*, 633-639. McDermott, K. B., & Chan, J. C. (2006). Effects of repetition on memory for pragmatic inferences. *Memory & Cognition, 34*, 1273-1284. 初期の実験については，Brewer, W. F.

(1977). Memory for the pragmatic implications of sentences. *Memory & Cognition, 5,* 673-678 も参照。

**60.** Bransford, J. D., & Franks, J. J. (1971). The abstraction of linguistic ideas. *Cognitive Psychology, 2,* 331-350. 繰り返しになるが、これらの証言はもっともらしい推論ではあるが、参加者が実際に観察したものではない。

**61.** Carli, L. L. (1999). Cognitive reconstruction, hindsight, and reactions to victims and perpetrators. *Personality and Social Psychology Bulletin, 25,* 966-99.

**62.** これらの研究では、地下鉄の車内のある場面を写した写真についての1人の参加者の説明が伝えられ、その写真を見たことがない6人から7人の参加者が、その内容を順に説明して伝達していく。この写真には、明らかに労働者階級にみえる白人男性の前に立つ、スーツとネクタイを身に着けた身なりのよい黒人男性が写っている。白人男性はやや攻撃的に見え、大きく、むき出しになったかみそりの刃を持っていた。グループが一周するまでに、約50%のグループで、2人の男性の役割が逆転して黒人男性が刀身を振るっているといった内容に歪められた。黒人男性が白人男性へ攻撃しているといった詳細な説明を伴うような歪みもあった。Allport, G. W., & Postman, L. J. (1947). *The psychology of rumor.* New York: Henry Holt. Fyock, J., & Stangor, C. (1994). The role of memory biases in stereotype maintenance. *British Journal of Social Psychology, 33,* 331-343 も参照。性別ステレオタイプが記憶に及ぼす影響に関する実証研究については、MacRae, C. N., Schloerscheidt, A. M., Bodenhausen, G. V., & Milne, A. B. (2002). Creating memory illusions: Expectancy-based processing and the generation of false memories. *Memory, 10,* 63-80 を参照。ステレオタイプが記憶に与える影響に関する研究については、Sherman, J. W., Groom, C. J., Ehrenberg, K., & Klauer, K. C. (2003). Bearing false witness under pressure: Implicit and explicit components of stereotype-driven memory distortions. *Social Cognition, 21,* 213-246; Sherman, J. W., & Bessenoff, G. R. (1999). Stereotypes as source-monitoring cues: On the interaction between episodic and semantic memory. *Psychological Science, 10,* 106-110 を参照。

**63.** Cohen, C. E. (1981). Person categories and social perception: Testing some boundaries of the processing effects of prior knowledge. *Journal of Personality and Social Psychology, 40,* 441-452.

**64.** Naka, M., Itsukushima, Y., & Itoh, Y. (1996). Eyewitness testimony after three months: A field study on memory for an incident in everyday life. *Japanese psychological Research, 38,* 14-24.

**65.** O'Brien, B. (2009). Prime suspect: An examination of factors that aggravate and counteract confirmation bias in criminal investigations. *Psychology, Public Policy, and Law, 15,* 315-334.

**66.** ある研究では、2人の就職希望者のうち1人の候補者を選んだ後、その意思決定を行った人物の記憶は、自分たちの選択を支持するような方向で歪むことが明らかとなった。具体的には、参加者は、選択された候補者に対してはより多くの肯定的な特徴を、選ばれなかった候補者に対しては、多くの否定的な特徴を帰属させた。Mather, M., Shafir, E., & Johnson, M. K. (2000). Misremembrance of options past: Source monitoring and choice. *Psychological Science, 11,* 132-138. スポーツイベントの結末について、偏った予測をするように操作された大学生は、その後、その課題に含まれていたバイアスと一致するような内容でチームに関する情報を思い出した。Markman, K. D., & Hirt, E. R. (2002). Social prediction and the "allegiance bias." *Social Cognition, 20*, 58-86; Hirt, E. R., & Sherman, S. J. (1985). The role of prior knowledge in explaining hypothetical events. *Journal of Experimental Social Psychology, 21*, 519-543. Bodenhausen, G. V., & Wyer, R. S. (1985). Effects of stereotypes on decision making and information-processing strategies. *Journal of Personality and Social Psychology, 48*, 267-282 も参照。

**67.** Crombag, H. M., Wagenaar, W. A., & van Koppen, P. J. (1996). Crashing memories and the problem of "source monitoring." *Applied Cognitive Psychology, 10*, 95-104.

**68.** 衝突の記憶が,自然発生的に思い出された虚記憶に分類されることに問題を感じる人がいるかもしれない。最初の研究でクロンバックらは,「飛行機がマンションに当たった瞬間のテレビ映像を見ましたか?」と質問した。ここからわかるように最初の研究の質問には映像の存在についての暗示となりえるものが含まれていた。Crombag, Wagenaar, & van Koppen (1996), 前掲, 注 **67**. しかし,その後の研究では,そのような暗示がない場合であっても,同様の結果が得られた。Smeets, T., Jelicic, M., Peters, M. J. V., Candel, I., Horselenberg, R., & Merckelbach, H. (2006). "Of course I remember seeing that film": How ambiguous questions generate crashing memories. *Applied Cognitive Psychology, 20*, 779-789; Jelicic, M., Smeets, T., Peters, M. J. V., Candel, I., Horselenberg, R., & Merckelbach, H. (2006). Assassination of a controversial politician: Remembering details from another non-existent film. *Applied Cognitive Psychology, 20*(5), 591-596.

**69.** 議論の的になっていた政治家のピム・フォーチュンの暗殺は,映像には記録されていなかった。それでも,回答者の 27-63% がその映像をテレビで見たと報告した。Jelicic et al. (2006), 前掲, 注 **68**; Smeets et al. (2006), 前掲, 注 **68**.

**70.** イギリスでの研究参加者の 44% がこの映像を見たことがあると主張した。Ost, J., Vrij, A., Costall, A., & Bull, R. (2002). Crashing memories and reality monitoring: Distinguishing between perceptions, imaginations, and "false memories." *Applied Cognitive Psychology, 16*, 125-134.

**71.** 目撃された物の特徴と見たことがない物の特徴が混ぜ合わさってできたような物について参加者が思い出した際に,同様のエラーが生じる。Reinitz, M. T., Morrissey, J., & Demb, J. (1994). Role of attention in face encoding. *Journal of Experimental Psychology: Learning, Memory, and Cognition, 20*, 161-168.

**72.** Lindsay, D. S., Allen, B. P., Chan, J. C. K., & Dahl, L. C. (2004). Eyewitness suggestibility and source similarity: Intrusions of details from one event into memory reports of another event. *Journal of Memory and Language, 50*, 96-111.

**73.** Odegard, T. N., & Lampinen, J. M. (2004). Memory conjunction errors for autobiographical events: More than just familiarity. *Memory, 12*, 288-300.

**74.** 参加者は,特定の動作を実演するよう指示される(たとえば,つまようじを折るなど),もしくは,単にそれらを実演しているところをイメージするように指示される。2 週間後に行われた記憶テストでは,実際に実演した動作と想像された動作の間で混同がみられた。Goff, L. M., & Roediger, H. L. (1998). Imagination inflation for action events: Repeated imaginings lead to illusory recollections. *Memory & Cognition, 26*, 20-33.

**75.** 総体的にいえば,誤導情報にさらされたことで,正答率は 75% から 41% に低下した。Loftus, E. F., Miller, D. G., & Burns, H. J. (1978). Semantic integration of verbal information into a visual memory. *Journal of Experimental Psychology: Human Learning and Memory*,

4, 19-31.

**76.** 対照的に，納屋の暗示を受けなかった参加者のうち，納屋をみたと答えた参加者は3％未満であった。Loftus, E. F. (1975). Leading questions and the eyewitness report. *Cognitive Psychology, 7*, 560-572.

**77.**「激突した」「衝突した」「ぶつかった」「当たった」「接触した」という5つの動詞に対する回答の平均は，それぞれ時速41，39，38，34，32マイルであった。Loftus & Palmer (1974)，前掲，注 **54**.

**78.** たとえば，Smith, V. L., & Ellsworth, P. C. (1987). The social psychology of eyewitness accuracy: Misleading questions and communicator expertise. *Journal of Applied Psychology, 72*, 294-300.

**79.** レビュー論文については，Davis, D., & Loftus, E. E (2007). Internal and external sources of misinformation in adult witness memory. In M. P. Toglia, J. D. Read, D. F. Ross, & R. C. L. Lindsay, eds., *Handbook of eyewitness psychology*, vol. 1: Memory for events, pp. 195-237. Mahwah, NJ: Lawrence Erlbaum. Paterson, H. M., & Kemp, R. I. (2006b). Comparing methods of encountering post-event information: The power of co-witness suggestion. *Applied Cognitive Psychology, 20*, 1083-1099 も参照。

**80.** 参加者の73％は，キッチンの場面の背景にある物について，コーヒーメーカーではなくブレンダーであるいった内容の説明に誤誘導された。同様に，傍観者のシャツの色をオレンジではなく青であると説明すると，85％の参加者が見た色を誤って思い出した。Wright, D. B., & Stroud, J. N. (1998). Memory quality and misinformation for peripheral and central objects. *Legal and Criminological Psychology, 3*, 273-286.

**81.** Heath, W. P., & Erickson, J. R. (1998). Memory for central and peripheral actions and props after varied post-event presentation. *Legal and Criminological Psychology, 3*, 321-346. 別の研究では，周辺的な詳細情報についての暗示によって生じた虚記憶は，中心的な詳細情報に関する虚記憶の3倍以上であったことがわかった。Dalton, A. L., & Daneman, M. (2006). Social suggestibility to central and peripheral misinformation. *Memory, 14*, 486-501.

**82.** その種の研究の初期のものでは，参加者の29％が虚偽の出来事についての記憶を報告した。Loftus, E. F., & Pickrell, J. E. (1995). The formation of false memories. *Psychiatric Annals, 25*, 720-725.

**83.** ニュージーランドの研究者らによって行われたこれらの研究では，参加者は家族と一緒に熱気球に乗っているように加工された，4歳から8歳頃までの自分の写真を提示された。彼らの両親に確認したところ，参加者は熱気球に乗ったことは実際にはなかった。熱気球に乗ったという出来事を自発的に思い出した参加者はいなかった。彼らは，この熱気球に乗った出来事についてイメージするよう指示され，毎晩数分ずつそのことについて考えるよう求められた。数日後に行われた3回目の面接では，参加者の半数が熱気球に乗ったことについての記憶を報告した。Wade, K. A., Garry, M., Read, J. D., & Lindsay, S. (2002). A picture is worth a thousand lies: Using false photographs to create false childhood memories. *Psychonomic Bulletin & Review, 9*, 597-603. その出来事について説明する文章を提示することにより，さらに高い割合の誤った報告が得られた。Garry, M., & Wade, K. A. (2005). Actually, a picture is worth less than 45 words: Narratives produce more false memories than photographs do. *Psychonomic Bulletin & Review, 12*, 359-366. 類似した結果については，

Garry, M., & Gerrie, M. P. (2005). When photographs create false memories. *Current Directions in Psychological Science, 14*, 321-325 を参照。

**84.** 3回の面接の後、参加者の平均37%が、ライフガードによって救助されたことやビーチを歩いている際にサメの歯を見つけたことなどシナリオにもとづいた多くの虚記憶を報告した。Heaps, C. M., & Nash, M. (2001). Comparing recollective experience in true and false autobiographical memories. *Journal of Experimental Psychology: Learning, Memory, and Cognition, 27*, 920-930.

**85.** 参加者の平均40%が、実際には行なわれなかった医療処置を受けたことについての記憶を思い出した。Mazzoni, G., & Memon, A. (2003). Imagination can create false autobiographical memories. *Psychological Science, 14*, 186-188.

**86.** 26%の参加者が、実際にはなかった出来事についての完全な記憶を報告し、30%の人が部分的な虚記憶を思い出した。Porter, S., Yuille, J. C., & Lehman, D. R. (1999). The nature of real, implanted, and fabricated memories for emotional childhood events: Implications for the recovered memory debate. *Law and Human Behavior, 23*, 517-537.

**87.** 3回目の面接までに、参加者の37%がこの出来事を経験したことを思い出した。Hyman, I. E., & Pentland, J. (1996). The role of mental imagery in the creation of false childhood memories. *Journal of Memory and Language, 35*, 101-117. 他の研究では、参加者は、食品スーパーにいた時に消火スプリンクラーシステムが作動したという虚記憶を認めるようになった。Hyman, I. E., Husband, T. H., & Billings, F. J. (1995). False memories of childhood experiences. *Applied Cognitive Psychology, 9*, 181-197.

**88.** これらの研究では、参加者の4分の1がバッグス・バニーと会ったことについての記憶を報告した。Grinely, M. J. (2002). Effects of advertising on semantic and episodic memory. Master's thesis, University of Washington, cited in Loftus, E. F. (2003). Make-believe memories. *American Psychologist*, November, 867-873.

**89.** Johnson, Hashtroudi, & Lindsay (1993), 前掲, 注 **36**.

**90.** 本当の記憶と虚記憶を弁別することを目的として、様々な尺度が用いられてきた。その中でも、最もよく知られているものに記憶特性質問票(MCQ)がある。Johnson, M. K., Foley, M. A., Suengas, A. G., & Raye, C. L. (1988). Phenomenal characteristics of memories for perceived and imagined autobiographical events. *Journal of Experimental Psychology: General, 117*, 371-376 を参照。

**91.** ポーターらは、植えつけられた記憶は不鮮明で、一貫性がなく、実際の記憶よりも確信を伴わないことを見出した。Porter, Yuille, & Lehman (1999), 前掲, 注 **86**. 結婚式でパンチのボウルをひっくり返したという記憶についての研究では、本当の記憶に対する確信度は7件法の尺度において5.6であったが、虚記憶についてはわずか3であった。Hyman & Pentland (1996), 前掲, 注 **87**. 熱気球についての研究では、本当の出来事に対する確信度の平均は91%であったが、熱気球に関する虚記憶についてはわずか44%であった。Wade et al. (2002), 前掲, 注 **83**. Loftus & Pickrell (1995), 前掲, 注 **82**. についても参照。

　いくつかの研究では、虚記憶は、その出来事を目撃したという明確な想起ではなく、むしろ、曖昧な既知感にもとづいて報告された。たとえば、MacRae et al. (2002), 前掲, 注 **62** を参照。

**92.** 一部の研究では、虚記憶が本当の記憶に匹敵する確信度のレベルで報告されることが示された。2001年9月11日の出来事に対する人々の記憶についての研究では、誤った回答を

行った参加者の確信度は，正確な内容を回答した参加者に比べ高いことが示された。
Pezdek, K. (2003). Event memory and autobiographical memory for the events of September, 11, 2001. *Applied Cognitive Psychology, 17*, 1033-1045. Schmolck, Buffalo, & Squire (2000, 前掲，注 **48**)による研究では，記憶が非常に不正確だった参加者の61%が，5件法による尺度において，4または5の確信度を示していた。Roediger & McDermott (1995) は，本当の記憶と虚記憶の確信度のレベルには違いがないことを見いだした。Roediger, H. L., & McDermott, K. B. (1995). Creating false memories: Remembering words not presented in lists. *Journal of Experimental Psychology: Learning, Memory, and Cognition, 21*, 803-814. ある研究では，参加者は現に本当の記憶よりも誤った記憶に対して，確信を持っていた。Bransford & Franks (1971), 前掲，注 **60**.

　虚記憶を報告した参加者は，単により一般的に情報を「知っている」というのではなく，本当の記憶を報告する参加者と同じように，実際にその情報を「思い出した」と報告している。Chan & McDermott (2006), 前掲，注 **59**. 類似した結果に，Roediger & McDermott (1995), 前掲，注 **92**, and Odegard Lampinen (2004), 前掲，注 **73** などがある。

　Smeets et al. (2006, 前掲，注 **68**)や Ost et al. (2002, 前掲，注 **70**)によって行われた衝突についての記憶の研究では，記憶特性質問票(MCQ)の得点は，その映像をみたと報告した参加者とみなかったと報告した参加者，また，虚偽の出来事についての詳細情報を報告した参加者を弁別することができなかった。

**93**. Mitchell & Johnson (2000), 前掲，注 **32**.

**94**. ある研究では，虚記憶は本当の記憶と区別可能であるように最初は見えた。しかし，その違いは後に聴取を繰り返すことにより消え去った。Heaps & Nash (2001), 前掲，注 **84**.

**95**. Eldridge, Barnard, & Bekerian (1994), 前掲，注 **40**.

**96**. 車が「激突した」ときに，どのくらいの速度で動いていたかを尋ねられた参加者の3分の1は，割れたガラスを見たと報告した。「当たった」など，他の動詞を使用した参加者では，その割合はかなり低かった。割れたガラスについて報告する可能性は，参加者による速度の推定によって完全にもたらされる訳ではなかった。これは，虚記憶が「激突した」という質問の中で使用された言葉の意味内容によっても引き起こされることを意味する。Loftus & Palmer (1974), 前掲，注 **54**.

**97**. Crombag, Wagenaar, & van Koppen (1996), 前掲，注 **67**.

**98**. たとえば，ある参加者の記憶の報告では，「私は，私たちが飛んで行ってしまい，空中で立ち往生することになるのではないかと思って本当に怖かった。私の父は笑っていましたが，私は降りたかったので父に対して本当に腹が立ちました。本当に，本当に怖かったです。うーん，寒くて風が私の顔に吹きつけていて，周りには数人しかいませんでした」。Garry & Wade (2005), 前掲，注 **83**, p. 363.

**99**. Mazzoni & Memon (2003), 前掲，注 **85**.

**100**. Hyman, Husband, & Billings (1995), 前掲，注 **87**.

**101**. ［訳注］バッグス・バニーの決まり文句。

**102**. Grinely (2002), 前掲，注 **88**; presentation by Elizabeth Loftus at conference "Off The Witness Stand: Using Psychology in the Practice of Justice," John Jay College of Criminal Justice, New York, March 3, 2007.

**103**. 虚記憶は，一連の出来事がどのように起こるかという個人の期待を含む，スクリプトとして知られている時系列的なスキーマと合致することも明らかとなっている。Greenberg,

M. S., Westcott, D. R., & Bailey, S. E. (1998). When believing is seeing: The effect of scripts on eyewitness memory. *Law and Human Behavior, 22*, 685-694.

**104.** Eldridge, Barnard, & Bekerian (1994), 前掲, 注 **40**; Loftus Palmer (1974), 前掲, 注 **54** を参照。

**105.** Johnson, M. K., Nolde, S. F., & De Leonardis, D. M. (1996). Emotional focus and source monitoring. *Journal of Memory and Language, 35*, 135-156; Lyle, K. B., & Johnson, M. K. (2006). Importing perceived features into false memories. *Memory, 14(2)*, 197-213.

**106.** 熱気球は自走の手段を持たず,動く空気の塊の中に浮かんでいるので,乗っている人たちとそれを取り囲む空気の間には動きは生じない。

**107.** 多くの視覚条件について検証した研究に関しては,Tuckey & Brewer (2003), 前掲, 注 **40** を参照。

**108.** fMRI を使用した研究は,特に,強い情動が喚起された場合には扁桃体の活性化と記憶の正確さの間に正の関連があることを示している。扁桃体の活動は,符号化時における強い覚醒と,符号化後の統合の強さの両方を引き起こすと考えられている。Canli, T., Zhao, Z., Brewer, J., Gabrieli, J. D., & Cahill, L. (2000). Event-related activation in the human amygdala associates with later memory for individual emotional response. *Journal of Neuroscience, 20*, RC99. 他の研究では,扁桃体がホルモンの分泌によって記憶に影響を与えることを示している。Cahill, L., & McGaugh, J. L. (1998). Mechanisms of emotional arousal and lasting declarative memory. *Trends in Neurosciences, 21*, 294-299.

**109.** 覚醒した状況を体験することによって参加者の記憶の正確性は 63% から 72% まで向上したが,詳細情報の数は,平均 51% から 38% まで低下した。Yuille et al. (1994), 前掲, 注 **17**.

**110.** Hulse & Memon (2006), 前掲, 注 **17**.

**111.** Bornstein, Liebel, & Scarberry (1998), 前掲, 注 **20**.

**112.** Safer, M. A., Christianson, S. A., Autry, M. W., & Osterlund, K. (1998). Tunnel memory for traumatic events. *Applied Cognitive Psychology, 12*, 99-117. 指摘されているもう 1 つの解釈は,情動喚起はそれ自体が記憶を強化する傾向がある一方で,ストレスは記憶を弱めるという内容であった。Deffenbacher, K. A., Bornstein, B. H., Penrod, S. D., & McGorty, E. K. (2004). A meta-analytic review of the effects of high stress on eyewitness memory. *Law and Human Behavior, 28*, 687-706. 同じような解釈については,Schacter, D. L. (2001). The seven sins of memory: How the mind forgets and remembers, p. 162. Boston: Houghton Mifflin を参照。この結果に関する理論的な報告については,Mather, M. (2007). Emotional arousal and memory binding: An object-based framework. Perspective on *Psychological Science, 2*, 33-52 を参照。

**113.** Mather (2007), 前掲, 注 **112**, p. 45.

**114.** 銃撃の前後についての様々な証言によれば,ブースは何か言葉を発したが,目撃者らの間では彼がなんと言ったのかについて意見が一致しなかった。16 人の目撃者は,バージニア州の旗のモットーである「Sic semper tyrannis」(独裁者は斯くの如く),あるいは「南は報復を受けるだろう(The South is avenged)」という言葉のどちらかを発したことを思い出し,4 人は両方を言ったことを思い出した。Gopnik, A. (2007). Annals of biography: Angles and ages. *New Yorker*, May 28, 30-37. Good, T. S., ed. (1995). *We saw Lincoln shot: One hundred eyewitness accounts*. Jackson: University Press of Mississippi も参照。

**115.** 出来事に関して繰り返し質問することによって記憶の衰退を減少させることができる。これは真の記憶の植えつけのプロセスとして知られている。Reyna, V. F., & Lloyd, F. (1997). Theories of false memory in children and adults. *Learning and Individual Differences, 9,* 95-123.

**116.** 記憶の流暢性については，Jacoby, L. L., & Dallas, M. (1981). On the relationship between autobiographical memory and perceptual learning. *Journal of Experimental Psychology: General, 110,* 306-340 を参照。

**117.** 湾岸地域での 1989 年の地震の後，「地震について話さないでくれてありがとう(Thank you for not sharing your earthquake experience)」というロゴのTシャツが出現した。Neisser et al. (1996), 前掲，注 **48**.

**118.** たとえば，同情を引き出すために物語を語ること，あるいは観客を楽しませるために物語を語ることは，反対の方向に物語を変容させる。Marsh, E. J., & Tversky, B. (2004). Spinning the stories of our lives. *Applied Cognitive Psychology, 18,* 491-503.

**119.** 参加者は殺人についての物語を読み，ある被疑者が有罪に見えるように語り直すよう指示された。予想した通り，これらの物語はその被疑者が有罪に見えるような方法で語られた。さらに重要なことに，その後の再生テストでは，参加者の記憶は，その人物が有罪であることを示す事実がより多く含まれ，無罪を示すような事実が少ないことが明らかとなった。Tversky, B., & Marsh, E. J. (2000). Biased retellings of events yield biased memories. *Cognitive Psychology, 40,* 1-38.

**120.** Higgins, E. T., & Rholes, W. S. (1978). "Saying is believing": Effects of message modification on memory and liking for the person described. *Journal of Experimental Social Psychology, 14,* 363-378.

**121.** Marsh, E. J. (2007). Retelling is not the same as recalling. *Current Directions in Psychological Science, 16,* 16-20.

**122.** 会話の記憶とその法的意義に関する議論については Davis, D., & Friedman, R. D. (2007). Memory for conversation: The orphan child of witness memory researchers. In R. C. L. Lindsay, D. F. Ross, J. D. Read, & M. P. Toglia, eds., *Handbook of eyewitness psychology,* vol. 2: Memory for people, pp. 3-52. Mahwah, NJ: Lawrence Erlbaum; Duke, S. B., Lee, A. S., & Pager, C. K. (2007). A picture's worth a thousand words: Conversational versus eyewitness testimony in criminal convictions. *American Criminal Law Review, 44,* 1-52 を参照。

**123.** Bransford, J. D., & Johnson, M. K. (1972). Contextual prerequisites for understanding: Some investigations of comprehension and recall. *Journal of Verbal Learning and Verbal Behavior, 11,* 717-726 を参照。

**124.** Kent, G. G., Davis, J. D., & Shapiro, D. A. (1978). Resources required in the construction and reconstruction of conversation. *Journal of Personality and Social Psychology, 36,* 13-22.

**125.** これらの結果は，刺激を提示した数分後に実施したテストで得られた結果である。4日後には，再生項目の数がそれぞれ9.3と0.05に減少した。Campos, L., & Alonso-Quecuty, M. L. (2006). Remembering a criminal conversation: Beyond eyewitness testimony. *Memory, 14,* 27-36.

**126.** Sachs, J. S. (1967). Recognition memory for syntactic and semantic aspects of connected discourse. *Perception & Psychophysics, 2,* 437-442.

**127.** 母親は，話し合った主な内容の約 66% を思い出したが，それらのうち，実際の発話内容について思い出した割合はわずか 5% であった。母親らは，自分たち自身が発した発話の 16% しか思い出せなかった。Bruck, M., Ceci, S. J., & Francoeur, E. (1999). The accuracy of mothers' memories of conversations with their preschool children. *Journal of Experimental Psychology: Applied, 5,* 89-106.

**128.** Parks, T. E. (1997). False memories of having said the unsaid: Some new demonstrations. *Applied Cognitive Psychology, 11,* 485-494.

**129.** 記憶の不一致に関する議論については，Gopnik (2007), 前掲，注 **114** を参照。

**130.** Brewer, W. F. (1988). Memory for randomly-selected autobiographical events. In U. Neisser & E. Winograd, eds., *Remembering reconsidered: Ecological and traditional approaches to the study of memory,* pp. 21-90. New York: Cambridge University Press.

**131.** Gibbons, J. A., & Thompson, C. P. (2001). Using a calendar in event dating. *Applied Cognitive Psychology, 15,* 33-44.

**132.** Odegard & Lampinen (2004), 前掲，注 **73**.

**133.** バンクーバーの射撃事件から 4-5 カ月後に行われた聴取では，13 人の証人のうち 10 人が，事件が起こった月を思い出すことができず，6 人だけが曜日を思い出すことができた。Yuille & Cutshall (1986), 前掲，注 **18** を参照。他の例については，Hyman, I. E., & Loftus, E. F. (1998). Errors in autobiographical memory. *Clinical Psychology Review, 18,* 933-947 を参照。

**134.** ある研究では，2001 年 9 月 11 日に発生した 6 つの主要な出来事に関して，参加者の約 63% が少なくとも 1 つ以上の順番間違いを犯していたことがわかった。Altman, E. M. (2003). Reconstructing the serial order of events: A case study of September 11, 2001. *Applied Cognitive Psychology, 17,* 1067-1080.

**135.** 特に注意を払う必要があるもう 1 つの種類の記憶内容は自動車に関する記憶である。自動車のラインナップに関する簡易調査では，人が自動車の識別において，低い正確性を示すことが明らかとなった。ある研究では，10 台の継時提示ラインナップから対象車を正しく識別した参加者はわずか 24% であった。Villegas, A. B., Sharps, M. J., Satterthwaite, B., & Chisholm, S. (2005). Eyewitness memory for vehicles. *Forensic Examiner, 14,* 24-28.

**136.** 回答者は自分自身の A 評定については 79% を正確に覚えていたのに対して，D 評定については 29% しか記憶していなかった。上昇方向のエラーは下降方向エラーの 4 倍以上にもなった。Bahrick, H. P., Hall, L. K., & Berger, S. A. (1996). Accuracy and distortion in memory for high school grades. *Psychological Science, 7,* 265-271.

**137.** Bahrick, H. P., Hall, L. K., & Dunlosky, J. (1993). Reconstructive processing of memory content for high versus low test scores and grades. *Applied Cognitive Psychology, 7,* 1-10. このデータの二次分析によると，この結果は，成績の低い学生の記憶能力の限界によるものではなく，主に自尊心を高める動機によって引き起こされていることが明らかとなった。

**138.** Mather, Shafir, & Johnson (2000), 前掲，注 **66**.

**139.** Hastrof & Cantril (1954), 前掲，注 **57**; Balcetis & Dunning (2006), 前掲，注 **57**; Proffitt, Creem, & Zosh (2001), 前掲，注 **57** を参照。

**140.** 他の人々からの影響を受けた記憶は，交換記憶とも呼ばれている。Wegner, D. M.,

Erber, R., & Raymond, P. (1991). Transactive memory in close relationships. *Journal of Personality and Social Psychology, 61*, 923-929.

**141.** 回答者の大多数(86%)が，この事件について他の目撃者と話し合ったことを報告した。参加者のほぼ3分の2が，事件直後に話したことを報告し，5分の1が事件の後その日のうちにこの問題について話したと報告した。Paterson, H. M., & Kemp, R. I. (2006a). Co-witness talk: A survey of eyewitness discussion. *Psychology, Crime & Law, 12*, 181-191.

**142.** Allwood, C. M., Knutsson, J., & Granhag, P. A. (2006). Eyewitnesses under influence: How feedback affects the realism in confidence judgments. *Psychology, Crime & Law, 12*, 25-38.

**143.** 参加者は，同じ事件を自分とは別の視点から描いた映像(そのためいくつかの異なる事実が含まれていた)を見た参加者と，そのなかの多義的な出来事について話し合うためにペアになった。この映像のうち，ある視点から撮影したものだけが，放置された財布からお金を盗んだ主人公を描いた内容を含んでいた。話し合いの後の記憶テストでは，参加者の約70%が，自分自身はみていないが，そのペアとなった参加者のビデオ映像には含まれていた詳細情報について報告した。盗難場面を目撃しなかった参加者のうちの60%が，主人公がお金を盗むのを見たと報告した。Gabbert, F., Memon, A., & Allan, K. (2003). Memory conformity: Can eyewitnesses influence each other's memories for an event? *Applied Cognitive Psychology, 17*, 533-543. Valentine, T., & Maras, K. (2011). The effect of cross-examination on the accuracy of adult eyewitness testimony. *Applied Cognitive Psychology, 25*, 554-561 も参照。

**144.** 単独犯による犯罪を描いた映像を提示された参加者は，2人の犯人による同じ犯罪内容を描いた映像を提示された参加者と，その出来事について話し合うためにペアになった。参加者が最初に単独でテストを受けた際には，その事実に関する正答率は97%であった。しかしながら，話し合いの後，20組のうち15組が，話が混ぜ合わさった内容に対して意見を一致させた。約半分の組が，共犯者を見たことを報告し，残りの半分の組が共犯者をみなかったと報告した。Wright, D. B., Self, G., & Justice, C. (2000). Memory conformity: Exploring misinformation effects when presented by another person. *British Journal of Psychology, 91*, 189-202.

**145.** Gabbert, F., Memon, A., Allan, K., & Wright, D. B. (2004). Say it to my face: Examining the effects of socially encountered misinformation. *Legal and Criminological Psychology, 9*, 215-227.

**146.** 模擬犯罪場面に関する参加者の記憶は，他の目撃者とされる人物(実際にはサクラ)によって与えられた回答の影響を受けた。2つの実験での正答率は，他の目撃者が不正確な回答を行った場合には30-35%であり，正しく回答した場合には65-70%，そして，他の目撃者が何も答えなかった場合には57-58%であった。後日，単独でテストを行った場合にも，他の目撃者の効果が参加者の記憶に影響を与えることが示された。Shaw, J. S., Garven, S., & Wood, J. M. (1997). Cowitness information can have immediate effects on eyewitness memory reports. *Law and Human Behavior, 21*, 503-523.

**147.** Wright, D. B., Mathews, S. A., & Skagerberg, E. M. (2005). Social recognition memory: The effect of other people's responses for previously seen and unseen items. *Journal of Experimental Psychology: Applied, 11*, 200-209.

**148.** 第3章でも議論したように，ジョン・ドーについて無益な捜索をすることにつながっ

た転移エラーは，当初たった1人の目撃者，トム・ケッシンガーによって報告された。捜査が進むと，2人目の証人エルドン・エリオットも同じ（誤った）証言をするようになった。Memon, A., & Wright, D. B. (1999). Eyewitness testimony and the Oklahoma bombing. *The Psychologist, 12,* 292-205.

**149.** 例として，Fisher, R. P., & Geiselman R. E. (1992). *Memory-enhancing techniques in investigative interviewing: The Cognitive Interview.* Springfield, IL: C. C. Thomas などを参照。

**150.** フロリダの強盗事件を担当する警察官が行った聴取において，頻繁な割り込みや，短い具体的な質問の過度の使用，不適切な順序で提示された質問，言い回しがよくない質問，注意の妨害，一方的な判断によるコメントなどが含まれていたことがロン・フィッシャーらによって示された。Fisher, R. P., Geiselman, R. E., & Raymond, D. S. (1987). Critical analysis of police interview techniques. *Journal of Police Science and Administration, 15,* 177-185. 南フロリダ州の捜査官らが行った聴取についての近年のレビューでは，同様のパターンの不適切な聴取が存在することが明らかになった。Fisher, R. P., & Schreiber, N. (2007). Interview protocols to improve eyewitness memory. In M. P. Toglia, J. D. Read, D. F. Ross, & R. C. L. Lindsay, eds., *Handbook of eyewitness psychology,* vol. 1: Memory for events, pp. 53-80. Mahwah, NJ: Lawrence Erlbaum.

**151.** 訓練前のイギリスの5人の警察官によって実施された聴取では，67-80%がクローズド質問で，13-16%が誘導質問，そして，たったの3-5%がオープン質問であった。George, R., & Clifford, B. (1992). Making the most of witnesses. *Policing, 8,* 185-198.

**152.** カナダの警察を対象とした研究では，聴取者が聴取時間全体の35%を占める割合で話していること，1分間に4つ程の質問をし，その質問の3分の2はクローズド質問で，そのうちの約7%が誘導質問であることが示された。Wright, A. M., & Alison, L. (2004). Questioning sequences in Canadian police interviews: Constructing and confirming the course of events? *Psychology, Crime & Law, 10,* 137-154; Snook, B., & Keating, K. (2011). A field study of adult witness interviewing practices in a Canadian police organization. *Legal and Criminological Psychology, 16,* 160-172.

**153.** ドイツの警察官による聴取では，オープン質問よりもクローズド質問が多く含まれており（聴取あたり29対6），目撃者の供述の自由報告は7%だけであることが示された。Berresheim, A., & Webber, A. (2003). Structured witness interviewing and its effectiveness (in German). *Kriminalistik, 57,* 757-771, cited in Fisher & Schreiber (2007), 前掲，注**150**.

**154.** ノルウェーの警察官らは，面接時間の約50%の割合で話していることが示された。多くの場合，クローズド質問とイエス・ノー質問が大量に行われていた。Myklebust, T., & Alison, L. J. (2000). The current state of police interviews with children in Norway: How discrepant are they from models based on current issues in memory and communication? *Psychology, Crime & Law, 6,* 331-351.

**155.** Loftus (1975), 前掲，注**76**; Smith & Ellsworth (1987), 前掲，注**78**.

**156.** Henkel, L. A., & Mather, M. (2007). Memory attributions for choices: How beliefs shape our memories. *Journal of Memory and Language, 57,* 163-176.

**157.** これらの聴取は，認知面接法のトレーニング受講前に実施されたものである。George & Clifford (1992), 前掲，注**151**.

**158.** Yuille (1984), 前掲, 注 **30**.

**159.** Berliner, L., & Lieb, R. (2001). Child sexual abuse investigations: Testing documentation methods. Olympia: Washington State Institute for Public Policy, doc. no. 01-01-4102.

**160.** Warren, A. R., Woodall, C. E., Thomas, M., Nunno, M., Keeney, J. M., Larson, S. M., & Stadfeld, J. A. (1999). Assessing the effectiveness of a training program for interviewing child witnesses. *Applied Developmental Science, 3*, 128-135. 誘導的で暗示的な質問を行なうと, 人は一般的にそれに肯定的な回答をしやすい。Kunda, Z., Fong, G. T., Sanitioso, R., & Reber, E. (1993). Directional questions direct self-conceptions. *Journal of Experimental Social Psychology, 29*, 63-86. 回答者に強い意見がある場合や, 質問が利害に関わるときには, この結果は当てはまらないだろう。

**161.** たとえば, 熱気球についての研究では, 参加者は, 熱気球にのっているかのように, 幼い頃の自分自身の実際の写真が合成されて提示された。他の参加者は, 実際にはなかった出来事についての物語を提示された。Garry & Wade (2005), 前掲, 注 **83**. 誤導情報を含まない手がかりを提示することが有益であることは認めなければならないだろう。

**162.** *State v. Cotton*, 公判記録, 前掲, 注 **3**, pp. 191-192.

**163.** ある研究では, 3回の暗示的な面接の後に報告された虚記憶の割合は, 最初の面接の後よりも約5倍高いことが示された。Zaragoza, M. S., & Mitchell, K. J. (1996). Repeated exposure to suggestion and the creation of false memories. *Psychological Science, 7*, 294-300.

**164.** Garry & Wade (2005), 前掲, 注 **83**; Garry & Gerrie (2005), 前掲, 注 **83**.

**165.** Hyman & Pentland (1996), 前掲, 注 **87**.

**166.** Shaw, J. S. (1996). Increases in eyewitness confidence resulting from postevent questioning. *Journal of Experimental Psychology: Applied, 2*, 126-146; Shaw, J. S., & McClure, K. A. (1996). Repeated postevent questioning can lead to elevated levels of eyewitness confidence. *Law and Human Behavior, 20*, 629-653.

**167.** ロフタスの初期の研究の一つでは, 事件の直後ではなく, 事件のずっと後になってから情報が提示された場合に, 最も強く暗示の効果が示された。Loftus, Miller, & Burns (1978), 前掲, 注 **75**.

**168.** Fisher, R. P. (1995). Interviewing victims and witnesses of crime. *Psychology, Public Policy, and Law, 1*, 732-764.

**169.** 植えつけられた記憶のパラダイムに関する研究では, 記憶の検索時に努力するよう参加者に勧める。熱気球に関する研究では, 虚偽の出来事を思い出すのにより多くの時間を費やしたことを報告した参加者では, 虚記憶が生じる可能性が高いことを示した。Garry & Wade (2005), 前掲, 注 **83**.

**170.** Nilsson, L. G. (1987). Motivated memory: Dissociation between performance data and subjective reports. *Psychological Research, 49*, 183-188; Shaw, J. S., & Zerr, T. K. (2003). 記憶の検索時に特別な努力を行うことは, 目撃者の確信度の増加と関連している可能性がある。*Law and Human Behavior, 27*, 315-329; Koriat & Goldsmith (1996), 前掲, 注 **19**.

**171.** 目撃者に, 映像の中で強盗が盗んだとされる指輪について説明するように求めると, 強盗が宝石を盗んでいるのを実際には目撃していないにもかかわらず, その指輪に関する記憶を増加させた。Drivdahl, S. B., & Zaragoza, M. S. (2001). The role of perceptual elaboration and individual differences in the creation of false memories for suggested events. *Ap-*

*plied Cognitive Psychology, 15,* 265-281.

**172.** Drivdahl, S. B., Zaragoza, M. S., & Learned, D. M. (in press). The role of emotional elaboration in the creation of false memories. *Applied Cognitive Psychology, 23,*13-35.

**173.** Zaragoza, M. S., Payment, K. E., Ackil, J. K., Drivdahl, S. B., & Beck, M. (2001). Interviewing witnesses: Forced confabulation and confirmatory feedback increase false memories. *Psychological Science, 12,* 473-477; Pezdek, K., Sperry, K., & Owens, S. M. (2007). Interviewing witnesses: The effect of forced confabulation on event memory. *Law and Human Behavior, 31,* 463-478. 実際に起こった事実について，事実と異なる説明をまとめ上げるように指示した後に実施した記憶テストにおいても，同様の記憶の歪みがみられた。その後に行われた記憶テストでは，不正確な詳細情報のうち 27% が，作話された説明の中に含まれていたものであった。Pickel, K. L. (2004). When a lie becomes the truth: The effects of self-generated misinformation on eyewitness memory. *Memory, 12,*14-26. 推測による汚染の影響については，Hastie, Landsman, & Loftus (1978), 前掲，注 **51** においても認められた。

**174.** 虚記憶が含まれた割合は，「その出来事について考える」ように指示された参加者では 12% であったのに対して，その出来事を想像するように指示された参加者では 37% であった。Hyman & Pentland (1996), 前掲，注 **87**. 出来事を想像するように指示する教示は，他の植えつけられた記憶の研究の中でもみられた。例，Garry & Wade (2005), 前掲，注 **83**; Wade et al. (2002), 前掲，注 **83**.

出来事の想像のしやすさが，その出来事が誤って想起される可能性に貢献することも考えられる。ダイアナ妃の自動車事故についての記憶に関する研究では，参加者の 44% が存在しない事故に関するビデオ映像をみたと主張したが，妃の葬儀を見たと報告したのは，予備調査では参加者のたった 10% であった。Ost et al. (2002), 前掲，注 **70**.

**175.** この処置が，虚記憶の割合を 26% から 51% に増加させた。Hanba, J. M., & Zaragoza, M. S. (2007). Interviewer feedback in repeated interviews involving forced confabulation. *Applied Cognitive Psychology, 21,* 433-455.

**176.** Pezdek, Sperry, & Owens (2007), 前掲，注 **173**.

**177.** 参加者は，その動作について想像するように指示された回数が多ければ多いほど，実際にその動作を行ったと報告しやすくなる。Goff & Roediger (1998), 前掲，注 **74**.

**178.** Blagrove, M., & Akehurst, L. (2000). Effects of sleep loss on confidence-accuracy relationships for reasoning and eyewitness memory. *Journal of Experimental Psychology: Applied, 6,* 59-73.

**179.** Assefi, S. L., & Garry, M. (2003). Absolute memory distortions: Alcohol placebos influence the misinformation effect. *Psychological Science, 14,* 77-80.

**180.** 服従傾向の尺度において得点の高い参加者は，暗示された誤情報を報告する傾向が高かった。服従傾向は，自分の考えとは異なる言明に対して肯定的な反応を示す程度により測定可能である。Eisen, M. L., Morgan, D. Y., & Mickes, L. (2002). Individual differences in eyewitness memory and suggestibility: Examining relations between acquiescence, dissociation, and resistance to misleading information. *Personality and Individual Differences, 33,* 553-572. 迎合性に関する同様の尺度得点が，（ほぼありえないような）2 歳未満の子どもの頃の記憶に関する参加者の報告の有無と関連があることが明らかにされている。Malinoski, P. T., & Lynn, S. J. (1999). The plasticity of early memory reports: Social pressure, hypnotizability, compliance, and interrogative suggestibility. *International Journal of Clinical and Experimental Hypnosis, 47*, 320-345.

**181.** 出生の1日目の自分のベビーベッドでの体験という，思い出すことが不可能である記憶を報告するよう参加者に求めたカナダの研究では，ファンタジー傾向の強さと参加者の被暗示性との間に正の相関があることが示された。Spanos, N. P., Burgess, C. A., Burgess, M. F., Samuels, C., & Blois, W. 0. (1999). Creating false memories of infancy with hypnotic and non-hypnotic procedures. *Applied Cognitive Psychology, 13*, 201-218. 上記の衝突の記憶に関するオランダの研究の1つでは，ファンタジー傾向が存在しない映像を思い出すという報告と正の関連があることが明らかにされている。Jelicic et al. (2006), 前掲, 注 **68**.

**182.** Granhag, Stromwall, & Allwood (2000), 前掲, 注 **16**. この研究では，45個の質問のうちいくつ正しく答えることができるかといった，頻度の観点から記憶を測定するよう求められたときに，目撃者は，記憶の正確性をより正しく測定できることが明らかとなった。Shaw & McClure (1996), 前掲, 注 **166** は，非常に高いレベルの確信度(1-7件法の尺度で6の評価)を報告した証人は 55% の正確さであったのに対して，最大の確信度を報告した証人は約 80% 正確であったことを示した。

**183.** Tomes, J. L., & Katz, A. N. (2000). Confidence-accuracy relations for real and suggested events. *Memory, 8*, 273-283.

**184.** 夜間の照明下での記憶の評価において，過信の程度がより顕著にみられた。証人らは，詳細情報の 5% しか思い出せなかったにもかかわらず，彼らは 65% を思い出したと信じ込んでいた。Yarmey (1986), 前掲, 注 **20**.

**185.** Shaw (1996), 前掲, 注 **166**; Shaw & McClure (1996), 前掲, 注 **166**.

**186.** Hastie, Landsman, & Loftus (1978), 前掲, 注 **51**.

**187.** Garry, M., & Polaschek, D. L. (2000). Imagination and memory. *Current Directions in Psychological Science, 9*, 6-10; Garry, M., Manning, C. G., Loftus, E. F., & Sherman, S. J. (1996). Imagination inflation: Imagining a childhood event inflates confidence that it occurred. *Psychonomic Bulletin & Review, 3*, 208-214.

**188.** Garry et al. (1996), 前掲, 注 **187**; Goff & Roediger (1998), 前掲, 注 **74**.

**189.** Hanba & Zaragoza (2007), 前掲, 注 **175**. 同様に，他の目撃者の記憶による反証や，聴取者からの否定的なフィードバックによって，確信度を下げることができる。加えて以下を参照 Zaragoza et al. (2001), 前掲, 注 **173**; Allwood, Knutsson, & Granhag (2006), 前掲, 注 **142**.

**190.** Allwood, Knutsson, & Granhag (2006), 前掲, 注 **142**.

**191.** Shaw & Zerr (2003), 前掲, 注 **170**.

**192.** Leippe, M. R., Eisenstadt, D., Rauch, S. M., & Stambush, M. A. (2006). Effects of social-comparative memory feedback on eyewitnesses' identification confidence, suggestibility, and retrospective memory reports. *Basic and Applied Social Psychology, 28*, 201-220. 実験条件のうちの1つでは，肯定的なフィードバックが後の犯人識別課題での目撃者の正確性を向上させることが示されたが，これらの結果はあまり一貫していない。

**193.** Bayen, U. J., Nakamura, G. V., Dupuis, S. E., & Yang, C. (2000). The use of schematic knowledge about sources in source monitoring. *Memory & Cognition, 28*, 480-500.

**194.** Mather, M., Johnson, M. K., & De Leonardis, D. M. (1999). Stereotype reliance in source monitoring: Age differences and neuropsychological test correlates. *Cognitive Neu-*

*ropsychology, 16*, 437-458.

**195.** Johnson, Hashtroudi, & Lindsay (1993), 前掲, 注**36**, p. 4.

**196.** Sacchi, D. L. M., Agnoli, F., & Loftus, E. F. (2007). Changing history: Doctored photographs affect memory for past public events. *Applied Cognitive Psychology, 21*, 1005-1022.

**197.** Garry, M., Strange, D., Bernstein, D. M., & Kinzett, T. (2007). Photographs can distort memory for the news. *Applied Cognitive Psychology, 21*, 995-1004.

**198.** Koriat & Goldsmith (1996), 前掲, 注**19**.

**199.** Echterhoff, G., Higgins, E. T., Kopietz, R., & Groll, S. (2008). How communication goals determine when audience tuning biases memory. *Journal of Experimental Psychology: General, 137*, 3-21.

**200.** Roper, R., & Shewan, D. (2002). Compliance and eyewitness testimony: Do eyewitnesses comply with misleading "expert pressure" during investigative interviewing? *Legal and Criminological Psychology, 7*, 155-163.

**201.** 証人に対してネガティブな(嘘の)評価を与えると, その後の面接において虚記憶が倍増した。Leippe et al. (2006), 前掲, 注**192**.

**202.** 同上。

**203.** 努力すれば誰もがそれらの記憶を取り戻すことができることを研究が示していると, 参加者らに(誤って)知らせた場合, 参加者が2歳の頃の記憶を報告する割合が増加した。Malinoski & Lynn (1999), 前掲, 注**180**. 生後1日目の病院のベビーベッドでの記憶という(思い出すことが不可能な)記憶を報告するよう参加者を促す場合にも, この強い期待の効果が用いられた。Spanos et al. (1999), 前掲, 注**181**.

**204.** Smith & Ellsworth (1987), 前掲, 注**78**は, 暗示の情報源が事件についてあまり知識がないと知覚された場合よりも, 暗示の情報源は知識があると判断された場合では, 事後情報効果によるエラー率が2倍以上になることを明らかにした(41% 対 18%)。

**205.** この技法は, 3つの基礎的な心理学的原則に基づいている。記憶の検索という証人の認知的課題を手助けする, 目撃者とのポジティブな社会的相互作用を促進する, そして, 話しやすい環境の構築である。記憶と一般的な認知に関する1つめの原則については, 次のような処方が考えられる:聴取者は事件の文脈を再現する必要がある;聴取者は, より少なく, より短い質問をし, 話を中断させるような質問を控え, 証人の負荷を最小限に留めるべきである;聴取者は証人によっては, その精神的, 文化的な能力に合わせて質問を調整しなければならない;聴取者は, 異なる視点からその事件について質問し, 検索の手がかりを変える必要がある;聴取者は, わからない場合には推測するのではなく, 「わからない」と答えるように目撃者に指示することによって, 目撃者のメタ認知を監視しなければならない;聴取者は証人に社会的な圧力をかけてはならない;聴取者は, 不確かな事実については無理に回答させようとしてはならない;そして, 聴取者は, 事後情報による記憶の汚染の可能性を最小限に留めなければならない。社会的な相互作用に関する原則では, 聴取者は証人との間にポジティブで意味のある関係性(ラポール)を築き, 会話において, 目撃者が能動的で, 主導的な役割を果たすように誘いかけなければならないとしている。話しやすさの原則では, 広範囲にわたる詳細な回答を促し, 目撃者が自分の記憶を表現するための手段を選べるようにしなければならない。Fisher & Geiselman (1992), 前掲, 注**149**. レビュー論文については, Fisher & Schreiber (2007), 前掲, 注**150**を参照。

**206.** 認知面接と他のプロトコルとを比較した合計2,447人の参加者を含む55件の研究のメ

タ分析によれば，認知面接では，標準的な聴取に比べて，想起された詳細情報の数が大幅に増加することが示された。正答率による違いはみられなかった（それぞれ，82% と 85%）。これは，認知面接では，正確な情報と不正確な情報の両方を増加させることを意味する。Kohnken et al. (1999)，前掲，注 **16**.

**207.** プロトコルの実装と訓練の難しさについては，Dando, C., Wilcock, R., & Milne, R. (2008). The Cognitive Interview: Inexperienced police officers' perceptions of their witness/victim interviewing practices. *Legal and Criminological Psychology, 13*, 59-70 を参照。

# 第 5 章

**1.** *Chambers v. Florida*, 309 U.S. 227, 237-238 (1940). *Miranda v. Arizona*, 384 U.S. 436, 507 (1966) も参照。

**2.** 最高裁判所は，自白が証拠として許容されるかどうかに関する適切な基準は，それらが「自由な自分の意思で行われた」ものかどうかであると命じている。*Rogers v. Richmond*, 365 U.S. 534, 544-545 (1961).

**3.** *Miranda v. Arizona*, 384 U.S. 436 (1966).

**4.** 以下を参照。Kassin, S. M., Leo, R. A., Meissner, C. A., Richman, K. D., Colwell, L. H., Leach, A. M., & La Fon, D. (2007). Police interviewing and interrogation: A self-report survey of police practices and beliefs. *Law and Human Behavior, 31*(4), 381-400; Thomas, G. C. (1996). Plain talk about the *Miranda* empirical debate: A "steady-state" theory of confessions. *UCLA Law Review, 43*, 933-959.

**5.** 連続強姦の罪で有罪判決を受けたマティアス・レイエスが単独でその事件に関与したと自白したことで，2002 年，10 代の若者の無実が明らかにされた。レイエスの犯行は，DNAの一致によって立証された。多くの他の事件と同様，自白に不備があったことが後に判明した法医学的証拠によって裏づけられた。事件についての詳細な分析については，次の文献を参照。Barnes, S. (2011). *The Central Park Five: A chronicle of a city wilding*. New York: Knopf.

**6.** Snyder, L., McQuillian, P., Murphy, W. L., & Joselson, R. (2007). Report on the conviction of Jeffrey Deskovic. http://www.westchesterda.net/Jeffrey%20Deskovic%20Comm%2ORpt.pdf を参照。この報告書は，ウエストチェスター郡の地区検事によって依頼されたものであり，退官した裁判官 2 人を含む法の専門家 4 人からなる委員会でまとめられた。

**7.** イノセンス・プロジェクトのジョセフ・ホワイトの欄を参照。https://www.innocenceproject.org/cases/joseph-white/

**8.** Drizin, S. A., & Leo, R. A. (2004). The problem of false confessions in the post-DNA world. *North Carolina Law Review, 82*, 891-1007. DNA 鑑定で雪冤された人達の 4 分の 1 は，自白に基づいて有罪判決を受けていた。Innocence Project, False confessions. http://www.innocenceproject.org/understand/False-Confessions.php.

**9.** Drizin & Leo (2004)，前掲，注 **8**.

**10.** 虚偽自白の類型については，次の文献を参照。Wrightsman, L. S., & Kassin, S. M. (2003). *Confessions in the courtroom*. Newbury Park, CA: Sage Publications.

**11.** この調査には，国中の 10 の警察機関から 1,828 人の警察官が参加した。これらの警察官のうち 54% が，リード・テクニックに関する教育を受けていると報告した。Reppucci, N.

D., Meyer, J., & Kostelnik, J. (2010). Custodial interrogation of juveniles: Results of a national survey of police. In G. D. Lassiter & C. A. Meissner, eds., *Police interrogations and false confessions: Current research, practice, and policy recommendations*, pp. 67-80. Washington, DC: American Psychological Association.

**12.** Inbau, F. E., Reid, J. E., Buckley, J. P., & Jayne, B. C. (2001). *Criminal interrogation and confessions.* 4th ed. Sudbury, MA: Jones and Bartlett. 本書の第5版は2012年の出版が予定されている。この技法の概要については，次の文献を参照。Buckley, J. P. (2006). The Reid Technique of Interviewing and Interrogation. In T. Williamson, ed., *Investigative interviewing: Rights, research, and regulation*, pp. 190-206. Portland, OR: Willan.

**13.** ［訳注］掲載文献は，Inbau et al. (2001)，前掲，注**12**の第3版の翻訳書である。小中信幸・渡部保夫(訳)(1990). 自白：真実への尋問テクニック ぎょうせい

**14.** http://www.reid.com/r_about.html を参照。

**15.** このウェブサイトは，ジョン・E・リード＆アソシエイツの訓練を受けたミネソタ州警察とアラスカ州警察の取調官に関する調査を引用している。この調査によれば，3,162件の自白のうち3,153件(99.4%)が裁判所で証拠能力を認められた。http://www.reid.com/r_about.html

**16.** Kassin, S. M., & Gudjonsson, G. H. (2004). The psychology of confessions: A review of the literature and issues. *Psychological Science in the Public Interest, 5*(2), 36からの引用。このような自信は，他の国の警察と共有されてはいない。たとえば，ニュージーランド警察の公刊物には，「虚偽と関連する典型的な非言語的行動は存在しない。それにも関わらず，研究は，人(聴取者と被聴取者の両方)が，不適当な非言語的行動についてしばしばステレオタイプ的な見方をすることを見出した。このため，取調室でのその人の行動だけに基づいた結論は，信頼できない」とある。Schollum, M. (2005). *Investigative interviewing: The literature*, p. 4. Wellington, NZ: Office of the Commissioner of Police.

**17.** http://www.reid.com/services/r_behavior.html

**18.** Zuckerman, M., DePaulo, B. M., & Rosenthal, R. (1981). Verbal and nonverbal communication of deception. In L. Berkowitz, ed., *Advances in experimental social psychology.* vol. 4, pp. 1-59. New York: Academic Press.

**19.** DePaulo, B. M., Lindsay, J. J., Malone, B. E., Muhlenbruck, L., Charlton, K., & Cooper, H. (2003). Cues to deception. *Psychological Bulletin, 129*, 74-118.

**20.** 63カ国の2,500人を対象にしたその後の研究において，視線回避は，72%の回答者によって言及されており，この場合も，他のどんな手がかりよりも多かった。Global Deception Research Team (2006). A world of lies. *Journal of Cross-Cultural Psychology, 37*, 60-74.

**21.** Einav, S., & Hood, B. M. (2008). Tell-tale eyes: Children's attribution of gaze aversion as a lying cue. *Developmental Psychology, 44*, 1655-1667.

**22.** 2つの視覚的な手がかり——瞳孔の広がりと，あごが上がること——は虚偽と正の関係にあることが見出されたが，いずれも測定されたのはわずか4件の研究においてである。DePaulo et al. (2003), 前掲，注**19**.

**23.** たとえば，多くの人は，虚偽を腕や足の動きと関連づける。しかし，研究によれば，これらの動きは，実際には，嘘をついている間は抑制されることが示されている。Akehurst, L., Kohnken, G., Vrij, A., & Bull, R. (1996). Lay persons' and police officers' beliefs regarding deceptive behaviour. *Applied Cognitive Psychology, 10*, 461-471.

**24.** いくつかの手がかりは，人によっては逆の意味と読み取られる。たとえば，ある研究は，3分の2の人が，嘘をついているとき人は手と指の動きを抑制する傾向にあると信じているのに対して，残り3分の1の人は，その逆のことを信じていることを見出した。Vrij, A. (2008). *Detecting lies and deceit: Pitfalls and opportunities*. 2nd ed. New York: John Wiley & Sons.

**25.** Bond, C. F., Jr., & DePaulo, B. M. (2006). Accuracy of deception judgments. *Personality and Social Psychology Review, 10*, 214-234.

**26.** メタ分析は，虚偽検出における個人差は，偶然起こる程度の違いと変わらないこと，そして，もっとも正確なものでも確率論的な予想の範囲内であることを示した。ただ，嘘をついているときに関していえば，個人差は顕著である。Bond, C. F., Jr., & DePaulo, B. M. (2008). Individual differences in judging deception: Accuracy and bias. *Psychological Bulletin, 134*, 477-492.

**27.** この研究において，証人は，実際には嘘をついていた。Granhag, P. A., & Stromwall, L. A. (2000). Effects of preconceptions on deception detection and new answers to why lie-catchers often fail. *Psychology, Crime & Law, 6*, 197-218.

**28.** Vrij (2008), 前掲，注 **24**.

**29.** 確信度と正確性の関係は，極めて小さく($r$ = .04)，統計的に有意ではないことが見出された。研究間で，相関は − .20 から .26 の範囲であった。DePaulo, B. M., Charlton, K., Cooper, H., Lindsay, J. J., & Muhlenbruck, L. (1997). The accuracy-confidence correlation in the detection of deception. *Personality and Social Psychology Review, 1*, 346-357.

**30.** ほとんどの場合，これらの参加者は，成功した場合には金銭的な報酬を提示された。

**31.** 声の高さの標準化差の値(つまり $d$ 値)は，0.59であり，中程度であると考えられる。DePaulo et al. (2003), 前掲，注 **19**. スポーラーとシュワントが行ったメタ分析において，声の高さに関する重みづけされた $r$ による効果量の平均は0.52であり，一方で，他の3つの有意な手がかり(話している時間，話す速度，反応潜時)は，0.1から0.2の間であった。Sporer, S. L., Sc Schwandt, B. (2006). Para-verbal indicators of deception: A meta-analytic synthesis. *Applied Cognitive Psychology, 20*, 421-446.

**32.** 測定された視線回避の標準化差($d$)の効果量は，−0.15であった。DePaulo et al. (2003), 前掲，注 **19**.

**33.** Bond & DePaulo (2006), 前掲，注 **25**.

**34.** 犯罪の隠匿に関わる虚偽は，緊張を高め($d$ = .51)，瞬目を増やし($d$ = .38)，発話速度をはやめ($d$ = .32)，そして，足の動きを減少させる($d$ = − .24)。DePaulo et al. (2003), 前掲，注 **19**.

**35.** 同上。

**36.** Akehurst et al. (1996), 前掲，注 **23**; Colwell, L. H., Miller, H. A., Miller, R. S., & Lyons, P. M., Jr. (2006). US police officers' knowledge regarding behaviors indicative of deception: Implications for eradicating erroneous beliefs through training. *Psychology, Crime & Law, 12*(5), 489-503.

**37.** 視線回避については，検証に参加した学生の78% と，嘘を見抜く専門家の73% が言及している。Vrij, A., & Semin, G. R. (1996). Lie experts' beliefs about nonverbal indicators of deception. *Journal of Nonverbal Behavior, 20*, 65-80. 次の研究でも同様の見解が得られてい

る。Zuckerman, M., Koestner, R., & Driver, R. (1981). Beliefs about cues associated with deception. *Journal of Nonverbal Behavior, 6*, 105-114.

**38.** 視線回避が虚偽と関連していると信じているように思われたのは、検証に参加した囚人のうちほんの 33% であった。Vrij & Semin (1996), 前掲、注 **37**. 囚人の虚偽手がかりに対する優れた知識はスウェーデンの研究においても確認されている。Granhag, P. A., Andersson, L. O., Strömwall, L. A., & Hartwig, M. (2004). Imprisoned knowledge: Criminals' beliefs about deception. *Legal and Criminological Psychology, 9*, 103-119. また、虚偽検出の正確さについて、囚人が学生よりもいくらか正確(65% 対 58%)であることも見出されている。囚人は、虚偽の供述に対してはより正確に判断したが、真実の供述に対してはそうではなかった。Hartwig, M., Granhag, P. A., Stromwall, L. A., & Andersson, L. O. (2004). Suspicious minds: Criminals' ability to detect deception. *Psychology, Crime & Law, 10*, 83-95.

**39.** Bond & DePaulo (2006), 前掲、注 **25** 参照。ヴライとマンらの研究室で行われた研究によれば、正確さは 46%(統制条件)であった。Vrij, A., Mann, S. A., Fisher, R. P., Leal, S., Milne, R., & Bull, R. (2008). Increasing cognitive load to facilitate lie detection: The benefit of recalling an event in reverse order. *Law and Human Behavior, 32*(3), 253-265.

実際の事件の犯人を判断しているイギリスの警察官を対象とした一連の研究では、いくらか良好な成績が示された。O'Sullivan, M., Frank, M. G., Hurley, C. M., & Tiwana, J. (2009). Police lie detection accuracy: The effect of lie scenario. *Law and Human Behavior, 33*(6), 530-538. リスクが大きい状況での犯人に対する判断の正確さの予測は、表 1 の 5 番、6 番、7 番、9 番、10 番の研究に基づいており、言及されていない研究における知見を含めるために調整された。Vrij, A., & Mann, S. (2001a). Who killed my relative? Police officers' ability to detect real-life high-stake lies. *Psychology, Crime & Law, 7*, 119-132. 前掲、注 **24** にある Vrij (2008)の分析は、同様の結論に到達している (pp. 161, 166-167)。

これらの知見は、ある程度有望であるが、方法論的な限界がある。このカテゴリーの 7 件の研究のうち 5 件は、被疑者 14 人だけの映像刺激を実験材料として共通に用いていた。一方、それとは異なる被疑者群の映像を用いた研究で見られた正確さは偶然程度であった。この研究によれば、本当は家族を殺害したことを隠している人に対する虚偽検出において、オランダの警察官の虚偽検出の成績は偶然程度であった。この研究の実験材料は、8 人の被疑者からなっていた (Vrij & Mann 2001a)。

より重要なのは、これらの研究で検証に用いられた課題に疑問を挟む余地があるという点である。実験材料は、犯人であることが確実な 14 人への聴取から抜粋された 65 点の映像の一部を集めた様々な映像集で構成されていた。被疑者は全員犯人ではあるが、一部の映像では本当の供述をしており、また、一部の映像では虚偽の供述をしていた。これらの研究において参加者が行う課題は、個々の映像で話されていることの真偽を判断することであり、法的に争点となるような被疑者が真犯人であるか否かを判断することではなかった。実際、参加者は、同じ人が本当のことを話したり、嘘をついている、複数の映像を見ると教示を受けていた(e.g., Mann, S., Vrij, A., & Bull, R. [2004]. Detecting true lies: Police officers' ability to detect suspects' lies. *Journal of Applied Psychology, 89*, 137-149, p. 140)。この教示は、結果的に、被疑者についての全体的な判断や取調官によるバイアス(後述)によって生じるさまざまな歪曲を無効化したと思われる。Vrij & Mann (2001a) は、(個々の映像ではなく)被疑者が嘘をついているか否かを見定める警察官の能力を検証するというこのカテゴリーにおいて唯一の研究であり、その成績の低さを明らかにした。

**40**. 実際には，嘘を見抜こうとする動機づけを調べた研究の結果，動機づけが高いほど，検出に対する確信を高める一方で，検出の正確さを低下させた(60% から 46% へ)。Porter, S., McCabe, S., Woodworth, M., & Peace, K. A. (2007). Genius is 1% inspiration and 99% perspiration … or is it? An investigation of the impact of motivation and feedback on deception detection. *Legal and Criminological Psychology*, *12*(*2*), 297-309.

**41**. Blair, J. P. Levine, T. R., & Shaw, A. S. (2010). Content in context improves deception detection accuracy. *Human Communication Research*, *36*, 423-442.

**42**. 疑いが虚偽の判断に及ぼす影響については，次の文献を参照。Toris, C., & DePaulo, B. M. (1984). Effects of actual deception and suspiciousness of deception on interpersonal perceptions. *Journal of Personality and Social Psychology*, *47*(*5*), 1063-1073; Bond, C. F., Jr., & Fahey, W. E. (1987). False suspicion and the misperception of deceit. *British Journal of Social Psychology*, *26*(*1*), 41-46.

**43**. Meissner, C. A., & Kassin, S. M. (2004). "You're guilty, so just confess!" Cognitive and behavioral confirmation biases in the interrogation room. In G. D. Lassiter, ed., *Perspectives in law & psychology*, vol. 20: Interrogations, confessions, and entrapment, pp. 85-106. New York: Kluwer Academic/Plenum 参照。

**44**. Levine, T. R., Asada, K. J. K., & Park, H. S. (2006). The lying chicken and the gaze avoidant egg: Eye contact, deception, and causal order. *Southern Communication Journal*, *71*(*4*), 401-411.

**45**. Leo, R. A. (2008). *Police interrogation and American justice*, p. 97. Cambridge, MA: Harvard University Press.

**46**. Inbau et al. (2001), 前掲，注 **12**, pp. 291-292. ［訳注］注 **13**, pp. 228-229.

**47**. Meissner, C. A., & Kassin, S. M. (2002). "She's guilty!" Investigator bias in judgments of truth and deception. *Law and Human Behavior*, *26*(*5*), 469-480; Elaad, E. (2003). Effects of feedback on the overestimated capacity to detect lies and the underestimated ability to tell lies. *Applied Cognitive Psychology*, *17*(*3*), 349-363 を参照。調査対象となった警察の取調官のうち 77% が，自分たちの虚偽検出は正確であると評価した。Kassin et al. (2007), 前掲，注 **4**.

**48**. Bull, R., & Soukara, S. (2010). Four studies of what really happens in police interviews. In G. D. Lassiter & C. A. Meissner, eds., *Police interrogations and false confessions: Current research, practice, and policy recommendations*, pp. 81-95. Washington, DC: American Psychological Association 参照。

**49**. 嘘をついている被疑者を判定する正確さは，41% から 68% に高まった。Hartwig, M., Granhag, P. A., Stromwall, L. A., & Vrij, A. (2005). Detecting deception via strategic disclosure of evidence. *Law and Human Behavior*, *29*, 469-484.

**50**. 嘘をついている被疑者と本当のことを話している被疑者の両方を判定する正確さは，56% から 85% に高まった。Hartwig, M., Granhag, P. A., Stromwall, L. A., & Kronkvist, O. (2006). Strategic use of evidence during police interviews: When training to detect deception. *Law and Human Behavior*, *30*, 603-619.

**51**. たとえば，被疑者が自分たちの説明を時系列とは逆の順番で詳しく話す場合，警察官による虚偽検出はより正確であった。正答率は，逆の順番で説明を詳しく話すように求められた被疑者では 53% であり，統制条件(46%)よりもいくらか高かった。以下を参照。Vrij et al. (2008), 前掲, 注 **39**; Vrij, A., Fisher, R., Mann, S., & Leal, S. (2006). Detecting deception by manipulating cognitive load. *Trends in Cognitive Sciences, 10*(4), 141-142.

**52.** 確かに, 人は, 犯罪への関与を隠す以外の理由で警察に嘘をつくこともある。人は, 誰かをかばうためや, 何かほかの行為(たとえば, 無断欠勤, 不倫)を隠すために嘘をつくかも知れない。こうした問題は, 取り調べの過程で解決されるのが理想である。

**53.** Inbau et al. (2001), 前掲, 注 **12**, p. 130. [訳注] 注 **13**, pp. 81-82.

**54.** 同上, p. 151([訳注] 注 **13**, p. 91). この本の著者らは, 取調官の非難に対して「有罪の被疑者は……尋問者と目がかち合うことをできるだけ避けようとして床や脇の方を見たりすることが多い」(p. 223 [訳注] 引用文の訳文は, 注 **13**, p. 155 より抜粋引用) とも述べている。

**55.** 同上, p. 223. [訳注] 注 **13**, p. 155.

**56.** 同上, p. 144. [訳注] 注 **13**, p. 95.

**57.** 同上, pp. 137,135. [訳注] 注 **13**, pp. 84-86.

**58.** 同上, pp. 136,176. [訳注] 注 **13**, p. 88.

**59.** 同上, p. 176. [訳注] 注 **13**, pp. 118-119.

**60.** 同上, pp. 179,182,174. [訳注] 注 **13**, pp. 114-115.

**61.** 同上, pp. 129,179.

**62.** 同上, p. 159([訳注] 注 **13**, pp. 108-109); Buckley (2006), 前掲, 注 **12**, p. 198.

**63.** Inbau et al. (2001), 前掲, 注 **12**, p. 223. [訳注] 注 **13**, p. 155.

**64.** 同上, p. 305.

**65.** 同上, pp. 134-135.

**66.** 同上, p. 136.

**67.** 同上, p. 176. Horvath, F., Blair, J. P., & Buckley, J. B. (2008). The behavioural analysis interview: Clarifying the practice, theory and understanding of its use and effectiveness. *International Journal of Police & Management, 10*, 101-118 も参照。

**68.** Inbau et al. (2001), 前掲, 注 **12**, pp. 137-138.

**69.** 同上, p. 139. [訳注] 注 **13**, p. 82.

**70.** Buckley (2006), 前掲, 注 **12**, p. 192.

**71.** Inbau et al. (2001), 前掲, 注 **12**, p. 151. 取調官は, 「それなりの不安」と「信用してもらえないという不安」の区別の仕方, そして, 「無理のない平静な態度」かどうかを判断することを委ねられた。[訳注] 本文および注における引用文の訳文は, 注 **13**, p. 91 より抜粋引用。

**72.** 同上, p. 308.

**73.** 同上, p. 190. 他の場所では, テキストは「取調官は, 被疑者と対峙するにあたり, 被疑者が真実を述べていないと信じる何らかの根拠を持つべきである」(p. 8) とだけ述べている。

**74.** この著者らは, 「この信念の根拠は, 聴取場面での被疑者の行動であるかもしれないし, あるいは行動観察と組み合わせてみたときの, 被疑者の説明, 物的証拠, あるいは, 状況証拠との不一致であるかも知れない」(同上, p. 8) という抽象的な助言だけを与えている。

**75.** 同上, p. 223. [訳注] 引用文の訳文は, 注 **13**, p. 156 より抜粋引用。

**76.** 同上, p. 181.

**77.** たとえば, Hartwig, M., Granhag, P. A., & Stromwall, L. A. (2007). Guilty and innocent suspects' strategies during police interrogations. *Psychology, Crime& Law*, *13*(*2*), 213-227; Porter, S., Doucette, N. L., Woodworth, M., Earle, J., & MacNeil, B. (2008). Halfe the world knowes not how the other halfe lies: Investigation of verbal and non-verbal signs of deception exhibited by criminal offenders and non-offenders. *Legal and Criminological Psychology*, *13*(*1*), 27-38 を参照。Vrij (2008), 前掲, 注 **24** も参照。

**78.** Ahern, E. C., Lyon, T. D., & Quas, J. A. (2011). Young children's emerging ability to make false statements. *Developmental Psychology*, *47*, 61-66; Lewis, M. (1993). The development of deception. In M. Lewis & C. Saarni, eds., *Lying and deception in everyday life*, pp. 90-105. New York: Guilford Press; Talwar, V., Murphy, S. M., & Lee, K. (2007). White lie-telling in children for politeness purposes. *International Journal of Behavioral Development*, *31*, 1-11.

**79.** Gudjonsson, G. H. (1988). How to defeat the polygraph tests. In A. Gale, ed., *The polygraph test: Lies, truth and science*, pp. 126-136. Thousand Oaks, CA: Sage Publications; Rosenfeld, J. P., Soskins, M., Bosh, G., & Ryan, A. (2004). Simple, effective countermeasures to P300-based tests of detection of concealed information. *Psychophysiology*, *41*, 205-219 を参照。

リード＆アソシエイツはポリグラフ検査のコースも提供している (http://www.reid.com/services/r_polygraph.html)。この企業がこの問題の対策に詳しくないとは信じがたい。

**80.** Elaad, E., & Ben-Shakhar, G. (2009). Countering countermeasures in the concealed information test using covert respiration measures. *Applied Psychophysiology and Biofeedback*, *34*(*3*), 197-208.

**81.** この企業のウェブサイトには，「被疑者による測定逃れを見つけることは，優れた取調官の訓練の重要な一部である。我が社では，犯人として識別された人のおよそ 25% が主にこのような測定逃れをしようとしていたことで判断された……測定逃れの検出を謳うソフトウェアはあっても，個々の被疑者による測定逃れを識別することのできるソフトウェアは存在しない」とある。The Polygraph Technique Part II: Value during an investigation (Investigator Tips, September 2001). http://www.reid.com/educational_info/r_tips.html?serial=321090728120738

**82.** Inbau et al. (2001), 前掲, 注 **12**, p. 158([訳注] 注 **13**, pp. 98-99). 無実の被疑者は，弁護士費用をまかなえない可能性，仕事を休むこと，家族と向かい合わねばならないこと，地域社会で面目を失うことなどの懸念からも不安を感じることがある。

**83.** 同上。[訳注] 注 **13**, p. 99.

**84.** 同上, pp. 122-123. [訳注] 注 **13**, pp. 79-80.

**85.** Masip, L., Herrero, C., Garrido, E., & Barba, A. (2011). Is the behaviour analysis interview just common sense? *Applied Cognitive Psychology*, *25*, 593604; Masip, J., & Ces, C. (2011). Guilty and innocent suspects' self-reported strategies during an imagined police interview. Poster presented at the Fourth International Congress on Psychology and Law, Miami, FL, March 2-5.

**86.** この研究は，窃盗を主とした職場での様々な違反行為の疑いを実生活で雇用主からかけられた人たちに関する 60 件の面接記録を調査した。この面接は，その組織に属するたった 5 人によって行動分析面接法に準じた方法で行われ，4 人の評価者 (この組織に雇用されている人物と思われる) によって評価された。その結果，評価者は，本当のことを話す被疑者の

78%，嘘をついている被疑者の66%を正確に分類し，16%については結論を出せなかった。結論を出せなかった事例を除くと，正答率は，正直な被疑者については91%，嘘をついている被疑者については80%であり，平均86%であった。Horvath, F., Jayne, B., & Buckley, J. (1994). Differentiation of truthful and deceptive criminal suspects in behavior analysis interviews. *Journal of Forensic Science, 39*, 793-807.

**87.** 同上，p. 805. それら2件の事件では，従業員らは雇用主からお金を盗んだとして訴えられていた。そのお金は実際に雇用主から受け取ったわけではないことが明らかにされた。34人の被疑者の信憑性は「犯人である被疑者が行った裏づけのある自白によって証明されている」(p. 797)，と評価された。奇妙なことに，後で，著者らは，34人の被疑者のうち13人は，実際には正直に話していた (p. 798) と述べている。残りの被疑者の信憑性は，「事実分析」，つまり，被疑者の経歴に関する情報，機会，動機，犯罪傾向 (p. 797) に頼る研究者の主観的な評価に基づいていた。これらの判断は，科学的な主張としては明らかに根拠が不十分である。

**88.** Blair, J. P., & McCamey, W. P. (2002). Detection of deception: An analysis of the Behavioral Analysis Interview technique. *Illinois Law Enforcement Executive Forum, 2*, 165-170. なお，この研究において，虚偽検出における正確さのベースライン(行動分析面接法の教示前)は，71%というかなり高い数値を示している。この企業は，そうした知見がピーター・ブレアによる未公刊の修士論文においても再現されたと主張している。Blair, J. P. (1997). The effect of training in assessing behavior symptoms of criminal suspects. University of Western Illinois (unpublished)を参照。この研究についての批判は，次の文献を参照。Vrij (2008), 前掲，注 **24**, chap. 7.

**89.** Vrij, A., Mann, S., & Fisher, R. P. (2006). An empirical test of the Behaviour Analysis Interview. *Law and Human Behavior, 30*(*3*), 329-345.

**90.** Kassin, S. M., & Fong, C. T. (1999). "I'm innocent!" Effects of training on judgments of truth and deception in the interrogation room. *Law and Human Behavior, 23*(*5*), 499-516.

**91.** たとえば，本当のことを話している被疑者は，取調官の誤りを証明することに対してより大きく動機づけられると予想される (Inbau et al. 2001, 前掲，注 **12**, p. 306)。一方，嘘をついている被疑者は，自身に不利益な申告をする傾向がより大きく(p. 137)，愛想よく振る舞い，取調官にウインクしたり笑いかけたりする傾向にある (pp. 129, 142)。

**92.** 非言語的な手がかりについてのプロトコルの信頼性を証明する際，リード・テクニックの著者らは，「よくいわれるように，『動きは言葉よりも雄弁』であり，『君が本当のことをいっているなら，ぼくの目を見ろ』ということになる」と述べている (同上，p. 143)。社会科学に鑑みて，著者らは，「いろいろな社会的調査によっても，人と人との情報の伝達の70パーセントくらいは，言葉以外の非言語的な方法で行われている」と(文献は載せずに)述べている (同上，p. 143)。[訳注] 引用文の訳文は，いずれも，注 **13**，p. 90 より抜粋引用。

**93.** Leo (2008), 前掲，注 **45**, p. 98 も参照。

**94.** 誤った手がかり，とりわけ視線回避についてアメリカの警察官が依然信頼を寄せている件については，次の文献を参照。Colwell et al. (2006), 前掲，注 **36**.

**95.** Snyder et al. (2007), 前掲，注 **6**.

**96.** Kassin, S. M. (2008). Confession evidence: Commonsense myths and misconceptions. *Criminal Justice and Behavior, 35*, 1309-1322 を参照。ゲイリー・ガウガーは，DNA鑑定に基づいて潔白を証明されたわけではなかった。1997年，本件とは無関係にミルウォーキー

市の暴走族に対して連邦政府が調査し，2人の殺害への関与を自慢している音声記録に基づきこのグループのメンバー2人を捕まえた際，彼は，幸運に恵まれた。この男たちのうち1人は，殺人を犯したと認め，もう1人が，2000年に，この犯行についての有罪判決を受けたのである。http://www.law.northwestern.edu/cwc/exonerations/ilGaugerSummary.html を参照。マイケル・クロウの事例については，次の文献を参照。Sauer, M., & Wilkens, J. (1999). Haunting questions: The Stephanie Crowe case, part 1: The night she was killed. *San Diego Union-Tribune*, May 11. http://ww.uniontrib.com/news/reports/crowe/crowe1.html

**97.** Leo (2008), 前掲，注 **45**, chap. 3.

**98.** Drizin & Leo (2004, 前掲，注 **8**)によって研究された125件の虚偽自白のうち，81% は殺人事件で，9% は強姦事件で得られた。

**99.** Inbau et al. (2001), 前掲，注 **12**, chap. 13. ［訳注］注 **13**，第6章.

**100.** この研究のレビューについては，次の文献を参照。Kassin & Gudjonsson (2004), 前掲，注 **16**, pp. 33-67; Kassin, S. M., Drizin, S. A., Grisso, T., Gudjonsson, G. H., Leo, R. A., & Redlich, A. D. (2010). Police-induced confessions: Risk factors and recommendations. *Law and Human Behavior, 34*(1), 3-38.

**101.** Kassin, S. M., Meissner, C. A., & Norwick, R. J. (2005). "I'd know a false confession if I saw one": A comparative study of college students and police investigators. *Law and Human Behavior, 29*(2), 211-227.

**102.** レオの研究は，およそ2,000件の実際の取り調べに対する彼の調査に基づいている。Leo (2008), 前掲，注 **45**; Leo, R. A. (1996). Inside the interrogation room. *Journal of Criminal Law & Criminology, 86*, 266-303; Ofshe, R., & Leo, R. A. (1997). The social psychology of police interrogation: The theory and classification of true and false confessions. *Studies in Law, Politics and Society, 16*, 189-251 を参照。

**103.** Braun, B. (2007). She's got a right to say the death penalty is wrong. *Star-Ledger* (Newark, NJ), November 19, p. 13. バイロン・ハルゼーは，実際にはその自白を書いていないと説明した。「私は，警察官が書いたものにサインしたのです」と述べている。ハルゼーは，終身刑で19年間服役した後，刑務所から釈放された。イノセンス・プロジェクトのバイロン・ハルゼーの欄を参照。https://www.innocenceproject.org/cases/byron-halsey/
　アイスランドで行われた刑務所についての研究において，12% の受刑者は，過去に警察に対して虚偽の自白を行ったことがあると述べた。自白をした理由としてもっとも多かったのは，取り調べの圧力から逃げたいというものであった。Sigurdsson, J. F., & Gudjonsson, G. H. (1996). The psychological characteristics of "false confessors": A study among Icelandic prison inmates and juvenile offenders. *Personality and Individual Differences, 20*(3), 321-329.

**104.** *Bram v. United States*, 168 U.S. 532, 543-43 (1897).

**105.** Kassin & Gudjonsson (2004), 前掲，注 **16** を参照。

**106.** *Frazier v. Cupp*, 394 U.S. 731 (1969)において，裁判所は，共犯者が一緒に殺人を犯したことを自白したと被告人に嘘を教えた問題を許容した。*Oregon v. Mathiason*, 429 U.S. 492 (1977)において，裁判所は，犯行現場で被疑者の指紋を見つけたという嘘についても目をつぶった。

**107.** Drizin & Leo (2004), 前掲，注 **8**.

**108.** 死刑による脅迫に言及して，サシャは，同僚の国会議員に，「警察からその方法を奪わ

ないでくれ」と要請した。Long, R., & Wilson, T. (2010). Death penalty ban passes Illinois House on second try. *Chicago Tribune*, January 6. https://newsblogs.chicagotribune.com/clout_st/2011/01/death-penalty-ban-fails-by-one-vote-in-illinois-house.html

**109.** Inbau et al. (2001), 前掲, 注 **12**, pp. 365-366([訳注] 注 **13**, p. 290). このマニュアルはまた, 他の取調官にもその完全な自白場面を目撃させるよう取調官にアドバイスしている。

**110.** Kassin, S. M., Goldstein, C. C., & Savitsky, K. (2003). Behavioral confirmation in the interrogation room: On the dangers of presuming guilt. *Law and Human Behavior*, *27*(*2*), 187-203.

**111.** Kassin, S. M., & McNall, K. (1991). Police interrogations and confessions: Communicating promises and threats by pragmatic implication. *Law and Human Behavior*, *15*(*3*), 233-251.

**112.** この研究によれば, 最小化の技法は, 自白証拠がもつ診断率(本当の自白の数を虚偽自白の数で割ったもの)を7.7から5.1へと低下させる。また, 脅迫と約束を提示することで, 犯人である被疑者が自白する割合は1.5倍に高まる一方で, 無実の被疑者が自白する割合は倍以上に高まることも見出された。最小化と「取り引き」を組み合わせて用いることは, 診断率を2.0に低下させた。Russano, M. B., Meissner, C. A., Narchet, F. M., & Kassin, S. M. (2005). Investigating true and false confessions within a novel experimental paradigm. *Psychological Science*, *16*(*6*), 481-486.

**113.** 無実の参加者の81% が取り調べを拒否する権利を放棄した。有罪の参加者については, その割合はたったの36% であった。Kassin, S. M., & Norwick, R. J. (2004). Why people waive their *Miranda* rights: The power of innocence. *Law and Human Behavior*, *28*(*2*), 211-221.

**114.** Kassin, S. M., & Kiechel, K. L. (1996). The social psychology of false confessions: Compliance, internalization, and confabulation. *Psychological Science*, *7*(*3*), 125-128.

**115.** Horselenberg, R., Merckelbach, H., & Josephs, S. (2003). Individual differences and false confessions: A conceptual replication of Kassin and Kiechel (1996). *Psychology, Crime & Law*, *9*(*1*), 1-8.

**116.** Perillo, J. T., & Kassin, S. (2011). Inside interrogation: The lie, the bluff, and false confessions. *Law and Human Behavior*, *35*, 327-337.

**117.** 384 U.S. 436 (1966).

**118.** Schulhofer, S. (2006). *Miranda v. Arizona*: A modest but important legacy. In C. Steiker, ed., *Criminal procedure stories*, pp. 115-180. New York: Foundation Press.

**119.** 米国学術研究会議(National Research Council)による報告は, ミランダ権利による捜査の機能の縮小は最小限に過ぎないことを見出した研究に言及している。National Research Council (2004). *Fairness and effectiveness in policing: The evidence*, ed. W. Skogan & K. Frydi, p. 256. Washington, DC: National Academies Press. ある法律学の権威は, ミランダ判決は「でっち上げ」だと述べている。Slobogin, C. (2003). Toward taping. *Ohio State Journal of Criminal Law*, *1*, 309.

**120.** 前掲, 注 **15** 参照。

**121.** Leo, R. A. (2001). Questioning the relevance of *Miranda* in the twentyfirst century. *Michigan Law Review*, *99*, 1000-1029. 反対の主張として, ポール・カッセルはミランダ権利を批判している。Cassell, P. G. (1996). *Miranda's* social costs: An empirical reassessment. *Northwestern University Law Review, 90,* 387-499; Cassell, P. G., & Hayman, B. S. (1996). Police interrogation in the 1990s: An empirical study of the effects of Miranda. *UCLA Law Review, 43,* 839-931 を参照。カッセルの研究は，広く批判にさらされている。たとえば，Schulhofer, S. J. (1996). *Miranda*'s practical effect: Substantial benefits and vanishingly small social costs. *Northwestern University Law Review, 90,* 500-564; Thomas, G. C., & Leo, R. A. (2002). The effects of *Miranda v. Arizona*: "Embedded" in our national culture? *Crime and Justice: A Review of Research, 29(20),* 3-271 を参照。

**122.** このデータの値は，警察官の調査（Kassin et al., 2007, 前掲，注 **4**）と観察研究（Leo 1996, 前掲，注 **102**）の両方によって実証されているということである。

**123.** Leo (2008), 前掲，注 **45**, chap. 4.

**124.** Dix, G. E. (1988). Federal constitutional confession law: The 1986 and 1987 Supreme Court terms. *Texas Law Review, 67,* 231-349, pp. 272-276.

**125.** たとえば，*Bram v. United States,* 168 U.S. 532 (1897) と *Colorado v. Connelley,* 479 U.S. 157 (1986)との比較。

**126.** *Missouri v. Seibert,* 542 U.S. 600, 608-609 (2004) (plurality opinion).

**127.** Inbau et al. (2001), 前掲，注 **12**, p. 212([訳注] 引用文の訳文は，いずれも，注 13, p. 143 より抜粋引用). Buckley (2006), 前掲，注 **12**, p. 198 も参照。

**128.** Buckley (2006), 前掲，注 **12**, p. 201.

**129.** Leo (1996), 前掲，注 **102**.

**130.** 取り調べの長さは，虚偽自白が得られた 44 件の事例で報告されていた。Drizin & Leo (2004), 前掲，注 **8** を参照。一方で，全取り調べのうち 90% は，2 時間もかからない。Leo (1996), 前掲，注 **102**.

**131.** たとえば，サム・グロスらによって蓄積されたデータセットによれば，精神障害や知的障害のある冤罪被害者の 69% と，12 歳から 15 歳の冤罪被害者の 69% は，彼らの虚偽自白に基づいて有罪判決を受けていた。これに対応する値は，成人の健常者ではたったの 8% であった。Gross, S. R., Jacoby, K., Matheson, D. J., Montgomery, N., & Patil, S. (2005). Exonerations in the United States 1989 through 2003. *Journal of Criminal Law & Criminology, 95,* 523560. DNA 鑑定で冤罪を晴らした人達の中で，虚偽自白をした 31 人のうち 18 人は，知的障害，18 歳未満，または，その両方であった。Garrett, B. L. (2008). Judging innocence. *Columbia Law Review, 108,* 89.

**132.** Kassin, S. M. (2005). On the psychology of confessions: Does innocence put innocents at risk? *American Psychologist, 60(3),* 215-228.

**133.** Gilovich, T., Savitsky, K., & Medvec, V. H. (1998). The illusion of transparency: Biased assessments of others' ability to read one's emotional states. *Journal of Personality and Social Psychology, 75(2),* 332-346.

**134.** Leo (1996), 前掲，注 **102**. 前科のない被疑者は，過去に有罪判決を受けている被疑者に比べ，おそらく無罪の可能性が高い。

**135.** 無実の参加者については，81% が取り調べを拒否する権利を放棄した。有罪の参加者については，その割合はたったの 36% であった。Kassin & Norwick (2004), 前掲，注 **113**.

**136.** リード・テクニックの実証的ではない根拠と，それが虚偽自白を引き起こす可能性については，次の文献を参照。Blair, J. P., & Kooi, B. (2004). The gap between training and research in the detection of deception. *International Journal of Police Science and Manage-*

316　　　　　　　　　　　　　　　　　　注

*ment, 6*, 77-83.

**137.** the Police and Criminal Evidence Act (1984), Code of Practice for the Detention, Treatment, and Questioning of Persons by Police Officers (Code C)を参照。

**138.** PEACEという言葉は，その内容を覚えやすくまとめたものであり，計画と準備(Planning and Preparation)，関わりと説明(Engage and Explain)，説明を得ること(obtain an Account)，終結(Closure)，評価(Evaluation)の頭文字を集めたものである。

**139.** また，この原理は，捜査に役立つ可能性のある材料を得るために，取調官が自由に広い範囲の質問をするよう指示している。具体的には，取調官は，刑事司法制度上，早期の自白にはプラスの効果があると認識すべきこと。取調官は，得られた最初の回答を受け入れる必要はないこと。しつこく質問をしたからといって，不当ではないこと。そして，被疑者によって黙秘権が行使されたときでさえ，取調官には彼らに質問をする責任があるということである。National Policing Improvement Agency (2009). National investigative interviewing strategy. http://library.college.police.uk/docs/npia/BP-Nat-Investigative-Interviewing-Strategy-2009.pdf

**140.** Shepherd, E. (1993). *Aspects of police interviewing*. Leicester, UK: British Psychological Society. 近年の報告については，次の文献を参照。Shepherd, E. (2007). *Investigative interviewing: The conversation management approach*. New York: Oxford University Press.

**141.** [訳注] 訳語は，注 **13**，p. 13 より引用。

**142.** [訳注] ピーター・フォークを指していると思われる。

**143.** コロンボの喩え話は，次の文献で提案された。Ray Bull. Carey, B. (2009). Judging honesty by words, not fidgets. *New York Times*, May 9. https://www.nytimes.com/2009/05/12/science/12lying.html

**144.** Meissner, C. A., Russano, M. B., & Narchet, F. M. (2010). The importance of a laboratory science for improving the diagnostic value of confession evidence. In G. D. Lassiter & C. A. Meissner, eds., *Police interrogations and false confessions: Current research, practice, and policy recommendations*, pp. 111-126. Washington, DC: American Psychological Association 参照。

**145.** 他の欠陥として，準備していない，関連する事実を証明できない，全体的に不適当，技術が未熟，必要以上の繰り返し，しつこかったり苦しめたりする質問を含んでいた。Milne, R., Shaw, G., & Bull, R. (2007). Investigative interviewing: The role of research. In D. Carson, R. Milne, F. Pakes, & K. Shalev, eds., *Applying psychology to criminal justice*, pp. 65-80. Chichester, UK: Wiley. 参照。

**146.** Griffiths, A., & Milne, B. (2006). Will it all end in tiers? Police interviews with suspects in Britain. In T. Williamson, ed., *Investigative interviewing: Rights, research, and regulation*, pp. 167-189. Portland, OR: Willan.

**147.** Bull & Soukara (2010), 前掲，注 **48**.

**148.** Clarke, C., Milne, R., & Bull, R. (2011). Interviewing suspects of crime: The impact of PEACE training, supervision and the presence of a legal advisor. *Journal of Investigative Psychology and Offender Profiling, 8*, 149-162.

**149.** New Zealand Police (2005). Investigative interviewing: The literature. https://www.police.govt.nz/sites/default/files/publications/investigative-interviewing-literature-2005.pdf

**150.** Fahsing, I. A., & Rachlew, A. (2009). Investigative interviewing in the Nordic region.

pp. 147-151                                                                    317

In T. Williamson, B. Milne, & S. P. Savage, eds., *International developments in investigative interviewing*, pp. 39-65. Portland, OR: Willan.

**151.** 同上。

**152.** Kassin, S. M., Appleby, S. C., & Perillo, J. T.（2010）. Interviewing suspects: Practice, science, and future directions. *Legal and Criminological Psychology, 15*(1), 39-55 参照。

**153.** たとえば，American Bar Association.（2004）. Resolution 8A-Videotaping custodial interrogations. Approved February 9, 2004, Midyear 2004 Meeting; Cassell（1996），前掲，注 **120**; Kassin et al.（2010），前掲，注 **100**; Leo（2008），前掲，注 **45**; Slobogin（2003），前掲，注 **119** を参照。

**154.** Sullivan, T. P.（2008）. Recording federal custodial interviews. *American Criminal Law Review, 45*, 1297-1345 参照。

**155.** 調査に参加したアメリカの警察官とカナダの税関職員 574 人のうち 81％ が，取り調べはすべて録画されるべきだと述べた。Kassin et al.（2007），前掲，注 **4**.

**156.** 取り調べの録画に関する研究によれば，ビデオカメラに被疑者だけを写した場合，被疑者の供述が任意になされているように感じられやすく，実際には強制された自白を不当に信じることになってしまう。Lassiter, D. G., Ware, L. J., Ratcliff, J. J., & Irvin, C. R.（2009）. Evidence of the camera perspective bias in authentic videotaped interrogations: Implications for emerging reform in the criminal justice system. *Legal and Criminal Psychology, 14*, 157-170 を参照。レビューおよびこの現象を最小限度に抑えるための提案は，次の文献を参照。Lassiter, G. D., Ware, L. J., Lindberg, M. J., & Ratcliff, J. J.（2010）. Videotaping custodial interrogations: Toward a scientifically based policy. In G. D. Lassiter & C. A. Meissner, eds., Decade of behavior/Science conference grant. *Police interrogations and false confessions: Current research, practice, and policy recommendations*, pp. 143-160. Washington DC: American Psychological Association.

## 第 6 章

**1.** *Wainwright v. Sykes*, 433 U.S. 72, 90（1977）.

**2.** *Herrera v. Collins*, 506 U.S. 390, 416（1993）.

**3.** White, J. B.（1999）. *From expectation to experience: Essays on law and legal education*, p. 108. Ann Arbor: University of Michigan Press; Burns, R. P.（2009）. *The death of the American trial*. Chicago: University of Chicago Press.

**4.** このイメージは，裁判制度の擁護者と批判者によって提起されてきたものである。Shepard, R. T.（2006）. Brennan Lecture: The new role of state supreme courts as engines of court reform. *New York University Law Review, 81*, 1535-1552, p. 1543; Foucault, M.（1994）. *Ethics: Subjectivity and truth*. Ed. P. Rabinow. Trans. R. Hurley et al. New York: New Press を参照。

**5.** 裁判の合理主義的伝統についての豊富な議論は，Twining, W.（1990）. *Rethinking evidence*, pp. 32-91. Chicago: Northwestern University Press を参照。この伝統は，ジェレミー・ベンサムにまで遡り，ジェームス・フィッツジェームス・ステファン，ジェームス・ブラッドレイ・セイヤー，ジョン・ウィグモアやロン・フラーの書き物にも見ることができる。フラーは，裁判を「人間の問題について，合理的な主張を行うための公的かつ制度的な表明を可能にする装置」として描いた。このように，合理性の基準は，他の社会秩序制度は

担っていないと考えられていた。Fuller, L. (1978). The forms and limits of adjudication. *Harvard Law Review, 92*, 353-409, p. 360. この主題は，最高裁によって繰り返し示されている。たとえば *Taylor v. Kentucky*, 436 U.S. 478, 485 (1978)を参照。

合理主義的伝統に基づく裁判のモデルとは，陪審員がベイズの定理のように形式的な数学モデルを用いて証拠を評価することを意味しているわけではない。どちらかというと，このプロセスでは，一般的に合理的な方法で，バイアスの影響をうけることなく証拠を評価するということを想定している。Hastie, R. (1993). Algebraic models of juror decision processes. In R. Hastie, ed., *Inside the juror: The psychology of juror decision making*, pp. 84-115. New York: Cambridge University Press を参照。

**6.** たとえば Abramson, J. (2000). *We the jury: The jury system and the ideal of democracy*. Cambridge, MA: Harvard University Press; Vidmar, N., & Hans, V. P. (2007). *American juries: The verdict*. New York: Prometheus Books; Burns, R. P. (1999). *A theory of the trial*. Princeton, NJ: Princeton University Press.

**7.** *District Attorney's Office v. Osborne*, 129 S.Ct. 2308, 2323 n. 10 (2009).

**8.** たとえば *Herrera*, 506 U.S. at 420 (O'Connor, J., concurring). このプロセスの中心となる信条は，訴訟当事者がそれぞれの利益に最も資する説明を事実認定者に対して行うことは許容されるべきであるというものである。それぞれの立場から意見を衝突させることは，正しい司法判断への最善の道だと考えられている。Damagka, M. R. (1985). *The faces of justice and state authority: A comparative approach to the legal process*. New Haven, CT: Yale University Press; Landsman, S. (1988). *Readings on adversarial justice: The American approach to adjudication*. St. Paul, MN: West を参照。

**9.** *Crawford v. Washington*, 541 U.S. 36, 50 (2004).

**10.** *Lilly v. Virginia*, 527 U.S. 116, 124 (1999); *Watkins v. Sowders*, 449 U.S. 341, 349 (1980).

**11.** *Duncan v. Louisiana*, 391 U.S. 145 (1968).

**12.** *McCleskey v. Kemp*, 481 U.S. 279, 313 (1987).

**13.** *Watkins v. Sauders*, 449 U.S. 341, 347 (1981).

**14.** *Parker v. Randolph*, 442 U.S. 62, 73 (1979).

**15.** 「真実ではない要素が強い多くの証拠を法廷で受け入れることも，我々の当事者主義制度の一部である」*Manson v. Brathwaite*, 438 U.S. 98, 113 (1977).

**16.** 「我々の刑事裁判制度の根本的前提は『陪審は，嘘発見器である』ということである。そのため，証人の証言の重みと信用性の評価が『陪審が関わる一部の事件では長い事行われてきた。陪審には，天性の知性と人間とその行動についての実際的な知識を適用することができると考えられている（以下略）』」*United States v. Scheffer*, 523 U.S. 303, 313 (1997).

**17.** 「当裁判所の多くの意思決定に際し，当該被告人の対決権を侵害することを避けるためには，共同被告人の裁判外での供述については共同被告人に不利な情報以外は無視するように陪審に説示することで十分足りると考えられてきた」*Parker v. Randolph*, 442 U.S. 62, 73 (1979).

**18.** *Gregg v. Georgia*, 428 U.S. 153 (1976); *McCleskey v. Kemp*, 481 U.S. 279 (1987).

**19.** 「適正手続きとは，目の前に出された証拠のみに基づいて意思決定を行うという陪審の能力と意思を意味する」*Smith v. Phillips*, 455 U.S. 209, 217 (1982).

**20.** 本書で扱う事件の多くが難しい事件，すなわち被告人が罪を犯したかどうかという本質

的な事実が問題になる事件であることを思いだしてほしい。以下の議論には，警察によって簡単に解決できる犯罪や陪審によってすぐに決まる事件は含まれない。

**21**．たとえば，連邦治安判事の方が，アンカリング効果や，後知恵バイアス，自己中心性バイアスが関わる課題について素人よりも適切な判断が下させるというわけではないが，代表性ヒューリスティックやフレーミング効果が関わる課題についてはより適正に判断することができた。裁判官は，認知的熟考テスト（誤りある直観的判断を乗り越える能力を測定するテスト）において，一部の大学の学部生よりは優秀であったが，いわゆる 4 大エリート大学の学生よりは悪かった。Guthrie, C., Rachlinksi J. J., & Wistrich, A. J. (2001). Inside the judicial mind. *Cornell Law Review*, *86*, 777-830; Guthrie, C., Rachlinski J. J., & Wistrich, A. J. (2007). Blinking on the bench: How judges decide cases. *Cornell Law Review*, *93*, 1-44. 破産担当の判事は，アンカリング効果やフレーミング効果について影響を受けやすかったが，不作為バイアスや他の感情要因の影響は受けにくかった。Rachlinski, J. J., Guthrie, C., & Wistrich, A. J. (2006a). Inside the bankruptcy judge's mind. *Boston University Law Review*, *86*, 1227-1265. 素人同様，裁判官も自白の任意性評価についてカメラ・パースペクティブの影響を受けた。Lassiter, G. D., Diamond, S. S., Schmidt, H. C., & Elek, J. K. (2007). Evaluating videotaped confessions: Expertise provides no defense against the camera-perspective effect. *Psychological Science*, *18*(3), 224-226. 第 7 章で論じるように，裁判官は，自ら不採用と決定した証拠を無視することになったときも，それをうまく無視できなかった。Wistrich, A. J., Guthrie, C., & Rachlinski, J. J. (2005). Can judges ignore inadmissible information? The difficulty of deliberately disregarding. *University of Pennsylvania Law Review*, *153*, 1251-1345. 以下で論じるように，状況によっては，裁判官は，素人同様に，法の規定に従えない。Rachlinski, J. J., Guthrie, C., & Wistrich, A. J. (2006b), infra note 122 参照．

**22**．ジェニファー・トンプソンへのインタビュー，"Lying Eyes," American Justice Series, A&E Entertainment. Thompson-Cannino, J., Cotton, R., & Torneo, E. (2009). *Picking cotton*, p. 46. New York: St. Martin's Press も参照。

**23**．たとえば，Hewstone, M., Rubin, M., & Willis, H. (2002). Intergroup bias. *Annual Review of Psychology*, *53*, 575-604 を参照。

**24**．Thompson-Cannino, Cotton, & Torneo (2009), 前掲，注 **22**, pp. 46, 71.

**25**．トンプソンは，「ロナルドが永遠に去って，われわれはとってもとっても幸せで，とっても幸福だ」と述べた。ジェニファー・トンプソンへのインタビュー。*CNN Newsnight* with Aaron Brown, "A Look at DNA Evidence," May 17, 2005. Thompson-Cannino, Cotton, & Torneo (2009), 前掲，注 **22**, p. 71 も参照。

**26**．たとえば，献血に参加するよう他者を説得する場合，動機を操作すると献血に参加してもらえる割合が高まる。Anderson, C. A. (1983). Motivational and performance deficits in interpersonal settings: The effect of attributional style. *Journal of Personality and Social Psychology*, *45*, 1136-1147.

**27**．Frankel, M. E. (1978). *Partisan justice*. New York: Hill & Wang を参照。

**28**．American Law Institute (2000). *Official comment to Section 116 of the American Law Institute's Restatement of the Law Third: The law governing lawyers*. St. Paul, MN: American Law Institute.

**29**．Sheppard, B. H., & Vidmar, N. (1980). Adversary pretrial procedures and testimonial evidence: Effects of lawyer's role and Machiavellianism. *Journal of Personality and Social*

*Psychology, 39*, 320-332.

**30**. この研究では，検察側証人は，弁護人から反対尋問をうけ，その後，模擬裁判で証言を行った。証人の一部は，弁護人は「あなたに対してとても敵対的だろう」「陪審の目の前であなたの証言の信用性を最大限落とそうとするだろう」と事前警告を受けていた。また，彼らは証言の事前練習をしておくように教示された。結局，この情報を与えることによって，31%から51%へと有罪率が増加した。誤った人物を犯人と識別した証人の確信度は28%から61%へと上昇した。Wells, G. L., Ferguson, T. J., & Lindsay, R. C. L. (1981). The tractability of eyewitness confidence and its implications for triers of fact. *Journal of Applied Psychology, 66*, 688-696.

**31**. Vidmar, N., & Laird, N. M. (1983). Adversary social roles: Their effects on witnesses' communication of evidence and the assessments of adjudicators. *Journal of Personality and Social Psychology, 44*, 888-898. この知見は，どちらの側に立つかは第三者による証言の評価に影響するが，その証人自身の証拠についての評価は，バイアスの影響を受けないという事実によってある程度限定される。

**32**. Garrett, B. L. (2011). *Convicting the innocent: Where criminal prosecutions go wrong.* Cambridge, MA: Harvard University Press.

**33**. 同上。

**34**. ミランダの判決理由で裁判所が述べているように，「プライバシーは秘密をもたらし，その結果，実際に何が起こっているのかに関する我々の知識に欠落を作る」*Miranda v. Arizona*, 384 U.S. 436, 448 (1966).

**35**. 裁判が行われることになった目撃証言が関連する識別事件の約半分は，不完全な識別手続きの記録に基づいている。

**36**. 第2章での議論を参照。

**37**. Schmechel, R. S., O'Toole, T. P., Easterly, C., & Loftus, E. F. (2006). Beyond the kin? Testing jurors' understanding of eyewitness reliability evidence. *Jurimetrics, 46*, 177-214.

**38**. Levin, D. T., Momen, N., Drivdahl, S. B., & Simons, D. J. (2000). Change blindness blindness: The metacognitive error of overestimating change-detection ability. *Visual Cognition, 7*, 397-412.

**39**. Harley, E. M., Carlsen, K. A., & Loftus, G. R. (2004). The "saw-it-all-along" effect: Demonstrations of visual hindsight bias. *Journal of Experimental Psychology: Learning, Memory, and Cognition, 30*, 960-968.

**40**. これらおよびその他の意識調査については，Wells, G. L. (1984). The adequacy of human intuition for judging testimony. In G. L. Wells & E. F. Loftus, eds., *Eyewitness testimony: Psychological perspectives*, pp. 256-272. New York: Cambridge University Press を参照。多くの意識調査は，一貫して過大評価していることを示しているが，ある研究は過大評価と過小評価の両方を報告している。Yarmey, A. D. (2004). Eyewitness recall and photo identification: A field experiment. *Psychology, Crime & Law, 10*, 53-68.

**41**. Brigham, J. C., & Bothwell, R. K. (1983). The ability of prospective jurors to estimate the accuracy of eyewitness identifications. *Law and Human Behavior, 7*, 19-30.

**42**. この研究では，模擬の窃盗場面を目撃した学生が証人役を務めた。経験豊かな検察官，弁護人，および法学部生によって尋問を受けて証言する様子が録画された。その証言は，のちに，陪審員役を担う他の学生によって評価された。Lindsay, R. C. L., Wells, G. L., &

O'Connor, F. J. (1989). Mock-juror belief of accurate and inaccurate eyewitnesses: A replication and extension. *Law and Human Behavior, 13*, 333-339.

**43.** Wells, G. L., Lindsay, R. C., & Ferguson, T. J. (1979). Accuracy, confidence, and juror perceptions in eyewitness identification. *Journal of Applied Psychology, 64*, 440-448.

**44.** Lindsay, R. C. L., Wells, G. L., & Rumpel, C. M. (1981). Can people detect eyewitness-identification accuracy within and across situations? *Journal of Applied Psychology, 66*, 79-89.

**45.** この研究で，正しい証人の70%は調査参加者に信用されたが，正しくない証人は33%しか信用されなかった。同上。

**46.** 模擬陪審員は，正確な証人の68%を信用したが，不正確な証人については70%を信用した。Lindsay, Wells, & O'Connor (1989)，前掲，注**42**.

**47.** Wells, Lindsay, & Ferguson (1979, 前掲，注**43**)によると，模擬陪審員の86%が実際には誤っていた証人の識別を信じたのに対し，正しい証人による識別を信じたのは76%であった(非誘導尋問条件)。同様に，ウェルズ，リンゼイ，トーシグナントによると，不正確な証人を信じた比率は64%であったのに対し，正確な証人を信じた比率は59%であった。Wells, G. L., Lindsay, R. C., & Tousignant, J. P. (1980). Effects of expert psychological advice on human performance in judging the validity of eyewitness testimony. *Law and Human Behavior, 4*(4), 275-285 (専門家証人なしの場合のデータ)。近年のリアドンとフィッシャーの研究では，それぞれ59%(不正確な証人)と52%(正確な証人)であった。Reardon, M. C., & Fisher, R. P. (2011). Effect of viewing the interview and identification process on juror perceptions of eyewitness accuracy. *Applied Cognitive Psychology, 25*, 68-77 と，2010年9月24日のマーガレット・リアドンからのEメール(統制条件における陪審員のデータについて)。

**48.** Garrett (2011)，前掲，注**32**, p. 315, 注**43**参照。

**49.** Lindsay, D. S., Read, D. J., & Sharma, K. (1998). Accuracy and confidence in person identification: The relationship is strong when witnessing conditions vary widely. *Psychological Science, 9*, 215-218.

**50.** Deffenbacher, K. A., & Loftus, E. E (1982). Do jurors share a common understanding concerning eyewitness behavior? *Law and Human Behavior, 6*, 15-30.

**51.** 一致が見られた4つの項目は，事件そのものの要因に関するもの，すなわち，証人による犯人の観察に関するものであった。警察によって実施された捜査手続きに関するシステム要因については1つも一致が見られなかった。Benton, T. R., Ross, D. F., Bradshaw, E., Thomas, W. N., & Bradshaw, G. S. (2006). Eyewitness memory is still not common sense: Comparing jurors, judges and law enforcement to eyewitness experts. *Applied Cognitive Psychology, 20*, 115-129. システム要因がどれほど人々にとってなじみがないものなのかは，識別の正確性に影響すると思われる要因を自分で列挙させる課題において特に明らかになった。自発的に列挙された要因のうち，システム要因に関連したものはたった1%であった。Shaw, J. S., III, Garcia, L. A., & McClure, K. A. (1999). A law perspective on the accuracy of eyewitness testimony. *Journal of Applied Social Psychology, 29*, 52-71.

　システム要因について陪審員が鈍感であるということは，瑕疵あるラインナップ手続きで得られた犯人識別であっても，陪審員は犯人識別への信用を割り引くことをしにくいということを意味している。そのため，適切にラインナップを行おうというインセンティブが警察

には少ないのである。

**52．** しかし，回答者の過半数は，単独面通しの問題を正しく評価していた。Schmechel et al. (2006), 前掲，注 **37**．

**53．** この研究は，学生と陪審資格者を対象にしている。これらの9つの事件要因には3つの事件要因(たとえば，犯人が変装しているかどうか，銃を所持しているかどうか)および，6つのシステム要因(ラインナップが実施されるまでの時間や，ラインナップに含まれるフィラーの数)が含まれていた。証人の確信の程度は，80% または 100% のどちらかになるよう操作された。Cutler, B. L., Penrod, S. D., & Stuve, T. E. (1988). Juror decision making in eyewitness identification cases. *Law and Human Behavior, 12*, 41-55; Cutler, B. L., Penrod, S. D., & Dexter, H. R. (1990). Juror sensitivity to eyewitness identification evidence. *Law and Human Behavior, 14*, 185-191.

**54．** Lindsay, R. C. L., Lim, R., Marando, L., & Cully, D. (1986). Mock-juror evaluations of eyewitness testimony: A test of metamemory hypotheses. *Journal of Applied Social Psychology, 16*, 447-459.

**55．** この研究では，黒人被疑者の目撃者が黒人でも白人でも有罪率に違いは認められなかった。Abshire, J., & Bornstein, B. H. (2003). Juror sensitivity to the cross-race effect. *Law and Human Behavior, 27*, 471-480.

**56．** 意識調査の参加者は，犯人がいないラインナップで証人がフィラーを指し示す可能性は，証人がバイアスのある説示を受けた場合も，バイアスのない説示を受けた場合でも同じ程度と予測したが(16% と 18%)，実際には，それぞれ 78% と 33% の違いがある。Wells (1984), 前掲，注 **40** 参照。

**57．** Devenport, J. L., Stinson, V., Cutler, B. L., & Kravitz, D. A. (2002). How effective are the cross-examination and expert testimony safeguards? Jurors' perceptions of the suggestiveness and fairness of biased lineup procedures. *Journal of Applied Psychology, 87*, 1042-1054.

**58．** Lindsay, Wells, & Rumpel (1981), 前掲，注 **44**．

**59．** 窃盗を描いた同じシナリオが全員に提示された後，目撃条件やラインナップ手続きが異なる性的暴行のシナリオがそれぞれの群に提示された。この研究は，陪審員の信念調査(Jurors' Beliefs Survey)の一部であり，刑事司法制度に関する人々の幅広い信念や知識，意見を検証するものであった。この調査は，約 650 人の協力を得てなされ，その半分は，インターネットを通じた一般のサンプル，残りは学生サンプルであった。Simon, D., Stenstrom, D., & Read, S. J. (2008). Jurors' background knowledge and beliefs. Paper presented at American Psychology-Law Society annual conference, Jacksonville, FL, March 6-8.

**60．** シナリオの中で，被害者は，比較的暗い照明の下で加害者を2度ちらっと目撃した。被害の1週間後，被害者は，加害者のライブラインナップ識別に失敗した。3カ月後の法廷で，彼女は，被告人を犯人として結果的に識別した。同上。

**61．** Wells, G. L., & Bradfield, A. L. (1998). "Good, you identified the suspect": Feedback to eyewitnesses distorts their reports of the witnessing experience. *Journal of Applied Psychology, 83*, 360-376.

**62．** Lindsay, Wells, & O'Connor (1989), 前掲，注 **42**．

**63．** 確信がないという証人を信用する人はたったの 32% であるのに対し，確信のある証人を信用する人は 63% であった。Lindsay, R. C. L. (1994). Expectations of eyewitness perfor-

pp. 160-161 323

mance: Jurors' verdicts do not follow from their beliefs. In D. F. Ross, J. D. Read, & M. Toglia, eds., *Adult eyewitness testimony: Current trends and development*, pp. 362-384. New York: Cambridge University Press.

**64.** 絶対に間違いないと主張する証人を信用する人の比率が 83% であるのに対して，すこし不確かですと主張する証人を信用する人の比率は 28% であった。Wells (1984), 前掲，注 **40**.

**65.** Culhane, S. E., & Hosch, H. M. (2004). An alibi witness' influence on mock jurors' verdicts. *Journal of Applied Social Psychology, 34*, 1604-1616.

**66.** Simon, D. (2011). The coherence effect: Blending cold and hot cognitions by constraint satisfaction. Paper presented at the Max Planck Institute for Research on Collective Goods, Bonn, Germany, July 6.

**67.** ある研究によると，目撃条件を操作すると，確信のない証人に対する判断は影響を受けたが(3 つの目撃条件でそれぞれ，47%，54%，76%)，確信のある証人が行った識別は影響を受けなかった(それぞれ，76%，76%，78%)。Lindsay, Wells, & Rumpel (1981), 前掲，注 **44**.

**68.** Leippe, M. R., & Eisenstadt, D. (2007). Eyewitness confidence and the confidence-accuracy relationship in memory for people. In R. C. L. Lindsay, D. F. Ross, J. D. Read, & M. P. Toglia, eds., *Handbook of eyewitness psychology*, vol. 2: Memory for people, pp. 377-425. Mahwah, NJ: Lawrence Erlbaum; Sporer, S. L., Penrod, S., Read, D., & Cutler, B. (1995). Choosing, confidence, and accuracy: A meta-analysis of the confidence-accuracy relation in eyewitness identification studies. *Psychological Bulletin, 118*, 315-327. これは，ラインナップの中で誰かを実際に選んだ証人との関係性を示すものである。この関係は，誰も選べなかった証人ではさらに弱くなる。それでも，被疑者を選ばなかった証人が裁判で証言することはほとんどない事を考えれば，この実験の結果の実際的価値を引き下げることにはならない。

**69.** Brewer, N., & Wells, G. L. (2006). The confidence-accuracy relationship in eyewitness identification: Effects of lineup instructions, foil similarity, and target-absent base rates. *Journal of Experimental Psychology: Applied, 12*, 11-30.

**70.** Douglass, A. B., Neuschatz, J. S., Imrich, J., & Wilkinson, M. (2010). Does post-identification feedback affect evaluations of eyewitness testimony and identification procedures? *Law and Human Behavior, 34*, 282-294.

**71.** ウェルズとシーローは，法廷内での犯人識別を単なる形式的なものと見ている Wells, G. L., & Seelau, E. P. (1995). Eyewitness identification: Psychological research and legal policy on lineups. *Psychology, Public Policy, and Law, 1*, 765-791. ジョン・ウィグモアは，それらを「ほとんど証明力がない」と述べている。Wigmore, J. H. (1940). *A treatise on the Anglo-American system of evidence in trials at common law*, 3rd ed., vol. 4, p. 208. Boston: Little, Brown.

**72.** 以下を参照。Nash, R. A., & Wade, K. A. (2009). Innocent but proven guilty: Eliciting internalized false confessions using doctored-video evidence. *Applied Cognitive Psychology, 23*, 624-637; Gabbert, F., Memon, A., Allan, K., & Wright, D. B. (2004). Say it to my face: Examining the effects of socially encountered misinformation. *Legal and Criminological Psychology, 9*, 215-227.

**73.** Simon, Stenstrom, & Read (2008), 前掲，注 **59**.

**74.** イノセンス・プロジェクトのディーン・ケージの欄を参照。https://www.innocenceproject.org/cases/dean-cage/

**75.** イノセンス・プロジェクトのロバート・クラークの欄を参照。https://www.innocenceproject.org/cases/robert-clark/

**76.** ウィリー・O・"ピート"・ウィリアムスの事件については，Torpy, B., & Rankin, B. (2007). Group: DNA clears man in 1985 rape. Atlanta Journal-Constitution, January 20. http://www.ajc.com/metro/content/metro/atlanta/stories/2007/01/19/0120bmetinnocent. html; イノセンス・プロジェクトのウィリー・ウィリアムスの欄を参照。http:// https://www.innocenceproject.org/cases/willie-williams/

**77.** Possley, M. (2006). DNA results clear prisoner: Crime lab failed to do testing earlier. *Chicago Tribune*, November 23, p. B1. マーロン・ペンドレットン(Marlon Pendleton)の事件については，イノセンス・プロジェクトのマーロン・ペンドレットンの欄を参照。https://www.innocenceproject.org/cases/marlon-pendleton/

**78.** この問題に対する変わった対応については，Mandery, E. (1996). Due process considerations of in-court identifications. *Albany Law Review, 60*, 389–424 を参照。

**79.** 被告人席に座っている人を指さすことは，証人の記憶をテストするという点で，プラカードで目の前にスペルを見せながら，スペリングコンテストの参加者をテストするのと変わらない。確かに，言葉を示すことは，その参加者がそのスペルを正しく知らなかったことを意味するわけではない。これこそがこのコンテストの設計上の問題で，少なくとも，その参加者の能力診断という意味では価値がないのである。法廷内での識別は，証人の記憶の診断ではもはやないのである。

**80.** たとえば，*People v. Patterson*, 88 Ill. App. 3d 168, 176 (1980); *People v. Monroe*, 925 P.2d 767 (Colo. 1996)を参照。

**81.** *United States v. Wade*, 388 U.S. 218, 224 (1967).

**82.** *United States v. Ash*, 413 U.S. 300 (1973). 同様の判断については，*United States v. Kimball*, 73 F.3d 269 (10 Cir. 1995); *Smith v. State*, 553 N.E.2d 832 (Ind. 1990)を参照。

**83.** *Miles v. U.S.*, 483 A.2d 649 (D.C. 1984).

**84.** *State v. Taylor*, 200W. Va. 661 (1997); *State v. McCall*, 139 Ariz. 147 (1983).

**85.** フロリダの裁判所は，証人が加害者を法廷で正しく識別しそこなったにもかかわらず，検察官が法廷内での犯人識別を証拠とすることを許容さえした。この「あべこべな」法廷内での識別は，審理中に被告人が証人を凝視し続けたという証人の証言に基づいている。すなわち，被告人が被害者を認知していたと推定されたのである。*Hazen v. State*, 700 So. 2d 1207 (Fla. 1997), cited in Sobel., N. R. (1981). *Eyewitness identification: Legal and practical problems*, 2nd ed., § 3:11. New York: Clark Boardman Company.

時々，裁判所が，このような行き過ぎに制限をかけるときがある。たとえば，連邦控訴裁判所は，被告人席に座っている被告人を検察官が指さし，「法廷に(被告人は)いますか？この机の向こう側にいますか？」と証人に尋ねた後に行われた法廷内での犯人識別は証拠として認めなかった。*United States v. Warf*, 529 F.2d 1170 (5th Cir. 1976). この原則を説明するために，前述の裁判は引用された。これらの事件について無罪が認められた被告人は誰一人としていない。

**86.** 控訴裁判所は，この実務が違憲であるという主張を一貫して否定しており，完全にその裁判を担当する裁判所の裁量内であると判じてきた。*United States v. Brown*, 699 F.2d 585

(2d Cir. 1983); *United States v. Dixon*, 201 F.3d 1223, 1229 (9th Cir. 2000).

**87.** 弁護士は，被告人が宣誓する予定はないと裁判開始前に書記官に伝えたり，人物の誤識別が行われてもその記録を訂正しなかったりといった，道義的ではないと考えられる他の行為も行うことがある。代理人に関する他の事例については *United States v. Sabater*, 830 F.2d 7 (2d Cir. 1987); *People v. Gow*, 382 N.E.2d 673 (Ill. App. Ct. 1978)を参照。

**88.** 反対意見としてニッケルス裁判官は，弁護人には，暗示的な犯人識別状況を，検察官側証人に提供する義務はないと正確に述べている。*Illinois v. Simac*, 161 Ill. 2d. 297 (1994).

**89.** たとえば Hanba, J. M., & Zaragoza, M. S. (2007). Interviewer feedback in repeated interviews involving forced confabulation. *Applied Cognitive Psychology, 21*, 433-455; Schooler, J. W., Gerhard, D., & Loftus, E. F. (1986). Qualities of the unreal. *Journal of Experimental Psychology: Learning, Memory, and Cognition, 12*, 171-181 を参照。

**90.** 証人の反応潜時や言いよどみ，休止の頻度といった，鮮明さ以外の側面は，ほとんど検証されてこなかった。Hanba & Zaragoza (2007), 前掲，注 **89**. 他のものとしては，「知りません」という回答の数や婉曲的表現やためらいなどがある。Leippe, M. R., Manion, A. P., & Romanczyk, A. (1992). Eyewitness persuasion: How and how well do fact finders judge the accuracy of adults' and children's memory reports? *Journal of Personality and Social Psychology, 63(2)*, 181-197. 記憶の鮮明さは，記憶の流暢性の概念と関係している。Shaw, J. S. (1996). Increases in eyewitness confidence resulting from postevent questioning. *Journal of Experimental Psychology: Applied, 2*, 126-146 を参照。人は，詳細な手がかりの豊かさを，自分の記憶の情報源をモニタリングするためにも使用する。Johnson, M. K., Bush, J. G., & Mitchell, K. J. (1998). Interpersonal reality monitoring: Judging the sources of other people's memories. *Social Cognition, 16*, 199-224 参照。

**91.** 詳細な証言は，より信用されやすく(0-100 の信用性尺度で 54 対 44)，高い有罪判決率を引き起こす(29% と 11%)。Bell, B. E., & Loftus, E. F. (1988). Degree of detail of eyewitness testimony and mock juror judgments. *Journal of Applied Social Psychology, 18*, 1171-1192; Bell, B. E., & Loftus, E. F. (1985). Vivid persuasion in the courtroom. *Journal of Personality Assessment, 49*, 659-664; Keogh, L., & Markham, R. (1998). Judgements of other people's memory reports: Differences in reports as a function of imagery vividness. *Applied Cognitive Psychology, 12*, 159-171. 他の研究ではこのような効果が認められていない。Picket, K. L. (1993). Evaluation and integration of eyewitness reports. *Law and Human Behavior, 17*, 569-595.

**92.** Brewer, N., Potter, R., Fisher, R. P., Bond, N., & Luszcz, M. A. (1999). Beliefs and data on the relationship between consistency and accuracy of eyewitness testimony. *Applied Cognitive Psychology, 13*, 297-313.

**93.** ある研究によると，一貫しない証言は，有罪判決率を 53% から 7% に下げる。Brewer, N., & Hupfeld, R. M. (2004). Effects of testimonial inconsistencies and witness group identity on mock-juror judgments. *Journal of Applied Social Psychology, 34*, 493-513. 強盗について一貫しない証言を行う検察側証人は，一貫した証言を行う証人に比べて影響力はないと考えられ，有罪判決率も，一貫しない場合は 20%，一貫する場合は 69% となった。Berman, G. L., Narby, D. J., & Cutler, B. L. (1995). Effects of inconsistent eyewitness statements on mock-jurors' evaluations of the eyewitness, perceptions of defendant culpability and verdicts. *Law and Human Behavior, 19*, 79-88; Berman, G. L., & Cutler, B. L. (1996).

Effects of inconsistencies in eyewitness testimony on mock-juror decision making. *Journal of Applied Psychology, 81,* 170-177. しかし，他の研究では，この非一貫性は，観察者の判断に効果を持つとは認められていない(少なくとも大人の証人でない場合には)。Leippe, M. R., & Romanczyk, A. (1989). Reactions to child (versus adult) eyewitnesses: The influence of jurors' preconceptions and witness behavior. *Law and Human Behavior, 13,* 103-132.

**94.** Brewer et al. (1999), 前掲，注 **92**.

**95.** 確信のある検察側証言によって，有罪という評価は高まり(57% と 32%)，有罪判決率も高まる(39% と 9%)。確信度の操作が及ぼす影響は，証人の物語の一貫性がもたらすあらゆる効果に勝る。Brewer, N., & Burke, A. (2002). Effects of testimonial inconsistencies and eyewitness confidence on mock-juror judgments. *Law and Human Behavior, 26,* 353-364.

**96.** 以下を参照。Leippe, Manion, & Romanczyk (1992), 前掲，注 **90**; Pickel (1993); Whitley, B. E., & Greenberg, M. S. (1986). The role of eyewitness confidence in juror perceptions of credibility. *Journal of Applied Social Psychology, 16,* 387-409.

**97.** 研究者によって明らかにされていない正確性手がかりが他にも存在すると理論的にはありうるが，強力な手がかりが完全に見過ごされているということはあまり考えられない。

**98.** Brewer et al. (1999), 前掲，注 **92**; Gilbert, J. A. E., & Fisher, R. P. (2006). The effects of varied retrieval cues on reminiscence in eyewitness memory. *Applied Cognitive Psychology, 20,* 723-739.

**99.** ある研究によると，周辺的事象の詳細情報の記憶数と犯人識別の正確性の間には−.21 の負の相関がある。Cutler, B. L., Penrod, S. D., & Martens, T. K. (1987). The reliability of eyewitness identification: The role of system and estimator variables. *Law and Human Behavior, 11,* 233-258. 東京で行われたフィールド実験では，事象についての記憶と犯人識別の正確性の間に何の関係性も認められなかった。Naka M., Itsukushima, Y., & Itoh, Y. (1996). Eyewitness testimony after three months: A field study on memory for an incident in everyday life. *Japanese Psychological Research, 38,* 14-24. 以下も参照。Wells, G. L., & Leippe, M. R. (1981). How do triers of fact infer the accuracy of eyewitness identifications? Using memory for peripheral detail can be misleading. *Journal of Applied Psychology, 66,* 682-687 も参照。この負の関係は，認知資源の限界によって説明できる。注意が周辺的事象の詳細情報に割かれるということは，その出来事の他の側面に向ける分の注意が犠牲になるということである。

**100.** Brewer et al. (1999), 前掲，注 **92**. See Gilbert & Fisher (2006), 前掲，注 **98**.

**101.** Granhag, P. A., Stromwall, L. A., & Allwood, C. M. (2000). Effects of reiteration, hindsight bias, and memory on realism in eyewitness confidence. *Applied Cognitive Psychology, 14,* 397-420.

**102.** Tomes, J. L., & Katz, A. N. (2000). Confidence-accuracy relations for real and suggested events. *Memory, 8,* 273-283.

**103.** Tomes & Katz(同上)は，確信度と正確性の関係の平均はおよそ0.61 であると報告している。Leippe, Manion, & Romanczyk(1992, 前掲，注 **90**)は，その関係は0.5 程度とみているが，3 つの検証で有意であったのはたった1 つであった。他の研究は，全体して弱い関係，または全く関係がないとみている。Shaw, J. S., & McClure, K. A. (1996). Repeated postevent questioning can lead to elevated levels of eyewitness confidence. *Law and Human Behavior, 20,* 629-653. Shaw と Zerr は，その値を0 から0.4 の間とみている。

Shaw, J. S., & Zerr, T. K. (2003). Extra effort during memory retrieval may be associated with increases in eyewitness confidence. *Law and Human Behavior, 27*, 315-329. Brewer et al. (1999, 前掲, 注**92**) は, 確信度と正確性は全く関係がないと報告している。

**104.** Leippe, Manion, & Romanczyk (1992), 前掲, 注**90**.

**105.** ある研究(Hanba & Zaragoza 2007, 前掲, 注**89**)では, 誤ったフィードバックを伴った記憶テストを繰り返したところ, 誤った記憶の一貫性は 100% まで上昇した。

**106.** 以下を参照。Fisher, R. P., Brewer, N., & Mitchell, G. (2009). The relation between consistency and accuracy of eyewitness testimony: Legal versus cognitive explanations. In R. Bull, T. Valentine, & T. Williamson, eds., *Handbook of psychology of investigative interviewing: Current developments and future directions*, pp. 121-136. Chichester, UK: Wiley-Blackwell.

**107.** Tomes & Katz (2000), 前掲, 注**102**.

**108.** Shaw & Zerr (2003), 前掲, 注**103**.

**109.** *Parker v. Randolph*, 442 U.S. 62, 72 (1979).

**110.** *People v. Schader*, 62 Cal. 2d 716, 731 (1965).

**111.** たとえば, あるイリノイ州の青年は, シカゴ近郊の住宅地で 2 人の殺害に関与したと自白した。その殺人事件が起きた時, 被告人は刑務所にいたという警察の記録が示されたにもかかわらず, 検察はこの事件を起訴した。検察官は警察の記録を批判し, 「書類は完全な証明ではない。では何が完全な証明かをお話ししましょう。完全な証明とは, 被告人自身の言葉です」と主張した。Mills, S., Possley, M., & Armstrong, K. (2001). When jail is no alibi in murders: New evidence undercuts state case. *Chicago Tribune*, December 19.

**112.** 陪審に自白を示すために, 検察は, 証拠の優越を尊重すべき基準として自白が任意になされたことを示すだけでよい。*Lego v. Twomey*, 404 U.S. 477 (1972).

**113.** 第 1 研究で分析対象となった 60 件の虚偽自白のうち, 23 件は判決の前に釈放になり, 7 件は司法取引となり, 8 件は裁判で無罪が言い渡され, 22 件は有罪になった。Leo, R. A., & Ofshe, R. J. (1998). The consequences of false confessions: Deprivations of liberty and miscarriages of justice in the age of psychological interrogation. *Journal of Criminal Law & Criminality, 88*, 429-496. 第 2 研究では, 125 人の被疑者の自白が分析対象となった。そのうち 74 件は裁判前に釈放され, 14 件は司法取引がなされ, 7 件は裁判で無罪が言い渡され, 30 件に有罪判決が言い渡された。Drizin, S. A., & Leo, R. A. (2004). The problem of false confessions in the post-DNA world. *North Carolina Law Review, 82*, 891-1007. しかし, このデータセットの中で無罪判決が実際より少なく見積もられていたという点で, これ等のデータは不完全であるかもしれない。

**114.** Snyder, L., McQuillian, P., Murphy, W. L., & Joselson, R. (2007). Report on the conviction of Jeffrey Deskovic. http://www.westchesterda.net/Jeffrey%20Deskovic%20 Comm%2ORpt.pdf

**115.** Barnes, S. (2011). *The Central Park Five: A chronicle of a city wilding*. New York: Knopf.

**116.** イノセンス・プロジェクトのジョセフ・ホワイトの欄を参照。https://www. innocenceproject.org/cases/joseph-white/

**117.** イノセンス・プロジェクトのナサニエル・ハチェットの欄を参照。https://www. innocenceproject.org/cases/nathaniel-hatchett/

**118.** Blandon-Gitlin, I., Sperry, K., & Leo, R. (2011). Jurors believe interrogation tactics are not likely to elicit false confessions: Will expert witness testimony inform them otherwise? *Psychology, Crime & Law, 17,* 239-260.

**119.** Costanzo, M., Shaked-Schroer, N., & Vinson, K. (2010). Juror beliefs about police interrogations, false confessions, and expert testimony. *Journal of Empirical Legal Studies, 7,* 231-247.

**120.** 以下を参照。Henkel, L. A., Coffman, K. A. J., & Dailey, E. M. (2008). A survey of people's attitudes and beliefs about false confessions. *Behavioral Sciences and the Law, 26,* 555-584; Kassin, S. A. (1997). The psychology of confession evidence. *American Psychologist, 52,* 221-233. Leo, R. A., & Liu, B. (2009). What do potential jurors know about police interrogation and techniques and false confessions? *Behavioral Sciences and the Law, 27,* 381-399 も参照。

**121.** 有罪判決率は，自白を証拠採用したときも(50%)，証拠を不採用として陪審員にそれを無視するように命じたときも(44%)，ほぼ同じであった。これらの比率は，自白が提示されなかったとき(19%)に比べて極めて高かった。Kassin, S. M., & Sukel, H. (1997). Coerced confessions and the jury: An experimental test of the "harmless error" rule. *Law and Human Behavior, 21,* 27-46 (研究2からのデータ。4つの自白条件のうち高圧力条件のみを引用した)。高圧的な取り調べに対する評価の鈍感さは，Blandon-Gitlin, Sperry, & Leo (2011), 前掲，注 **118** によって示された。同様の結果は，以下の研究でも見られる。Kassin, S. M., & McNall, K. (1991). Police interrogations and confessions: Communicating promises and threats by pragmatic implication. *Law and Human Behavior, 15,* 233-251(の研究3); Kassin, S. M., & Wrightsman, L. S. (1981). Coerced confessions, judicial instruction, and mock juror verdicts. *Journal of Applied Social Psychology, 11,* 489-506.

**122.** 連邦と州の裁判官についての研究によると，武装強盗事件において，警察の強引な取り調べが証拠で明らかになると，自白への信用性が消滅したが(有罪判決率は，自白なしでは 30%，強引な取り調べで得られた自白では 28%)，殺人事件ではそのような効果は見られなかった(有罪判決率は，自白なしでは 24%，強引な取り調べで得られた自白では 44%)。Rachlinksi, J. J., Guthrie, C., & Wistrich, A. J. (2006b). Context effects in judicial decision making. Paper presented at the fourth annual Conference on Empirical Legal Studies, University of Southern California, November 20-21, 2009. Available at Social Science Research Network, https://papers.ssrn.com/sol3/papers.cfm?abstract_id=1443596.

**123.** 陪審員の信念調査(Jurors' Beliefs Survey)によると，人は，公には知られていない事実を知っていることが，自白した人が犯罪に関与していたことを示す強力な指標になると信じていた。この問いに対する回答の最頻値と中央値は 1-11 段階尺度中，ともに9であった。Simon, Stenstrom, & Read (2008), 前掲，注 **59**.

**124.** 取り調べマニュアルでは，捜査官に対して，犯罪の詳細な記述に加えて，その語りのなかに些細な詳細情報を含むべきであると教えている。Inbau, F. E., Reid, J. E., Buckley, J. P., & Jayne, B. C. (2004). *Criminal interrogation and confessions,* 4th ed. Sudbury, MA: Jones and Bartlett.

**125.** Garrett (2011), 前掲，注 **32**.

**126.** *Commonwealth of Pennsylvania v. Bruce Godschalk,* 00934-87, Montgomery County, Jury Trial, May 27, 1987, pp. 22-23.

**127.** Garrett（2011），前掲，注 **32**, p. 20. 他の事件の分析については下記参照。Leo, R. A. (2008). *Police interrogation and American justice.* Cambridge, MA: Harvard University Press.

**128.** 取り調べの記録が欠如しているために，捜査官が，被告人に情報を意図的に教えていたのか，単にうっかり言及してしまったのかは明らかにはできない。

**129.** Garrett（2011），前掲，注 **32**. ブルース・ゴドショックの裁判で，捜査官は，「わたしは決して彼に話していない」と裁判で主張した。Leo (2008), 前掲，注 **127**, p. 184.

**130.** たとえば，自由意志であなたは自白しているのかと尋ねられた時，ブルース・ゴドショックは，「自分の自由意志で話しています」といい，警察によって丁重に扱われてきたかと尋ねられた時には，「とても」と答えた。*Commonwealth of Pennsylvania v. Bruce Godschalk*, 00934-87, Montgomery County, Jury Trial, May 27, 1987, pp. 133, 126-127. ゴドショックは，被害者に，「2 人の善良な女性に私がしてしまったこと」について深くお詫びしていることも思い出してほしい(pp. 138-139)。

**131.** アリバイ証拠の有用な分類については，Olson, E. A., & Wells, G. L. (2004). What makes a good alibi? A proposed taxonomy. *Law and Human Behavior, 28*, 157-176 を参照。

**132.** Garret（2011），前掲，注 **32** 参照(記録が見つかった 207 件の裁判からのデータ)。

**133.** 同上。 たとえば，あるオクラホマ州の男性は，11 人の証人が犯行発生時に彼がダラスにいたと証言にしているにもかかわらず，11 歳の少女の犯人識別を主軸として有罪となった。ティム・ダーラムの事件については，Dwyer, J., Neufeld, P., & Scheck, B. (2000). *Actual innocence: Five days to execution and other dispatches from the wrongfully convicted*, pp. 213-222. New York: Doubleday を参照。別のオクラホマ州の男性は，2 人の同僚が法廷で，強姦事件発生時に，彼は自分たちと昼食を取っていたと証言しているにもかかわらず，有罪とされた。"Under the Microscope," *60 Minutes*, February 11, 2009. https://www.cbsnews.com/news/under-the-microscope-08-05-2001/ 参照。ジェフェリー・ピアスの事件については，イノセンス・プロジェクトを参照。https://www.innocenceproject.org/cases/jeffrey-pierce/ ウィスコンシン州在住の男性スティーブン・エイブリーは，16 人のアリバイ証人が，彼はその時別のところにいたと証言したにもかかわらず，ほとんど一件の目撃証人の犯人識別をもとに有罪とされた。2007 年，彼は釈放されたのち，これとは無関係な事件で残忍な殺人を行った罪で有罪判決を受けた。スティーブン・エイブリーについては，http://www.law.northwestern.edu/wrongfulconvictions/exonerations/wiAverySSummary.html を参照。

**134.** しかし，この増加は統計的には有意ではない。McAllister, H. A., & Bregman, N. J. (1989). Juror underutilization of eyewitness nonidentifications: A test of the disconfirmed expectancy explanation. *Journal of Applied Social Psychology, 19*, 20-29.

**135.** Olson & Wells (2004), 前掲，注 **131**. ホアン・カタランの事件は，アリバイの証明の難しさを描き出している。ロスアンゼルス在住の男性カタランは，他の事件の目撃証人の殺害に関与したと目撃証人によって識別されて以来，死刑判決を受ける可能性に直面していた。カタランは，犯行が行われたときは娘とドジャースタジアムで野球を見ていたと主張した。捜査官は，彼のチケットの半券をアリバイの証明として認めなかった。カタランの弁護士が，その試合の TV 中継の映像の中に彼を探したが映っていなかった。偶然に，HBO TV のスタッフがその野球場でラリー・デイヴィッドの番組 *Curb Your Enthusiasm* を収録していた。カタランはその映像の中に映っており，娘と自分たちの指定席に座り，犯行が行われたとき

にはホットドックをほおばっていた。Sweetingham, L. (2004). "Enthusiasm" saves defendant wrongly accused in murder case. CNN, June 7. http://www.cnn.com/2004/LAW/06/07/larry.david/index.html

**136.** Burke, T. M., & Turtle, J. W. (2004). Alibi evidence in criminal investigations and trials: Psychological and legal factors. Canadian Journal of Police & Security Services, 1, 286-294. テキサスのジェームズ・アール・ガイルズは，犯行当時現場にいなかったことを示す通話記録とレストランのレシートを提出したにもかかわらず，被害者の犯人識別と情報提供者の密告に基づき，悪質な性犯罪で有罪となった。Bustillo, M. (2007). Texas men's innocence puts a county on trial. *Los Angeles Times*, April 9. http://www.latimes.com/news/nationworld/nation/la-na-exonerate9apr09,1,265991.story ガイルズは，仮釈放中に DNA 検査で無罪が確定した。有罪判決を受けてから約 25 年間が経過していた。

**137.** Olson & Wells (2004), 前掲，注 **131**.

**138.** ある研究によると，赤の他人による裏づけ証拠は，有罪判決率を 60% から 27% に引き下げるが，義理の兄弟によるアリバイの裏づけ証拠は，ベースラインと変わりない(57%)。Lindsay et al. (1986), 前掲，注 **54**. その他の研究によれば，被告人のガールフレンドによる裏づけ証拠が，有罪判決率を統計的に有意には引き下げることはなかったが(45% であったのが 35%)，隣人の証言は 17% にまで引き下げた。Culhane & Hosch (2004), 前掲，注 **65**; Olson & Wells (2004), 前掲，注 **131**. 前述のホアン・カタランの娘による裏づけ証拠は，捜査官が彼のアリバイを信じるうえでほとんど効果を持たなかった。

**139.** 陪審資格のある学部生 300 人のうち，75% が，兄弟の偽のアリバイのためになら嘘をつくことを認めており，63% は親友についても同じだとしている。赤の他人に同じことをするのは，たった 4% であった。Hosch, H. M., Culhane, S. E., & Hawley, L. R. (2003). Effects of an alibi witness' relationship to the defendant on mock jurors' judgments. *Law and Human Behavior*, 35, 127-142.

**140.** Burke & Turtle (2004), 前掲，注 **136**.

**141.** これは，たとえば，チャーズル・チャットマン(Charles Chatman)，ブライアン・ピシュチェク(Brian Piszczek)，スティーブン・フィリップス(Steven Phillips)の事件である。イノセンス・プロジェクトの下記の項目を参照。https://www.innocenceproject.org/cases/charles-chatman/ https://www.innocenceproject.org/cases/brian-piszczek/ https://www.innocenceproject.org/cases/steven-phillips/

**142.** PBS で 1997 年にベン・ローターマン(Ben Loeterman)によって製作・監督された *Frontline* series の *What Jennifer Saw* における陪審の 1 人ダラス・フライのインタビューから。

**143.** Montagne, R. (2009). Family of man cleared by DNA still seeks justice, *NPR morning edition*, February 5 参照。無罪判決の前に獄中死したティモシー・コールの事件については，イノセンス・プロジェクトのティモシー・コールの欄を参照。https://www.innocenceproject.org/cases/timothy-cole/

**144.** *United States v. Scheffer*, 523 U.S. 303, 313 (1997).

**145.** たとえば，マサチューセッツ州の陪審の説示には，「時折，証人が言ったことでなく言い方が，その出来事についての彼の説明が信用できるか否かの手がかりをあたえることがあります。あなたは，証言台での証人の外見や見た目，彼が率直に証言しているか否か，彼の証言が合理的か否か，そのようなことがありうるか否かを考慮することが認められていま

す」とある。The Massachusetts Court System (2010). *Criminal Jury Instructions*, Instruction 2.260.

**146.** Black, H. C. (1990). *Black's law dictionary*, 6th ed. St. Paul, MN: West.

**147.** 特に，声の高さの効果は，ほんの数ヘルツの変化であり，人の耳では知覚できない。Vrij, A. (2008). *Detecting lies and deceit: Pitfalls and opportunities*, 2nd ed., p. 55. New York: John Wiley.

**148.** DePaulo, B. M., Lindsay, J. J., Malone, B. E., Muhlenbruck, L., Charlton, K., & Cooper, H. (2003). Cues to deception. *Psychological Bulletin, 129*, 74-118.

**149.** Bond, C. F., Jr., & DePaulo, B. M. (2006). Accuracy of deception judgments. *Personality and Social Psychology Review, 10*, 214-234.

**150.** Granhag, P. A., & Stromwall, L. A. (2002). Repeated interrogations: Verbal and non-verbal cues to deception. *Applied Cognitive Psychology, 16*, 243-257.

**151.** Granhag, P. A., & Stromwall, L. A. (2000). Effects of preconceptions on deception detection and new answers to why lie-catchers often fail. *Psychology, Crime & Law, 6(3)*, 197-218.

**152.** O'Sullivan, M. (2003). The fundamental attribution error in detecting deception: The boy-who-cried-wolf effect. *Personality and Social Psychology Bulletin, 29*, 1316-1327.

**153.** 18件の研究のメタ分析によると，確信度と正確さの関係は微妙なものであり，統計的に有意ではない($r=.04$)。全研究を通じ，相関は，－.20から.26と幅があった。DePaulo, B. M., Charlton, K., Cooper, H., Lindsay, J. J., & Muhlenbruck, L. (1997). The accuracy-confidence correlation in the detection of deception. *Personality and Social Psychology Review, 1*, 346-357.

**154.** Frank, M. G., Paolantonio, N., Feeley, T. H., & Servoss, T. J. (2004). Individual and small group accuracy in judging truthful and deceptive communication. *Group Decision and Negotiation, 13*, 45-59; Park, E. S., Levine, T. R., Harms, C. M., & Ferrara, M. H. (2002). Group and individual accuracy in deception detection. *Communication Research Reports, 19*, 99-106.

**155.** 裁判所は，法廷における事実認定者のみが「発言された内容を理解するかや信用するかに深く関わる外見の違いや声のトーンの違いに気づくことができる」と述べている。*Anderson v. Bessemer City*, 470 U.S. 564, 575 (1985).

**156.** たとえば以下を参照。Kassin, S. M., Meissner, C. A., & Norwick, R. J. (2005). "I'd know a false confession if I saw one": A comparative study of college students and police investigators. *Law and Human Behavior, 29(2)*, 211-227; DePaulo, B. M., Lassiter, G. D., & Stone, J. I. (1982). Attentional determinants of success at detecting deception and truth. *Personality and Social Psychology Bulletin, 8(2)*, 273-279.

**157.** 実際，DNAによって無罪が確定した者のなかには，司法取引の提案を取り下げた後の裁判で有罪判決を下された者もいる。たとえば，Zerwick, P. (2007). Murder, race, justice: The State vs. Darryl Hunt, part 6. *Winston-Salem Journal*, November 27; Vertuno, J. (2009). Judge clears dead Texas man of rape conviction. *Austin American-Statesman*, February 7. 参照。

**158.** 以下，参照。Gregory, W. L., Mowen, J. C., & Linder, D. E. (1978). Social psychology and plea bargaining: Applications, methodology, and theory. *Journal of Personality and So-*

*cial Psychology*, *36*, 1521-1530; Tor, A., Gazal-Eyal, O., & Garcia, S. M. (2010). Fairness and the willingness to accept plea bargain offers. *Journal of Legal Studies*, *7*, 97-116.

**159**. たとえば，殺人罪や三振による起訴（[訳注] 比較的軽い罪のため 1 回で起訴されなかったとしても 3 回程度罪を犯せば起訴されること）のような場合，検察官は，司法取引を持ち掛けず，被告人は，有罪を示す強い証拠に直面しても裁判に進むことになるかもしれない。

**160**. 解放理論（liberation hypothesis）によると，陪審員は，その事件が身近な時にのみ，自分たちの価値観や信念を評決に反映させる。Kalven, H., & Zeisel, H. (1966). *The American jury*. Boston: Little, Brown. 身近な事件に対する過敏な反応は，自然データと実験データの両方によって確認されている。たとえば，Devine, D. J., Buddenbaum, J. Houp, S., Studebaker, N., & Stolle, D. P. (2009). Strength of evidence, extraevidentiary influence, and the Liberation Hypothesis: Data from the field. *Law and Human Behavior*, *33*, 136-148; Brewer Hupfeld (2004), 前掲，注 **93**; Johnson, J. D., Whitestone, E., Jackson, L. A., Gatto, L. (1995). Justice is still not colorblind: Differential racial effects of exposure to inadmissible evidence. *Personality and Social Psychology Bulletin*, *21*, 893-898.

**161**. これらの条件は，陪審員のストレス源になりうる。Bornstein, B. H., Miller, M. K., Nemeth, R. J., Page, G. L., & Musil, S. (2005). Juror reactions to jury duty: Perceptions of the system and potential stressors. *Behavioral Sciences & the Law*, *23*, 321-346. 陪審への参加はトラウマ化することもありうる。Robertson, N., Davies, G., & Nettleingham, A. (2009). Vicarious traumatisation as a consequence of jury service. *Howard Journal of Criminal Justice*, *48*, 1-12.

**162**. Green, M. C., & Brock, T. C. (2002). In the mind's eye: Transportation-imagery model of narrative persuasion. In M. C. Green, J. J. Strange, & T. C. Brock, eds., *Narrative impact: Social and cognitive foundations*, pp. 315-342. Mahwah, NJ: Lawrence Erlbaum.

**163**. 裁判の証拠から構築される可能性があるストーリーのうち，陪審員は，そのナラティブ構造へのなじみやすさだけではなく，既知の事実をどれだけ含んでいるかという被覆率や，内的一貫性，背景についての知識との対応，世界に対する期待に基づいて，最も強いナラティブを採用する傾向がある。たとえば，レビューとして Pennington, N., & Hastie, R. (1993). The story model for juror decision making. In R. Hastie, ed., *Inside the juror: The psychology of juror decision making*, pp. 192-221. New York: Cambridge University Press 参照。ストーリーモデルは，Bennett, W. L., & Feldman, M. S. (1981). *Reconstructing reality in the courtroom: Justice and judgment in American culture*. New Brunswick, NJ: Rutgers University Press がもともと論じていたものである。Wagenaar, W. A., van Koppen, P. J., & Crombag, H. F. M. (1993). *Anchored narratives: The psychology of criminal evidence*. New York: St. Martin's Press も参照。

**164**. これは，ストーリーモデルが，説得を構成するすべてであると言っているわけではない。Pennington & Hastie (1993, 前掲，注 **163**) の研究は，人々が内的に物語の形式を適用すること，そしてそれが複雑な一連の証拠を扱うことを可能にしている認知ツールであることを実証したものである。むしろ，語ることが説得装置としても機能するというのがポイントである。

**165**. Petty, R. E., & Cacioppo, J. (1986). *Communication and persuasion: Central and peripheral routes to attitude change*. New York: Springer-Verlag; Chaiken, S., Liberman, A., & Eagly, A. H. (1989). Heuristic and systematic information processing within and beyond the persuasion context. In J. S. Uleman & J. A. Bargh, eds., *Unintended thought*, pp. 212–252. New York: Guilford Press; Chen, S., & Chaiken, S. (1999). The heuristic-systematic model in its broader context. In S. Chaiken & Y. Trope, eds., *Dual-process theories in social psychology*, pp. 73–96. New York: Guilford Press.

　この説得の2過程モデルは，一般的な2つの認知処理形式についてのなじみのある区分と矛盾するものではない。システム1と呼ばれる，ルーズな処理のタイプは，典型的には全体的であり，連合的であり，おおざっぱであり，表面的である。この処理は，情動や動機づけ，感情，努力の最小化，直観的な把握とその維持によって影響を受ける。システム2による処理は，意図的で分析的，詳細で合理的である。Gilbert, D. T. (1989). Thinking lightly about others: Automatic components of the social inference process. In J. S. Uleman & J. A. Bargh, eds., *Unintended thought*, pp. 189–211. New York: Guilford Press; Epstein S. (1994). Integration of the cognitive and psychodynamic unconscious. *American Psychologist, 49*, 709–724; Sloman, S. A. (1996). The empirical case for two systems of reasoning. *Psychological Bulletin, 119*, 3–22; Stanovich, K. E. (1999). *Who is rational? Studies of individual differences in reasoning*. Mahwah, NJ: Lawrence Erlbaum.

　2つのシステムの正確な関係は今でも議論があるが，正確に見れば，2つのシステムは互いに別個のシステムで，独立しているという訳ではないようだ。特にシステム1の処理は，システム2の処理において重要な役割を果たしうる。Evans, J. St. B. T. (2008). Dual-processing accounts of reasoning, judgment, and social cognition. *Annual Review of Psychology, 59*, 255–278. 要するに，分析的な思考は，表面的でヒューリスティックな処理に歪められやすいのである。

**166.** Crano, W. D., & Prislin, R. (2006). Attitudes and persuasion. *Annual Review of Psychology, 57*, 345–374.

**167.** Sopory, P., & Dillard, J. P. (2002). The persuasive effects of metaphor: A meta-analysis. *Human Communication Research, 28*, 382–419.

**168.** Gibbs, R. W., Jr., & Izett, C. D. (2005). Irony as persuasive communication. In H. L. Colston & A. N. Katz, eds., *Figurative language comprehension: Social and cultural influences*, pp. 131–151. Mahwah, NJ: Lawrence Erlbaum.

**169.** Roskos-Ewoldsen, D. R. (2003). What is the role of rhetorical questions in persuasion? In J. Bryant, D. Roskos-Ewoldsen, & J. Cantor, eds., *Communication and emotion: Essays in honor of Dolf Zillmann*, pp. 297–321. Mahwah, NJ: Lawrence Erlbaum.

**170.** Hobbs, P. (2007). Lawyers' use of humor as persuasion. *Humor: International Journal of Humor Research, 20*, 123–156.

**171.** Kaplan, M. F., & Miller, L. E. (1978). Reducing the effects of juror bias. *Journal of Personality and Social Psychology, 36*, 1443–1455.

**172.** Wood, W. (2000). Attitude change: Persuasion and social influence. *Annual Review of Psychology, 51*, 539–570.

**173.** Petty, R. E., Wegener, D. T., & Fabrigar, L. R. (1997). Attitudes and attitude change. *Annual Review of Psychology, 48*, 609–647.

**174.** Petty, R. E., Briñol, P., & Tormala, Z. L. (2002). Thought confidence as a determinant of persuasion: The self-validation hypothesis. *Journal of Personality and Social Psychology, 82*, 722–741.

**175.** Borgida, E., & Nisbett, R. E. (1977). The differential impact of abstract vs. concrete information on decisions. *Journal of Applied Social Psychology, 7,* 258-271. 不法行為事件についての判断を検証する実験で，陪審員は，被告側の専門家証人が科学的データを示したとき(59%)は，事例的データを示したとき(31%)に比べて2倍近く原告に有利な判断を下した。Bornstein, B. H. (2004). The impact of different types of expert scientific testimony on mock jurors' liability verdicts. *Psychology, Crime & Law, 10,* 429-446.

**176.** 仮想の不法行為事件について，陪審員は，身体の損傷がカラー写真で提示されたとき，白黒写真や文書のみで提示されたときに比べてより高い賠償金を支払うよう判断した。Whalen, D. H., & Blanchard, F. A. (1982). Effects of photographic evidence on mock juror judgement. *Journal of Applied Social Psychology, 12,* 30-41.

**177.** Evans, K. (1994). *The common sense rule of trial advocacy.* St. Paul, MN: West.

**178.** Haydock, R., & Sonsteng, J. (2004). *Trial: Advocacy before judges, jurors, and arbitrators,* 3rd ed., pp. 18-19. St. Paul, MN: West Thompson.

**179.** これらの書籍は，アメリカ法廷技術研修所(NITA)から出版されている。NITAの評価は高く，アメリカ内国歳入法第501条C項の規定が適応される非営利団体である。その主たるミッションは，「効果的で倫理的な弁論を通して正義を促進すること」である。

**180.** たとえば，サイコドラマという集団療法テクニックのワークショップが弁護士を対象にしたものにアレンジされている。そのプログラムの発案者は，それを受けることで，陪審の説得に役立つと主張している。Garrison, J. (2006). Lawyers learn to share their pain with jurors. *Los Angeles Times,* November 25.

**181.** American Society of Trial Consultants (2011). *The Jury Expert: The Art and Science of Litigation Advocacy, 23*(5). http://www.thejuryexpert.com/wp-content/uploads/TheJuryExpertSeptember2011.pdf

**182.** 陪審員は，その効果について説示を受ける。たとえば，カリフォルニアの典型的な説示では「あなたは，法廷で示された証拠のみで判断しなければならない」と述べられている。Judicial Council of California (2010). *Criminal jury instructions,* p. 104. http://www.courts.ca.gov/partners/documents/calcrim_juryins.pdf

**183.** 認知心理学で昔から述べられていることによると，人は，自分が受け取った情報で常に満足しているわけではない。世界を理解したいという普遍的な動因によって，人は，与えられた情報以上のものを得ようとする傾向にある。Bruner, J. S. (1957). Going beyond the information given. In J. S. Bruner, E. Brunswik, L. Festinger, E Heider, K. F. Muenzinger, C. E. Osgood, & D. Rapaport, eds., *Contemporary approaches to cognition,* pp. 41-69. Cambridge, MA: Harvard University Press.

**184.** 証拠外の情報が真の事実であったときに難しい問題が生じる。このような情報は実際には判断の正確性を高めるが，証拠採用されない証拠を提出するという規則にそもそも違反している。

**185.** Moran, G., & Cutler, B. L. (1991). The prejudicial impact of pretrial publicity. *Journal of Applied Social Psychology, 21,* 345-367; Nietzel, M. T., & Dillehay, R. C. (1983). Psychologists as consultants for changes of venue: The use of public opinion surveys. *Law and Human Behavior, 7,* 309-335.

**186.** Devine et al. (2009), 前掲，注**160**.

**187.** ロバート・ミラーを無罪にしたこのDNA鑑定は，真犯人を識別するのにも用いられ

ている。Dwyer, Neufeld, & Scheck (2000), 前掲, 注 **133**; イノセンス・プロジェクトのロ
バート・ミラーの欄を参照。https://www.innocenceproject.org/cases/robert-miller/

**188**. Sue, S., Smith, R. E., & Gilbert, R. (1974). Biasing effects of pretrial publicity on judicial decisions. *Journal of Criminal Justice, 2*, 163-171.

**189**. Kerr, N. L., Niedermeier, K. E., & Kaplan, M. F. (1999). Bias in jurors vs. bias in juries: New evidence from the SDS perspective. *Organizational Behavior and Human Decision Processes, 80*, 70-86.

**190**. Hope, L., Memon, A., & McGeorge, P. (2004). Understanding pretrial publicity: Predecisional distortion of evidence by mock jurors. *Journal of Experimental Psychology: Applied, 10*, 111-119.

**191**. Ruva, C., McEvoy, C., & Bryant, J. B. (2007). Effects of pre-trial publicity and jury deliberation on juror bias and source memory errors. *Applied Cognitive Psychology, 21*, 45-67; Ruva, C. L., & McEvoy, C. (2008). Negative and positive pretrial publicity affect juror memory and decision making. *Journal of Experimental Psychology: Applied, 14*, 226-235.

**192**. Steblay, N. M., Besirevic, J., Fulero, S. M., & Jimenez-Lorente, B. (1999). The effects of pretrial publicity on juror verdicts: A meta-analytic review. *Law and Human Behavior, 23*, 219-235. The effects are strongest for studies conducted under more realistic conditions.

**193**. Ogloff, J. R. P., & Vidmar, N. (1994). The impact of pretrial publicity on jurors: A study to compare the relative effects of television and print media in a child sex abuse case. *Law and Human Behavior, 18*, 507-525.

**194**. Ruva, McEvoy, & Bryant (2007), 前掲, 注 **191**. ソースモニタリングの問題について
は第 4 章参照。

**195**. たとえば, Judicial Council of California (2010). Instruction 101: "Do not let bias, sympathy, prejudice, or public opinion influence your decision." Judicial Council of California (2010), 前掲, 注 **182** を参照。

**196**. Douglas, K. S., Lyon, D. R., & Ogloff, J. R. P. (1997). The impact of graphic photographic evidence on mock jurors' decisions in a murder trial: Probative or prejudicial? *Law and Human Behavior, 21*, 485-501.

**197**. ある研究によると, 悲惨な証拠に晒されると, 有罪判決率は, 14% から 34% に上昇する。Bright, D. A., & Goodman-Delahunty, J. (2004). The influence of gruesome verbal evidence on mock juror verdicts. *Psychiatry, Psychology and Law, 11*, 154-166. Bright, D. A., & Goodman-Delahunty, J. (2006). Gruesome evidence and emotion: Anger, blame, and jury decision-making. *Law and Human Behavior, 30*, 183-202 も参照。しかし, 他の研究は, 悲惨な証拠の効果について部分的にしか支持をしていない。以下参照。Kassin, S. M., & Garfield, D. A. (1991). Blood and guts: General and trial-specific effects of videotaped crime scenes on mock jurors. *Journal of Applied Social Psychology, 21*, 1459-1472.

**198**. 怒りが量刑を決定する法的判断において一定の役割を担うことは, 合法的に認められている。さまざまな殺人に関する法規は, 殺人を, 一般殺人, さらには死刑に値する殺人にまで厳罰化しうる要因として, 犯行の凶悪性について考慮することを認めている。

**199**. Federal Rule of Evidence 403 を参照。

**200**. ハントの 2 度目の裁判における検察官ディーン・ボウマンによる最終弁論。Zerwick

(2007), 前掲, 注 **157** からの引用。ダリル・ハントは, 18 年以上を刑務所ですごしたのちに, DNA 鑑定で無罪となった。

**201.** Weinstein, H. (2006). Freed man gives lesson on false confessions: An ex-inmate tells a state panel how Texas police coerced him into admitting to murder. *Los Angeles Times*, June 21. オチョアは有罪となり, 終身刑を課された。彼は, DNA 検査によって 11 年後に釈放された。クリストファー・オチョアの事件については, イノセンス・プロジェクトのクリストファー・オチョアの欄を参照。https://www.innocenceproject.org/cases/christopher-ochoa/

**202.** ブライアン・ピシュチェク(Brian Piszczek)の裁判の被害者は, 彼女が残忍な被害に耐えている時の詳細を説明しながらむせび泣いた。ピシュチェクは, 「私は陪審を見ました。そして, 数人の女性が驚きで口をぽかんと開けているのを見ました。私にはその人たちが考えていることが分かりました。彼らは『お前はひどい。汚い男だ』と思っていたことでしょう」。Suspect convicted on faulty memory. (1995). *Houston Chronicle*, February 13, p. A4. ピシュチェクは, 3 年間刑務所ですごしたのち DNA 検査に基づいて刑務所から釈放された。

**203.** たとえば, Damasio, A. R. (1994). *Descartes' error: Emotion, reason, and the human brain.* New York: Putnam; Loewenstein, G., & Lerner, J. S. (2003). The role of affect in decision making. In R. J. Davidson, K. R. Scherer, & H. H. Goldsmith, eds., *Handbook of affective sciences*, pp. 619-642. Oxford: Oxford University Press を参照。

たとえば, 名誉棄損事件の被告人を肯定的に(親切な田舎のお医者さんというように)描写した場合は(78%), ウォールストリートのやり手と描写した場合(28%)よりも被告人に有利な評決を引き出しやすい。Holyoak, K. J., & Simon, D. (1999). Bidirectional reasoning in decision making by constraint satisfaction. *Journal of Experimental Psychology: General, 128,* 3-31 の研究 3 参照。親しみやすく, 好ましく, 魅力的だと判断された証人は信用されやすかったことを思い起こしてほしい。O'Sullivan (2003), 前掲, 注 **152**.

**204.** たとえば, 以下を参照。Otto, A. L., Penrod, S. D., & Dexter, H. R. (1994). The biasing impact of pretrial publicity on juror judgments. *Law and Human Behavior, 18,* 453-869.

**205.** Paynter, B. (1986). Man convicted of rape; voice print evidence given. *Dallas Morning News*, February 8, p. A39. 15 年間刑務所ですごしたのち, DNA 鑑定で雪冤されたデビット・ポープの事件については, イノセンス・プロジェクトのデビット・ポープの欄を参照。https://www.innocenceproject.org/cases/david-shawn-pope/

**206.** 雇用における差別の例については, Bertrand, M., & Mullainathan, S. (2004). Are Emily and Brendan more employable than Lakisha and Jamal? *American Economic Review, 94,* 991-1014 を参照。臓器移植と車の購入における差別の例については, Ayres, I. (2001). *Pervasive prejudice? Unconventional evidence of race and gender discrimination.* Chicago: University of Chicago Press を参照されたい。

**207.** Jones, C. S., & Kaplan, M. F. (2003). The effects of racially stereotypical crimes on juror decision-making and information-processing strategies. *Basic and Applied Social Psychology, 25,* 1-13; Gordon, R. A., Bindrim, T. A., McNicholas, M. L., & Walden, T. L. (1988). Perceptions of blue-collar and white-collar crime: The effect of defendant race on simulated juror decisions. *Journal of Social Psychology, 128,* 191-197; Gordon, R. A. (1990). Attributions for blue-collar and white-collar crime: The effects of subject and defendant race on simulated juror decisions. *Journal of Applied Social Psychology, 20,* 971-983. ステレオタイプの影響は，白人の被告人が痴漢の罪で起訴された場合や黒人の被告人が暴行の罪で起訴された場合にみられる。Bodenhausen, G. V. (1990). Second-guessing the jury: Stereotypic and hindsight biases in perceptions of court cases. *Journal of Applied Social Psychology, 20,* 1112-1121.

人種に関係のない事件の特徴，たとえば，証拠として採用されない有罪性を示す証拠があったときにも被告人の人種による偏見の効果がみられる。以下，参照。Johnson et al. (1995), 前掲，注**160**。言い換えれば，人種に関係のない要因と推定されるものが，人種差別的な結果に使用される。

**208.** Garrett, B. (2008). Judging innocence. *Columbia Law Review, 108,* 55-142, p. 96. これらのデータは，最初の 200 人の DNA による無罪確定者からのデータである。

**209.** 白人被害者によって 2006 年に訴えられた 194,000 件の強姦事件のうち，被害者の供述によって加害者の人種が明らかになっているのは83% であった。これらのうち，黒人男性による犯行は17% であった。U.S. Department of Justice, Bureau of Justice Statistics (2008). *Criminal victimization in the United States,* table 42. https://www.bjs.gov/content/pub/pdf/cvus08.pdf

**210.** Innocence Project (2007). 200 exonerated: Too many wrongfully con-victed, 20-21. http://www.innocenceproject.org/200/ip_200.pdf

**211.** 実験室における知見については，Blair, I. V., Judd, C. M., Sadler, M. S., & Jenkins, C. (2002). The role of Afrocentric features in person perception: Judging by features and categories. *Journal of Personality and Social Psychology, 83,* 5-25; Blair, I. V., Chapleau, K. M., & Judd, C. M. (2005). The use of Afrocentric features as cues for judgment in the presence of diagnostic information. *European Journal of Social Psychology, 35,* 59-68 を参照。

**212.** フロリダで有罪判決をうけて刑務所に収容されている人のうち 216 人を対象にした研究によると，その集団の平均よりも 1 標準偏差以上アフリカ的な特徴が強い外見をしている人は，平均より 1 標準偏差以上アフリカ的な特徴が弱い外見をしている人に比べて，7 カ月から 8 カ月量刑が重かった。Blair, I. V., Judd, C. M., & Chapleau, K. M. (2004). The influence of Afrocentric facial features in criminal sentencing. *Psychological Science, 15,* 674-679.

**213.** フィラデルフィアにおける死刑相当の殺人事件の裁判で，白人を殺害した罪で有罪判決を受けた黒人被告人の事件 44 件のうち，アフリカ系の特徴が弱いと分類された被告人の死刑判決率は 24% であったのに対して，そのような特徴が強いと分類された被告人は 57% が死刑判決を受けた。Eberhardt, J. L., Davies, P. G., Purdie-Vaughns, V. J., & Johnson, S. L. (2006). Looking deathworthy: Perceived stereotypicality of black defendants predicts capital-sentencing outcomes. *Psychological Science, 17,* 383-386.

**214.** Simon, D., Snow, C. J., & Read, S. J. (2004). The redux of cognitive consistency theories: Evidence judgments by constraint satisfaction. *Journal of Personality and Social Psychology, 86,* 814-837; Glöckner, A., & Engel, C. (under review). Can we trust intuitive jurors? Standards of proof and the probative value of evidence in coherence based reasoning.

刑事事件以外の法的事件や(Holyoak & Simon 1999, 前掲，注**203**)，法律に関係のない場面での意思決定においても同様の結果が得られていることを思い起こしてほしい。Simon,

D., Krawczyk, D. C., & Holyoak, K. J. (2004). Construction of preferences by constraint satisfaction. *Psychological Science, 15*, 331-336; Simon, D., Krawczyk, D. C., Bleicher, A., & Holyoak, K. J. (2008). The transience of constructed preferences. *Journal of Behavioral Decision Making, 21*, 1-14; Glöckner, A., & Betsch, T. (2008). Multiple-reason decision making based on automatic processing. *Journal of Experimental Psychology: Learning, Memory, and Cognition, 34*, 1055-1075; Glöckner, A., Betsch, T., & Schindler, N. (2010). Coherence shifts in probabilistic inference tasks. *Journal of Behavioral Decision Making, 23*, 439-462.

**215.** 刑事事件を模した実験において，1点から11点で確信度を回答した場合，過半数が8点以上であり，6点未満は15%に満たなかった。Simon, Snow, & Read (2004), 前掲, 注**214**. 他の研究で，4分の3の参加者が，1-5の5段階の尺度のうち，4か5にチェックをつけている。Holyoak & Simon (1999), 前掲, 注**203**.

**216.** Simon, Snow, & Read (2004), 前掲, 注**214**, p. 821 を参照。

**217.** 第7章で論じるように，合理的疑いを超えるかどうかの判断に関わる心理的な背景には事実認定者の確信度があると考えられる。

**218.** この効果は，陪審員が無罪方向に傾いている際には，判決に何ら実際的な効果をもたらさないことが多い。刑事事件における証明の非対称的基準を鑑みれば，無罪方向に傾いている陪審員は，その傾きの強さとは無関係にそのように判断すべきである。

**219.** このような積み重ねが，目撃証人による識別の過大評価や，被告人のところで見つかったお金の出処についての被告人の説明に対する不信といったように，どうやら非論理的な推察を引き起こすのである。同じ理由で，犯行現場から遠く離れた場所にいたという情報を提供することは，その他すべての証拠をより無罪方向に解釈することにつながる。Simon, Snow, & Read (2004), 前掲, 注**214**, study 3.

**220.** Holyoak & Simon (1999), 前掲, 注**203**, study 3.

**221.** Bell & Loftus (1988), 前掲, 注**91**; Bell, B. E., & Loftus, E. E (1989). Trivial persuasion in the courtroom: The power of (a few) minor details. *Journal of Personality and Social Psychology, 56*, 669-679.

**222.** Borckardt, J. J., Sprohge, E., & Nash, M. (2003). Effects of the inclusion and refutation of peripheral details on eyewitness credibility. *Journal of Applied Social Psychology, 33*, 2187-2197.

**223.** Smith, B. C., Penrod, S. D., Otto, A. L., & Park, R. C. (1996). Jurors' use of probabilistic evidence. *Law and Human Behavior, 20*, 49-82. 以下も参照。McKenzie, C. R. M., Lee, S. M., & Chen, K. K. (2002). When negative evidence increases confidence: Changes in belief after hearing two sides of a dispute. *Journal of Behavioral Decision Making, 15*, 1-18.

**224.** Charman, S. D., Gregory, A. H., & Carlucci, M. (2009). Exploring the diagnostic utility of facial composites: Beliefs of guilt can bias perceived similarity between composite and suspect. *Journal of Experimental Psychology: Applied, 15*, 76-90 (study 2).

**225.** Lagnado, D. A., & Harvey, N. (2008). The impact of discredited evidence. *Psychonomic Bulletin & Review, 15*, 1166-1173.

**226.** 確かに，ときおり，排除される情報が事実として正しいこともある。このような場合に証拠から排除された情報に触れることは，正しい判決に至る可能性を増大させる。

**227.** Hope, Memon, & McGeorge (2004), 前掲, 注**190**.

**228.** Kassin, S. M., & Sommers, S. R. (1997). Inadmissible testimony, instructions to disregard, and the jury: Substantive versus procedural considerations. *Personality and Social Psychology Bulletin, 23*, 1046-1054.

**229.** Greene, E., & Dodge, M. (1995). The influence of prior record evidence on juror decision making. *Law and Human Behavior, 19*, 67-78; Hans, V. P., & Doob, A. N. (1976). Section 12 of the Canada Evidence Act and the deliberation of simulated juries. *Criminal Law Quarterly, 18*, 253-253. 殺人についての裁判で，被告人の有罪性を示すような事前報道に陪審員が触れると，検察官をより好ましく，弁護人をよりネガティブに評価する傾向を示すが，被告人に有利な事前報道に触れた場合は，逆の評価になる。Ruva & McEvoy (2008), 前掲，注 **191**.

**230.** 初期の研究は，バイアスを取り除く介入が，約2分の1程度に一貫性効果を低減しうることを示している(Simon, D. [2004]. A third view of the black box: Cognitive coherence in legal decision making. *University of Chicago Law Review, 71*, 511-586, pp. 569-574 参照)が，この傾向はその後の(未公刊の)実験では再現されていない。

**231.** この研究の大部分は，目撃証人による識別を検討したものに限られていた。Cutler, B. L., Penrod, S. D., & Dexter, H. R. (1989). The eyewitness, the expert psychologist, and the jury. *Law and Human Behavior, 13(3)*, 311-332; Devenport et al. (2002), 前掲，注 **57** 参照。レビューについては，Leippe, M. R. (1995) The case for expert testimony about eyewitness memory. *Psychology, Public Policy, and Law, 1*, 909-959 を参照。この研究の批判的レビューについては Martire, K. A., & Kemp, R. I. (2011). Can experts help jurors to evaluate eyewitness evidence? A review of eyewitness expert effects. *Legal and Criminological Psychology, 16(1)*, 24-36 を参照されたい。この問題についてはさらに多くの研究が求められている。

**232.** さまざまな裁判管轄における専門家証人の証拠採用については Schmechel et al. (2006), 前掲，注 **37** を参照。

**233.** 確かに，犯人識別は，手続きにほんのわずかな欠陥があっただけでは証拠から排除されるべきではない。排除するか否かをどこで線引きするのが妥当かについては，ここでの議論の範囲を超えているが，裁判所は，第3章で示したような多くの極めて暗示的な手続きについては言うまでもなく(「現実のラインナップ」)，*Neil v. Biggers* (409 U.S. 188 [1972]) や *Manson v. Brathwaite* (432 U.S., 98 [1977])といった重要な事件で問題となった識別については証拠として認めるべきではなかったということはできるだろう。第3章で推奨として挙げられたリストに沿って行われたラインナップで得られた識別を排除する理由はほとんどない。コンピュータで自動化したラインナップを，証拠から排除する理由もまずないだろう。

**234.** これらの推奨事項やその背後にある研究については，Leo, R. A., Drizin, S. A., Neufeld, P. J., Hall, B. R., & Vatner, A. (2006). Bringing reliability back in: False confessions and legal safeguards in the twenty-first century. *Wisconsin Law Review, (2)*, 479-538 を参照。裁判所が自白の信用性の評価を行わない理由については，Dix, G. E. (1988). Federal constitutional confession law: The 1986 and 1987 Supreme Court terms. *Texas Law Review, 67*, 231-349, pp. 272-276 を参照。

この原則は，イギリスでは法によって義務づけられている。Police and Criminal Evidence Act (1984)の76章によると，自白が，被疑者の圧迫などによって「得られた，あるいは得られた可能性のある場合」や，「信用できない自白が行われやすい」ような状況下で得られた場合には，証拠として採用すべきではないとしている。この不採用の推定は，検察

340 注

官が，自白は適切な方法で得られたものではないという疑いを合理的な疑いを超えて裁判所に証明したときのみに，覆されるものとなりうる。

## 第7章

**1.** 合衆国憲法修正第6条には「すべての刑事訴追において，……被告人は証人と対峙し，……弁護のために弁護士の援助を受ける権利を享受できる」とある。

**2.** 次の文献におけるマシュー・ホールの引用。Langbein, J. H. (2003). *The origins of adversary criminal trial*, p. 234. New York: Oxford University Press.

**3.** Wigmore, J. H. (1974). Evidence in trials at common law, vol. 5, p. 32 (J. H. Chadbourn, Rev.). Boston: Little, Brown and Co. より。以下も参照されたい。*Lilly v. Virginia*, 527 U.S. 116, 124 (1999); *Watkins v. Sowders*, 449 U.S. 341, 349 (1981).

**4.** Underwager, R., & Wakefield, H. (1996). Responding to improper and abusive impeachment efforts. *American Journal of Forensic Psychology, 14*, 5-23 を参照。

**5.** ［訳注］ペリー・メイスンは米国のアール・ガートナーによる推理小説・テレビドラマシリーズに登場する架空の弁護士のこと。この作品にちなみ，裁判中にそれまで知られていなかった新しい証拠または情報が，審理の結果を決定づけるものとして登場する瞬間のことをペリー・メイスン・モーメントと呼んでいる。

**6.** よく引用されるこの格言は，反対尋問の十戒の1つに挙げられている。Younger, I. (1976). *The art of cross-examination*, p. 23. Chicago: American Bar Association を参照。

**7.** *Brady v. Maryland* (373 U.S. 83, 87 [1963]) とその結果については以下を参照されたい。Medwed, D. S. (2010). Brady's bunch of flaws. *Washington & Lee Law Review, 67*, 1533-1567; Sundby, S. E. (2002). Fallen superheroes and constitutional mirages: The tale of *Brady v. Maryland. McGeorge Law Review, 33*, 643-663.

**8.** 弁護側に対するこの逆効果については，Rucker, D. D., & Petty, R. E. (2003). Effects of accusations on the accuser: The moderating role of accuser culpability. *Personality and Social Psychology Bulletin, 29*, 1259-1271 を参照されたい。

**9.** 研究によれば，弁護人による反対尋問中の批判は，専門家証人の証言に対する陪審員の評価に負の影響を与えたが，被害者に対しては影響がなかった。Kassin, S. M., Williams, L. N., & Saunders, C. L. (1990). Dirty tricks of cross-examination: The influence of conjectural evidence on the jury. *Law and Human Behavior, 14*, 373-384.

**10.** Frank, J. (1949). *Courts on trial*. Princeton, NJ: Princeton University Press; Frankel, M. E. (1978). *Partisan justice*. New York: Hill & Wang.

**11.** Freedman, M. H. (1966). Professional responsibility of the criminal defense lawyer: The three hardest questions. *Michigan Law Review, 64*, 1469-1484.

**12.** Valentine, T., & Maras, K. (2011). The effect of cross-examination on the accuracy of adult eyewitness testimony. *Applied Cognitive Psychology, 25*, 554-561.

**13.** Kebbell, M. R., & Johnson, S. D. (2000). Lawyers' questioning: The effect of confusing questions on witness confidence and accuracy. *Law and Human Behavior, 24*, 629-641; Perry, N. W., McAuliff, B. D., Tam, P., & Claycomb, L. (1995). When lawyers question children: Is justice served? *Law and Human Behavior, 19*, 609-629. 後者の実験では，複雑な質問は幼稚園生から大学生まで，4つの年齢層の実験参加者に悪影響を及ぼした。

**14.** Wheatcroft, J. M., Wagstaff, G. F., & Kebbell, M. R. (2004). The influence of courtroom questioning style on actual and perceived eyewitness confidence and accuracy. *Legal and Criminological Psychology*, *9*, 83-101.

**15.** 正確性と確信度の関係性については第6章での議論を参照されたい。

**16.** Evans, K. (1994). *The common sense rules of trial advocacy*. St. Paul, MN: West Publishing.

**17.** Wells, G. L., Ferguson, T. J., & Lindsay, R. C. L. (1981). The tractability of eyewitness confidence and its implications for triers of fact. *Journal of Applied Psychology*, *66*, 688-696.

**18.** 反対尋問は，控えめな目的で利用された場合には，審査手続きを支援する機能を持つ。この手続きは，反対尋問を行う側に追加情報，あるいは相手が提示した説明に代わる説明を証人に語らせる機会を与えるものである。この限りにおいては，たとえこの手続きが信用性の低い証言を弾劾するという主要な役割を果たさなくとも，事実認定者により豊かな証拠を提供することができる。

**19.** 最高裁判所が *Taylor v. Louisiana* (419 U.S. 522, 530 [1975]) の中で述べているように，陪審員は訴追裁量権の濫用，そして「専門的な，あるいは過度に硬直化した，バイアスのかかった裁判官」に対するチェック機能として，「世間の常識的な判断」を体現するものである。

**20.** 罪刑法定主義 (nullum crimen sine lege) の原則によれば，法でそのように前もって定められていない限り，当該行為を犯罪とすることはできない。

**21.** 陪審による法の無視 (jury nullification) については，Marder, N. S. (1999). The myth of the nullifying jury. *Northwestern Law Review*, *93*, 877-959 と Vidmar, N., & Hans, V. P. (2007). *American juries: The verdict*. New York: Prometheus Books を参照されたい。

**22.** 陪審員が説示に従わなかったからといって，必ずしもそのことが判断の正確性を損なうとは限らない。たとえば，証拠法が正確な証拠について裁判所に持ち込むことを禁じているような場合には，説示を守らない場合でも判決の正確性が実際に増加する可能性もある。

**23.** *Parker v. Randolph*, 442 U.S. 62, 73 (1979). この信念を裏づけるように，裁判所は陪審員が説示に従わなかった場合について，「裁判所の陪審への説示は無意味であり，不適切な説示が陪審員に与えられたからといって，控訴裁判所が有罪判決を取り消すことはさらに無意味である」という循環論を提示している。

**24.** たとえば，説示の理解度について陪審員評議後に検討した大規模な研究によれば，理解の正確性は30%程度であった。Hastie, R., Penrod, S. D., & Pennington, N. (1983). *Inside the jury*. Cambridge, MA: Harvard University Press. 心神喪失の抗弁についての理解度は15%から43%の範囲であった。Ogloff, J. R. (1991). A comparison of insanity defense standards on juror decision making. *Law and Human Behavior*, *15*, 509-531. 研究のレビューには Lieberman, J. D., & Sales, B. D. (1997). What social science teaches us about the jury instruction process. *Psychology, Public Policy, and Law*, *3*, 589-644 を参照。

**25.** たとえば，Strawn, D. U., & Buchanan, R. W. (1976). Jury confusion: A threat to justice. *Judicature*, *59*, 478-483 と Buchanan, R. W., Pryor, B., Taylor, K. P., & Strawn, D. U. (1978). Legal communication: An investigation of juror comprehension of pattern instructions. *Communication Monographs*, *26*, 31-35 を参照。

**26.** たとえば，ミシガン州の陪審員研究によれば，説示は手続きのルールについての正確性な理解を向上させたが，犯罪の定義については向上しなかった。この研究では，両タイプの

説示について 50% に満たない理解度の程度であった。Reifman, A., Gusick, S. M., & Ellsworth, P. C. (1992). Real jurors' under-standing of the law in real cases. *Law and Human Behavior, 16*, 539-554.

**27.** たとえば，限られた目的のための証拠使用と特別の意思についての定義について尋ねられたミシガン州の陪審員の回答はほとんどチャンスレベルにも達していない。Kramer, G., & Koenig, D. (1990). Do jurors understand criminal jury instructions? Analyzing the results of the Michigan juror comprehension project. *University of Michigan Journal of Law Reform, 23*, 401-437.

**28.** Thomas, C. (2010). *Are juries fair?* Ministry of Justice Research Series 1/10. https://www.justice.gov.uk/downloads/publications/research-and-analysis/moj-research/are-juries-fair-research.pdf

**29.** ワシントン州のサンプルでは，参加者たちが適切に説示を正しく適用できたのは 60% であった。Severance, L. J., & Loftus, E. E (1982). Improving the ability of jurors to comprehend and apply criminal jury instructions. *Law & Society Review, 17*, 153-198; Buchanan et al. (1978), 前掲，注 **25**.

**30.** それにもかかわらず，回答者は自らの決定について定義の文言に基づいて正当化した。Spackman, M. P., Belcher, J. C., Calapp, J. W., & Taylor, A. (2002). An analysis of the effects of subjective and objective instruction forms on mock-juries' murder/manslaughter distinctions. *Law and Human Behavior, 26*, 605-623.

**31.** ダン・カーンによる研究によれば，3 つの異なる犯罪に対する有罪率に違いは見られなかった(53% から 55% の範囲)。2 つの常識にはそぐわない説示の間には小さな違いが見られた(62% と 65%)。Kahan, D. (2010). Culture, cognition, and consent: Who perceives what, and why, in "acquaintance rape" cases. *University of Pennsylvania Law Review, 158*, 729-813.

**32.** Ogloff (1991), 前掲，注 **24**.

**33.** Kassin, S. M., & Sommers, S. R. (1997). Inadmissible testimony, instructions to disregard, and the jury: Substantive versus procedural considerations. *Personality and Social Psychology Bulletin, 23*, 1046-1054 を参照。また，Finkel, N. J. (1995). *Commonsense justice: Jurors' notions of the law*. Cambridge, MA: Harvard University Press と Robinson, P., & Darley, J. (1995). Justice, liability, and blame. Boulder, CO: Westview Press も参照にされたい。

**34.** Smith, V. L. (1991). Prototypes in the courtroom: Lay representations of legal concepts. *Journal of Personality and Social Psychology, 61*, 857-872; Smith, V. L. (1993). When prior knowledge and law collide: Helping jurors use the law. *Law and Human Behavior, 17*, 507-536.

**35.** Dhami, M. K. (2008). On measuring quantitative interpretations of reasonable doubt. *Journal of Experimental Psychology: Applied, 14*, 353-363.

**36.** 第 6 章でも述べたように，連邦裁判官と州裁判官を対象に行った調査によれば，被疑者の被疑事実が深刻な犯罪でない時は，これが重罪である時よりも裁判官は法をより遵守し，強迫的な尋問によって得られた自白を無視する傾向にあった。Rachlinksi, J. J., Guthrie, C., & Wistrich, A. J. (2009). Context effects in judicial decision making. Paper presented at the fourth annual Conference on Empirical Legal Studies, University of Southern California,

November 20-21, 2009. http://ssrn.corn/abstract=1443596

**37.** 研究のレビューとして，Wenzlaff, R. M., & Wegner, D. M. (2000). Thought suppression. *Annual Review of Psychology, 51*, 59-91 を参照。実際に，証拠を無視するよう説示を行うことが不採用証拠が決定に及ぼす影響を増大させた陪審のシミュレーション実験もある。Pickel, K. L. (1995). Inducing jurors to disregard inadmissible evidence: A legal explanation does not help. *Law and Human Behavior, 19*, 407-424; Wolf, S., & Montgomery, D. A. (1977). Effects of inadmissible evidence and level of judicial admonishment to disregard on the judgments of mock jurors. *Journal of Applied Social Psychology, 7*, 205-219.

**38.** Wright, R. A., Greenberg, J., & Brehm, S. S., eds. (2004). *Motivational analyses of social behavior: Building on Jack Brehm's contributions to psychology*. Mahwah, NJ: Lawrence Erlbaum.

**39.** Fischhoff, B. (1975). Hindsight is not equal to foresight: The effect of outcome knowledge on judgment under uncertainty. *Journal of Experimental Psychology: Human Perception and Performance, 1*, 288-299.

**40.** Anderson, C. A., Lepper, M. R., & Ross, L. (1980). Perseverance of social theories: The role of explanation in the persistence of discredited information. *Journal of Personality and Social Psychology, 39*, 1037-1049.

**41.** これは間接的に影響を及ぼし，不採用証拠が他の証拠に揺さぶりをかけ，それが示す特定の結論とつじつまが合うよう，一貫性を維持する方向に人を動機づけることを思い出してほしい。たとえ人が不適切な特定の証拠を排除することができたとしても，彼らの判断は不適切な情報と一致するよう評価が変化してしまった採用された証拠を通して影響を受ける可能性がある。第2章と6章，そして，Simon, D. (2004). A third view of the black box: Cognitive coherence in legal decision making. *University of Chicago Law Review, 71*, 511-586 を参照。

**42.** Steblay, N., Hosch, H. M., Culhane, S. E., & McWethy, A. (2006). The impact on juror verdicts of judicial instruction to disregard inadmissible evidence: A meta-analysis. *Law and Human Behavior, 30*, 469-492.

**43.** Kassin & Sommers (1997), 前掲，注 **33**.

**44.** Fein, S., McCloskey, A. L., & Tomlinson, T. M. (1997). Can the jury disregard that information? The use of suspicion to reduce the prejudicial effects of pretrial publicity and inadmissible testimony. *Personality and Social Psychology Bulletin, 23*, 1215-1226.

**45.** 無視されるべき証拠に被告人の自白記録，未解明の殺人についての重要な事実の提供，被告人の銃と犯罪との関連性が含まれている場合には説示の効果はないことが分かった。Ruva, C. L., & McEvoy, C. (2008). Negative and positive pretrial publicity affect juror memory and decision making. *Journal of Experimental Psychology: Applied, 14*, 226-235 と Fein, McCloskey, & Tomlinson (1997), 前掲，注 **44**, Kassin, S. M., & Sukel, H. (1997). Coerced confessions and the jury: An experimental test of the "harmless error" rule. *Law and Human Behavior, 21*, 27-46, Sue, S., Smith, R. E., & Gilbert, R. (1974). Biasing effects of pretrial publicity on judicial decisions. *Journal of Criminal Justice, 2*, 163-171 を参照。

**46.** Kassin & Sommers (1997), 前掲，注 **33**.

**47.** Sue, Smith, & Gilbert (1974), 前掲，注 **45**.

**48.** Hunt, J. S., & Budesheim, T. L. (2004). How jurors use and misuse character evidence.

*Journal of Applied Psychology, 89,* 347-361.

**49.** Greene, E., & Loftus, E. F. (1985). When crimes are joined at trial. *Law and Human Behavior, 9,*193-207 を参照。

**50.** たとえば，模擬陪審研究では，当該分野において当該専門家証人の評判が芳しくないことを示唆するだけで，その専門家証人の信用性に悪影響を及ぼすことが分かっている。たとえ専門家がそのようなほのめかしを否定したり，質問に対する異議を裁判官が支持したとしても，陪審員は証人の能力は低く，説得力に乏しく，信憑性が低いと判断した。Kassin, Williams, & Saunders (1990), 前掲，注 **9**.

**51.** (世間の人の正義観ではグレーゾーンに位置していると思われる)伝聞証拠を無視するように説示を与えると，結果は様々になる。Fein, McCloskey, & Tomlinson (1997), 前掲，注 **44** の研究においてこのような説示は効果がなかったが，Pickel (1995), 前掲，注 **37** の研究では一般的に効果が見られている。

**52.** Wistrich, A. J., Guthrie, C., & Rachlinski, J. J. (2005). Can judges ignore inadmissible information? The difficulty of deliberately disregarding. *University of Pennsylvania Law Review, 153,* 1251-1345.

**53.** たとえば，被告人の前科を陪審に知らせることは，現在かけられている被疑事実について証明させやすくし，当然，被告人の証言の信用性を推し量るうえでの指標となる可能性もある。同時に，被告人を「被告人がしたこと」ではなく「被告人が何者か」という目で判断すると，有罪の可能性の判断は容易に左右されるため，被告人が罪を犯す傾向についての根拠ない推論を行う人の普遍的な傾向とステレオタイプは，その事件を偏見で判断することに繋がる。

**54.** 連邦証拠規則第 404 条(b)項は，「他の犯罪，不法行為または行為の証拠は，同じように本件でも行動したことを示す目的で，その人の性格を証明するためには使用できない」としている。ただし，この規則には，例外があり，他の犯行や不法行為または行為の証拠を「動機，機会，意図，準備，計画性，知識，同一性，錯誤，または偶然の不存在などを証明するためなど，他の目的」での利用は認めている。さらに，連邦証拠規則第 609 条(a)項は，ある条件下では，証人の真実性に対する信用性と性格を弾劾する目的での以前の有罪証拠の使用を認めている。

**55.** 連邦証拠規則第 105 条。

**56.** たとえば，Devine, P. G. (1989). Stereotypes and prejudice: Their automatic and controlled components. *Journal of Personality and Social Psychology, 56,* 5-18; Gilbert, D. T. (1998). Ordinary personology. In D. T. Gilbert, S. T. Fiske, & G. Lindzey, eds., *Handbook of social psychology,* 4th ed., vol. 2, pp. 89-150. New York: McGraw-Hill と Uleman, J. S., Saribay, S. A., & Gonzalez, C. M. (2008). Spontaneous inferences, implicit impressions, and implicit theories. *Annual Review of Psychology, 59,* 329-360 を参照。

**57.** Bargh, J. A. (1994). The four horsemen of automaticity: Awareness, intention, efficiency, and control in social cognition. In R. S. Wyer Jr. & T. K. Srull, eds., *Handbook of social cognition,* 2nd ed., vol. 1: Basic processes, pp. 1-40. Hillsdale, NJ: Lawrence Erlbaum.

**58.** Doob, A. N., & Kirshenbaum, H. M. (1972). Some empirical evidence of the effect of section 12 of the Canada Evidence Act upon the accused. *Criminal Law Quarterly, 15,* 88-96; Hans, V. P., & Doob, A. N. (1976). Section 12 of the Canada Evidence Act and the deliberation of simulated juries. *Criminal Law Quarterly, 18,* 253-253; Wissler, R. L., & Saks, M.

J. (1985). On the inefficacy of limiting instructions: When jurors use prior conviction evidence to decide on guilt. *Law and Human Behavior, 9*, 37-48; Greene, E., & Dodge, M. (1995). The influence of prior record evidence on juror decision making. *Law and Human Behavior, 19*, 67-77.

以前と現在で異なる罪で起訴されている場合には，証拠の限定利用に関する説示に対する模擬陪審員は反応がいくらか良くなる。Wissler & Saks (1985), 前掲，注 **58** を参照。その理由として考えられるのは，常習性に対する直感的な推測が，異なる犯罪類型の間ではそれほど強く成り立たないということであろう。

**59.** Steblay et al. (2006), 前掲，注 **42**.

**60.** Compare Wissler & Saks (1985), 前掲，注 **58**, with Tanford, S., & Cox, M. (1988). The effects of impeachment evidence and limiting instructions on individual and group decision making. *Law and Human Behavior, 12*, 477-497.

**61.** *Krulewitch v. United States*, 336 U.S. 440, 453 (1949).

**62.** *Nash v. United States*, 54 F.2d 1006, 1007 (1932).

**63.** *United States v. Grunewald*, 233 F.2d 556, 574 (1956).

**64.** *Sandez v. United States*, 239 F.2d 239, 248 (9th Cir. 1956).

**65.** *Dunn v. United States*, 307 F.2d 883, 886 (5th Cir. 1962).

**66.** 裁判所が説明しているように，「陪審員が裁判所の説示に従えない……そしてその証拠の効果が"被告人にとって決定的"である"高い可能性"がない限り，我々は通常，うっかり提示されしまった不採用証拠を無視するという説示に陪審は従うものと仮定している」*Greer v. Miller*, 483 U.S. 756, 767 (1987)（引用部分は省略したものである）; *Richardson v. Marsh*, 481 U.S. 200 (1987).

**67.** メタ分析によれば，争いのある証拠を採用する決定が行われると，証拠を採用しないという判断がなされてその証拠を無視するよう説示が与えられた場合よりも有罪判断率が50% 高くなる（74% 対 46%）。Steblay et al. (2006), 前掲，注 **42**.

**68.** 以下の議論は，死刑という話題に含まれる広範な心理学的問題を網羅することを意図していない。本議論は判決についての説示を理解し，それに従う陪審員の能力のみに限定している。

**69.** この決定は，現行の死刑判決に関する法律をすべて停止させ，当時死刑囚であった約600 名の死刑判決を破棄した。スチュアート判事の多数派意見によれば，実際，死刑判決は「気まぐれかつ不規則に」行われ，「気まぐれに選ばれたランダムな一握りの人々」に降りかかっただけである。処罰を受けることは「落雷に見舞われること」と同じと済ますことはできない。*Furman v. Georgia*, 408 U.S. 238, 309-310 (1972). ブレナン判事はその恣意性を「宝くじのシステム」(p.293) に喩えた。ほとんどの判事はやっかいな人種問題についての言及を避けたが，人種間の不平等が判事の頭にあったのは明らかである。ダグラス判事は死刑が黒人，貧困層，教育レベルの低い層に及ぼす差別的な影響を強調した。たとえば，ダグラスの意見には，死刑判決の減刑率の差（白人は 20% で黒人は 12%）を示すデータが含まれていた(p.250)。処罰に対する差別の影響は極めて明確であった。たとえば，この 40 年ほどの間に起きた事件で，405 名の黒人男性が強姦の罪で死刑にされたが，同じ罪で死刑にされた白人はたった 45 名であった。Haney, C. (2005). *Death by design: Capital punishment as a social psychological system*. New York: Oxford University Press.

**70.** *Gregg v. Georgia*, 428 U.S. 153, 195 (1976). 死刑に関する法律の復活を促した政治的環

境については，Banner, S. (2002). *The death penalty: An American history*. Cambridge, MA: Harvard University Press と Haney (2005), 前掲，注 **69** を参照。

**71**．*Gregg v. Georgia*, 前掲，注 **70** の 195 ページ。

**72**．*Lockett v. Ohio*, 438 U.S. 586 (1978). さらに最近になって，裁判所は，「死刑を回避する根拠となりうる酌量証拠を十分に検討し，その効果を与える」機会を陪審員に与えるべきだと述べた。*Abdul-Kabir v. Quarterman*, 550 U.S. 233 (2007).

**73**．回答者の 79% が厳罰化要因について正確な，あるいはある程度正確な定義を回答したが，酌量要因についてそのような回答は 59% だけであった。Haney, C., & Lynch, M. (1994). Comprehending life and death matters: A preliminary study of California's capital penalty instructions. *Law and Human Behavior*, *18*, 411-436; Haney, C., & Lynch, M. (1997). Clarifying life and death matters: An analysis of instructional comprehension and penalty phase closing arguments. *Law and Human Behavior*, *21*, 575-595 も参照。

**74**．Haney & Lynch (1994), 前掲，注 **73**. 酌量要因について包括的に理解するのが難しい理由として考えられるのは，酌量する(extenuate)という単語が比較的馴染みがないということが挙げられる。

**75**．Haney & Lynch (1997), 前掲，注 **73**.

**76**．最善の説示を行ったとしても，一般の人々の理解度は 50% の正答率にも満たない。Smith, A. E., & Haney, C. (2011). Getting to the point: Attempting to improve juror comprehension of capital penalty phase instructions. *Law and Human Behavior*, *35*, 339-350. カリフォルニア州の新たな形式の説示，CALCRIM は 2005 年に司法評議会 (Judicial Council)に制定され，2006 年に施行された。これらの説示で主に刷新されたのは，説示に使われる言葉を分かりやすくするための心理言語学的原則の使用である。*Judicial Council of California Criminal Jury Instructions* (2011). New Providence, NJ: LexisNexis, Matthew Bender.

**77**．Wiener, R. L., Pritchard, C. C., & Weston, M. (1995). Comprehensibility of approved jury instructions in capital murder cases. *Journal of Applied Psychology*, *80*, 455-467.

**78**．Wiener, R. L., Hurt, L. E., Thomas, S. L., Sadler, M. S., Bauer, C. A., & Sargent, T. M. (1998). The role of declarative and procedural knowledge in capital murder sentencing. *Journal of Applied Social Psychology*, *28*, 124-144; Wiener, R. L., Rogers, M., Winter, R., Hurt, L., Hackney, A., Kadela, K., Seib, H., Rauch, S., Warren, L., & Morasco, B. (2004). Guided jury discretion in capital murder cases: The role of declarative and procedural knowledge. *Psychology, Public Policy, and Law*, *10*, 516-576.

**79**．これらの回答者の 40% だけが，法律にはない酌量要因に関する規則を正しく理解しており，33% が酌量要因には満場一致の評決が不要であることについて誤解していた。Diamond, S., & Levi, J. N. (1996). Improving decisions on death by revising and testing jury instructions. *Judicature*, *79*, 224-232.

**80**．この研究における全体的な正答率は 47.5% であった(死刑に関連した質問に対する回答者)。Improving comprehension of capital sentencing instructions: Debunking juror misconceptions. *Crime & Delinquency*, *53*, 502-517.

**81**．Frank, J., & Applegate, B. K. (1998). Assessing juror understanding of capital-sentencing instructions. *Crime & Delinquency*, *44*, 412-433.

**82**．正答率の範囲は 22% から 83% の間で，大体は 50% 前後の正確性であった。Blankenship, M. B., Luginbuhl, J., Cullen, F. T., & Redick, W. (1997). Jurors' comprehension of sentencing instructions: A test of the death penalty process in Tennessee. *Justice Quarterly, 14*, 325-351.

**83.** Wiener, Pritchard, & Weston (1995), 前掲, 注 **77**；Wiener et al. (2004), 前掲, 注 **78**；Diamond & Levi (1996), 前掲, 注 **79**.

**84.** Lynch, M., & Haney, C. (2000). Discrimination and instructional comprehension: Guided discretion, racial bias, and the death penalty. *Law and Human Behavior, 24*, 337-358; Lynch, M., & Haney, C. (2009). Capital jury deliberation: Effects on death sentencing, comprehension, and discrimination. *Law and Human Behavior, 33*, 481-496.

**85.** 死刑適格に関する方針で生じるより深刻な問題は, 死刑に反対する人々を排除することが偶然にも陪審が有罪に票を投じる可能性を高めるということである。O'Neil, K. M., Patry, M. W., & Penrod, S. D. (2004). Exploring the effects of attitudes toward the death penalty on capital sentencing verdicts. *Psychology, Public Policy, and Law, 10*, 443-470 と Butler, B. M., & Moran, G. (2002). The role of death qualification in venirepersons' evaluations of aggravating and mitigating circumstances in capital trials. *Law and Human Behavior, 26*, 175-184 を参照。

**86.** 理解度が平均より低かった陪審員のうち, 被告人が黒人の時に死刑に投票したのは 60% であった一方で, 被告人が白人の時に同じように投票したのは 41% だけであった。白人被害者を殺害した黒人の被告人(68%)と黒人被害者を殺害した白人の被告人(36%)を比較すると, この格差はさらに大きくなった。Lynch & Haney (2000), 前掲, 注 **84**.

**87.** 殺人を繰り返した者には死刑が必須であると回答者の約 70% が考えていた一方で, 一般的には非難されにくいと考えられている殺人に対しても同じ立場を維持したのは約 4 分の 1 だけだった。Bowers, W. J., Steiner, B. D., and Antonio, M. E. (2003). The capital sentencing decision: Guided discretion, reasoned moral judgment, or legal fiction. In J. R. Acker, R. M. Bohm, & C. S. Lanier, eds., *America's experiment with capital punishment: Reflections on the past, present, and future of the ultimate penal sanction*, 2nd ed., pp. 413-467. Durham, NC: Carolina Academic Press.

**88.** サウスカロライナ州の死刑該当事件に参加した陪審員の約 30% は, 将来被告人が危険人物になると判断した場合, 法律は死刑を科すものだと述べた。説示の中でも将来の危険性については言及されていないため, この誤った信念は人々の先入観から生じているものである。Eisenberg, T., & Wells, M. T. (1993). Deadly confusion: Juror instructions in capital cases. *Cornell Law Review, 79*, 1-17.

**89.** この調査はまた, 検察の裁量権の行使に不平等があることも発見した。白人男性が黒人男性を殺害して起訴された場合に死刑を求刑した割合は 19% であったのに対して, 人種が逆になった場合には 70% であった。回帰分析によると, 白人被害者を殺害したという事実が死刑判決の割合に及ぼす影響力の程度は, 被告人の過去に重大な前科記録があった場合や, 被害者の死の原因が武装強盗であったという事実など, 公的に規定された厳罰化要因とほぼ同じ程度の影響力を持っていた。白人被害者を殺害することは, 警察官を殺害する 3 倍の影響を及ぼしていた。Baldus, D. C., Woodworth, G., & Pulaski, C. A. (1990). *Equal justice and the death penalty: A legal and empirical analysis*. Boston: Northeastern University Press.

Baldus, D. C., Pulaski, C., & Woodworth, G. (1983). Comparative review of death sentences: An empirical study of the Georgia experience. *Journal of Criminal Law & Crimi-*

nology, *74*, 661-754; Baldus, D. C., Woodworth, G., Zuckerman, D., Weiner, N. A., & Broffitt, B. (1998). Race discrimination and the death penalty in the post-Furman era: An empirical and legal analysis with recent findings from Philadelphia. *Cornell Law Review, 83*, 1638-1770; Blume, J., Eisenberg, T., & Wells, M. T. (2004). Explaining death row's population and racial composition. *Journal of Empirical Legal Studies, 1*, 165-207 も参照。

**90.** 裁判所は陪審の裁量の範囲は「偏見のない運用を行うために明確かつ客観的な基準の元で管理されている」と主張した。*McCleskey v. Kemp*, 481 U.S. 279, 302 (1987).

**91.** フィラデルフィアでの死刑判決を調査した研究によると，陪審員は黒人の被告人に対して非黒人被告人の2倍の割合で死刑判決を下していた(24% 対 12%)。この調査には1978年から2000年に行われた338件の判決が含まれていた。Baldus, D. C., & Woodworth, G. (2003). Race discrimination in the administration of the death penalty: An overview of the empirical evidence with special emphasis on the post-1990 research. *Criminal Law Bulletin, 39*, 194-226. メリーランド州では，陪審は白人を殺害した黒人の被告人のほぼ半数に死刑判決を下したが，白人の被告人が黒人を殺害した場合には3分1だけであった。全体的に，手続き全体を考慮すると，白人を殺害して起訴された黒人の被告人は，人種が逆転した場合よりも4.1倍も死刑判決を受ける可能性が高い。Paternoster, R., Brame, R., Bacon, S., & Ditchfield, A. (2004). Justice by geography and race: The administration of the death penalty in Maryland, 1978-1999. *University of Maryland Law Journal of Race, Religion, Gender, 4*, 1-97. ニュージャージー州では，白人が殺人の犠牲者の場合に死刑判決が下された割合は，黒人が犠牲者であった場合の1.7倍であった。死刑となる可能性があるすべての事件のうち，白人が殺人の被害者の時は12%で死刑判決が下されたが，被害者が黒人の場合には7%だけであった。Baime, D. S. (2005). Report to the New Jersey Supreme Court: Systemic Proportionality Review Project 2004-2005, Term 6 (December 15). http://www.judiciary.state.nj.us/pressrel/Baime2005Report12-16-05.pdf

**92.** このレビューは，法的に関連する変数をすべて統制した後でさえ，被害者の人種に基づいて死刑判決の割合に違いが残ると結論づけた。General Accounting Office (1990). *Death penalty sentencing: Research indicates pattern of racial disparities*. Washington, DC: General Accounting Office. 17州と連邦の制度における調査結果の要約については，Baldus & Woodworth (2003), 前掲，注 **91** を参照。

**93.** 一部の評論家が言うように，陪審選任手続きにおける当事者の真の目的は，地域の代表を公平に選ぶことでも，他の方法で公平な裁判の機会を最大限にすることでもない。そうではなく，彼らが期待する方向に票を投じることが期待される陪審を送り込む手続きとして利用しているのである。

**94.** *Smith v. Phillips*, 455 U.S. 209, 217 (1982).

**95.** 多くの研究が我々の推論と意思決定のプロセスの多くが無意識に行われていることを示している。Bargh, J. A., & Morsella, E. (2008). The unconscious mind. *Perspectives on Psychological Science, 3*, 73-79. たとえば，研究によれば実験参加者は自分の態度が実験によって変化してもそれにたいてい気づかない。Bern, D. J., & McConnell, H. K. (1970). Testing the self-perception explanation of dissonance phenomena: On the salience of premanipulation attitudes. *Journal of Personality and Social Psychology, 14*, 23-31; Goethals, G. R., & Reckman, R. F. (1973). The perception of consistency in attitudes. *Journal of Experimental Social Psychology, 9*, 491-501. 信念の変化に気づかないという研究結果については，

Holyoak, K. J., & Simon, D. (1999). Bidirectional reasoning in decision making by constraint satisfaction. *Journal of Experimental Psychology: General, 128*, 3-31 の研究 2 と 3 を参照。

**96.** Nisbett, R. E., & Wilson, T. D. (1977). Telling more than we can know: Verbal reports on mental processes. *Psychological Review, 84*, 231-259. 意思決定の研究では，参加者が決定する上での判断要因の重みづけについての自己報告は，たいてい彼らの判断から客観的に導き出される重みづけの割合とは実際には矛盾することが多いことがわかっている。Slovic, P., & Lichtenstein, S. (1971). Comparison of Bayesian and regression approaches to the study of information processing in judgment. *Organizational Behavior & Human Performance, 6*, 649-744; Latane, B., & Darley, J. M. (1970). *The unresponsive bystander: Why doesn't he help?* New York: Appleton-Century-Crofts.

**97.** 人の内省能力に対する信念は，内観の錯覚（introspection illusion）として呼ばれてきた。Pronin, E., Gilovich, T., & Ross, L. (2004). Objectivity in the eye of the beholder: Divergent perceptions of bias in self versus others. *Psychological Review, 111*, 781-799.

**98.** Nisbett & Wilson (1977), 前掲, 注 **96**.

**99.** 自らの公平性に対する人々の信念については，Liebrand, W. B., Messick, D. M., & Wolters, F. J. (1986). Why we are fairer than others: A cross-cultural replication and extension. *Journal of Experimental Social Psychology, 22*, 590-604 を参照。客観性に対する信念は素朴実在論（naïve realism）的な感覚によって捉えられている。これは「ある人が不変かつ認識可能で，客観的な現実を何とかして知っているという揺るぎない確信のことである。ここでいう現実とは，他者も理性的かつ合理的であるという条件のもと，他者もまた現実を客観的に認識しており，他者は（自分とは対照的に）自己利益やイデオロギー的偏見，または個人的な気まぐれによって世界を誤解することがあるが，誤解はその範囲内である現実」と言い表される。Robinson, R. J., Keltner, D., Ward, A., & Ross, L. (1995). Actual versus assumed differences in construal: "Naive realism" in intergroup perception and conflict. *Journal of Personality and Social Psychology, 68*, 404-417, p. 405. Ross, L., & Ward, A. (1996). Naive realism in everyday life: Implications for social conflict and misunderstanding. In E. S. Reed, E. Turiel, and T. Brown, eds., *Values and knowledge*, pp. 103-135. Hillsdale, NJ: Lawrence Erlbaum も参照。

**100.** Ehrlinger, J., Gilovich, T., & Ross, L. (2005). Peering into the bias blind spot: People's assessments of bias in themselves and others. *Personality and Social Psychology Bulletin, 31*, 680-692. たとえば，参加者は典型的なアフリカ的特徴を備えた人々の行動の攻撃性を過剰に予測した場合にも，バイアスにかかっていることを否定した。Blair, I. V., Chapleau, K. M., & Judd, C. M. (2005). The use of Afrocentric features as cues for judgment in the presence of diagnostic information. *European Journal of Social Psychology, 35*, 59-68. 社会科学研究の審査をしていると，科学者たちは彼らが以前から持ち合わせている考え方の影響を受けていることを，たとえ影響を受けていたとしても否定する。Koehler, J. J. (1993). The influence of prior beliefs on scientific judgments of evidence quality. *Organizational Behavior and Human Decision Processes, 56*, 28-55. 証人についてのバイアスのかかった情報が伴う虚偽検出の研究では，判断の理由としてその情報を引用したのは 100 人中 1 人の参加者だけであった。Granhag, P. A., & Stromwall, L. A. (2000). Effects of preconceptions on deception detection and new answers to why lie-catchers often fail. *Psychology, Crime & Law, 6*, 197-218. 学術的不正行為に対する調査をシミュレーションした研究では，参加者は

割り当てられた役割によって判断が左右されていたとしても，自らの判断は非常に客観的であると見なしていた。Simon, D., Stenstrom, D., & Read, S. J. (2008a). On the objectivity of investigations: An experiment. Paper presented at the Conference on Empirical Legal Studies, Cornell University, September.

**101.** Pyszczynski, T., & Greenberg, J. (1987). Toward an integration of cognitive and motivational perspectives on social inference: A biased hypothesis-testing model. In L. Berkowitz, ed., *Advances in experimental social psychology*, vol. 20, pp. 297-340. San Diego: Academic Press; Kunda, Z. (1990). The case for motivated reasoning. *Psychological Bulletin, 108,* 480-498 ; Pronin, Gilovich, & Ross (2004), 前掲，注 **97**. バイアスがかった処理において顕著で不変的な特徴の一つは，それらが意識レベル下に深く隠されているということである。Wilson, T. D., & Brekke, N. (1994). Mental contamination and mental correction: Unwanted influences on judgments and evaluations. *Psychological Bulletin, 116,* 117-142.

**102.** Ogloff, J. R. P., & Vidmar, N. (1994). The impact of pretrial publicity on jurors: A study to compare the relative effects of television and print media in a child sex abuse case. *Law and Human Behavior, 18,* 507-525; Moran, G., & Cutler, B. L. (1991). The prejudicial impact of pretrial publicity. *Journal of Applied Social Psychology, 21,* 345-367; Sue, S., Smith, R. E., & Pedroza, G. (1975). Authoritarianism, pretrial publicity, and awareness of bias in simulated jurors. *Psychological Reports, 37,* 1299-1302.

**103.** Wissler & Saks (1985), 前掲，注 **58**; Greene & Dodge (1995), 前掲，注 **58**.

**104.** Douglas, K. S., Lyon, D. R., & Ogloff, J. R. P. (1997). The impact of graphic photographic evidence on mock jurors' decisions in a murder trial: Probative or prejudicial? *Law and Human Behavior, 21,* 485-501.

**105.** Kassin & Sukel (1997), 前掲，注 **45**.

**106.** たとえそのような反応が本心からのものでなくても，そのような人々は隠れた動機に基づいて行動しているようである。このため，彼らは任務に不適当ということになる。

**107.** ウィンシップ事件，397 U.S. 358, 372 (1970).

**108.** Blackstone W. (1765). *Commentaries on the laws of England*, vol. 4, p. 358 (J. Chitty, ed., 1826). London: W. Walker.

**109.** *Bell v. Wolfish*, 441 U.S. 520 (1979). より詳しい推定無罪に関する見解については，Findley, K. A. (in press). Defining innocence. *Albany Law Review* を参照。社会が自由と社会の構成員への高い評価を与えていることに敬意を表するという推定無罪の効果については，Tribe, L. H. (1971). Trial by mathematics: Precision and ritual in the legal process. *Harvard Law Review, 84,* 1329-1393, p. 1370 を参照。

**110.** たとえば，コネチカット州が採用している陪審への説示は，被告人は「被告人としての立場でいることによって生じるいかなるバイアスや偏見，説明責任も負うことはない」と裁判の開始時に説明している。5 Conn. Prac., Criminal Jury Instructions §2.8 (3rd ed.).

**111.** Simon, D., Stenstrom, D., & Read, S. J. (2008b). Jurors' background knowledge and beliefs. Paper presented at American Psychology-Law Society annual conference, Jacksonville, FL, March 6-8.

**112.** これらの回答者の半数は起訴を有罪の「強力な証拠」と解釈していた。Saxton, B. (1998). How well do jurors understand jury instructions? A field test using real juries and real trials in Wyoming. *Law and Water Law Review, 33,* 59-189.

**113.** Helgeson, V. S., & Shaver, K. G. (1990). Presumption of innocence: Congruence bias induced and overcome. *Journal of Applied Social Psychology, 20*, 276-302. の特に研究 3 を参照。

**114.** Ostrom, T. M., Werner, C., & Saks, M. J. (1978). An integration theory analysis of jurors' presumptions of guilt or innocence. *Journal of Personality and Social Psychology, 36*, 436-450.

**115.** Strawn & Buchanan (1976), 前掲, 注 **25**.

**116.** 説示を与えられていない陪審員の正確性はさらに低いことから, 説示はある程度理解度に対して影響力があることを結果は示している。Buchanan et al. (1978), 前掲, 注 **25**.

**117.** これらの陪審員の大多数は最近, 刑事裁判で陪審員を務めていた。Reifman, Gusick, & Ellsworth (1992), 前掲, 注 **26**.

**118.** 回答者の 20% は, 一度州が主張を行えば, 罪を犯していないという証拠を提示するのは被告人側の責任となると述べた。Saxton (1998), 前掲, 注 **112**.

**119.** Strawn & Buchanan (1976), 前掲, 注 **25**.

**120.** 法制史家ジェームズ・ウィットマンによれば, 「合理的疑いを超える」という言葉はもともと証明の基準を意図していたわけではなく, 厳粛な任務を負う陪審員に道徳的な安心感を提供するための機能であったと主張している。そのように考えると, この基準は現代の陪審員が真実を見つける探求を補助するために十分機能しているとは言えない。Whitman, J. Q. (2008). *The origins of reasonable doubt: Theological roots of the criminal trial.* New Haven, CT: Yale University Press.

**121.** この問題における少数派の意見については, Laudan, L. (2004). Is reasonable doubt reasonable? *Legal Theory, 9*, 295-331 を参照。

**122.** この問題は, 「ベイズ統計学派」と「ベイズ懐疑派」陣営間で行われてきた議論の焦点であった。以下を比較してほしい。Lempert, R. O., Gross, S. R., & Liebman, J. S. (2000). *A modern approach to evidence: Text, problems, transcripts and cases*, 3rd ed., pp. 228-239. St. Paul, MN: West Publishing と Allen, R. J. (1997). Rationality, algorithms, and juridical proof: A preliminary inquiry. *International Journal of Evidence & Proof, 1*, 254-275.

**123.** 画期的なウィンシップ事件判決の中で, ブレナン判事は, 立証基準とは事実認定者に「事実に対する結論の正確さに対して当人が持つと期待される確信の程度」を説示するものであると説明した。397 U.S. 358, 370 (1970). この概念はまた, 「強く確信している」, 「揺るぎない確信」, 「確実に近い」など, 後述する様々な定義とも一致するものである。

**124.** 後者の立場を支持する少数派の意見については, Laudan (2004), 前掲, 注 **121** を参照。

**125.** たとえば, *People v. Malmenato* (14 Ill.2d 52, 61 [1958]) では, イリノイ州最高裁判所は, 「合理的疑いは詳細な説明を必要としない用語であり, 我々はそれを定義しようとすることの虚しさについて頻繁に議論してきた。そのため, そのような試みは打ち切られることが期待される」と述べた。

**126.** Florida Standard Jury Instructions in Criminal Cases, 2.03.

**127.** Solan, L. (1999). Refocusing the burden of proof in criminal cases: Some doubt about reasonable doubt. *Texas Law Review, 78*, 105-147 を参照。

**128.** たとえば, Connecticut pattern jury instruction 2.10 を参照。「証拠の検討に基づいて, 被告人が起訴された被疑事実について有罪であると強く確信する場合には, 被告人を有罪とする必要がある」。5 Conn. Prac., Criminal Jury Instructions §2.10 (3rd ed.). このバージョ

ンは連邦司法センター（Federal Judicial Center）に推奨されており，*Victor v. Nebraska*, 511 U.S. 1, 25（1994）の中でギンズバーグ判事も推奨している。

**129.** たとえば，カリフォルニア州の陪審説示の形式には「合理的疑いを超えた証明とは，その被疑事実が真実であるという揺るぎない確信が伴う証拠のことである」とある。*Judicial Council of California Criminal Jury Instructions*, CALCRIM, 前掲，注 **76**, 220.

**130.** *Jackson v. Virginia*, 443 U.S. 307, 315（1979）.

**131.** これらの定義には「真に疑う余地のない十分な基準」や「気まぐれや憶測」ではない，「重大な不確実性を」引き起こさない，「単なるありうる疑い」ではない，「現実的かつ実質的」，「分別ある人間であれば受け入れることができる」，「絶対的，数学的な意味での確実性」ではない，そして「良心に基づいて正しい」といったものが含まれていた。*Cage v. Louisiana*, 498 U.S. 39（1990）. 裁判所は説示を却下したが，陪審員を混乱させる可能性があるからという理由ではなかった。

**132.** たとえば，Kerr, N. L., Atkin, R. S., Strasser, G., Meek, D., Holt, R. W., & Davis, J. H.（1976）. Guilt beyond a reasonable doubt: Effects of concept definition and assigned decision rule on the judgments of mock jurors. *Journal of Personality and Social Psychology*, 34, 282-294 を参照（この研究での有罪確信度の値は 87% であった）。Kassin & Sommers（1997, 前掲，注 **33**）では，89% であった。

**133.** 90%（あるいは 91%）という値は，ブラックストンのエラー率 10:1 から派生しているとよく言われるが，この推測は誤りである。エラー率から立証基準を導き出すためには，起訴された事件の中での有罪率の基準値と陪審の診断能力も知る必要がある。DeKay, M. L.（1996）. The difference between Blackstone-like error ratios and probabilistic standards of proof. *Law and Social Inquiry*, 21, 95-132 を参照。

**134.** Greene & Dodge（1995），前掲，注 **58**.

**135.** Horowitz, I. A., & Kirkpatrick, L. C.（1996）. A concept in search of a definition: The effects of reasonable doubt instructions on certainty of guilt standards and jury verdicts. *Law and Human Behavior*, 20, 671-670.

**136.** Kramer & Koenig（1990），前掲，注 **27**.

**137.** Ogloff, J. R. P.（1998）. Jury instructions and the jury: A comparison of alternative strategies. Final Report. Vancouver, Canada: British Columbia Law Foundation. Ogloff, J. R. P., & Rose, V. G.（2005）. The comprehension of judicial instructions. In N. Brewer & K. D. Williams, eds., *Psychology and law: An empirical perspective*, pp. 407-444. New York: Guilford Press にまとめられている。

**138.** Zander, M.（2000）. The criminal standard of proof: How sure is sure? *New Law Journal*, October 20, 1517-1519. ドイツ人回答者のサンプルの約 40% は，95% から 99% の閾値を回答した。Glöckner, A., & Engel, C.（under review）. Can we trust intuitive jurors? Standards of proof and the probative value of evidence in coherence based reasoning.

**139.** 法的の監視者は，ブラックストンが提唱した古典的な 10:1 のエラー率に従う傾向があるが，一般の人々は誤った有罪判決についてはるかに鈍感であるようだ。誤った有罪判決の方が誤った無罪判決よりも問題であると回答したのは 66% のみで，回答者の 30% はその反対を支持していた。Bechert, I., & Quandt, M.（2010）. ISSP Data Report: Attitudes toward the role of government（データはアメリカにおける回答である）. https://www.ssoar.info/ssoar/handle/document/26120　陪審員の意識調査では，回答者に誤った無罪判決と誤った

有罪判決に対して異なる比率を列挙した連続尺度を示し，それぞれについて望ましいエラー率を示すよう求めた。その結果，最頻値は 1:1 の割合であった。つまり，どちらに対する誤判も同等に問題であるということである。回答の中央値は「1 人の有罪者を無罪にする方が 1 人の無罪者を有罪とするよりましである」というものであった。Simon, Stenstrom, & Read (2008b), 前掲，注 111.

この高い閾値は，事件を判断する際に確率論的推測に頼っているわけではないことを示す証拠でもある。陪審員が証拠に対する信念の強さに基づいて評決に達する場合，彼らが報告する非現実的な閾値が必ずしも彼らの判断を妨げるわけではないだろう。

**140.** ある研究では，高い立証基準について説示を行ったところ，評議を行った陪審員の有罪率を 42% から 26% に低下させた。この結果は有意傾向であった。評議を行わなかった陪審員の間に違いは見られなかった。MacCoun, R. J., & Kerr, N. L. (1988). Asymmetric influence in mock jury deliberation: Jurors' bias for leniency. *Journal of Personality and Social Psychology, 54,* 21-33. 他の研究では，評議を行わなかった参加者の有罪率を 65% から 48% に低下させた。立証基準と推定無罪の交絡を防ぐために，293 名の陪審員資格のある参加者は，これは仲裁手続きであり刑事裁判ではないと知らされていた。Simon, D., Snow, C. J., & Read, S. J. (unpublished data).

**141.** Glöckner & Engel (2011), 前掲，注 **138.** これらのデータは，仲裁手続きとして知らされ，立証基準は証拠の優越であると説示された条件（研究 1，操作 3，4，および研究 2，操作 4）と，刑事訴訟手続きであると知らされて立証基準は合理的疑いを超える基準と説示された条件（研究 1，操作 1，2，および研究 2，操作 1）とを比較している。後者の条件では，前者の条件の半分以下の有罪率であった（18% 対 44%）。初期の実験研究では，ローレンス・ライツマンとソウル・カシンは，陪審員に推定無罪の原則と，合理的疑いを超える基準を説示すると，有罪判断率が 56% から 35% に減少することを示した（証拠を提示する前に説示を与えた陪審員のデータ）。Kassin, S. M., & Wrightsman, L. S. (1979). On the requirements of proof: The timing of judicial instruction and mock juror verdicts. *Journal of Personality and Social Psychology, 37(10),* 1877-1887. 参加者数が少ないため，この結果は再検証されるべきであろう。

**142.** 予想されるように，検察の主張を支持する証拠が強いと示唆されると（1 点から 7 点の尺度で 6 点），有罪判断率は高かった。陪審員の 97% が被告人を有罪と判断し，裁判官の 99% が彼らも同じようにしただろうと述べた。証拠が中程度の強さ（3 点，4 点，5 点）とされた場合，61% の陪審員が有罪に投票し，78% の裁判官も同様の判断を下した。さらに驚くのは，証拠が弱いと判断した時にも（1 点，2 点の評価），17% の陪審員が有罪判断をし，27% の裁判官がその弱い証拠に基づいて有罪判決を下した事実である（186 ページの表 4 から計算したもの）。Eisenberg, T., Hannaford-Agor, P. L., Hans, V. P., Waters, N. L., Munsterman, G. T., Schwab, S. J., & Wells, M. T. (2005). Judge-jury agreement in criminal cases: A partial replication of Kalven and Zeisel's The American Jury. *Journal of Empirical Studies, 2,* 171. データの図については，188 ページから 189 ページの図 1 および図 2 を参照。証拠の強さの評価が信用できると想定した場合，これらの結果は立証基準の効果に対して厄介な示唆を与えるものである。

複数の州で行われた児童虐待捜査についてのフィールド研究によれば，児童虐待の疑いを立証するための基準は州ごとに異なるが，様々な裁判管轄で行われた実際の決定は，正式な基準の影響を受けていないことがわかった。Levine, M. (1998). Do standards of proof affect decision making in child protection investigations? *Law and Human Behavior, 22*, 341-347.

**143.** Abramson, J. (2000). *We the jury: The jury system and the ideal of democracy*. Cambridge, MA: Harvard University Press ; Vidmar & Hans (2007), 前掲, 注 **21**.

**144.** これらのデータは詳細なデータが入手可能な 222 名の陪審から得たものである。これらの研究については Kerr, N. L., & MacCoun, R. J. (under review) Is the leniency bias really dead? Misinterpreting asymmetry effects in criminal jury deliberation (表 4, コーディング方法 2) の中で要約されている。以下の分析はケルとマコーンの提案に従い, 最初の投票で投じられた「未決」票は有罪と無罪に均等に分配したものである。

**145.** これらのデータは不一致陪審とならなかった陪審のデータである。この裁判のうち 16 件は不一致陪審となって終了している。最初の投票で均等に票が分かれた 10 件のケースでは, 5 件が有罪判決, 5 件が無罪判決となって終了した。シカゴとブルックリンで行われた刑事裁判 225 件を比較したこの研究については, Kalven, H., & Zeisel, H. (1966). *The American jury*. Boston: Little, Brown の中で報告されている。

**146.** この調査では, 最初の投票で有罪に対する票が 4 つ以下の場合, 有罪判決の割合はゼロとなり, 有罪に 8 票以上投じられている場合の有罪判決は 100% であった。最初の投票で半々に分かれた場合, または多数派が 7 票から 5 票の場合, 有罪判決率は 57% であった。これらのデータは, 不一致陪審となった 11 の陪審を除外し, Kerr & MacCoun (under review), 前掲, 注 **144** に則ってコーディングしたものである。これらのデータは, 最も重い罪状に対する投票のみに関連したものであるため, 有罪判決の割合を過小評価している。Devine, D. J., Buddenbaum, J., Houp, S., Stolle, D. P. & Studebaker, N. (2007). Deliberation quality: A preliminary examination in criminal juries. *Journal of Empirical Legal Studies, 4*, 273-303.

**147.** この調査では, 最初の投票で有罪に対する票が 4 つ以下の場合, 有罪判決の割合はゼロとなり, 有罪に 8 票以上投じられている場合の有罪判決は 94% であった。最初の投票で半々に分かれた場合, または多数派が 7 票から 5 票の場合, 有罪判決率は 66% であった。これらのデータは, 不一致陪審を除外し, Kerr & MacCoun (under review), 前掲, 注 **144** に則ってコーディングしたものである。Sandys, M., & Dillehay, R. C. (1995). First-ballot votes, predeliberation dispositions, and final verdicts in jury trials. *Law and Human Behavior, 19*, 175-195.

**148.** Hannaford-Agor, P. L., Hans, V. P., Mott, N. L., & Munsterman, G. T. (2002). Are hung juries a problem? National Center for State Courts. https://ncsc.contentdm.oclc.org/digital/collection/juries/id/27/ この調査では, 最初の投票で有罪に対する票が 4 つ以下の場合, 有罪判決の割合は 4% となり, 有罪に 8 票以上投じられている場合の有罪判決は 94% であった。最初の投票で半々に分かれた場合, または多数派が 7 票から 5 票の場合, 有罪判決率は 82% であった。これらのデータは, 25 の不一致陪審を除外し, Kerr & MacCoun (under review), 前掲, 注 **144** に則ってコーディングしたものである。

**149.** 評議後に無罪判決に傾く傾向があることについてはいくつか論争がある。これは寛大効果 (leniency bias) と呼ばれており (MacCoun & Kerr 1988, 前掲, 注 **140** を参照), 最近は陪審評議における非対称な効果と呼ばれるようになった (Kerr & MacCoun, under review, 前掲, 注 **144**)。マコーンとケルの研究を Devine, D. J., Clayton, L. D., Dunford, B. B., Seying, R., & Pryce, J. (2001). Jury decision making: 45 years of empirical research on deliberating groups. *Psychology, Public Policy, and Law, 7*, 622-727 (表 6) と比較してほしい。最

後の投票と最初の投票の関連性が薄いので，様々な理論を検討するのは難しい。調査した222件において，たった1つの陪審だけが最初の投票で5人の陪審員が有罪を支持して(この陪審は無罪に票を投じた)割れ，最初の投票で6対6に分かれたのは4つの陪審だけであった(このうち3つの陪審が有罪に票を投じた)。Kerr & MacCoun (under review), 前掲, 注144(表4, コーディング方法2).

　　Hastie, Penrod, & Pennington (1983, 前掲, 注24)によれば，陪審は寛大な判断と同じくらい厳しい判断にも変化しやすい(これは満場一致の決定規則によって統治されているからである)。モナ・リンチとグレイグ・ヘイニーは評議の効果について死刑判決の文脈で検討し，厳しい判断へ変化する証拠を発見した。評議を行うと死刑判決は54%から66%に増加したのである。Lynch & Haney (2009), 前掲, 注84。寛大化と厳格化傾向は有罪および無実の被告人に同様の影響を与える可能性があるため，裁判過程の診断能力に直接的に影響することはない。

**150.** これらは222件のケースのうちの一部である。これらについては Kerr & MacCoun (under review), 前掲, 注144(表4, コーディング方法2)がまとめている。

**151.** ［訳注］集団の中の中庸的意見。

**152.** レビューとして，Kerr, N. L., & Tindale, R. S. (2004). Group performance and decision making. *Annual Review of Psychology, 55*, 623-655 を参照。

**153.** たとえば，集団は一般的な知識と量の推定課題においては個人よりも優れていることがわかっている。Sniezek, J. A., & Henry, R. A. (1989). Accuracy and confidence in group judgment. *Organizational Behavior and Human Decision Processes, 43*, 1-28; Sniezek, J. A., & Henry, R. A. (1990). Revision, weighting, and commitment in consensus group judgment. *Organizational Behavior and Human Decision Processes, 45*, 66-84 を参照。

**154.** たとえば，ペアにした参加者に数学のパズルを解かせた研究では，両方のメンバーがそれぞれ正しかったり，間違っていても，結束力が2人を合わせた正確性に影響を与えることはなかった。正誤の混合ペアのパフォーマンスは評議の影響を受けた。共同で解決を行うと，本人の正確性に関係なく，より影響力のあるメンバー——たいていはより自信のあるメンバーによって決定されたためだ。Johnson, H. H., & Torcivia, J. M. (1967). Group and individual performance on a single-stage task as a function of distribution of individual performance. *Journal of Experimental Social Psychology, 3*, 266-273. 規則導出問題を解く際，集団のパフォーマンスは集団内の最良のメンバーと同じ程度になるが，それは最適条件下だけでの場合である。情報や時間が限られている場合，集団はその基準を満たすことができない。Laughlin, P. R., Vander-Stoep, S. W., & Hollingshead, A. B. (1991). Collective versus individual induction: Recognition of truth, rejection of error, and collective information processing. *Journal of Personality and Social Psychology, 61*, 50-67.

**155.** たとえば，集団は情報検索において個人よりも偏りがあることがわかっている。Schulz-Hardt, S., Frey, D., Liithgens, C., & Moscovici, S. (2000). Biased information search in group decision making. *Journal of Personality and Social Psychology, 78*, 655-669. ブレーンストーミングは，広く行き渡っている集団優位性に対する信念とそれとは反対のことをしめす実証的発見との間の矛盾を示す顕著な例である。集団生産性に対する錯覚については，Pauhus, P. B., Dzindolet, M. T., Poletes, G., & Camacho, L. M. (1993). Perception of performance in group brainstorming: The illusion of group productivity. *Personality and Social Psychology Bulletin, 19*, 78-89 と Nijstad, B. A., Stroebe, W., & Lodewijkx, H. F. M.

(2006). The illusion of group productivity: A reduction of failures explanation. *European Journal of Social Psychology, 36*, 31-48 を参照。

**156.** Kerr, N. L., MacCoun, R. J., & Kramer, G. P. (1996). Bias in judgment: Comparing individuals and groups. *Psychological Review, 103*, 687-719; Kerr, N. L., Niedermeier, K. E., & Kaplan, M. F. (1999). Bias in jurors vs. bias in juries: New evidence from the SDS perspective. *Organizational Behavior and Human Decision Processes, 80*, 70-86 を参照。

**157.** Deutsch, M., & Gerard, H. B. (1955). A study of normative and informational social influences upon individual judgment. *Journal of Abnormal and Social Psychology, 51*, 629-636. レビューとして，Wood, W. (1999). Motives and modes of processing in the social influence of groups. In S. Chaiken & Y. Trope, eds., *Dual-process theories in social psychology*, pp. 547-570. New York: Guilford を参照。

**158.** 模擬陪審員研究によれば，人々は公判で提示された関連証拠の詳細の約3分の2は覚えている。Pritchard, M. E, & Keenan, J. M. (1999). Memory monitoring in mock jurors. *Journal of Experimental Psychology: Applied, 5*, 152-168; Pritchard, M. E., & Keenan, J. M. (2002). Does jury deliberation really improve jurors' memories? *Applied Cognitive Psychology, 16*, 589-601. 他の研究では，提示された証拠の約60%を覚えていた。Hastie, Penrod, & Pennington (1983), 前掲，注 **24** を参照。

**159.** Ellsworth, P. C. (1989). Are twelve heads better than one? *Law & Contemporary Problems, 52*, 205-224. 同様の研究として，Pritchard & Keenan (2002), 前掲，注 **158** と Hastie, Penrod, & Pennington (1983), 前掲，注 **24** を参照。

**160.** この現象は協同抑制(collaborative inhibition)と呼ばれる。Weldon, M. S., & Bellinger, K. D. (1997). Collective memory: Collaborative and individual processes in remembering. *Journal of Experimental Psychology: Learning, Memory, and Cognition, 23*, 1160-1175. 協同抑制は集団サイズと共に増加し，12人のグループではかなりの影響を与える。Basden, B. H., Basden, D. R., & Henry, S. (2000). Costs and benefits of collaborative remembering. *Applied Cognitive Psychology, 14*, 497-507. 集団は再認課題では優れた記憶力を持つことがわかっているが，この課題は現実の陪審員が関わる状況からは遠い。たとえば，Hinsz, V. B. (1990). Cognitive and consensus processes in group recognition memory performance. *Journal of Personality and Social Psychology, 59*, 705-718 を参照。

**161.** この研究のレビューとして，Pritchard & Keenan (2002), 前掲，注 **158** を参照。プリチャードとキーナンによれば，集団想起は個人想起よりも3.4%優れていた。

**162.** Ellsworth (1989), 前掲，注 **159**. 評議は一般的に効果がないことは Severance & Loftus (1982), 前掲，注 **29** によっても示されている。

**163.** Ogloff & Rose (2005), 前掲，注 **137**.

**164.** Wiener et al. (2004), 前掲，注 **78**.

**165.** Lynch & Haney (2009), 前掲，注 **84**.

**166.** Diamond & Levi (1996), 前掲，注 **79**.

**167.** ある研究では，不採用証拠を無視せよという裁判官の説示の後に評議を行った場合，有罪率が低下した(1点から9点の尺度で5.7点から4.4点)。Kerwin, J., & Shaffer, D. R. (1994). Mock jurors versus mock juries: The role of deliberations in reactions to inadmissible testimony. *Personality and Social Psychology Bulletin, 20*, 153-162. 別の研究では，評議を行うと説示が与えられた陪審員によって有罪率が半分になった。London, K., & Nunez,

pp. 208-209

N. (2000). The effect of jury deliberations on jurors' propensity to disregard inadmissible evidence. *Journal of Applied Psychology, 85,* 932-939.

**168.** ある研究では，説示が与えられた陪審員の有罪判決率をたった 5% 減少させただけであった。Hans & Doob (1976)，前掲，注 **58**．殺人事件において陪審員を裁判前報道にさらした研究においても評議は効果がなかった。Ruva, C., McEvoy, C., & Bryant, J. B. (2007). Effects of pre-trial publicity and jury deliberation on juror bias and source memory errors. *Applied Cognitive Psychology, 21,* 45-67.

**169.** 児童への性的虐待での事件をシミュレートした研究では，証拠として認められていない，裁判前報道を提示された後の陪審員は，評議の前よりも後に被告人をより有罪にする可能性が高かった(29% 対 11%)。この結果は証拠が曖昧で，その証拠がもっとも法的に関係する状況であった場合に得られた結果である。Kerr, Niedermeier, & Kaplan (1999)，前掲，注 **156**．ある大規模な調査では，裁判前報道は評議後にだけ判断に影響を与え，有罪率は 6% から 21% に増加した。Kramer, G. P., Kerr, N. L., & Carroll, J. S. (1990). Pretrial publicity, judicial remedies, and jury bias. *Law and Human Behavior, 14,* 409-438.

　裁判前報道についてのメタ分析に含まれている限られた数の評議研究によれば，評議に治療的効果はなかった。Steblay, N. M., Besirevic, J., Fulero, S. M., & Jimenez-Lorente, B. (1999). The effects of pretrial publicity on juror verdicts: A meta-analytic review. *Law and Human Behavior, 23,* 219-235.

**170.** Wright, E. F., & Wells, G. L. (1985). Does group discussion attenuate the dispositional bias? *Journal of Applied Social Psychology, 15,* 531-546 と Wittenbaum, G. M., & Stasser, G. (1995). The role of prior expectancy and group discussion in the attribution of attitudes. *Journal of Experimental Social Psychology, 31,* 82-105 を比較されたい。

**171.** ある調査では，評議によって正確率が 56% から 60% に増加した。集団はより懐疑的かつ，供述を疑わしいものと判断する傾向が強かった。Frank, M. G., Paolantonio, N., Feeley, T. H., & Servoss, T. J. (2004). Individual and small group accuracy in judging truthful and deceptive communication. *Group Decision and Negotiation, 13,* 45-59. 2 つめの研究では評議の結果，正確率は 51.5% から 53% に変化しただけで有意な増加は見られなかった。Park, E. S., Levine, T. R., Harms, C. M., & Ferrara, M. H. (2002). Group and individual accuracy in deception detection. *Communication Research Reports, 19,* 99-106. 評議の効果が低いのは，虚偽検出課題における個人の成績の低さによるものと考えられる。

**172.** 評議の後に考えを変えた少数派のメンバーに対する一貫性効果はある程度低下していた。Fiedler, S., & Glöckner, A. (in progress). Coherence shifts in groups: Information distortions in legal decisions after group deliberation.

**173.** Gigone, D., & Hastie, R. (1997). Proper analysis of the accuracy of group judgments. *Psychological Bulletin, 121,* 149-167.

**174.** 社会的影響についての古典的な研究については，Asch, S. E. (1956). Studies of independence and conformity: I. A minority of one against a unanimous majority. *Psychological Monographs, 70,* 1-70 を参照。

**175.** 陪審評議には熟議民主主義の理想的形式のように，議論の進め方についての慣習がない。たとえば，ユルゲン・ハバーマスは「公的であり排他的ではないこと，参加者に平等なコミュニケーションの権利を与えること，誠実さを求めること，そして優れた議論のために，無気力な力を除き，全力を発揮させること」を求める言説を説いている。Habermas, J.

(1999). An author's reflections. *Denver University Law Review, 76,* 937-942 (p. 940).

**176.** これらの要因がグループ・ダイナミックス指標の作成にあたって組み込まれた。これは，陪審が不一致陪審になったのか，評決に達したのかを予測するものである。この指標の信頼尺度クロンバックの$\alpha$係数は .91 であった。Hannaford-Agor et al. (2002)，前掲，注 **148**.

**177.** 陪審員は「1 人陪審として，すべてがあなたの判断で決まる場合であったら，このケースではあなたの評決は何になったでしょうか」と尋ねられた。Waters, N. L., & Hans, V. P. (2009). A jury of one: Opinion formation, conformity, and dissent on juries. *Journal of Empirical Legal Studies, 6,* 513-540. 人は他者を満足させるために自身の良心に反することをしたことを認めようとしない傾向にあるとすれば，無言の反対者の真の数はさらに多いと考えられる。

**178.** Tanford, S., & Penrod, S. (1986). Jury deliberations: Discussion content and influence processes in jury decision making. *Journal of Applied Social Psychology, 16,* 322-347; Park et al. (2002)，前掲，注 **171**.

**179.** Ellsworth (1989)，前掲，注 **159**; Pritchard & Keenan (1999)，前掲，注 **157**; Pritchard & Keenan (2002)，前掲，注 **158**. これらの社会的影響の研究結果は，最近の社会的自警主義の研究と一致している。社会的自警主義とは，他者に自分の信念を印象づけ，広く伝播させること，その代りに説得に対して抵抗する傾向に関連する個人差のことである。Saucier, D. A., & Webster, R. J. (2010). Social vigilantism: Measuring individual differences in belief superiority and resistance to persuasion. *Personality and Social Psychology Bulletin, 36,* 19-32 を参照。

**180.** Hansen, K. L., Schaefer, E. G., & Lawless, J. J. (1993). Temporal patterns of normative, informational, and procedural-legal discussion in jury deliberations. *Basic and Applied Social Psychology, 14,* 33-46.

**181.** Smith, V. L., & Kassin, S. M. (1993). Effects of the dynamite charge on the deliberations of deadlocked mock juries. *Law and Human Behavior, 17,* 625-643; Kassin, S. M., Smith, V. L., & Tulloch, W. F. (1990). The dynamite charge: Effects on the perceptions and deliberation behavior of mock jurors. *Law and Human Behavior, 14,* 537-550.

**182.** Devine et al. (2007)，前掲，注 **146**.

**183.** 白人男性優位現象については，Bowers, W. J., Steiner, B. D., & Sandys, M. (2001). Death sentencing in black and white: An empirical analysis of the role of juror race and jury racial composition. *University of Pennsylvania Journal of Constitutional Law, 3,* 171-274 を参照。

**184.** Lynch & Haney (2009)，前掲，注 **84**.

**185.** Hastie, Penrod, & Pennington (1983)，前掲，注 **24**.

**186.** Hannaford-Agor et al. (2002)，前掲，注 **148**.

**187.** のちに DNA 鑑定によって雪冤された人物に有罪判決を下した陪審に参加したある陪審員は，評議が始まる前に，他の陪審員の何人かが「彼は有罪。有罪だよ」と言っていたと報告した。Torpy, B., & Rankin, B. (2005). A crime, then a tragedy: Twists in rape case snared wrong man. *Atlanta Journal-Constitution,* December 11, p. Al. ロバート・クラークのケースについては，イノセンス・プロジェクトのロバート・クラークの欄を参照。https://www.innocenceproject.org/cases/robert-clark/

**188.** レビューとして，Isenberg, D. J. (1986). Group polarization: A critical review and meta-analysis. *Journal of Personality and Social Psychology, 50*, 1141-1151 と Sunstein, C. R. (2008). *Why groups go to extremes*. Washington, DC: American Enterprise Institute Press を参照。

**189.** Sniezek & Henry (1990), 前掲，注 **153**; Zarnoth, P., & Sniezek, J. A. (1997). The social influence of confidence in group decision making. *Journal of Experimental Social Psychology, 33*, 345-366.

**190.** Pritchard & Keenan (2002), 前掲，注 **158**.

**191.** Ruva, McEvoy, & Bryant (2007), 前掲，注 **168**.

**192.** Kaplan, M. F., & Miller, L. E. (1978). Reducing the effects of juror bias. *Journal of Personality and Social Psychology, 36*, 1443-1455.

**193.** ある研究では，評議によってメンバーの確信度が 81% から 89% に上昇した。Park et al. (2002), 前掲，注 **171**. Frank et al. (2004), 前掲，注 **171** も参照。

**194.** 第 6 章での議論から，無罪傾向にある陪審員の投票に一貫性効果が影響を与えるべきでないということを思い出してほしい。非対称な立証基準の結果として，無罪に傾いている陪審員はその傾きの強さに関係なく無罪に投票しなければならない。

**195.** 連邦犯罪に対する有罪判決は，連邦控訴裁判所に上訴される。

**196.** 人身保護請求手続きは有罪判決を受けた受刑者およびその他の勾留中の人々に，彼らの拘束の合法性に異議を求める別の手続きを提供するために設けられている。もっとも一般的には，人身保護手続きは刑事訴訟手続きの中で憲法上の権利が侵害されたと主張する受刑者によって開始される。King, N. J., Hoffmann, J. L. (2011). *Habeas for the twenty-first century: Uses, abuses, and the future of the Great Writ*. Chicago: University of Chicago Press を参照。

**197.** Garrett, B. L. (2011). *Convicting the innocent: Where criminal prosecutions go wrong*, chap 7. Cambridge, MA: Harvard University Press.

**198.** 同上。

**199.** この 5 名は，再審無罪の根拠の大部分は識別過程に対する効果的でない弁護活動という手続き上の問題に基づいていたと主張している。同上。

**200.** 同上。

**201.** 同上。

**202.** *Arizona v. Youngblood*, 488 U.S. 51 (1988). イノセンス・プロジェクトのラリー・ヤングブラッドの欄も参照。https://www.innocenceproject.org/cases/larry-youngblood/

**203.** Garrett (2011), 前掲，注 **197**, chap. 7.

**204.** DNA 証拠による雪冤事例はすべて，同じ年に，同じ州で，同じ犯罪で有罪判決を受けた無作為に選ばれたある受刑者と一致した。同上。

**205.** 同上。

**206.** 同上。

**207.** 正確性に対する高い期待は，陪審員の意識調査に対する回答者に見られた。誤った有罪判決をどの程度の割合で許容できるかという質問に対して，中央値は有罪判決 1000 件のうち 2 件で，最頻値はゼロであった。Simon, Stenstrom, & Read (2008b), 前掲，注 **111**. 133 名の大学生を対象とした小規模調査では，許容できる割合としてやや高い数値が報告された。これらの回答者は，誤った有罪判決を許容できる割合は 5%，誤った無罪判決は 8%

と回答した。Arkes, H. R., & Mellers, B. A. (2002). Do juries meet our expectations? *Law and Human Behavior, 26*, 625-639.

**208.** 一般的だが不合理で曖昧な判断は,かつて評論家に「手続き上に存在する重大なアヘン剤」と評された。Sunderland, E. R. (1920). Verdicts, special and general. *Yale Law Journal, 29*, 253-267, p. 262. コモン・ローの刑事司法手続きが発展してきた歴史を考えると,診断能力の限界はまったく驚くべきことではない。ジョン・ラングバインによれば,イギリスの刑事訴訟手続きは,対立する当事者間の利点を相殺することを意図したり,一般的な世論とは一致しない罰の行使を抑止したりすることを目的とした,その場その場での事後的な対処療法として少しずつ発展した。このような歴史的発展は,制度の能力や真実を明らかにすることに対する問題についてほとんど顧みられることなく生じてきた。Langbein (2003), 前掲, 注 **2**, pp. 306-336.

　審査過程過程が持つ診断能力の限界は刑事裁判だけに限定される話ではないことに注意したい。医療過誤訴訟の調査によると,原告が裁判で勝訴した訴訟の 9% は誤った決定であることが示唆されている。Studdert, D. M., & Mello, M. M. (2007). When tort resolutions are "wrong": Predictors of discordant outcomes in medical malpractice litigation. *Journal of Legal Studies, 36*, 547-578. 9% という割合は,誤っていることがほぼ確実とされる場合のみのケースである。かなり確実なケースを合わせればより高い割合になる可能性がある。

**209.** Burns, R. P. (1999). *A theory of the trial*, pp. 153-154. Princeton, NJ: Princeton University Press と Vidmar & Hans (2007), 前掲, 注 **21**, Lempert, R. (1998). Why do juries get a bum rap? Reflections on the work of Valerie Hans. *DePaul Law Review, 48*, 453-462, p. 454 を参照。この結果は研究で十分に立証されている。Kalven & Zeisel (1966, 前掲, 注 **145**) による古典的な調査報告によれば陪審員と裁判官の判断の一致率は 78% であった。300 件以上の重罪裁判を調べた全国州裁判所センターの研究でも,75% と同程度の割合が報告されている。Eisenberg et al. (2005), 前掲, 注 **142** を参照。

**210.** 陪審員と裁判官ともに,検察の証拠の強さに対する主観評価に比例して被告人を過剰に有罪と断じやすい傾向があることを示唆する全国州裁判所センターの調査を思い出してほしい。Eisenberg et al. (2005), 前掲, 注 **142**.

**211.** Burns (1999), 前掲, 注 **209**, p. 143; Burns, R. P. (2009). *The death of the American trial*. Chicago: University of Chicago Press, p. 21; Vidmar & Hans (2007), 前掲, 注 **21**, pp. 339-340; Lempert (1998), 前掲, 注 **209**, p. 462. この主張を支持する実験的研究として Visher, C. A. (1987). Juror decision making: The importance of evidence. *Law and Human Behavior, 11*, 1-17 と Kassin, S., & Wrightsman, L. (1985). *The psychology of evidence and trial procedure*. Beverly Hills, CA: Sage Publications; De La Fuente, L., De La Fuente, E. I., & Garcia, J. (2003). Effects of pretrial juror bias, strength of evidence and deliberation process on juror decisions: New validity evidence of the Juror Bias Scale scores. *Psychology, Crime & Law, 9*, 197-209 を参照。

**212.** 全国州裁判所センターの調査によれば,陪審員の評決と検察の証拠の強さの評価のベータ値は約 0.4 であった。Garvey, S. P., Hannaford-Agor, P. L., Hans, V. P., Mott, N. L., Munsterman, G. T., & Wells, M. T. (2004). Juror first votes in criminal trials. *Journal of Empirical Studies, 1*, 371-398. これらの関係性では,事件を担当した裁判官によって報告された証拠の強さを参照している。インディアナポリスで行われた 179 件の刑事陪審裁判の調査によれば,証拠の強さと評決の相関は 0.4 から 0.6 の範囲であった。特に,評決に対する

証拠の強さの説明力はたったの 30% だけであった(ナガルケルケの $R^2 = .30$)。Devine et al. (2007), 前掲, 注 **146**. この研究では, 証拠の強さは検察, 弁護人, そして裁判官を合わせた推測に基づくものであった。この関係性についてはより多くのデータが期待される。

## 第 8 章

**1.** たとえば, Abramson, J. (2000). *We the jury: The jury system and the ideal of democracy.* Cambridge, MA: Harvard University Press; Vidmar, N., & Hans, V. P. (2007). *American juries: The verdict.* New York: Prometheus Books; Nesson, C. R. (1985). The evidence or the event? On judicial proof and the acceptabilityof verdicts. *Harvard Law Review, 98,* 1357-1392; Foucault, M. (1997). Michel Foucault: Ethics, subjectivity and truth. In P. Rabinow, ed., *The essential works of Michel Foucault,* vol. 1: 1954-1984. London: Allen Lane, Penguin Press を参照。

**2.** ミリアン・ダマグカによれば, 真実のありかはそれぞれの法制度が目指す目的やその性質次第である。Damagka, M. R. (1985). *The faces of justice and state authority: A comparative approach to the legal process.* New Haven, CT: Yale University Press.

**3.** 口頭主義については, Honore, T. (1981). The primacy of oral evidence? In *Crime, proof and punishment: Essays in memory of Sir Rupert Cross,* pp. 172-192. London: Butterworths を参照のこと。

**4.** たとえば, *Teague v. Lane,* 489 U.S. 288 (1989); *Murray v. Carrier,* 477 U.S. 478 (1986).

**5.** LaFave, W. R., Israel, J. H., King, N. J., & Kerr, O. S. (2007). *Criminal procedure: West's criminal practice series* (3rd ed.), vol. 7, § 1.4. St. Paul, MN: Thompson West; 前掲, 注 **2**。

**6.** *Lisenba v. California,* 314 U.S. 219, 236 (1941). *Colorado v. Connelly,* 479 U.S. 157, 167 (1986)も参照のこと。レンキスト裁判長は「これらの問題に関して裁判所が行う審査は, 証拠の申し立て当事者が, 本件について勝訴または敗訴するかどうかではなく, 証拠規則が満たされているかどうかである」と説明している。*Bourjaily v. United States,* 483 U.S. 171, 175 (1987).

**7.** *Crawford v. Washington,* 541 U.S. 36, 61 (2004). このアプローチの例外は, 暗示的な手続きで得られた目撃者による犯人識別に裁判所が法の適正手続きの適用を認めたことである。Wells, G. L., & Quinlivan, D. S. (2009). Suggestive eyewitness identification procedures and the Supreme Court's reliability test in light of eyewitness science: 30 years later. *Law and Human Behavior, 33,* 1-24 を参照。

**8.** Thomas, G. C., III (2008). *The Supreme Court on trial: How the American justice system sacrifices innocent defendants.* Ann Arbor: University of Michigan Press; Stuntz, W. J. (1997). The uneasy relationship between criminal procedure and criminal justice. *Yale Law Journal, 107,* 1-76; Dripps, D. A. (2002). *About guilt and innocence: The origins, development, and future of constitutional criminal procedure.* Westport, CT: Praeger Publishers を参照。

ハーバート・パッカーの影響力のある *Two Models of the Criminal Process* は憲法による保護を示した好例である。被告人に有利な法の適正手続きモデルは, その名が示す通り, 手続きの公平性に関する被告人の権利を保証することを第1に考えている。Packer, H. L. (1968). *The limits of the criminal sanction.* Stanford, CA: Stanford University Press.

**9.** Uviller, H. R. (1999). *The tilted playing field: Is criminal justice unfair?* New Haven,

CT: Yale University Press を参照。

**10.** このアプローチは，イギリスの法制度とは見事に対照的である。警察・刑事証拠法 (1984)の第76条は，自白は「信用性を欠くと思われる」状況下で「得られたまたは得られたかもしれない」場合は認めるべきではない，としている。この推定不採用は，自白はそういった方法で得られたのではないということが合理的疑いを超えて証明された場合のみ退けられる。

**11.** Mnookin, J. (2010). The courts, the National Academy of Science, and the future of forensic science. *Brooklyn Law Review, 75*, 1209-1275; Garrett, B. L., & Neufeld, P. J. (2009). Invalid forensic science testimony and wrong ful convictions. *Virginia Law Review, 95*, 1-97; Giannelli, P. C. (1997). The abuse of scientific evidence in criminal cases: The need for independent crime labora tories. *Virginia Journal of Social Policy & Law, 4*, 439-478; Risinger, D. M. (2010). The NAS/NRC report on forensic science: A path forward fraught with pitfalls. *Utah Law Review, 2*, 225-246 を参照。

**12.** 1963年にテキサス州ダラスの地方検察局で流布された悪名高い覚え書きは，検察に，陪審員選出の際の断固とした対応を指示している。そこには「ユダヤ人，黒人，ラテン系，メキシコ人や少数民族は，たとえ金持ちだろうと教養があろうと陪審員に選出するな」と書かれていた。*Miller-El v. Cockrell*, 537 U.S. 322, 335 (2003)より引用。偏見の問題はさておき，この覚え書きは，対審制がいかに真実の追求を脅かしているかをよく示すものである。

**13.** マーヴィン・E・フランケル判事によれば，証人の準備は「裁判に勝つために戦略上重要なものであって，客観的な真実を明らかにするための手段ではない」。Frankel, M. E. (1978). *Partisan justice*, p. 16. New York: Hill & Wang.

**14.** Fuller, L. L. (1961). *The adversary system: Talks on American law*, ed. Harold J. Berman. New York: Vintage Books; Freedman, M. H. (1998). Our constitutional adversary system. *Chapman Law Review, 1*, 57-90; Burns, R. P. (1999). *A theory of the trial*, p. 153. Princeton, NJ: Princeton University Press を参照。このアプローチに対する批判は，Frank, J. (1949). *Courts on trial*. Princeton, NJ: Princeton University Press; Weinreb, L. L. (1977). *Denial of justice*. New York: Free Press を参照。

**15.** たとえば，Lind, E. A., Thibaut, J., & Walker, L. (1973). Discovery and presentation of evidence in adversary and nonadversary proceedings. *Michigan Law Review, 71*, 1129-1144; Simon, D., Stenstrom, D., & Read, S. J. (2008). On the objectivity of investigations: An experiment. Paper delivered at the Conference on Empirical Legal Studies, Cornell University, September; Glöckner, A., & Engel, C. (under review). Role induced bias in court: An experimental analysis. MPI Collective Goods Preprint, No. 2010/37. Available at SSRN: https://papers.ssrn.com/sol3/papers.cfm?abstract_id=1676142 を参照。

**16.** 研究によれば，相手側が偏見に満ちているという認識によってバイアスが増長され，対立関係激化のスパイラルに陥るという現象が示されている。Kennedy, K. A., & Pronin, E. (2008). When disagreement gets ugly: Perceptions of bias and the escalation of conflict. *Personality and Social Psychology Bulletin, 34*, 833. 対審制における捜査を模した研究では，参加者は，自分たちは客観的であると考えていることが示されている。また，彼らの(架空の)相手は偏見に満ちていると考え，相手も彼らに対して同じように感じていると考えることが示されている。Simon, Stenstrom, & Read (2008), 前掲，注**15**。

**17.** Medwed, D. S. (2010). Brady's bunch of flaws. *Washington & Lee Law Review, 67*,

1533-1567; Sundby, S. E. (2002). Fallen superheroes and constitutional mirages: The tale of *Brady v. Maryland. McGeorge Law Review, 33*, 643-663 を参照。

**18.** Sklansky, D. A., & Yeazell, S. (2006). Comparative law without leaving home: What civil procedure can teach criminal procedure, and vice versa. *Georgetown Law Review, 94*, 683-738.

　無罪証拠開示の権利は，司法取引の領域ではさらに限定的である。裁判所は，司法取引の際には一般に無罪証拠を開示すべきだとは規定していない。また，司法取引の合意前に証人を弾劾する証拠を検察が開示する義務はないと規定している。*United States v. Ruiz*, 536 U.S. 622, 633 (2002).

**19.** 研究によると，ある対象に対する判断を比較すると，課題がいくつかの構成要素に分かれている場合の判断より，全体的な判断の方がばらつきが大きいということが示されている。Arkes, H. R., Shafferi, V. A., & Dawes, R. M. (2006). Comparing holistic and disaggregated ratings in the evaluation of scientific presentations. *Journal of Behavioral Decision Making, 19*, 429-439; Arkes, H. R., Gonzalez-Vallejo, C., Bonham, A. J., Kung, Y., & Bailey, N. (2010). Assessing the merits and faults of holistic and disaggregated judgments. *Journal of Behavioral Decision Making, 23*, 250-270 を参照。これらの研究は，全員での評決は，刑事責任を構成する要素それぞれに対する微妙に異なった意見を隠してしまうことを示している。したがって，それぞれの要素について個別に判断するよう求めれば，評決の正確性は向上するであろう。

**20.** 第2章で論じたように，責任の欠如は，表面的で無批判な思考様式を生む。Tetlock, P. E., Skitka, L., & Boettger, R. (1989). Social and cognitive strategies for coping with accountability: Conformity, complexity, and bolstering. *Journal of Personality and Social Psychology, 57*, 632-640; Tetlock, P. E. (2002). Social functionalist frameworks for judgment and choice: Intuitive politicians, theologians, and prosecutors. *Psychological Review, 109*, 451-471 を参照。

**21.** たとえば，裁判所は，ある陪審員が審理中に大量のアルコール，マリファナ，およびコカインを摂取しており，当該の審問の間中寝ていたという他の陪審員の主張について，それに対する証拠調べを認めないという判断を支持した。*Tanner v. United States*, 483 U.S. 107 (1987).

**22.** 裁判所は近年，「合衆国憲法における陪審裁判保証は，独占的な事実認定の権利を陪審に与える」と言明している。*Oregon v. Ice*, 129 S. Ct. 711, 716 (2009). 裁判所はその任務について，ひとたび「陪審が合理的疑いを超えて判断したのであれば，我々はそれ以上何も求めない」と考えている。*Holland v. United States*, 348 U.S. 121, 140 (1954).

**23.** Santos, F. (2007). Vindicated by DNA, but lost on the outside. *New York Times*, November 25, p. Al. https://www.nytimes.com/2007/11/25/us/25jeffrey.html　ジェフ・デスコビックは，終身刑の判決を受け15年服役した後，DNA鑑定によって無罪が証明された。https://www.innocenceproject.org/cases/jeff-deskovic/

**24.** 雪冤者の多くが，5回以上裁判を行っている。たとえば，アラン・ニュートンは15回もの裁判を行っている。Garrett, B. L. (2011). Appendix: Appeals and post-conviction litigation by DNA exonerees and case characteristics. http://www.law.virginia.edu/pdf/faculty/garrett/convicting_the_innocent/garrett_ch7appendix.pdf

**25.** たとえば，28 U.S.C. 552241-2266; Hertz, R., & Liebman, J. S. (2005). *Federal habeas*

*corpus practice and procedure.* Newark, NJ: Mathew Bender を参照。

**26.** この研究では，2003 年および 2004 年の，2400 件近くの人身保護手続きについて検討した。King, N. J., Cheesman, F., & Ostrom, B. J. (2007). *Habeas litigation in the U.S. district courts: An empirical study of habeas corpus cases filed by state prisoners under the Antiterrorism and Effective Death Penalty Act of 1996*. Washington, DC: U.S. Department of Justice, National Institute of Justice.

**27.** 人身保護手続きにおけるこの恭順は法によってそのように決められている。合衆国法典第 28 編 52254 条(d)において，上級裁判所は，州裁判所による妥当な事実認定に従うよう求められている。「連邦裁判所は州裁判所の審理をほじくり返す場所ではない」と言明されている。*Barefoot v. Estelle*, 463 U.S. 880, 887 (1983). *Sumner v. Mata*, 449 U.S. 539, 544 (1981)も参照のこと。

**28.** *Jackson v. Virginia*, 443 U.S. at 318-319 (1979).

**29.** *Hernandez v. New York*, 500 U.S. 352, 369 (1991). LaFave et al. (2007), 前掲，注 **5**, pp. 97-98 も参照のこと。一般的に用いられる基準は，「事実に対して理性的な審査者が，合理的な疑いを超えて犯罪の本質的要素を発見した」かどうかである。*Jackson v. Virginia*, 前掲，注 **28**, at 318-319.

**30.** *Wright v. West*, 505 U.S. 277, 296 (1992). ウィリアム・スタンツが指摘したように，手続き主義の優位性は，被告人側の主張を事実の問題から手続き的な問題へと転換させる。Stuntz (1997), 前掲，注 **8**, pp. 37-45 を参照。おかしな話であるが，弁護人は有罪判決の事実的根拠に対する異議申し立てをよく阻止される一方で，手続きの正確性や「細かい解釈」について争うと嘲笑を買うのである。

**31.** *State v. Conway*, 816 So.2d. 290 (2002)を参照。

**32.** *District Attorney's Office v. Osborne*, 129 S. Ct. 2308 (2009). 生物学的証拠を入手する権利が限定的であることは，*Skinner v..Switzer*, 562 U.S. (2011) の裁判に認められる。

**33.** 「恩赦は，アングロサクソン系アメリカ人的な法の伝統に深く根ざしている。また，裁判過程が疲弊している際の司法の誤りを防ぐ歴史的な救済策である」。*Herrera v. Collins*, 506 U.S. 390, 411-412 (1993).

**34.** 知事の配慮を示す例としては，アール・ワシントンと「ノーフォークの 4 人 (The Norfolk Four)」の事件を参照のこと。https://www.innocenceproject.org/cases/earl-washington/; Wells, T., & Leo, R. (2008). *The wrong guys: Murder, false confessions, and the Norfolk Four*. New York: New Press.

**35.** *Manson v. Brathwaite*, 432 U.S. 98, 113 (1977).

**36.** *United States v. Ruiz*, 前掲，注 **18**, at 633.

**37.** *Tanner v. United States*, 前掲，注 **21**, at 120-121.

**38.** たとえば，第 5 章の議論(pp. 134-139)や Wells & Quinlivan (2009), 前掲，注 **7** を参照のこと。

**39.** *Herrera v. Collins*, 前掲，注 **33**, at 417.

**40.** 同上。

**41.** In re Davis, 130 S. Ct. 1 (2009).

**42.** Stuntz (1997), 前掲，注 **8**; Pizzi, W. T. (1999). *Trials without truth: Why our system of criminal trials has become an expensive failure and what we need to do to rebuild it*. New York: NYU Press を参照。

pp. 222-223

**43.** 裁判所はときおり，制度が完璧であるはずはないということを暗に認める発言をする。たとえば，*District Attorney's Office v. Osborne*, 前掲，注 **32**, at 2323 n. 10 を参照のこと。しかし，この自明の理が判決に至る手続きに影響を及ぼすことはほとんどない。

**44.** Fuller, L. L. (1961). *The adversary system: Talks on American law*, ed. Harold J. Berman. New York: Vintage Books; Freedman (1998), 前掲，注 **14**. Our constitutional adversary system. *Chapman Law Review, 1*, 57-90; Burns, R. P. (1999). *A theory of the trial*, p. 153. Princeton, NJ: Princeton University Press. この解釈に対する批判としては，Frank (1949), 前掲，注 **14**; Weinreb (1977), 前掲，注 **14** を参照のこと。

**45.** ラッセル卿に国家反逆罪で死刑宣告がなされる際の，ロンドンの法務官であるジョージ・トレビーの発言である。*R. v. William Russell*, 9 St. Tr. 677, 666 (1683). Langbein, J. H. (2003). *The origins of adversary criminal trial*, p. 332. New York: Oxford University Press より引用。

**46.** *Herrera v. Collins*, 前掲，注 **33**, at 419.

**47.** *United States v. Garrison*, 291 F. 646, 649 (S.D.N.Y. 1923).

**48.** *Kansas v. Marsh*, 548 U.S. 163, 200 (2006).

**49.** DNA 鑑定による無罪証拠を前にしても，検察はかたくなに考えを変えようとしない。Medwed, D. S. (2004). The zeal deal: Prosecutorial resistance to post-conviction claims of innocence. *Boston University Law Review, 84*, 125-183 を参照のこと。

**50.** *Kansas v. Marsh*, 548 U.S. 163, 200 (2006). p. 193.

**51.** 798 名の，オハイオ州の司法当局者に対する調査では，警察署長と検察官のうち約 30% と裁判官のうち約 15% が，自分たちの管轄内における誤った有罪判決の発生率はゼロと考えていることが示された。また，多くの調査参加者(それぞれ 77%, 78%, 46%)が，その発生率は 0.5% 以下であると回答した。アメリカ国内の自分たちが管轄していない区域に関して同様の質問がなされた場合は，制度への信頼は弱まり，大多数が 0.5% 以上であると回答した。この国全体に関する推定値は，彼らの規範的信念に合致しないということは注目に値する。多くの参加者(それぞれ 79%, 78%, 78%)は，誤った有罪判決の発生率の許容範囲は 0.5% 以下であると回答している。Ramsey, R. J., & Frank, J. (2007). Wrongful conviction: Perceptions of criminal justice professionals regarding the frequency of wrongful conviction and the extent of system errors. *Crime & Delinquency, 53*, 436-470. ミシガン州の司法当局者に対する調査でも，同様の結果が得られている。Zalman, M., Smith, B., & Kiger, A. (2008). Officials' estimates of the incidence of "actual innocence" convictions. *Justice Quarterly, 25*, 72-100.

**52.** 対審制に対する注目すべき批判としては，Weinreb (1977), 前掲，注 **14**; Frankel (1978), 前掲，注 **13**; Langbein, J. H. (1979). Land without plea bargaining: How the Germans do it. *Michigan Law Review, 78*, 204-225; Langbein, J. H., & Weinreb, L. L. (1978). Continental criminal procedure: "Myth" and reality. *Yale Law Journal, 87*, 1549-1568; Thomas (2008), 前掲，注 **8** を参照のこと。

**53.** Goldstein, A. S., & Marcus, M. (1977). The myth of judicial supervision in three "inquisitorial" systems: France, Italy, and Germany. *Yale Law Journal, 87*, 240-283; Goldstein, A. S., & Marcus, M. (1978). Comment on continental criminal procedure. *Yale Law Journal, 87*, 1570-1576; Allen, R. J., Kock, S., Riecherberg, K., & Rosen, D. T. (1988). The German advantage in civil procedure: A plea for more details and fewer generalities in comparative scholarship. *Northwestern Law Review, 82*, 705-762; Freedman (1998), 前掲, 注 **14** を参照。

**54.** Summers, S. J. (2007). *Fair trials: The European criminal procedural tradition and the European Court of Human Rights*. Oxford: Hart Publishing. 法的ナショナリズムもよく見られる。アメリカ法曹協会が 1999 年に行った調査では, アメリカの司法制度に対して, 極めて自信を持っている, またはとても自信を持っていると回答したのは 30% に過ぎなかった。しかし, 「それでもやはり, アメリカの司法制度は世界で一番優れている」という質問に対しては, 80% がそう思う, または非常にそう思うと回答した。American Bar Association (1999). Perceptions of the U.S. justice system, pp. 58-59. http://www.abanow.org/wordpress/wp-content/files_flutter/1269460858_20_1_1_7_Upload_File.pdf

**55.** *Kansas v. Marsh*, 前掲, 注 **48**, at 188. おまけに, スカリア判事はこれらのヨーロッパ国家を反民主主義的(彼らは「世論が死刑を支持しているにもかかわらず, それを無視して」死刑を廃止したと言及している)で, 偽善的(「死刑廃止は欧州評議会の加入条件となっていて, それが今度は, EU に加盟して経済的利益を得るための条件になっている」)であると評している。

**56.** Sklansky, D. A. (2009). Anti-inquisitorialism. *Harvard Law Review, 122*, 1634-1704 を参照。

**57.** *Manson v. Brathwaite*, 前掲, 注 **35**. どこの裁判所も, 陪審を信頼する以外の選択などないと認めているも同然である。「裁判官の説示のもとで行う証拠の適切な評価とは, まさに陪審が成しうると仮定するしかない代物である」。*Watkins v. Sowders*, 449 U.S. 341, 347 (1981).

**58.** Hoffman, M. B. (2007). The myth of factual innocence. *Chicago-Kent Law Review, 82*, 663-690.

**59.** *Manson v. Brathwaite*, 前掲, 注 **35**, at 113; *Watkins v. Sowders*, 前掲, 注 **57**, at 348.

**60.** *Manson v. Brathwaite*, 前掲, 注 **35**, at 116.

**61.** *Lego v. Twomey*, 404 U.S. 477, 484-485 (1972).

**62.** *Manson v. Brathwaite*, 前掲, 注 **35**, at 113; *Watkins v. Sowders*, 前掲, 注 **57**, at 348.

**63.** 制度の正当化に関する心理学的モデルについては, Jost, J. T., & Hunyady, O. (2002). The psychology of system justification and the palliative function of ideology. In W. Stroebe & M. Hewstone, eds., *European review of social psychology*, vol. 13, pp. 111-153. Hove, UK: Psychology Press/Taylor & Francis (UK)を参照のこと。制度の正当化に関する理論には, 認知的不協和理論と重なる部分がある。Festinger, L. (1957). *A theory of cognitive dissonance*. Evanston, IL: Row, Peterson を参照。

**64.** 自分を有能で公正だと思うことは, 普遍的で強力な個人的欲求である。Pronin, E., Gilovich, T., & Ross, L. (2004). Objectivity in the eye of the beholder: Divergent perceptions of bias in self versus others. *Psychological Review, 111*, 781-799; Frantz, C. M. (2006). I AM being fair: The bias blind spot as a stumbling block to seeing both sides. *Basic and Applied Social Psychology, 28*, 157-167; Schlenker, B. R. (2003). Self-presentation. In M. R. Leary & J. P. Tangney, eds., *Handbook of self and identity*, pp. 492-518. New York: Guilford Press を参照。

**65.** たとえば, Baumeister, R. F., Dale, K., & Sommer, K. L. (1998). Freudian defense mechanisms and empirical findings in modern social psychology: Reaction formation, projection, displacement, undoing, isolation, sublimation, and denial. *Journal of Personality,*

66, 1081-1124 を参照。

**66.** *Brown v. Allen* において，ジャクソン判事は，裁判所の権力について次のように説明している。「我々は絶対に誤らないから最終的なのではない，ただ最終的だから絶対に誤らないのである」。344 U.S. 443, 540 (1953) (Jackson, J., concurring).

**67.** スカリア判事の見解 (*Kansas v. Marsh*, 前掲，注 **48**) を参照のこと。Allen, R. J., & Laudan, L. (2008) Deadly dilemmas. *Texas Tech Law Review*, *41*, 65-92.

**68.** Frank (1949), 前掲，注 **14**, p. 35. 他が全て駄目である場合，裁判過程の最後の最後に，誤った有罪判決は訂正されうる。それはたとえば，ノースカロライナ州や，イングランド，スコットランド，ノルウェーに設置されている誤判審査委員会のような機関を通じて行われる。一般的に，このような準司法的な機関は，誤っている可能性がある有罪判決を審査し，妥当な事件は裁判所に差し戻すような仕組みになっている。イギリスの当該機関については，Criminal Cases Review Commission (2009). *Annual report and accounts, 2008/2009*. London を参照のこと。ノースカロライナ州無罪審理委員会については，http://innocencecommission-nc.gov/ を参照のこと。誤判審査委員会を頼ることは，犯罪の責任の所在を整理するための最適で効果的な方法とはとてもいえないが，遅ればせながらの裁判も裁判が行われないよりははるかにましである。

**69.** 権利に関する注目すべき批判としては，Kennedy, D. (2002). The critique of rights in critical legal studies. In W. Brown & J. Halley, eds., *Left legalism/Leftcritique*, pp. 178-227. Durham, NC: Duke University Press を参照のこと。

**70.** *Manson v. Brathwaite*, 前掲，注 **35** と *Watkins v. Sowders*, 前掲，注 **57** に関する引用を参照。

**71.** 原則として，この規則は不当な手続きによって得られた証拠に対して適用される。陪審が重視しすぎるであろう証拠に対しても，その他の点では証拠能力があるとしても，適用されるべきである。

**72.** たとえば，「出来事に関する目撃者の知覚や記憶は，彼らの考え方や期待に左右されることがある」という質問には，調査に参加した 160 人の裁判官のうち 94% が正しく回答した。しかし，忘却曲線の傾きの大きさについては 31% しか知らなかった。Wise, R. A., & Safer, M. A. (2004). What US judges know and believe about eyewitness testimony. *Applied Cognitive Psychology*, *18*, 427-443.

**73.** Wise, R. A., & Safer, M. A. (2010). A comparison of what U.S. judges and students know and believe about eyewitness testimony. *Journal of Applied Social Psychology*, *40*, 1400-1422.

**74.** この調査には 42 名の裁判官が参加している。Benton, T. R., Ross, D. F., Bradshaw, E., Thomas, W. N., & Bradshaw, G. S. (2006). Eyewitness memory is still not common sense: Comparing jurors, judges and law enforcement to eyewitness experts. *Applied Cognitive Psychology*, *20*, 115-129. 裁判官の回答は，一般人よりは正確であったが，警察官と同程度であった。

**75.** この提案は，証言の完全性の向上に重点を置いているが，法科学的証拠について分析し証言するための科学的知識，専門的技術および手法を向上させることによって得られるものも多い。National Academy of Science (2009). *Strengthening forensic science in the United States: A path forward*. Washington, DC: National Academies Press; Mnookin, J. L., Cole, S. A., Dror, I. E., Fisher, B. A., Houck, M. M., Inman, K., Kaye, D. H., Koehler, J. J., Langenburg, G., Risinger, D. M., Rudin, N., Siegel, J., & Stoney, D. A. (2011). The need for a research culture in the forensic sciences. *UCLA Law Review, 58,* 725-779 を参照。

**76.** Sullivan, T. P., Vail, A. W., & Anderson, H. W. (2008). The case for re-cording police interrogations. *Litigation, 34,* 1-8.

**77.** 注目すべきことに，不正確な目撃者のビデオを見ることによって，不正確な目撃者の信用性に留意するよう方向づけられた場合，模擬陪審員の有罪判断率は 49% から 33% に減少した。この判断率は，目撃者が正確であった場合はほとんど減少しなかった(50% から 46%)。Reardon, M. C., & Fisher, R. P. (2011). Effect of viewing the interview and identification process on juror perceptions of eyewitness accuracy. *Applied Cognitive Psychology, 25,* 68-77.

**78.** しかし，第 5 章で述べたように，電子記録の作り方自体がバイアスを生む可能性もある。具体的には，取り調べの間ビデオカメラを被疑者のみに向け続けると，被疑者の証言の自発性が誇張されてしまい，強要された自白の信用性が不当に高く評価されてしまう。

**79.** イギリスの刑事過程の発展に関する概説としては，Langbein (2003), 前掲，注 **45** を参照のこと。

**80.** 「口述による証言は，書面による証言よりはるかに優れている」とジェレミー・ベンサムは述べている。Bentham, J. (by Dumont, M.) (1825). *Treatise on judicial evidence: Extracted from the manuscripts of Jeremy Bentham, Esq.* London: J. W. Paget.

**81.** Federal Bureau of Investigation (2006). Memorandum on electronic recording of confessions and witness interviews. March 23.

**82.** Federal Rules of Criminal Procedure, Notes of Committee on the Judiciary, House Report 94-247 (1975 Amendment). http://www.capdefnet.org/codes/18_usc_appendix_16.htm の議論を参照のこと。

**83.** Thomas, G. C., III (2010). Two windows into innocence. *Ohio State Journal of Criminal Law, 7,* 575-601 (pp. 591-592) の議論を参照のこと。

**84.** LaFave et al. (2007), 前掲，注 **5**, §20(1)を参照。

**85.** The Justice Project (2007). Expanded discovery in criminal cases: A policy review. http://www.pewtrusts.org/uploadedfiles/wwwpewtrustsorg/reports/death_penalty_ reform/expanded%20discovery%20policy%20briefpdf を参照。

**86.** インディアナ州，アイオワ州，ミズーリ州，ノースダコタ州でも，何らかの形で刑事訴訟手続きにおけるこのような証言制度が認められている。Thomas (2010), 前掲，注 **83** の議論を参照のこと。

**87.** FBI の反論に対する批判としては，Sullivan, T. P. (2008). Recording federal custodial interviews. *American Criminal Law Review, 45,* 1297-1345 を参照のこと。この法案は口頭主義の変更に及んでいるのではないか，という理由で批判がなされるかもしれない。しかしすでに述べたように，この法案は口頭主義への挑戦と見なされるべきではない。記録化された証言は，口述証言に取って代わるものではなく，口述証言を補うものである。

**88.** たとえば，カリフォルニア州刑法第 136.2 条は，「被害者や証人に危害が加えられる，脅迫される，または諫止されると考えられる，またはその可能性が一定程度あると考えられる正当な理由がある」場合，刑事事件の第 1 審が保護命令を発することを認めている。

**89.** *Crawford v. Washington*(前掲，注 **7**)で示されたように，法廷での証言が得られないことに関して被告人側に原因がある場合，記録された証言は証拠として認められるだろう。

*Reynolds v. United States*, 98 U.S. 145, 158-159 (1879); *Giles v. California*, 554 U.S. 353 (2008) も参照のこと。

**90．** カリフォルニア州サンノゼやイギリスなどいくつかの管轄区域でヘルメットカメラの個人使用が実施されている。Cowan, C. (2009). Helmet cams for cops. *Foxnews*, November 3. http://liveshots.blogs.foxnews.com/2009/11/03/helmet-cams-for-cops/; Travis, A. (2007). Police to use helmet cams to record public order incidents. *The Guardian*, July 12. https://www.theguardian.com/uk/2007/jul/12/humanrights.ukcrime を参照。

**91．** 記録がなされないという懸念があっても，この方策は妨げられるべきではない。Sullivan, T. P., & Vail, A. W. (2009). The consequences of law enforcement officials' failure to record custodial interviews as required by law. *Journal of Criminal Law & Criminology*, *99*, 215-234 を参照。

**92．** 取り調べの記録化に対する有力な賛成論としては，Sullivan (2008), 前掲，注 **87** を参照のこと。

**93．** ヘネピン郡次席検事のアラン・K・ハリスの言葉である。Sullivan, T. P. (2005). Electronic recordings of custodial interrogations: Everybody wins. *Journal of Criminal Law & Criminology*, *95*, 1127 より引用。

**94．** Bereiter, B. (2007). Lawmakers approve lineup changes. July 24. http://news14.com/contentkop_stories/585227/lawmakers-approve-lineup-changes/Default.aspx

**95．** 法の適正手続きにおける独立という観念については，Israel, J. H. (2001). Freestanding Due Process and criminal procedure: The Supreme Court's search for interpretive guidelines. *Saint Louis University Law Journal*, *45*, 303-432; Taslitz, A. (2005). What remains of reliability: Hearsay and freestanding Due Process after Crawford v. Washington. *Criminal Justice Magazine*, *20*(2); Dripps, D. A. (2003). *About guilt and innocence: The origins, development, and future of constitutional criminal procedure*. Westport, CT: Praeger を参照のこと。

**96．** *Perry v. New Hampshire* (No. 10-8974, November 2, 2011) における口頭弁論では，裁判官は，独立した法の適正手続きの権利の観念に断固として反対であるように思える。Lithwick, D. (2011). See no evil: Eyewitness testimony may be unreliable, but the Supreme Court doesn't want to be the one to say so. *Slate*, November 2. http://www.slate.com/articles/news_and_politics/supreme _court_dispatches/2011/11/perry_v_new_hampshire_the_supreme_court_looks _at_eyewitness_evid.single.html を参照。
この裁判は，暗示的なラインナップについて取り上げている。暗示的なラインナップは，独立した法の適正手続きの権利の適用可能性が最も高い。*Manson v. Brathwaite*, 前掲，注 **35** を参照。

**97．** ラインナップ手続きの改革は，ノースカロライナ州，ニュージャージー州，ロードアイランド州，バーモント州，デラウェア州など約 10 州で実施されている。捜査の記録化は，アラスカ州，ミネソタ州，ノースカロライナ州，イリノイ州，ウィスコンシン州をはじめとした多くの州で義務づけられている。http://www.innocenceproject.org/news/LawView5.php を参照のこと。州裁判所の判決で注目すべきものとしては，*Stephan v. State*, 711 P.2d 1156, 1162 (Alaska, 1985); *State v. Scales*, 518 N.W.2d 587, 591 (Minnesota, 1994); *Commonwealth v. DiGiambattista*, 813 N.E.2d 516, 533-534 (Massachusetts, 2004); *State v. Larry R. Henderson* (A-8-08) (New Jersey, 062218) を参照のこと。

**98.** ダラス郡の有罪見直し部門(Conviction Integrity Unit)については，http://www.dallasda.com/conviction-integrity.html を参照のこと。

**99.** Suffolk County District Attorney's Office. Report of the task Force on Eyewitness Evidence. http://www.innocenceproject.org/docs/Suffolk_eyewitness .pdf.

**100.** Fisher, S. Z. (2009). Eyewitness identification reform in Massachusetts. *Massachusetts Law Review, 91*, 52–66 を参照。

**101.** Police Chiefs' Association of Santa Clara County. Line-Up Protocol for Law Enforcement. http://www.ccfaj.org/documents/reports/eyewitness/expert/Santa%20Clara%20County%20Eyewitness%20Identification%20Protocols.pdf

# 謝　辞

　本原稿を読んで，有益なコメントをくださったスコット・アルトマン，キース・フィンドリー，リチャード・レオ，ダニエル・マルコヴィッチ，アン・サイモン，クリス・スローボジン，ジョージ・トーマス3世に深く感謝を申し上げます。重要なコメントをくれたブルース・アッカーマン，アルバート・アルスクラー，アクヒル・アマール，ジャック・バーキン，レベッカ・ブラウン，スティーヴ・クラーク，ミルジャン・ダマシュカ，シャリ・ダイアモンド，ジョン・ドナヒュー，フィービー・エルスワース，ニール・ファイゲンソン，ロン・フィッシャー，ブランドン・ギャレット，ジョン・グールド，フィリップ・ハイマン，サム・グロス，ダン・カーン，ソウル・カシン，ダン・クラーマン，ジェイ・ケーラー，ジョン・ラングバイン，ロブ・マコーン，リチャード・マクアダムス，トレイシー・ミアーズ，チャールズ・オグルトゥリー，スティーブン・ペンロッド，ロバート・ポスト，デヴィッド・スクランスキー，キャロル・スタイカー，ケイト・スティス，アラン・ストーン，ロイド・ワインレブ，ゲイリー・ウェルズ，リッチ・ウィーナー，ジム・ウィットマンにも感謝の意を表します。

　また，この本は，ハーバード・ロースクール，ノースウェスタン・ロースクール，シカゴロースクール，USC グールド・ロースクール，イェール・ロースクールの教員研修でいただいたコメントや批評から多くの恩恵を得ています。

　USC グールド・ロースクールの同僚には友情と支援，そしてよい仲間でいてくれることに感謝の意を表します。学部長のボブ・ラスマセンの日頃の支援に感謝しています。また，トム・リヨンは，よき師であり，素晴らしい友人でもいてくれました。

　長年にわたり，私を指導してくれた先生方，同僚，学生は，多くの目に見えない形で，私の見識を深めてくれました。ハーバード・ロースクール，USC

ドーンサイフ人文科学部，USC グールド・ロースクール，イェール・ロースクールでこのテーマに関心をもってくれた多くの学生に感謝しています。

　素晴らしい手助けをしてくださったことについて，USC グールド・ロースクールの図書館のスタッフ，ルイス・アラス，ポーリーン・アラナス，ジュディ・デイヴィス，シンディ・ガイヤー，ダイアナ・ジャク，ロザンヌ・クリコリアン，ポール・ムアマン，ウェンディ・ノブナガ，アナヒット・ペトロシアン，ブライアン・ラファエル，クラウディア・ラファエル，カレン・スキナー，リオネット・ウィリアムス，ジェシカ・ウィマーに感謝を申し上げます。同じく，私の研究助手のマット・ベネット，フィリップ・グティエレス，クリストファー・ハスブルック，カイル・キンキードにも感謝しています。

　実験心理学の世界ではキース・ホリオークに道案内をしてもらい，継続的共同研究についてはスティーブ・リードにお世話になりました。ダグ・ステンストロームには多くのことを助けてもらっています。

　この原稿の構想から完成まで私を導いてくれたハーバード大学出版会エリザベス・ノールにも深い感謝の意を表します。同様に，素晴らしい編集作業をしてくれたウェストチェスター・ブック・サービスの方々にも感謝致します。

　私を含めて多くの人々を啓蒙した被害者であり，ヒーローでもあるジェニファー・トンプソン＝カニーノにも深い感謝と尊敬の意を表します。

　最後に，とても素晴らしく，ときどきこの原稿を完成できない不安に駆られる父親を優しく理解してくれた子供たち，アレクサンドラ，エリー，ノアに深い愛を込めて感謝します。

# 解　説

高野　隆

　1992 年にバリー・シェック弁護士とピーター・ニューフェルド弁護士が
ロースクールのクリニックを舞台に始めた「イノセンス・プロジェクト」によ
って，現在までに 360 人余りの受刑者が DNA 検査によって冤罪を証明され，
釈放された。アメリカでは現在も「冤罪の発見」は続いている。この現象は司
法制度に関わる全ての人々に計り知れない衝撃を与えた。刑事裁判の中核的な
機能である真実発見機能――無実の人を解放し，かつ，犯罪者を処罰する――
に深刻な疑問が投げかけられているのである。今世紀に入って，冤罪を証明さ
れた人の実話に基づくノンフィクションや誤判原因を研究する書物が次々に出
版された。そのいくつかは日本語にも翻訳されている[1]。2016 年には「日本版
イノセンス・プロジェクト」と呼ばれる「冤罪救済センター」（代表：稲葉光
行・立命館大学教授）が活動を始めた。

　これまでに出版された誤判研究は，法律家や法学研究者によるものが多く，
その内容は誤判エピソードを記述して，刑事司法制度のどこに問題があったの
かを論じるものが多い。司法制度を運営する個々人の社会心理的な側面に着目
する研究はほとんどなかった。心理学的な説明がなされるにしても，それは部
分的なもの（たとえば虚偽自白や目撃供述などについて）である。本書はそれら
とは一線を画する。著者のダン・サイモンはイスラエルで弁護士を 2 年間した
後，INSEAD で MBA を取得し，さらにハーバード・ロー・スクールで SJD

---

1. スティーヴン・A・ドリズィン，リチャード・A・レオ（伊藤和子訳）『なぜ無実の人が
自白するのか――DNA 鑑定は告発する』（日本評論社，2008）；ジム・ドワイヤー，ピー
ター・ニューフェルド，バリー・シェック（西村邦雄訳）『無実を探せ！　イノセンス・プ
ロジェクト――DNA 鑑定で冤罪を晴らした人々』（現代人文社，2009）；ブランドン・L・ギ
ャレット（笹倉香奈ほか訳）『冤罪を生む構造――アメリカ雪冤事件の実証研究』（日本評論
社，2014）など。

を取得した後，南カリフォルニア大学のロースクールと心理学部の両方に籍をおいて，「法と心理学教授」(Professor of Law and Psychology) として教壇に立っている。ロー・レビューに法と心理学に関する論文を投稿するだけではなく，心理学雑誌に人間の認知や意思決定をテーマにした実験心理学の成果を多数発表している[2]。

　本書は徹頭徹尾心理学——実験心理学——に軸足をおいて，誤判の原因を解明しようとする。警察による現場での捜査（証拠の収集）から，鑑識，目撃者の取り調べ，被疑者の取り調べ，そして，公判における法律家の弁論，尋問，裁判官の説示や証拠に関する決定，さらには，陪審の評議，上訴審に至るまで，刑事司法の全過程において，そこに登場する人物の認知や情報収集，意思決定の過程でどのような誤りが生じるのか，その原因は何かを，認知心理学や記憶研究，意思決定研究に関する最新の知見を動員して解説している。そのうえで，事実認定の誤りを最小限に食い止めるための一貫性のある改善策を提案している。最新の知見といっても，本書を通読するために統計や心理学の予備知識は要らない。「確証バイアス」(confirmation bias) とか「一貫性効果」(coherence effect) とか「仮説推論」(abduction reasoning) のような，本書の鍵となる心理学用語についてはとてもわかりやすい説明がなされている。

　第1章は全体のイントロダクションである。第2章から第5章までは警察の捜査活動を扱う。第2章では，捜査官が事件の見立てをする際に起こりうる誤りとその原因が語られる。サイモンはその背後にある「客観的な真実探求という試みと被疑者に対して事件を組み立てるという当事者的な試みとの間のダイナミクス」に着目する。犯罪捜査は，仮説検証的なプロセスである。仮説の定立が早すぎれば確証バイアスに陥り，捜査官は，意識するしないにかかわらず，仮説に沿う証拠の収集だけに専念したり，その過大評価をする一方で，仮説に沿わない証拠を無視したり過小評価したりする。こうしたバイアスは，翻って，証拠の評価自体を変えてしまうという心理過程をもたらす。これが「一貫性効果」である。第3章はラインナップのような犯人識別供述を扱う。目撃者の認知と記憶と回想の過程に介在する様々な障害が説明される。捜査官の暗示的な言動やラインナップ手続きの設営のありかたがいかに誤った犯人識別に繋がる

---

2. ダン・サイモン教授の経歴等については，南カリフォルニア大学グールド・ロースクールのウェブサイト https://gould.usc.edu/faculty/?id=307 を参照されたい。

かが様々な事例を通じて語られる。第4章は目撃者による事件の供述の信頼性を論じる。ここでも人間の記憶と回想の不完全さが丁寧に説明されている。記憶が不完全で移ろいやすいだけではなく，さほど複雑な方法によらずに，人は無意識的に虚偽の記憶を作り出すことがある。自発的に作られることもあるし，捜査官から情報を提供されたり，暗示を受けたりして虚偽記憶が生み出されることもある。こうした過誤を防ぐための取り調べの方法が議論される。第5章は被疑者の取り調べと自白がテーマである。心理的強制による虚偽自白の問題は依然として続いている。サイモンはこうした伝統的なテーマに加え，一部の取り調べ教本で推奨されている取り調べ方法（行動分析インタビュー）の問題点も指摘している。

第6章と第7章は公判を取り上げる。第6章は公判で取り調べられる証拠すなわち証言の問題と，その信憑性を評価する事実認定者すなわち陪審の問題が扱われる。捜査過程で問題になった識別供述や出来事の供述が公判廷に到達して，証人が陪審員に生の言葉で語るそのときまでの間に，証人の記憶はいかに劣化し，汚染され，あるいは変容するか。その評価をする陪審が，双方の法律家による説得技法やステレオタイプの影響をどのように受けるかが語られる。陪審自身の陥る確証バイアスや一貫性効果の問題も説明される。第7章は，事実認定者を真実と正しい結論に導くための安全装置として伝統的に用いられてきた方法——反対尋問，陪審への説示，証明基準，上訴審——の有効性が吟味される。

第2章から第7章までの各章の末尾には，改善のための提案が述べられている。サイモンがすべての章において一貫して強調しているのは，捜査活動の電気的記録とその活用である。取り調べを電気的に記録（録音録画）するだけではなく，犯罪現場での証拠収集や鑑識，ラインナップ，証人の供述の録取など，すべての過程を録音または録画することを提唱する。さらに，そうした電気的記録を公判準備を行う弁護人に開示し，必要に応じて公判で陪審の前で吟味することを提唱している。

最終の第8章は結論である。本書全体の要約とともに，「事実の正確性を犠牲にする」（Marginalization of Factual Accuracy）ことの問題を論じている。刑事司法の目的は真実の発見だけではない。公衆が評決を受け入れること，社会的な価値判断を公式に表明すること，政府が権力を宣明すること，被害者に事件の終了を示すことなどの目的を刑事司法は担っている。そして，裁判の過程

における手続的公正さを保持するための制約がある。これらの目的や機能を実現するうえで，事実認定の正確性は置き去りにされてきた。しかし，それで良いのか，と著者は問うている。こうした目的を達成するためにも，事実認定の正確さは蔑ろにされてはならないのではないか，と。

　日本にも冤罪はある。戦後の歴史のなかで4人の死刑囚が，長く過酷な死刑囚監房生活の過程で繰り返し再審請求を行った結果，無罪釈放されたということがあった。それでも，刑事司法の根本的な改革を求める立法者や法政策担当者の動きはなかった。わが国の刑事裁判の信頼性に疑問を投げかける世論は起こらなかった。日本の冤罪問題は深刻ではないということなのか。深刻な議論が起こらなかったことは必ずしも問題の深刻さを否定するものではない。問題の深刻さが一般国民に認識されていないことは，その問題が深刻でないことを意味しない。わが国において，アメリカのようにDNAによる雪冤現象が起こらない理由は，極めて単純である。日本国内の受刑者はDNAサンプルにアクセスできないからである。バリー・シェック弁護士もこの国でイノセンス・プロジェクトを成功に導くことはできなかったであろう。

　本書で説得的に議論されているテーマはアメリカに特有なものでは決してない。わが国の犯罪捜査やわが国の刑事裁判にも，全く同様の問題があるはずである。ほとんどの法律家や裁判官が問題に気づいていないだけである。いやむしろ，わが国の問題はアメリカにおけるよりも遥かに深刻である。たとえば，日本の警察が目撃者に犯人識別を求める最もありふれた手段は，写真面割とマジックミラー越しの単独識別である。こうした手続きの暗示的効果は計り知れない。日本では，本書で深刻な問題が指摘されているラインナップすら行われていない。ましてや，識別手続きの電気的な記録がなされるなどということは一切ない。証人尋問の前に検察官は繰り返し「証人テスト」を行う。その結果目撃証人の記憶は変容し，検察官が提供する他の証拠と整合するものになる。このことの問題性を認識している裁判官はほとんどいない。多くの裁判官はむしろ証人の記憶がリフレッシュされ真実に近づいたのだと無邪気に信じている。

　わが国の問題は本書の問題に到達できていないという点にある。本書はわが国の立法担当者や刑事司法関係者に問題の深刻さを気づかせるために有益である。さらに，本書によって日本の心理学者がこの国のなかに膨大な研究フィールドがあることに気づくはずである。そして，日本の刑事弁護士が本書が提供

する知見を武器にしてこの国の刑事裁判の真実発見機能の改善になにがしかの
貢献をすることが期待されるのである。


高野　隆（たかの　たかし）
刑事弁護・刑事事件の専門弁護士。高野隆法律事務所代表パートナー，一般社団法人東
京法廷技術アカデミー代理事。早稲田大学大学院法務研究科（法科大学院）教授，日
弁連裁判員本部・法廷技術に関するプロジェクトチーム座長，日弁連刑事弁護セン
ター・法廷技術小委員会委員長などを歴任。

# 索 引

### あ 行

後知恵バイアス　195
誤りの悪循環　7
アリバイ　18, 35, 75, 171-173, 183,
　217
アリバイ証言　170, 173
アリバイ証拠　170-172, 184, 187
アリバイ証明　172
意思決定　2, 34, 35, 37, 102, 139,
　160, 173, 176, 177, 180, 181, 183,
　185, 193, 194, 201, 203, 206, 207,
　220
異人種バイアス　159
一貫性効果　34-36, 76, 180, 183-
　186, 195, 209, 211, 215, 217
イノセンス・プロジェクト　4
植えつけられた記憶　105
受け手へのチューニング　119
エラーのエスカレーション　20

### か 行

外集団蔑視　29
外的妥当性　11, 129, 142
回復された記憶　106
確証バイアス　23-25, 29, 36, 46, 130,
　142
確信度　37, 40, 70, 75-77, 83-85, 88,
　113, 116, 118, 122, 160, 161, 206,
　210, 211, 219
仮説推論　22, 25
合衆国憲法修正第6条　189, 201, 218
合衆国憲法修正第8条　197, 214
記憶結合エラー　103

記憶の作業　96, 114, 116, 120, 121
記憶の同調　113
擬似的な裏づけ　45
基礎真実　135
救済命令　220, 221
糾問主義制度　13, 223
強化面接　95, 96
凶器注目効果　77
虚記憶　92, 94, 96, 99, 100, 102-109,
　113, 114, 117-120, 165, 216
虚偽検出　126, 128, 130, 131, 134,
　135, 147, 148, 174, 175
虚偽自白　7, 124, 136, 141, 143-145,
　153, 168, 169, 212
極化効果　210, 211
偶発要因　58-60, 78, 83, 87, 94, 96,
　109, 114, 117
繰り返し視聴効果　67, 68
クローズド質問　115
警察および刑事証拠法（PACE）　146,
　147
警察の偽証（testilying）　34, 157
継時提示ラインナップ　72, 85
検証バイアス　38
厳罰化要因　198-200
口頭主義　218, 228
行動分析面接（Behavioral Analysis
　Interview: BAI）　131, 134-136,
　148
コミットメント　30-32, 44, 47, 202,
　215
コミットメント効果　31, 68, 162, 163
コミットメントのエスカレーション
　30, 31

## さ 行

最小化　139, 140, 142, 147
最大化　139, 140, 142, 147
裁判前報道　179, 185, 195, 217
事後誤情報効果　104, 105, 115
事実認定　151, 152, 168, 173, 175,
　　176, 179, 182, 185, 186, 189, 207,
　　211, 213, 217, 219-221, 223, 228
事実認定者　3, 7, 16, 17, 56, 61, 83,
　　86, 118, 122, 152, 155-157, 161,
　　165, 167, 170-173, 177, 183, 203,
　　204, 206, 213, 216, 217, 227
システム要因　58, 65, 83, 87, 94, 96,
　　109, 114, 117
視線回避　127, 129-131
自然発生的な誤り　5, 6, 17, 58, 78, 92,
　　109, 157
自伝的記憶　100
指導付き裁量権　197-200, 214
指導的説示　194
司法取引　5, 8, 10, 14, 16, 56, 176,
　　219, 221, 225, 226
指紋鑑定　41, 43
社会的影響　2, 207, 209, 210
酌量要因　198-200
収束的妥当性　11
集団規範　29
集団思考　29
集団成員性　29, 30, 43, 178, 215
順序判断のエラー　113
証拠外の情報　175, 179, 180, 185,
　　187
証拠提出責任　203, 204
証拠の優越　187, 198, 205
衝突に関する記憶　103
情報的影響　207
情報的説得　207, 209, 211
親近性効果　67, 162
人種間バイアス　64
人種ステレオタイプ　182, 186, 217
人種バイアス　182, 199

人身保護令状　151, 211, 217, 222
推定変数　94, 96, 109, 114, 117
推定無罪　193, 202-205
スキーマ　101, 119
ステレオタイプ　28, 29, 64, 167, 101,
　　102, 180, 182
正確性要因　58
正事例試行方略　38
説示　151, 159, 169, 174, 180, 187,
　　193-200, 203, 205, 208, 210, 214,
　　217
絶対判断　71, 72
説明責任　40, 41
宣言的知識　201
選択的精査　38, 43
選択的接触　38, 43
選択的中止　39
選択的フレーミング方略　38
専門家証言　186
想像の膨張　118
ソース・モニタリング　180
ソース・モニタリング・フレームワーク
　　98

## た 行

対審制　46, 49, 189, 192, 214, 217-
　　219, 223, 226, 227
タイム・スライス・エラー　112, 113
単独面通し　52, 55, 67, 70-72, 74, 75,
　　77, 79, 84, 88
治療的説示　195-197, 208, 214
手続き的知識　201
転移のエラー　63, 78
動機づけ　2, 25, 28, 34, 45, 46, 113,
　　129, 153, 215, 219
当事者主義　151, 154
同時提示ラインナップ　72, 75, 85
同人種効果　64
透明性錯覚　145
トンネル記憶　110

## な 行

内集団びいき　29
二重盲検法　84, 87
認知面接　14, 121, 146
年齢バイアス　64

## は 行

バイアスのある評価　39
陪審による法の無視　193
陪審の領域　220
陪審評議　151, 206, 208-210
陪審評決　193, 211
反対尋問　151, 154, 189-192, 217, 218, 227
判断規則　198
犯人識別　3, 5, 7, 14, 19, 20, 36, 51, 82, 87, 91, 92, 94, 96, 160, 162-165, 186, 219, 223
被暗示性　118, 119
比較判断　71, 72, 74
非独立性　36, 184, 185
ヒューリスティック　119, 177, 178, 186
ファジートレース理論　98, 111
フィードバック　37, 76, 77, 84, 85, 117, 160, 161, 167
フィードバック効果　76, 77
不注意による盲目　100
フラッシュバルブ・メモリー　101
ベスト・プラクティス　14, 15, 49, 50, 77, 83, 88, 121, 152, 219, 226, 230

法的ナショナリズム　223
法律家言葉　192

## ま 行

マグショット　52, 67
マグショット帳　52
ミランダ警告　143, 144
ミランダ権利　137, 143-145, 187
無意識的転移　63
メタ記憶　61, 106-108
メタ認知　59, 106, 204
モンタージュ　19, 20, 65, 66, 68, 81, 84, 185

## や 行

誘導的誤り　6

## ら 行

ラインナップ　6, 20, 37, 40, 49, 52-59, 64, 65, 67-71, 73-81, 84-89, 91, 118, 153, 155, 158, 159, 161-163, 186, 215, 226, 227
リアクタンス理論　195
リード・テクニック　125, 130, 133, 139, 143, 144, 147
立証基準　184, 193, 194, 202, 204-206, 211
流暢性　110
レミニセンス　100

## アルファベット

PEACE　145-147

# 訳者紹介

福島由衣（ふくしま ゆい）　監訳者，第2章，第7章
日本大学大学院文学研究科心理学専攻博士後期課程修了。現在，日本大学文理学部人文科学研究所研究員。博士（心理学）。論文：福島由衣・厳島行雄（2018）「目撃者の記憶を歪めるフィードバック：識別後フィードバック効果研究とその展望」心理学評論, *61*, 407-422.

荒川　歩（あらかわ あゆむ）　監訳者，第1章，第6章
同志社大学大学院文学研究科博士課程後期課程単位取得退学。博士（心理学）。現在，武蔵野美術大学造形構想学部教授。著書：『「裁判員」の形成，その心理学的解明』（単著，2014, ratik）ほか。

松尾加代（まつお かよ）　第3章
慶應義塾大学大学院社会学研究科心理学専攻後期博士課程単位取得退学。博士（心理学）。現在，慶應義塾大学先導研究センター研究員。論文：Matsuo, K., & Itoh, Y. (2017). The effects of limiting instructions about emotional evidence depend on need for cognition. Psychiatry, Psychology and Law, 24, 516-529 ほか。

上宮　愛（うえみや あい）　第4章
北海道大学大学院 文学研究科 人間システム科学専攻博士課程後期課程単位取得退学。博士（文学）。現在，立命館大学総合心理学部特任助教。著書：『嘘と欺瞞の心理学：対人関係から犯罪捜査まで 虚偽検出に関する真実』（分担執筆，2016, 福村出版）ほか。

石崎千景（いしざき ちかげ）　第5章
北海道大学大学院文学研究科人間システム科学専攻博士後期課程修了。博士（文学）。現在，九州国際大学法学部准教授。著書：『裁判員への説得技法：法廷で人の心を動かす心理学』（共訳，2014, 北大路書房）ほか。

三浦大志（みうら ひろし）　第8章
慶應義塾大学大学院社会学研究科心理学専攻後期博士課程修了。博士（心理学）。現在，杏林大学保健学部臨床心理学科講師。論文：Miura, H., & Itoh, Y. (2016). The effect of the feeling of resolution and recognition performance on the revelation effect. Consciousness and Cognition, 45, 100-108.

**著者紹介**

ダン・サイモン（Dan Simon）
南カリフォルニア大学教授。専門は法と心理学であり，両分野の専門誌で多くの論文を出版している。本書は American Psychology-Law Society の Best Authored Book 2015 に選ばれた。https://dansimon.usc.edu/

その証言，本当ですか？
刑事司法手続きの心理学

2019 年 10 月 20 日　第 1 版第 1 刷発行

著　者　ダン・サイモン
監訳者　福　島　由　衣
　　　　荒　川　　　歩
発行者　井　村　寿　人

発行所　株式会社　勁 草 書 房
112-0005 東京都文京区水道 2-1-1　振替 00150-2-175253
（編集）電話 03-3815-5277／FAX 03-3814-6968
（営業）電話 03-3814-6861／FAX 03-3814-6854
平文社・中永製本

© FUKUSHIMA Yui, ARAKAWA Ayumu　2019

ISBN978-4-326-25137-7　　Printed in Japan

JCOPY ＜出版者著作権管理機構　委託出版物＞
本書の無断複写は著作権法上での例外を除き禁じられています。
複写される場合は，そのつど事前に，出版者著作権管理機構
（電話 03-5244-5088, FAX 03-5244-5089, e-mail: info@jcopy.or.jp）
の許諾を得てください。

＊落丁本・乱丁本はお取替いたします。

http://www.keisoshobo.co.jp

A. M. スープレナント・I. ニース 著　今井久登 訳
記憶の原理　　　　　　　　　　　　　　　　　　　　　　　3600円

横澤一彦
視覚科学　　　　　　　　　　　　　　　　　　　　　　　　3000円

河原純一郎・横澤一彦
シリーズ統合的認知　注意　　　　　　　　　　　　　　　　3500円
　　選択と統合

子安増生 編著
アカデミックナビ　心理学　　　　　　　　　　　　　　　　2700円

リチャード・H・スミス 著　澤田匡人 訳
シャーデンフロイデ　　　　　　　　　　　　　　　　　　　2700円
　　人の不幸を喜ぶ私たちの闇

アレックス・ラインハート 著　西原史暁 訳
ダメな統計学　　　　　　　　　　　　　　　　　　　　　　2200円
　　悲惨なほど完全なる手引書

唐沢　穣・松村良之・奥田太郎 編著
責任と法意識の人間科学　　　　　　　　　　　　　　　　　4800円

原田國男
逆転無罪の事実認定　　　　　　　　　　　　　　　　　　　2800円

日弁連えん罪原因究明第三者機関ワーキンググループ 編著
指宿　信 監修
えん罪原因を調査せよ　　　　　　　　　　　　　　　　　　2300円
　　国会に第三者機関の設置を

―――――――――――――――――――――――――――　勁草書房刊

＊表示価格は2019年10月現在。消費税は含まれておりません。